नए ज़माने का नया बिज़नेस नेटवर्क मार्केटिंग

नए ज़माने का नया बिज़नेस नेटवर्क मार्केटिंग

यह पुस्तक आपकी ज़िंदगी बदल देगी

शंकर मंशानी

आरती मंशानी

MANJUL

मंजुल पब्लिशिंग हाउस

MANJUL

मंजुल पब्लिशिंग हाउस

कॉरपोरेट एवं संपादकीय कार्यालय

द्वितीय तल, उषा प्रीत कॉम्प्लेक्स, 42 मालवीय नगर, भोपाल-462 003

विक्रय एवं विपणन कार्यालय

सी-16, सेक्टर 3, नोएडा, उत्तर प्रदेश - 201301, इंडिया

वेबसाइट : www.manjulindia.com

वितरण केन्द्र

अहमदाबाद, बेंगलुरू, भोपाल, कोलकाता, चेन्नई,

हैदराबाद, मुम्बई, नई दिल्ली, पुणे

यह हिन्दी संस्करण 2012 में पहली बार प्रकाशित

11वीं आवृत्ति 2022

ISBN 978-81-8322-269-3

मुद्रण व जिल्दसाज़ी : पार्कसन्स ग्राफ़िक्स प्रा.लि.

समर्पण

हमारे बड़े भाई साहब रमेश मंशानी उर्फ़ 'रवि' को,
जो हमारी चिंता हमसे भी ज़्यादा करते हैं।

नेटवर्क मार्केटिंग से जुड़ी सभी शिक्षण प्रणालियों को,
जो लोगों की ज़िंदगियाँ बदल रही हैं।

उन सारे अप-लाइन लीडर्स को,
जो अपनी डाउन-लाइन की सफलता के लिए
जी-जान से जुटे हुए हैं।

विषय-सूची

विषय-सूची

आभार

सबसे पहले हम आभारी हैं अपने मित्रों के जिनकी सहायता और प्रोत्साहन के बिना यह पुस्तक कभी प्रकाशित नहीं हो पाती। इन शुभचिंतकों में प्रमुख हैं, हरीशचंद्र सारस्वत, सुनील वर्मा, हेमंत वकारे, रमण लालवानी, सुनील आमटे, प्रदीप परिहार, मेजर चौधरी, अमित सोलंकी, सुरेंद्र शर्मा, मनीष दोशी। विशेषकर हमारे गुरु गिरजाशंकरजी शुक्ला, शंभूनाथजी गुप्ता एवं चितले सर, जिन्होंने समय-समय पर अपना अमूल्य मार्गदर्शन हमें दिया। इसके अलावा हम आभारी हैं, हमारे विशेष सहपाठी-मित्र नारायण अडवानी के, जिन्होंने मुद्रण से लेकर प्रकाशन तक सभी कार्यों में हमारी सहायता की। इसके साथ ही हम आभारी हैं लिलेश काकड़े (युनिवर्सल कंप्यूटर्स) के, जिन्होंने इस पुस्तक के मुद्रण में सहायता की। इसके अलावा हमने नेटवर्क मार्केटिंग लीडर्स से भी बहुत सी बातें सीखी हैं। और भी कई लोग हैं, सभी का नाम यहाँ लिख पाना संभव नहीं है। आप सभी का आभार...!

लेखक की ओर से...

इस पुस्तक का चुनाव करने के लिए धन्यवाद! इस पुस्तक के चुनाव का मतलब है, कि आप किसी ऐसे अवसर की तलाश में हैं, जो आपके सपनों को साकार कर सके, या फिर आप पहले से ही किसी नेटवर्क मार्केटिंग व्यवसाय में शामिल हैं और अधिक सफलता पाना चाहते हैं। तब हम आश्वासन देना चाहते हैं, कि आपने सही पुस्तक का चुनाव किया है।

शुरुआत में जब हमारे दोस्तों ने अपनी विभिन्न नेटवर्क कंपनियों के बिज़नेस की योजना हमारे सामने रखने की कोशिश की थी, तब हम इस तरह के व्यवसायों के प्रति पूरी तरह से नकारात्मक नज़रिया रखते थे तथा इसकी अधिक जानकारी पाने के बिल्कुल भी इच्छुक नहीं थे। कई दोस्तों को हमने उनके ही प्लान को, विपरीत अर्थ देकर समझाया था और कई लोगों को हमने उनका बिज़नेस छोड़ने के लिए मजबूर भी किया था। लेकिन एक बार इस क्षेत्र की सुविख्यात कंपनी के सेमिनार में हमें जबरन ले जाया गया और वक्ता की बातों को सुनकर हम बहुत प्रभावित हुए। वह वक्ता उस बिज़नेस में सफलतम लीडर्स में से एक थे। उनसे हमें प्रत्यक्ष मिलवाया गया। उसके बाद बहुत लंबे समय तक उस लीडर ने हमसे संपर्क बनाए रखा तथा कैसेट या अन्य साहित्य के माध्यम से हमें आवश्यक जानकारी देते रहे। उन दो महीनों की अवधि में हमने लगभग हर तरह की शंका उनके सामने रखी, लेकिन हम उन्हें बरगलाने में असफल ही रहे। जबकि उन्होंने पूरे संयम के साथ रिश्तों की गर्मजोशी को बनाए रखा और आख़िर बर्फ़ पिघलने लगी। (आज हम जानते हैं, कि तब हमें फ़ॉलो-अप की विशिष्ट प्रक्रिया से गुज़ारा गया था।) हालाँकि हमारी सभी शंकाओं का समाधान नहीं हुआ था, लेकिन उस दौरान हमें कई मीटिंग्स तथा एक भव्य समारोह में शामिल होने का अवसर मिला।

तब हमने इस बिज़नेस की हर बात को गहराई से समझना शुरू किया और 'दुनिया का महानतम अवसर' कहलाए जाने वाले इस बिज़नेस की सही अवधारणा को जानकर, हम सचमुच आश्चर्यचकित रह गए।

जैसे-जैसे उस बिज़नेस की जानकारी बढ़ती जाती थी, उसी अनुपात में हम पर उसका प्रभाव भी बढ़ता जा रहा था, विशेषकर इसके साथ जुड़ी शिक्षण-प्रणाली हमें अद्वितीय लगी। हम पूरी तरह से सहमत थे, कि व्यावसायिक क्षेत्र में नेटवर्क मार्केटिंग दुनिया का सबसे महान अवसर है। हमारे विचार से यह अवसर न केवल सबके लिए नायाब अवसर है, बल्कि सभी के द्वारा इसे अपनाया जाना चाहिए। लेकिन हम देख रहे थे कि अधिकतर लोग इस बिज़नेस के प्रति उदासीन थे। हालाँकि शुरुआत में हमने भी इसी तरह की प्रतिक्रिया व्यक्त की थी, तब हमने लंबे समय तक इस विषय पर विचार और अध्ययन किया। अंत में हमें एक कारण स्पष्ट दिखाई दिया कि लोगों द्वारा दी जा रही नकारात्मक प्रतिक्रिया वास्तव में समस्या नहीं है, बल्कि समस्या की असली जड़ है, इस बिज़नेस से जुड़कर काम करने वाले लोगों और नेटवर्क कंपनियों के मालिकों की सोच।

इस बिज़नेस में हर व्यक्ति को नैतिक आचरण सिखाया जाता है, दूसरों की सफलता के लिए सहायक होने का पाठ पढ़ाया जाता है। जब तक प्रॉस्पेक्ट बिज़नेस से जुड़ नहीं जाता, तब तक इस नायाब शिक्षण-प्रणाली की हर बात पर अमल किया जाता है, लेकिन बाद में अपने स्वार्थवश तेज़ी से सफलता पाने के लिए, सारी नैतिकता तथा नियमों को भुला दिया जाता है। अपनी कामयाबी को हासिल करने के लिए डाउन-लाइन का सीढ़ी की तरह इस्तेमाल किया जाता है। यह प्रवृत्ति इस बिज़नेस की मूल भावना से मेल नहीं खाती।

दूसरी ओर, तुरंत लाभ पाने की लालसा मानव की मूल प्रवृत्ति है। इसी लालच के साथ बहुत सी कंपनियों के मालिक इस क्षेत्र में प्रवेश करते हैं, बिज़नेस की नैतिकता से उनका कोई सरोकार नहीं होता। उनका तो एक की मक़सद होता है कि किसी भी तरह से लोगों के सामने इस बिज़नेस का जाल बिछाना और एक बार पैसा हाथ में आने के बाद चंपत हो जाना। इन कंपनियों को ऐसी शिक्षण-प्रणाली शुरू करने में कोई

दिलचस्पी नहीं होती या फिर उनकी शिक्षण-प्रणालियाँ भी मालिकों की सोच का आईना होती हैं। दोनों ही स्थितियों में लोग ठगे जाते हैं। इसलिए जब भी कोई इस बिज़नेस की योजना उनके सामने रखता है, लोग तुरंत इंकार कर देते हैं। अब लोग तो आदतन प्रचार करते ही हैं, इसलिए अच्छी बात का अच्छा और बुरी बात का बुरा प्रचार होता है। लोगों की ठंडी प्रतिक्रिया के पीछे हमें यही कारण नज़र आया।

हमारे विचार से नेटवर्क मार्केटिंग बिज़नेस की अवधारणा तो क्रांतिकारी है, बशर्ते कि इसे नैतिकता तथा नियम से चलाया जाए। जब हम इस निर्णय पर पहुँचे, तब एक लेखक की हैसियत से हमने अपना उत्तरदायित्व समझा और तभी इस पुस्तक को लिखने का निश्चय किया। हमने इस पुस्तक के माध्यम से इस बिज़नेस की छुपी, हमारी जानकारी में आई सभी अच्छी-बुरी बातों को अपने पाठकों के सामने खोलकर रखा है। हम चाहते हैं कि हर व्यक्ति सही कंपनी का चुनाव कर सके, सही शिक्षण-प्रणाली का अनुकरण कर सके और सही तरीक़ा अपनाकर अपना नेटवर्क बढ़ाए।

यह पुस्तक आधारित है, हमारे उस गहरे अध्ययन-अनुभव पर, जिसे हमने विभिन्न लीडर्स के साथ प्रत्यक्ष मुलाक़ातों के द्वारा प्राप्त किया है। हमारे लिए यह महज़ एक पुस्तक नहीं, बल्कि हमारा मिशन है। इस पुस्तक के माध्यम से हम नेटवर्क मार्केटिंग के क्षेत्र में कुछ मूलभूत बदलाव लाना चाहते हैं, बिज़नेस के स्तर पर भी और शिक्षण-प्रणाली के स्तर पर भी। हम नेटवर्क मार्केटिंग के मूल सिद्धांतों को प्रस्तुत करना चाहते हैं, ताकि यह मार्केटिंग की कला ही न रह जाए, बल्कि आधुनिक युग के विज्ञान स्वरूप में भी प्रतिपादित हो सके। यह पुस्तक आपको इस क्रांति में शामिल होने के लिए प्रेरित कर सकती है, न केवल व्यापार के परिदृश्य को बदलने के लिए, बल्कि नेटवर्क मार्केटिंग का चेहरा बदलने के लिए भी। इसलिए इस पुस्तक का हर शब्द महत्वपूर्ण है, जो आपको नेटवर्क मार्केटिंग के नए अर्थों से परिचित करवाएगा।

अगर आपकी कंपनी में कोई शिक्षण-प्रणाली नहीं है, तब आप इस पुस्तक के दिशा-निर्देशों को एक गाइड की तरह इस्तेमाल करके अपनी सफलता को सुनिश्चित कर सकते हैं। वैसे इस पुस्तक के सिद्धांत जीवन

के हर क्षेत्र में सफलता पाने के लिए भी उतने ही उपयोगी हैं। अगर आप किसी शिक्षण-प्रणाली से जुड़े हुए हैं, तब हमारी सलाह है कि इस पुस्तक के दिशा-निर्देशों पर अमल करने से पहले अपनी क्रियाशील एवं सफल अप-लाइन की सलाह ज़रूर ले लें, क्योंकि वे आपके ज़्यादा क़रीब हैं और आपके बिज़नेस की स्थिति को हमसे बेहतर जानते हैं।

शुभकामनाओं सहित...!

- आरती मंशानी

- शंकर मंशानी

भाग एक : व्यापार का विकास

अध्याय 1

परंपरागत व्यापार, फ़्रेंचाइज़ और नेटवर्क मार्केटिंग

वैसे देखा जाए तो व्यापार अपने आप में एक विस्तृत और गहरा विषय है। इस विषय का विस्तार से अध्ययन करने के लिए शिक्षा पद्धति में 'कॉमर्स' शाखा का समावेश किया गया है। चूँकि हम यहाँ 'नेटवर्क मार्केटिंग' का अध्ययन करने जा रहे हैं, इसलिए व्यापार में हुए विकास के बारे में हम संक्षेप में कुछ बातों पर विचार करेंगे। इस विकास से जुड़ी मुख्य बातों को पहले हम संक्षेप में समझ लें, तो आगे हमें पूरे विषय को समझने में आसानी होगी।

बाज़ार

बाज़ार का मतलब है, जहाँ कम से कम दो व्यक्ति हों। एक बेचने वाला, दूसरा ख़रीदार। लेकिन थोड़ा और गहराई में जाएँ, तो बाज़ार का मतलब है एक उत्पादक और एक उपभोक्ता यानी ग्राहक। ग्राहक के द्वारा उपयोग में लाई जाने वाली वस्तुओं को, ग्राहक की ज़रूरत को ध्यान में रखकर, उत्पादक द्वारा तैयार किया जाता है। इसमें ग्राहक ही सबसे ऊपर है। उत्पादक अपनी लागत के अलावा, अपनी मेहनत के बदले में, अपना लाभ लेकर ग्राहक की ज़रूरतों को पूरा करता है।

पारंपरिक वितरण प्रणाली की चेन

समय के साथ-साथ बाज़ार का विकास हुआ और उपभोक्ता तथा उत्पादक के बीच दूरी बढ़ती गई, क्योंकि बाज़ार में कुछ अन्य व्यवसायियों ने प्रवेश किया। इन व्यवसायियों में पहले खुदरा विक्रेता, थोक विक्रेता, वितरक और कुछ समय बाद में विज्ञापन का प्रवेश हुआ। अब परंपरागत व्यवसाय इस तरह से होने लगा कि उत्पादक वस्तु का उत्पादन करके लागत और अपना लाभ लेकर वितरण प्रणाली को सौंप देता है। वितरण प्रणाली में वितरक थोक विक्रेताओं तक, और थोक विक्रेता खुदरा व्यापारियों तक, वस्तु पहुँचाने में एक कड़ी का काम करने लगे।

उत्पादक और उपभोक्ता के बीच दूरी बढ़ने के कारण वस्तु की जानकारी विज्ञापनों के द्वारा ग्राहक तक पहुँचाई जाने लगी। ग्राहक अब भी महत्वपूर्ण था, लेकिन अब उत्पादक के अलावा वितरण-प्रणाली में बँटने वाले लाभ का भुगतान भी ग्राहक ही करने लगा। तकनीकी विकास के कारण वस्तुओं की गुणवत्ता में सुधार हुआ, लागत के ख़र्च में कमी हुई, लेकिन वस्तुओं का दाम बढ़ता चला गया। आवश्यकता और आपूर्ति के बीच स्पर्धा के कारण महँगाई तो बढ़नी ही थी, लेकिन दाम जिस तेज़ी से बढ़ रहे हैं, उसमें सबसे बड़ा कारण वितरण प्रणाली के द्वारा लिया गया लाभ है। आज ग्राहक द्वारा चुकाई गई क़ीमत का औसतन 20% से 40% ही उत्पादक के पास पहुँचता है। बाक़ी 60% से 80% वितरण प्रणाली के बीच बँट जाता है, जो कि ग्राहक की जेब से ही वसूल किया जाता है। विशेष यह कि उत्पादक से ग्राहक तक पहुँचने के बीच, वस्तु के रूप-रंग-गुण या वज़न में कोई फ़र्क़ नहीं पड़ता, जैसा उत्पादक ने बनाया वैसा ही ग्राहक तक पहुँचता है। फिर ग्राहक आख़िर अपनी ख़ून-पसीने की कमाई का 60% से 80%, वितरण प्रणाली को क्यों देता आया है? इसका अगर कोई जवाब है तो बस इतना ही, कि ऐसा पीढ़ी-दर-पीढ़ी चला आ रहा है, सब करते हैं, इसलिए हमने भी किया। क्या वितरण प्रणाली में दोष है? वे ग़लत करते हैं? नहीं...। सभी मेहनत कर रहे हैं, पैसा लगाया है, दुकान खोली है, गोडाउन है, नौकर-चाकर हैं, हज़ार तरह के तनाव हैं व्यापार में। लेकिन इस हिसाब से ग़लती तो ग्राहक की भी नहीं है, जो दो-तीन रुपए की वस्तु, आठ-दस रुपए में ख़रीद रहा है।

सीधी वितरण प्रणाली

पारंपरिक वितरण प्रणाली के इस सवाल का जवाब मिला 1940 में, जब कुछ कंपनियों ने सीधी वितरण प्रणाली शुरू की, सीधे उत्पादक से ग्राहक तक। जिनमें अग्रणी कंपनी थी 'न्यूट्रीलाइट'। 'न्यूट्रीलाइट' कंपनी, जो कि स्वास्थ्यवर्धक (पोषक) आहार का निर्माण करके, सीधे ग्राहक तक पहुँचाती थी। इस वितरण प्रणाली में उत्पादक और उपभोक्ता के बीच केवल एक व्यक्ति था, और वह उपभोक्ता ख़ुद ही होता था या फिर एक सेल्समैन। इसका विज्ञापन भी 'व्यक्ति से व्यक्ति' होता था। बाद में हर ग्राहक ही वितरक बन बैठा। अब हर ग्राहक अन्य ग्राहकों को वस्तु बेचने के लिए प्रोत्साहित करने लगा और अपने लाभ में से एक हिस्सा नीचे बाँटने लगा। इस तरह ग्राहक, जो किसी अन्य ग्राहक तक वस्तु बिकवाने का माध्यम बनता था, वह इस वितरण प्रणाली की एक कड़ी बन जाता था और साथ ही लाभ का हिस्सेदार भी।

इस सीधी वितरण प्रणाली के कारण वस्तु के दाम में कमी आई, उत्पाद सस्ते हुए। कड़ी-दर-कड़ी बनते-बनते उत्पादक और ग्राहक के बीच, बहुत सारे लोग माध्यम बनने से, यह दूरी बढ़ने लगी और वस्तु की क़ीमत भी बढ़ी। हालाँकि परंपरागत वितरण प्रणाली की तुलना में क़ीमतों में यह वृद्धि बहुत कम थी। दूसरी महत्वपूर्ण बात यह थी कि परंपरागत वितरण प्रणाली में कारोबार का औसत 60% हिस्सा केवल मुट्ठीभर (केवल 7%) लोगों में बँट जाता था। इस सीधी वितरण प्रणाली में अब हर ग्राहक इसकी कम क़ीमत से फ़ायदा पाता था और वितरण की कड़ी से जुड़कर, उस लाभ का भी हिस्सेदार बन सकता था। पचास और साठ के दशक में इस वितरण प्रणाली ने बहुत प्रगति की और वितरण की कड़ी बनने वाले लाखों लोगों को इसका लाभ मिला। ख़ासकर 'न्यूट्रीलाइट' कंपनी में दो व्यक्तियों का नाम स्वर्णाक्षरों में लिखा जाएगा, रिच डेवॉस और जे वैन एन्डल। इस जोड़ी ने सीधी वितरण प्रणाली में एक कड़ी बनकर, इतना व्यवसाय किया कि वे धनवानों की श्रेणी में आ गए।

फ्रेंचाइज़

साठ के दशक में एक व्यक्ति 'रे क्रॉक' ने व्यापार के क्षेत्र में नई क्रांति की। दुनिया को एक बेहतरीन व्यापार प्रणाली दी, जिसे बाद में फ्रेंचाइज़ का नाम दिया गया। उसकी कहानी दिलचस्प है।

रे क्रॉक और मैकडॉनल्ड की कहानी

मिक्सर ग्राइंडर बेचने की नौकरी के दौरान, रे क्रॉक एक अजीब से रेस्तराँ में पहुँचे, जहाँ उन्होंने पहली बार ग्राहकों को स्वयं सेवा करते देखा। रे क्रॉक को 'मैकडॉनल्ड' का यह नया तरीक़ा पसंद आया और उन्होंने उसी तरह से बर्गर बेचने का, रेस्तराँ चलाने का लाइसेंस मैकडॉनल्ड बंधुओं से ख़रीदा। आज के हिसाब से रे क्रॉक ने फ्रेंचाइज़ी ख़रीदी। हॉलीवुड से जुड़े मैकडॉनल्ड बंधु इसे अपने साइड बिज़नेस के रूप में चला रहे थे, इसलिए उन्होंने रे क्रॉक की सलाहों को नज़रअंदाज़ किया। अपनी हानि से उबरने के लिए, आख़िर रे क्रॉक को वह रेस्तराँ सर्वाधिकार के साथ, अधिक क़ीमत चुकाकर ख़रीदना पड़ा।

अब रे क्रॉक अपनी मर्ज़ी से रेस्तराँ चलाने के लिए स्वतंत्र थे। इसलिए उन्होंने मैकडॉनल्ड को चलाने के लिए अपने सोचे हुए तीन सिद्धांत लागू किए।

1) निरंतर बेहतरीन स्वाद

2) स्वस्थ-स्वच्छ वातावरण

3) ग्राहक की बेहतरीन सेवा

'रे क्रॉक' ने आलू के अलग-अलग टुकड़ों को अलग-अलग तेल में तलकर देखा और फिर जाना कि इस आकार का टुकड़ा, इतने गरम तेल में, इतने समय तक तलने पर बेहतरीन स्वाद देता है। हज़ारों प्रयोग करके उन्होंने हर तरह के पकवान को बेहतरीन स्वाद वाला बनाया और एक जैसे स्वाद के लिए सूत्र को लिख दिया। इन तीनों सिद्धांतों को लागू करने के कारण मैकडॉनल्ड, रेस्तराँ के क्षेत्र में एक मील का पत्थर बन गया। उसका नाम दूर-दूर तक फैल गया। इस व्यवसाय को बढ़ाने हेतु,

रे क्रॉक ने इसकी शाखाएँ खोलने के लिए परंपरागत सारे प्रयत्न किए, लेकिन हर प्रयत्न में कठिनाइयाँ आती रहीं। हर शाखा के लिए आवश्यक थी पूँजी, मेहनत और समय। रे क्रॉक ने बहुत पूँजी कमाई थी, वे मेहनत करने में भी पीछे नहीं थे, लेकिन समस्या थी समय की। हर इंसान की तरह उनके पास भी दिन में 24 घंटे थे, जिसमें से वे दस-बारह-सोलह-अठारह, यहाँ तक कि बीस घंटे भी काम कर सकते थे। इन बीस घंटों में वे पूरी तरह से दो ही रेस्तराँ चला सकते थे। वे दो-तीन या चार रेस्तराँओं के लिए मेहनत कर सकते थे। अपने लाभ की पूँजी से वे चार-पाँच रेस्तराँ शुरू कर सकते थे, फिर उनसे मिले लाभ से और, फिर और, फिर और...। लेकिन समय की समस्या थी, जिसमें दो से ज़्यादा रेस्तराँ चलाना असंभव था। इसका समाधान परंपरागत तरीक़ों में था कि हर जगह एक मैनेजर रखा जाए। यहाँ समस्या थी, कि नौकर आख़िर नौकर होता है, वो मालिक जैसा काम नहीं कर सकता। रे क्रॉक का रेस्तराँ चलने में दो ही बातें महत्वपूर्ण थीं। एक उसका 'नाम' 'मैकडॉनल्ड' जिसे देखकर लोग आते, और दूसरी चीज़ उनके 'तीन सिद्धांत' 'सफल प्रणाली', जिसके कारण ग्राहक टिके रहते। रे क्रॉक ने विचार किया कि अगर ये दोनों चीज़ें किसी भी रेस्तराँ में हों और उसे नौकर की जगह मालिक चलाए, तो ऐसा हर रेस्तराँ चलेगा। बस यहीं उन्होंने दुनिया को, व्यापार जगत को, एक नई चीज़ दी।

रे क्रॉक ने अपने दोस्तों व रिश्तेदारों को आमंत्रित करके, उन्हें मालिक बनकर 'मैकडॉनल्ड' की शाखा शुरू करने की बात समझाई। इसमें रे क्रॉक ने उन्हें अपना नाम 'मैकडॉनल्ड' देने और 'सफल प्रणाली' सिखाने का प्रस्तवा रखा, साथ ही रेस्तराँ के लाभ में चलने का आश्वासन भी दिया। उस साझेदारी में रे क्रॉक ने लाभ का 98%:2% ऐसा प्रस्ताव भी रखा, यानी 98% शाखा मालिक का, 2% रे क्रॉक का। प्रस्ताव अच्छा था, लेकिन लोगों ने उस प्रस्ताव पर काम करने के बजाय अपनी शंकाएँ सामने रखीं, जिनका कोई अंत नहीं था। बहुत से मीन-मेख निकाले गए। काम एक था, जो किया जा सकता था। प्रश्न और शंकाएँ अनगिनत थीं। हर प्रश्न का जवाब, हर शंका का समाधान असंभव था। लोगों ने रे क्रॉक को पागल क़रार दिया, जो अपना नाम और व्यापार के रहस्य दूसरों को सिखाने के लिए तैयार था। ऐसा पागलपन तब तक किसी ने नहीं किया

था, इसलिए उस प्रस्ताव पर काम करने के लिए कोई तैयार नहीं हुआ। कहा जाता है कि नैन्सी ने, जो कि शायद रे क्रॉक की कोई रिश्तेदार थी, इस प्रस्ताव को माना और व्यापार जगत में नई क्रांति का शुभारंभ हुआ।

नैन्सी ने उसी 'डिज़ाइन' का रेस्तराँ अपनी पूँजी से शुरू किया, जिस पर उसी तरह से 'मैकडॉनल्ड' नाम लिखा गया। रे क्रॉक ने नैन्सी को अपने 'तीनों सिद्धांत' के साथ सफल प्रणाली सिखाई, उसके साथ मेहनत भी की। इसके कारण नैन्सी की 'मैकडॉनल्ड' शाखा चल निकली। रे क्रॉक ने नैन्सी को एक बार सिखाया, फिर सिखाने की ज़रूरत नहीं पड़ी। रे क्रॉक को पागल कहने वाले लोग, एक के बाद एक लौटकर आए और शाखाएँ खुलती चली गईं। 1984 में रे क्रॉक की मृत्यु के समय दुनिया में मैकडॉनल्ड की 8,000 शाखाएँ खुल चुकी थीं। मृत्यु के बाद भी यही सिलसिला चलता रहा और सन 2001 तक मैकडॉनल्ड की लगभग 25,000 शाखाएँ खुल चुकी थीं। क्योंकि रे क्रॉक ने मरने से पहले ही एक 'फ़ूड सप्लायर' का विभाग खोल दिया था, जो हर रेस्तराँ तक चीज़ें 80% तैयार करके पहुँचाएगा। दूसरी तरफ़ थी एक शिक्षा प्रणाली, जो सिखाएगी कि ये रेस्तराँ सफलतापूर्वक कैसे चलाया जाता है। आज हर 17 घंटे में मैकडॉनल्ड की एक नई शाखा कहीं न कहीं शुरू हो रही है।

अगर गणना की जाए, तो 25,000 शाखाओं में 10 घंटे के हिसाब से प्रतिदिन ढाई लाख घंटे काम हो रहा है। जिसका 2% काम यानी 5,000 घंटे प्रतिदिन का शुद्ध लाभ, एक सफलतम रेस्तराँ से, रे क्रॉक के परिवार को मिल रहा है। इस तरह से एक नई वितरण प्रणाली का उदय हुआ। उत्पादक=> फ्रेंचाइज़ शाखा का मालिक=> ग्राहक। इस सफल वितरण प्रणाली की नक़ल बहुत लोगों ने की। भारत में उसको अपनाने वालों के अग्रक्रम में हैं बाटा, ऑपटेक, हल्दीराम, चाटे कोचिंग क्लासेज़, बीएसएनएल एसटीडी/पीसीओ। इस वितरण प्रणाली की कई सही और ग़लत नक़लें बाज़ार में आईं। जिसने सही प्रणाली अपनाई, वो व्यापार चलने लगे। बहुत सारी कंपनियों ने इस प्रणाली का तत्कालीन लाभ उठाया और बंद हो गईं। गेहूँ के साथ घुन भी पिस जाता है। ग़लत कंपनियों के व्यापार का प्रभाव, सही कंपनियों को भी भुगतना पड़ा, लेकिन कालांतर में जो सही थे और टिके रहे, उनका व्यापार फला फूला।

यह व्यापार प्रणाली जनहित में थी, इसलिए तमाम स्थापित कंपनियों के विरोध के बावजूद इस प्रणाली ने अभूतपूर्व विकास किया।

इस प्रणाली में भी कुछ कमियाँ हैं, जैसे 'मैकडॉनल्ड' फ्रेंचाइज़ में 'रे क्रॉक' को ही अधिकार है, कि वे किसी को अपनी फ्रेंचाइज़ दे और एक बार सिखाकर पीढ़ियों तक लाभ का हिस्सेदार बना रहे। उसकी रिश्तेदार 'नैन्सी' हमेशा कड़ी मेहनत करती रहेगी। जब तक रेस्तराँ खुलेगा, काम होगा, तब तक ही 'नैन्सी' को लाभ मिलेगा, यानी आठ से सोलह घंटे रोज़ का ही लाभ मिलेगा। रेस्तराँ बंद - आय बंद। फ्रेंचाइज़ की अच्छी बातों का सीधी वितरण प्रणाली में प्रयोग किया गया और व्यापार जगत में एक बार फिर से नई क्रांति हुई- जिसे मल्टीलेवल मार्केटिंग (MLM) या नेटवर्क मार्केटिंग के नाम से जाना गया।

नेटवर्क मार्केटिंग

न्यूट्रीलाइट कंपनी की सीधी वितरण प्रणाली में सफलतम वितरक जोड़ी 'रिच डेवॉस और जे वैन एन्डल' के सामने एक समस्या खड़ी हुई। न्यूट्रीलाइट कंपनी का कारोबार व्यापार जगत की हलचल के कारण अपने वितरकों को पूरी तरह से न्याय नहीं दे पा रहा था। रिच डेवॉस और जे वैन एन्डल अपनी टीम को दिए गए आश्वासनों को निभाने के लिए प्रतिबद्ध थे। इन विपरीत परिस्थितियों में उन्होंने एक साहसिक निर्णय लिया और अपनी अलग कंपनी शुरू की। इस कंपनी में उन्होंने फ्रेंचाइज़ प्रणाली की अच्छी बातों का उपयोग सीधी वितरण प्रणाली में किया और हर वितरक को अधिकार दिया कि वह अपने साथ अन्य लोगों को वितरक होने का अधिकार दे सकता है। ऐसे में हर वितरक रे क्रॉक की तरह लाभ का हिस्सेदार बन सकता है। सोच यह थी, कि जैसे रे क्रॉक से सीखने के बाद नैन्सी ने व्यापार में सफलता हासिल की, वैसे ही अब वह किसी भी व्यक्ति को अपना व्यापार सिखा सकती है, और हर व्यक्ति आगे अपना व्यापार सिखा सकता है। इस कंपनी का नाम था, एमवे। जैसे मैकडॉनल्ड फ्रेंचाइज़ प्रणाली का पर्यायवाची शब्द है, वैसे ही एमवे 'नेटवर्क मार्केटिंग' का पर्यायवाची माना जाता है। जब भी नेटवर्क

मार्केटिंग का ज़िक्र होगा- एमवे का नाम ज़रूर सामने आएगा। इसलिए हम नेटवर्क मार्केटिंग से परिचित होना चाहते हैं, तो एमवे का इतिहास जानना ही चाहिए।

एमवे का इतिहास

सन 1959 में इडा, मिशिगन, अमेरिका में रिच डेवॉस व जे वैन एन्डल ने एमवे कॉर्पोरेशन की स्थापना की। तब केवल एक ही उत्पाद था एलओसी (लिक्विड ऑर्गेनिक क्लीनर), जिसका उत्पादन एक गैरेज में किया जाता था। यह एक ऐसी वस्तु है, जिससे फ़र्श से कपड़ों तक हर चीज़ को साफ़ किया जा सकता है। जिस चीज़ को पानी से हानि या नुक़सान नहीं होता है, उसे एल.ओ.सी. से साफ़ किया जा सकता है। रसायनों से मुक्त इस अकेले उत्पाद के भरोसे एमवे ने पहले ही वर्ष एक बड़ा कारोबार किया। उसके बाद एमवे ने कभी पीछे मुड़कर नहीं देखा। ग्राहकों की ज़रूरतों को ध्यान में रखकर रोज़मर्रा की वस्तुओं (Fast Moving Consumer Goods, FMCG) का निर्माण होने लगा। एमवे का व्यापार बढ़ने लगा। धीरे-धीरे यह व्यापार अमेरिका से कनाडा और फिर अन्य देशों में फैलने लगा और इसने अंतरराष्ट्रीय व्यापार का रूप धारण कर लिया। एमवे का प्लान अनुभवी रिच डेवॉस और जे वैन एन्डल के द्वारा बनाया गया था, जो पूरी तरह से जनहित में था और पूरी तरह युक्तिसंगत तरीक़े से बनाया गया था। एमवे के प्लान में, वितरण प्रणाली में, सभी के लाभ (win-win) की दार्शनिकता थी। इसलिए इस प्रणाली को अद्‌भुत प्रतिसाद मिला। लोगों ने इस व्यापार को हाथोंहाथ लिया और एमवे कॉर्पोरेशन व्यापार जगत में एक दीपघर की तरह जगमगाने लगा। कुछ समय बाद न्यूट्रीलाइट कंपनी भी एमवे कॉर्पोरेशन का एक हिस्सा बन गई। आज एमवे, नेटवर्क मार्केटिंग के क्षेत्र में दुनिया की नंबर वन कंपनी है। एमवे की इस सफल प्रणाली को, बहुत सी कंपनियों में, अपने-अपने हिसाब से अपनाया गया है। नेटवर्क मार्केटिंग के इस क्षेत्र में कई सही और ग़लत कंपनियाँ व्यापार के लिए आगे आने लगीं और परंपरागत व्यापार के परिदृश्य को बदलकर रख दिया। इसमें मेरी के, न्यू स्किन, हर्बल लाइफ़ जैसी अच्छी कंपनियाँ भी थीं। सॉफ़्ट ड्रिंक में जैसे कोका कोला,

सॉफ़्टवेअर में माइक्रोसॉफ़्ट, ऑटोमोबाइल में फ़ोर्ड और इलेक्ट्रिकल के क्षेत्र में जनरल इलेक्ट्रिकल कंपनियाँ शीर्ष पर हैं, पायोनीयर हैं, वैसे ही नेटवर्क मार्केटिंग में एमवे कॉर्पोरेशन पायोनीयर है। एक आलोचक ने तो यहाँ तक कहा है कि,

> ***"एमवे इस पूरी शताब्दी में एक ऐसा विषय रहा है, जिसके बारे में सबसे ज़्यादा चर्चाएँ हुई हैं, लेकिन जिसे सबसे कम समझा गया है।"***

एमवे को इससे बेहतर तरीक़े से परिभाषित नहीं किया जा सकता।

एमवे एक अनोखा बिज़नेस क्यों है?

एमवे कॉर्पोरेशन की विशेषताएँ अनगिनत हैं, जैसे :

1) एमवे के अपने 450 उत्पाद हैं, जिसे कंपनी ख़ुद बनाती है। जिसमें से 380 पेटेंट शामिल हैं, जिनकी नक़ल दुनिया में कोई नहीं कर सकता।

2) इन पेटेंट उत्पादों के पीछे 500 से ज़्यादा वैज्ञानिकों की फ़ौज है और अपनी 57 प्रयोगशालाएँ हैं।

3) पूरी दुनिया में एमवे के 32 लाख से ज़्यादा सक्रिय वितरक हैं।

4) फ़ॉर्चून 500 में से 140 से अधिक कंपनियाँ एमवे के साथ 'टाइ अप' हैं, जो कि अपने क्षेत्र में अग्रणी हैं, उदाहरणार्थ– माइक्रोसॉफ़्ट, मोटोरोला, कोका कोला, इसके अलावा भारत में भारत पेट्रोलियम, Stan. Chart., UTI, ICICI Bank, Max New York Life Insurance, Reliance Mobile इत्यादि। इन कंपनियों के लगभग 3,000 उत्पाद एमवे में शामिल हैं।

5) एमवे कंपनी 1959 में शुरू हुई और लगातार सफलतापूर्वक

कार्य कर रही है। जबकि नेटवर्क मार्केटिंग में कार्यरत 2,000 कंपनियों में से पाँच साल पुरानी कंपनियाँ ऊँगलियों पर गिनी जा सकती हैं।

6) एमवे का फैलाव 90 से ज़्यादा देशों में है। एमवे को किसी देश से निकाला नहीं गया, और ना ही एमवे एक भी देश से वापस लौटी है। हर जगह सफलता ही एकमात्र कारण है।

7) एमवे ने 25,000 करोड़ का वार्षिक कारोबार पार कर लिया है। यह कंपनी क़र्ज़ से मुक्त है। न किसी का देना है, न किसी से लेना है।

8) इसके उत्पादों में विविधता है। जिसमें मुख्यतः 'हेल्थ केयर', 'पर्सनल केयर', 'होम केयर', 'स्किन केयर', और सिंचाई के लिए उत्पादों की पूरी विविधता है। बाक़ी अन्य कंपनियाँ एक-दो-चार-दस-बीस-पचास उत्पाद और एकाध क्षेत्र तक ही सीमित रह जाती हैं।

9) एमवे अपने उत्पादों की गुणवत्ता का पूरा ध्यान रखती है, एमवे के उत्पाद उच्चतम गुणवत्ता के लिए विश्वप्रसिद्ध हैं।

10) एमवे के उत्पाद तीन 'E' के लिए मशहूर हैं, Economical (किफ़ायती), Effective (असरदार), Eco-friendly (पर्यावरण मित्र), यानी ग्राहक के द्वारा चुकाई गई पाई-पाई की क़ीमत, अपनी गुणवत्ता की कसौटी पर खरा उतरना और वातावरण तथा शरीर के लिए पूर्णतः सुरक्षित। एमवे के उत्पाद पूर्णतः ऑर्गेनिक हैं, इनमें हानिकारक रसायनों का प्रयोग बिल्कुल नहीं होता।

11) एमवे का दर्शन है परिवार, स्वतंत्रता, आशा, पुरस्कार।

12) एमवे के उत्पादों का खोजबीन के दौरान जानवरों पर प्रयोग नहीं किया जाता।

13) एमवे हर देश की सरकार का प्यारा बिज़नेस है, क्योंकि एमवे कभी भी कोई बेईमानी का काम नहीं करती। यह कारोबार

नक़द चलता है। सभी तरह के टैक्स सीधे सरकार को अदा करके ही हर चीज़ रसीद के साथ बेची जाती है। वितरकों का कमीशन भी डिमांड ड्राफ़्ट द्वारा किया जाता है। इसलिए आयकर की चोरी भी असंभव है।

14) एमवे के पास 7,500 एकड़ में अपने फ़ार्म हाउस हैं, और 'ऑर्गेनिक' उत्पादों के लिए अपनी फ़सलें हैं, जो पौधे विशेष की अनुकूलता को ध्यान में रखकर, अनुकूल वातावरण वाले देश में ज़मीनों पर उगाई जाती हैं।

15) रिज़र्व बैंक ऑफ़ इंडिया और फ़ॉरेन इन्वेस्टमेंट बोर्ड से विधिवत मंज़ूरी मिलने के बाद, 1995 में एमवे को भारत में मान्यता दी गई। इस शर्त के साथ कि एमवे अपने उत्पाद भारत में ही तैयार करेगी, ताकि रोज़गार भारत के स्थानीय लोगों को मिले। एमवे ने 151 करोड़ की लागत से पूना, दमन और हैदराबाद में अपना उत्पादन शुरू किया और 5 मई, 1998 में विधिवत अपना व्यापार शुरू किया। एमवे पहले ही दिन में नेटवर्क मार्केटिंग के क्षेत्र में भारत की नंबर वन कंपनी बन गई।

16) भारत में पहले वर्ष 100 करोड़, दूसरे वर्ष 250 करोड़, तीसरे वर्ष 553 करोड़ और चौथे वर्ष में 626 करोड़ का कारोबार करके एमवे ने इतिहास लिख दिया। इतनी तेज़ी से भारत में आज तक किसी भी पारंपरिक या अपारंपरिक कंपनी ने अपना विकास नहीं किया।

17) एमवे अपने वितरकों को कारोबार बढ़ाने में मदद करती है, जैसे उच्चतम गुणवत्ता के उत्पाद, घरपहुँच सेवा, वितरकों का पूरा हिसाब-किताब, व्यक्तिगत बहीखाता, व्यक्तिगत व्यापार का वितरण, वितरण व्यवस्था, उत्पादों की तालीम के लिए मुफ़्त कार्यशालाएँ... इत्यादि। हर दो माह में एमाग्राम पत्रिका का वितरण करना। सफलता पाने वाले व्यक्ति का नाम, सचित्र परिचय का प्रकाशन और प्रोत्साहन देना। कमीशन के विवरण सहित भुगतान करना।

बस वितरक अगर ज़रा सी पूँजी लगाकर, एमवे के उत्पादों का उपयोग करे, यानी प्रोज़्युमर हो जाए और वितरण का नेटवर्क तैयार करने में अपने दिन के 2-3 घंटों का ख़ाली समय लगाए, तो वह सिर्फ़ 2 से 5 साल में अपनी आर्थिक स्वतंत्रता को पा सकता है। इसके बदले में एमवे उसकी मेहनत का तीन पीढ़ियों तक उसके परिवार को भुगतान करती रहेगी।

एमवे सामाजिक कार्यों में भी अग्रणी है। भारत में उसने नेत्रहीनों के लिए ब्रेल लिपि की पुस्तकें मुफ़्त छापने और वितरित करने का ज़िम्मा लिया है। हिमालय पर पर्यटकों द्वारा फैलाए गए कचरे को एमवे ने साफ़ किया। एमवे के सामाजिक कार्यों का बखान आज नहीं तो कल ज़रूर होगा।

एमवे का इतिहास कुछ पन्नों में समेटा नहीं जा सकता, क्योंकि एमवे सिर्फ़ एक व्यवसाय ही नहीं, जीने का एक तरीक़ा भी है। जो एमवे के इतिहास, उसकी प्रगति के बारे में और अधिक जानकारी चाहते हैं वो एमवे की वेबसाइट www.amway.com देख सकते हैं, या फिर ख़ुद रिच डेवॉस द्वारा लिखी गई 'Believe' पुस्तक पढ़ सकते हैं। लेखक चार्ल्स पॉल कॉन की 'वादे जो निभाने हैं' या 'The Dream That Will Not Die' पुस्तकें पढ़ सकते हैं।

एमवे की क़ानूनी जीत और वैध नेटवर्क मार्केटिंग का जन्म

एक घटना एमवे के बारे में ऐसी है, जिसके उल्लेख के बिना यह पुस्तक अधूरी रहेगी। साठ के दशक में फ्रेंचाइज़ प्रणाली की बहुत सारी नक़लें बाज़ार में आईं और फ्रेंचाइज़ प्रणाली को बहुत ही विरोधों का सामना करना पड़ा। जिन्होंने इस प्रणाली को सही ढंग से अपनाया, टिके रहे, अवरोधों को पार किया, वो सफल हुए। उसी तरह से 'नेटवर्क मार्केटिंग' की सफलता को देखकर बहुत सारी सही-ग़लत कंपनियाँ बाज़ार में आ गईं। कुछ कंपनियों ने तो लोगों को लूटने के लिए ही अपना कारोबार इस प्रणाली में शुरू किया। मेंबरशिप, चेन सिस्टम, पिरामिड सिस्टम (अवैध),

ऐरोप्लेन गेम, पोंजी सिस्टम और न जाने क्या-क्या बाज़ार में छा गया। जितनी कंपनियाँ, उतने ही मार्केटिंग प्लान, सभी आकर्षक आश्वासनों के साथ बाज़ार में उतरतीं, अपने आपको सर्वश्रेष्ठ बतातीं, पैसा बटोरतीं और फिर ग़ायब हो जातीं।

बहुत से लोग रातों रात अमीर बनने के रास्ते तलाशते रहते हैं, और कुछ लोग ऐसे ही बहुत से लोगों को तलाशते रहते हैं।

फिर लोगों को रातों रात अमीर बनने का सपना दिखाकर..., ये लोग ख़ुद अमीर बन जाते हैं, फिर ग़ायब हो जाते हैं। ऐसी योजनाओं में बहुत लोगों ने अपनी पूँजी गँवाई और अमेरिकी सरकार का ध्यान गया। सत्तर और अस्सी के दशक में जो भी कंपनी 'नेटवर्क मार्केटिंग' के शिखर पर पहुँचती, उसे फ़ेडरल ट्रेड कमीशन द्वारा कोर्ट में खींचा जाता और ज़रा सी भी अनियमितता मिलने पर उसे सज़ा दी जाती। ऐसे में बहुत सी अच्छी-अच्छी कंपनियाँ भी बर्बाद हो गईं, जिनमें प्रमुख थीं मेरी के, न्यूस्किन, फ़ंड अमेरिका, हर्बल लाइफ़, एनएसए। इसका असर एमवे पर भी हुआ। आख़िर वो समय भी आया, जब सन 1975 में फ़ेडरल ट्रेड कमीशन के सामने एमवे को खड़ा होना पड़ा और सन 1979 का वर्ष, नेटवर्क मार्केटिंग के इतिहास में स्वर्णाक्षरों में लिखा जाएगा, क्योंकि चार वर्षों के क़ानूनी संघर्ष के बाद एमवे ने केस जीत लिया। दुनिया में पहली नेटवर्क मार्केटिंग कंपनी एमवे ने साबित कर दिखाया, कि वह किसी अवैध पिरामिड के आधार पर अपना व्यापार नहीं कर रही, बल्कि पूरी तरह से ईमानदारी, नेक नीयत के साथ, न्याय के साथ, अपना कारोबार कर रही है। पहली बार पिरामिड, स्कीम और अवैध नेटवर्क मार्केटिंग के लिए एमवे पर चले केस के बाद स्पष्ट दिशा निर्देश, नियम व क़ानून बने। पूरी नेटवर्क इंडस्ट्री इसके लिए एमवे कॉर्पोरेशन की क़र्ज़दार रहेगी। एफ़.टी.सी. के निर्णय का महत्वपूर्ण हिस्सा था यह सवाल :

"क्या सबसे आख़िरी में जुड़ा व्यक्ति लाभान्वित हो सकता है?"

अगर जवाब ना में है तो अवैध है और जवाब हाँ में है तो वैध है। एमवे केवल लोगों को जोड़ने का कमीशन नहीं देती, बल्कि लोगों के द्वारा उत्पादों के उपयोग से हुए कारोबार पर कमीशन देती है। एमवे का आख़िरी डिस्ट्रीब्यूटर भी थोक ख़रीदी में मिली छूट को चिल्लर बिक्री करके मुनाफ़ा कमा सकता है और इसी तरह से कारोबार बढ़ाकर कमीशन भी ले सकता है। इस एक सवाल का जवाब ही गहराई में समझा जाए तो लोग ठगे जाने से बच सकते हैं। नेटवर्क मार्केटिंग इंडस्ट्री यानी सिर्फ़ एमवे नहीं, इसमें बहुत सी अच्छी कंपनियाँ भी हैं, जैसे मोदी केयर, टप्पर वेयर, हर्बल लाइफ़, हिंदुस्तान लीवर नेटवर्क, एवॉन, स्वदेशी, RCM, Nmart, AMC। इंडियन डायरेक्ट सेलिंग एसोसिएशन की सदस्य ऐसी कई कंपनियाँ हैं, जो सही तरीक़ों से इस इंडस्ट्री में अपना योगदान दे रही हैं।

• • •

अध्याय 2

दूरदृष्टि

नेटवर्क मार्केटिंग 21वीं सदी का व्यवसाय

तकनीकी विकास और लागत में कमी : धन से वस्तु के लेन-देन की प्रणाली जब शुरू हुई, तब उत्पादक सीधे ग्राहक तक पहुँचता था। तब लागत थी 90 रुपए और ग्राहक को 100 रुपए में उत्पाद मिल जाते थे। उत्पादक द्वारा सीधे ग्राहकों तक बड़ी संख्या में पहुँचना असंभव था, तब इसमें मध्यस्थों (बिचौलियों) का प्रवेश हुआ। मध्यस्थों ने उत्पादों को बड़ी संख्या में ग्राहकों तक पहुँचाने में महत्वपूर्ण भूमिका निभाई। तकनीकी विकास के कारण उत्पादों की गुणवत्ता में क्रमशः सुधार होता रहा और क्रमशः लागत में लगातार कमी होती रही। अगर महँगाई का मुद्दा छोड़ दिया जाए, तो जिस वस्तु की लागत 90 रुपए हुआ करती थी, आज औसतन मात्र 20 रुपए रह गई है। लेकिन खुदरा मूल्य अब भी पहले की तरह 100 रुपए ही है, क्योंकि मध्यस्थों की संख्या, विशेषकर विज्ञापन ख़र्च बढ़ गया है। लगभग अस्सी प्रतिशत मध्यस्थों में बँट जाता है। ग्राहक को गुणवत्ता का तो लाभ मिला है, पर दाम का लाभ हमेशा नहीं मिला।

आप अगर गुणवत्ता व दाम की मेरी इस बात से सहमत नहीं हैं, तो ग़ौर करें कि कंप्यूटर जो पहले दो लाख में मिलता था और रखने के लिए सौ वर्ग फ़ुट का रूम भी छोटा पड़ता था, आज चार वर्ग फ़ुट की जगह में रखा जा सकता है। क़ीमत केवल बीस हज़ार और गुणवत्ता में सैकड़ों गुना आगे... सही है ना। मशीनों ने लाखों मज़दूरों की जगह ले ली। एक-एक मशीन सैकड़ों मज़दूरों का काम करती है, एक बार मशीन पर

लागत, थोड़ा सा देखभाल पर ख़र्च, फिर फ़ायदा ही फ़ायदा, क्योंकि...

1) मशीन एक जैसा उत्पाद बनाती है, उसमें निरंतरता होती है।
2) मशीन थकती नहीं। गप्पे नहीं लड़ाती। तंबाकू नहीं खाती। चाय पीने नहीं जाती।
3) मशीन छुट्टी नहीं माँगती। मैटर्निटी लीव भी नहीं लेती।
4) मशीन की कोई यूनियन नहीं होती। तनख़्वाह या बोनस के लिए हड़ताल भी नहीं करती।
5) मशीन शिकवा-शिकायत भी नहीं करती, बस थोड़ा सा रखरखाव माँगती है, जो दो-चार लोग कर सकते हैं। और भी कई फ़ायदे...

निश्चित तौर पर गुणवत्ता में सुधार और लागत में कमी का एक कारक है, मशीन। फ़र्क़ आप देख सकते हैं किसी भी उत्पाद में, चाहे वो साबुन हो, बर्तन हो, पुस्तक हो। चलिए सबसे ज़्यादा ज़रूरी चीज़ अनाज का उदाहरण लेते हैं। अमेरिका में पहले तीस लाख किसान एक करोड़ लोगों के लिए अनाज उगाते थे। आज तीन लाख किसान दस करोड़ लोगों के लिए अनाज उगा सकते हैं, पहले वाली ही ज़मीन पर और वो भी कम क्षेत्र में, और गुणवत्ता में भी सुधार है।

अब कंप्यूटर के युग में, इस सुधार में और तेज़ी आई है। अब साहब और बाबू लोगों की भी छुट्टी हो गई है। एक कंप्यूटर कई साहबों और बाबुओं का काम कर लेता है। नौकरी अब सुरक्षित रोज़गार नहीं रहा। व्यवसाय में हर दिन नई जानकारी से लैस होना ज़रूरी है। अब तो सॉफ़्टवेयर इंजीनियर दादाजी को अपने पोते के साथ कंप्यूटर की नई भाषा सीखने के लिए जाना पड़ेगा, वरना वे पीछे छूट जाएँगे। व्यापार में स्पर्धा गला काटने की सीमा तक पहुँच गई है। ऊपर से बड़ी पूँजी की लागत, पूँजी डूबने का डर, दस से पंद्रह घंटे की मेहनत... तौबा...।

बाज़ार में बदलाव :
बेचने वाले की हुक़ूमत से ख़रीदार की हुक़ूमत

आइए फिर से एक बार इस बात को समझें। जिस वस्तु की क़ीमत बाज़ार में रु. 100/- है, वह अब केवल रु. 20/- की लागत से बन रही है। अब तो उत्पादक स्पर्धा की दौड़ में आगे बने रहने के लिए नई-नई तकनीकों को अपनाकर उत्पादन ख़र्च में कमी लाने का प्रयास कर रहे हैं, एक-एक पैसे से फ़र्क़ पड़ता है। जितना गुणवत्ता में सुधार और लागत में कमी होगी उतना ही स्पर्धा में बने रहने के अवसर अधिक रहेंगे, क्योंकि अब ग्राहक ही बाज़ार का आधार है। जो वस्तु ग्राहक का फ़ायदा ध्यान में रखकर बनाई जाएगी, वही चलेगी। समय बदल गया है, पहले बाज़ार पर बेचने वाले की हुक़ूमत चलती थी, सेलर्स मार्केट था। बजाज का स्कूटर ख़रीदने के लिए नंबर लगाना पड़ता था, एडवांस में पैसा जमा करना पड़ता था। बजाज का स्कूटर तब महीनों बाद मिलता था, बजाज स्कूटर की कालाबाज़ारी आम बात थी। ग्राहक के पास तब कोई विकल्प नहीं था। अब ख़रीदार का बाज़ार है। खुली अर्थव्यवस्था के चलते ग्राहक के पास विकल्प हैं। अब तो स्कूटर मोटर बाइक ले आइए, क़ीमत को क़िश्तों में अदा कीजिए। एल.पी. रिकॉर्ड्स का व्यापार 24 बिलियन डॉलर (एक लाख करोड़ रुपए) का था। लेकिन सस्ती ऑडियो कैसेट के आने पर एमपी 3 सीडी ने रही-सही कसर पूरी कर दी है। एक दस रुपए की सीडी में 60 रुपयों वाले 16 से 20 एल.पी. रिकॉर्ड आ जाते हैं। स्पष्ट आवाज़ और श्रेष्ठ गुणवत्ता के कारण सीडी ने एल.पी. को अजायबघर की वस्तु बना दिया है। क्यों... ? क्योंकि ग्राहक को अधिक सामग्री और श्रेष्ठ गुणवत्ता सीडी के कारण कम दामों में मिल रही है। इसलिए सीडी का व्यापार चलेगा, एल.पी. का नहीं। यही सिद्धांत हर वस्तु पर लागू रहेगा। ऐसा नहीं है कि संगीत का व्यवसाय कम हुआ है, बल्कि कई गुना बढ़ा है। फिर भी जो जनहित में होगा, ग्राहक के फ़ायदे में होगा, वही बाज़ार में टिकेगा।

तकनीकी सुधार की गुंजाइश कहाँ अधिक है?

इसी सिद्धांत के कारण हर उत्पादक नई तकनीक को अपनाकर उत्पादन लागत में कमी लाने का प्रयास कर रहा है। इसलिए इसकी वर्तमान लागत रु. 20/- में भी कमी आएगी ही। लेकिन सोचिए कि टेक्नोलॉजी के कारण लागत में 25% की कमी आए, तो क्या होगा?

(वर्तमान उत्पादन लागत रु. 20/-) - (25% कम लागत के कारण उत्पादन लागत रु. 15/-)

= (ग्राहक या वितरक या उत्पादक को मिलने वाला लाभ रु. 5/-)

यानी अगर ग्राहक को इसका रु. 5/- का लाभ मिलेगा, तो ग्राहक इसे ही चुनेगा और बाक़ी समान वस्तुएँ अपने अस्तित्व के लिए संघर्ष करती रह जाएँगी। ग्राहक को लाभ देने वाला उत्पाद बाज़ार में छा जाएगा।

लेकिन दूसरी तरह से विचार करें, तो वस्तु का 80% वितरण प्रणाली में बँट जाता है। अगर टेक्नोलॉजी के सुधार के कारण 25% की कमी वितरण प्रणाली में लागू हो जाए, तो चित्र कुछ इस तरह का होगा।

(वितरण प्रणाली का ख़र्च रु. 80/-) - (25% कमी के कारण वितरण प्रणाली का ख़र्च रु. 60/-)

= (ग्राहक को मिलने वाला लाभ रु. 20/-)

यानी अगर उत्पादक अपने लालच को क़ाबू में रखे, तो ग्राहक को पूरा का पूरा रु. 20/- का लाभ होगा। ऐसे में बाज़ार का शहंशाह यही उत्पाद रहेगा, बाक़ी समकक्ष उत्पाद ढूँढ़ने पर भी नहीं मिलेंगे।

विचारणीय बात यही है कि सुधार की गुंजाइश कहाँ अधिक है?

उत्पादन की लागत रु. 20/- में? या वितरण प्रणाली के रु. 80/- में? निश्चित तौर पर रु. 80/- में। एक बात निश्चित है कि सुधार दोनों क्षेत्रों में होगा। उत्पादन लागत में कितना भी सुधार किया जाए, उत्पादन लागत में रु. 20/- से ज़्यादा कमी नहीं लाई जा सकती। किसी भी वस्तु का निर्माण बिना लागत के संभव नहीं है। तब निश्चय ही वितरण प्रणाली में सुधार करने वाले बाज़ी मार लेंगे। और... ऐसा हो चुका है...। यह टेक्नोलॉजी बाज़ार में प्रवेश कर चुकी है।

बिग बाज़ार (हज़ारों वर्ग फुट में फैली बहुमंज़िला दुकानें)

बाज़ार में इस प्रणाली का प्रवेश तब ही हो चुका था, जब 'वॉल मार्ट' के बहुत बड़ी दुकानों की चेन ने बाज़ार पर अपना अधिकार जमाना शुरू किया था। उसके साथ ही 'कंपनी स्टोर्स' (जैसे 'होंडा सिटी', 'रेमंड' के शोरूम), सुपर शॉप (जो कि एक छोटे-मोटे मार्केट की जगह घेरकर खड़े हैं।), 'डिपार्टमेंटल स्टोर्स' या 'सुपर बाज़ार' या 'बिग बाज़ार' (जैसी हज़ारों वर्ग फ़ुट में फैली बहुमंज़िला दुकानें), उसी प्रणाली के तहत बाज़ार में प्रवेश कर चुके हैं। इसके अलावा फ्रेंचाइज़ की दुकानें भी इसी प्रणाली का एक दूसरा स्वरूप है। इस प्रणाली में वितरक को, सी. एंड एफ़. को, थोक व खुदरा विक्रेताओं के अलावा, पारंपरिक वितरण प्रणाली के कई हिस्सेदारों को हटाकर, एक व्यक्ति उनके लाभ पर अपना अधिकार जमा लेता है। इस लाभ का एक हिस्सा ग्राहकों को आकर्षित करने के लिए ग्राहकों में बाँटा जाता है। रिलायंस कंपनी इस क्षेत्र में प्रवेश करने जा रही है, ऐसी ख़बर है। वर्ष 2003 में लिखी गई मेरी यह बात सच साबित हो चुकी है, क्योंकि यह कंपनी 'रिलायंस-फ्रेश' के साथ बाज़ार में उतर चुकी है। ऐसे किसी भी प्रयोजन के लिए करोड़ों रुपयों की ज़रूरत है, कभी-कभी तो सैकड़ों करोड़ तक। इसलिए जो पहले से धन कुबेर हैं, वो ही इसमें हाथ डालते हैं, और उनका धन ही अधिक लाभ कमाने का ज़रिया बन जाता है। छोटे-छोटे व्यापारी इनकी स्पर्धा में टिक नहीं पाते, और अंत में अपना व्यापार छोड़ने पर मजबूर हो जाते हैं। यानी बड़ी मछली छोटी मछली को निगल जाती है। यह प्रणाली विकास कर रही है। अमेरिका-यूरोप में 40-50% बाज़ार पर इस प्रणाली ने क़ब्ज़ा कर लिया

है। भारत के बड़े शहरों में भी इसकी शुरुआत हो चुकी है। UNESCO का अनुमान है कि सन 2014-2015 तक भारत के बाज़ार का 40% हिस्सा इसी सीधी वितरण प्रणाली द्वारा हथियाया जाएगा। यह प्रणाली विकास करेगी ही, क्योंकि उसका फ़ायदा बाज़ार के मुख्य आधार, यानी ग्राहक को मिल रहा है।

वितरण प्रणाली में टेक्नोलॉजी का सुधार यहीं तक नहीं थमा, यह 25% से 75% सुधार तक पहुँच चुका है। आपको विश्वास नहीं..., लेकिन इसकी शुरुआत 1940 में ही हो चुकी थी, जब न्यूट्रीलाइट कंपनी ने सीधी वितरण प्रणाली अपनाई थी। 1959 में इस प्रणाली ने नया रूप धारण किया, जब एमवे का शुभारंभ हुआ। 1979 में जब एमवे की फ़ेडरल ट्रेड कमीशन के कोर्ट में जीत हुई और वैध नेटवर्क मार्केटिंग के क़ानून बने। तब इस प्रणाली पर छाए बादल छँट गए। 1996 से नेटवर्क मार्केटिंग में बूम आया और उसने 'सबसे तेज़ विकसित होने वाली इंडस्ट्री' का ख़िताब पाया, जो अब तक क़ायम है।

नेटवर्क मार्केटिंग के मज़बूत आधार

नेटवर्क मार्केटिंग एक ऐसी प्रणाली है, जिसमें 'वितरण प्रणाली' में होने वाले ख़र्च का 75% वापस लाभ के रूप में असंख्य ग्राहकों के बीच बाँटा जाता है। खुदरा मूल्य के रु. 100/- में से लगभग रु. 60/- बाँटे जाते हैं। यह वितरण प्रणाली में हुआ एक ऐसा विकास है, जिससे सबकी आँखें चौंधिया गई हैं। इस प्रणाली के आधार में कुछ मज़बूत बातें हैं, जो नेटवर्क मार्केटिंग के सफल होने में अहम भूमिका निभाती हैं। ये आधार इस प्रकार हैं :

1) प्रो-ज़्यूमर पॉवर*

2) एक्स्पोनेंशियल ग्रोथ

3) कम लागत - कम जोखिम

*Prosumer Power is the term coined by Bill Quain

4) फ्रेंचाइज़ सिस्टम का फ़ायदा

5) समय की आज़ादी

6) धन कुबेर 'जे पॉल गेट्टी' का सिद्धांत

7) जीवन बदलने वाली शिक्षण प्रणाली

8) अंतरराष्ट्रीय व्यापार का अवसर

9) महँगाई से मुक्त व्यापार का अवसर

उत्पादक और उपभोक्ता के बीच पारंपरिक वितरण प्रणाली की जगह नेटवर्क मार्केटिंग में ग्राहकों का एक समूह ले लेता है और इस 60% के लाभ का ख़ुद हिस्सेदार बन जाता है। यह व्यवसाय 'माउथ पब्लिसिटी' के सफल सिद्धांत पर काम करता है। हर व्यक्ति अपने आप में एक कंपनी होता है और जितना चाहे बेरोकटोक प्रगति कर सकता है। नेटवर्क मार्केटिंग का प्रमुख आधार है, 'नेटवर्क' (वितरण का जाल) जो कि हर बिज़नेस की सफलता का प्रमुख आधार होता है। बिना नेटवर्क के कोई भी बिज़नेस विकास नहीं कर सकता। आइए नेटवर्क मार्केटिंग की सफलता में अहम भूमिका निभाने वाली उपरोक्त बातों को सिलसिलेवार समझें, और जानें कि इस बिज़नेस को 21वीं सदी का महान व्यवसाय क्यों कहा जाता है।

1) प्रो–ज़्यूमर पॉवर

इस शब्द 'प्रो-ज़्यूमर' के जन्म के साथ ही एक कहानी जुड़ी हुई है।

"एक जगह इस कारण से प्रसिद्ध हो गई कि वहाँ सोने की खान है। सोना एक बहुत ही क़ीमती धातु है। इसलिए लोगों की भीड़ उस 'खान' की ओर उमड़ पड़ी। सभी अपनी-अपनी जगह खुदाई करके 'खान' से सोना पाने की जी-तोड़ कोशिश करने लगे। कुछ लोगों ने थोड़ी-बहुत सफलता पाई, वो ज़्यादा पाने की उम्मीद में जुटे रहे, असफल लोग इनकी थोड़ी सफलता के कारण जुटे रहे। एक व्यापारी ने अलग हटकर सोचा और पाया कि 'खान' से सोना पाने वालों की संख्या नहीं के बराबर

थी। लेकिन हर काम करने वाले को उसमें लगने वाले औज़ारों की, भोजन की, कपड़ों की, साबुन डिटर्जेंट की ज़रूरत थी। इन चीज़ों का विक्रेता बनकर जो लाभ कमाया जा सकता था, वो निश्चित था। वो लाभ अंततः सोने की खान में मिलने वाले सोने से भी अधिक हो सकता था। बस उसने उस शहर में एक ऐसी दुकान शुरू की जिसमें रोज़मर्रा के इस्तेमाल की हर वस्तु थी, जिसकी ज़रूरत 'सोने की खान' में हरेक काम करने वाले को हो सकती थी। अपने इस व्यापार से उसने करोड़ों की आमदनी कमाई, उनसे भी जिन्हें सोना मिला, और उनसे भी जो असफल हुए।"

इस कहानी में एक संदेश है कि हमारे घरों में ही 'सोने की खान' है। हमारे घर में इस्तेमाल की जा रही हर वस्तु, अनाज, किराना, साबुन डिटर्जेंट, कुर्सी, टेबल, टीवी, फ्रिज... हर चीज़, हमारा हरेक ख़र्च, एक 'सोने की खान' है। इन वस्तुओं के खुदरा व्यापारियों को हम अपने घर की इस 'सोने की खान' का लाभ लेने देते हैं। हम सभी ग्राहक हैं। जब हम अपने लिए रोज़मर्रा की कोई चीज़ बाज़ार से 100 रुपए में लाते हैं, तब हम अपने ख़ून-पसीने की कमाई के 60 रुपए वितरण प्रणाली में बँटने के लिए अदा करते हैं। उत्पादक इस चीज़ को बनाकर अपने लाभ के साथ औसतन 40 रुपए में वितरण प्रणाली को सौंप देता है, जो कि हम खुदरा मूल्य पर 100 रुपए में ख़रीदते हैं। एक साबुन के रंग-रूप-गुण-वज़न में वितरण के काम से जुड़े लोग, कोई इजाफ़ा नहीं करते। जैसा उत्पादक ने बनाया, वैसा ही उपभोक्ता के पास पहुँच जाता है, हाँ दाम में 60 रुपए की बढ़ोतरी ज़रूर हो जाती है। यही 60% वो सोना है, जिसकी खुदाई का काम हम खुदरा व्यापारियों को देते हैं। ग्राहकों में कुछ चतुर ग्राहक होते हैं, जो कि अपनी ज़रूरी चीज़ों को थोक बाज़ार से ख़रीदकर कुछ रुपए बचा लेते हैं। या चतुर ग्राहक उन चीज़ों को ज़्यादा ख़रीदते हैं, जिन पर कुछ छूट या कुछ 'मुफ़्त' की स्कीम होती है। इसके बावजूद हर चतुर ग्राहक ख़रीदारी करके धन गँवाता है, कमाता नहीं। एक के साथ एक फ्री स्कीम...? यह तो हास्यास्पद बात है। अधिकतर हमें उस 'एक चीज़' की भी ज़रूरत नहीं होती और ऐसी 'दो चीज़ें' हम ख़रीदकर ले आते हैं। मतलब यही है कि बाज़ार में किए गए ख़र्च से ग्राहक की कोई आमदनी नहीं होती।

उदाहरण के लिए, आपने अपने उस मकान को दस साल पहले कितने में बनाया था? पाँच लाख में, ठीक...। आज उसकी क़ीमत है बीस लाख। यानी आपने मकान का उपभोग किया और मकान ने पंद्रह लाख कमाए, यही है प्रो-ज़्यूमर पॉवर। किराए के मकान में आप कंज़्यूमर हैं, और अपने मकान में प्रो-ज़्यूमर। प्रो-ज़्यूमर एक ऐसा ग्राहक है, जो ख़रीदारी को ही आमदनी का ज़रिया बना लेता है। यह संभव है नेटवर्क मार्केटिंग में। जहाँ ग्राहक सीधे उत्पादक से सामान ख़रीदता है। यानी प्रो-ज़्यूमर हो जाता है और पारंपरिक वितरण प्रणाली में बँटने वाले 60% लाभ में अपनी भागीदारी निश्चित करके आमदनी कमाता है। यही प्रो-ज़्यूमर पॉवर की बात वह अपने दोस्तों, रिश्तेदारों, परिचितों को बताता चला जाता है और अपने समान विचारों वाले परिवारों का एक प्रो-ज़्यूमर समूह तैयार होता है। इस नेटवर्क के कारण उसकी आमदनी बढ़ती जाती है... असीमित...।

मुख्य मुद्दा यही है कि इस तरह प्रो-ज़्यूमर बनकर ख़रीदारी करने में ग्राहकों का फ़ायदा है, इसलिए नेटवर्क मार्केटिंग की योजना सफल होती आई है और सफल होती रहेगी। यही कारण है कि नेटवर्क मार्केटिंग संसार में सबसे तेज़ विकासशील उद्योग की श्रेणी में आ गया है और 21वीं सदी का महानतम अवसर है।

2) एक्स्पोनेंशियल ग्रोथ

बहुगुणित विकास के लिए नेटवर्क मार्केटिंग एक उत्तम व्यवसाय है। नौकरी में आपकी प्रगति एक-एक जोड़कर बनती है। अगर आज आप 5 कमा रहे हैं, तो आपकी नौकरी में प्रगति इस प्रकार होगी।

5+1 = 6

6+1 = 7

7+1 = 8

लेकिन व्यापार में आप अपनी प्रगति को गुणित कर सकते हैं, यानी आज आपकी आमदनी एक दुकान से 5 है, तो आप वैसी ही दूसरी

दुकान शुरू करके 5X2 = 10 कमा सकते हैं।

5X1 = 5

5X2 = 10

5X3 = 15

नौकरी, व्यापार या व्यवसाय में आप एक ही काम करते हैं, समय को बेचकर धन कमाते हैं। सबके पास 24 घंटों का समय है, जिसमें से 8-10-12 घंटे काम कर सकते हैं और उसी अनुपात में धन कमा सकते हैं। इसमें तीन कमियाँ हैं। एक- सीमित समय के कारण सीमित आमदनी। दूसरा- जब तक समय बेचेंगे तब तक आमदनी। तीसरा- जब तक आप 100% समर्थ हैं, तब तक आमदनी। इसलिए आप इन कामों के द्वारा कभी धन+समय+सुरक्षा, एक साथ नहीं पा सकते।

लेकिन नेटवर्क मार्केटिंग में जब आप अपने जैसे ही किसी व्यक्ति को जोड़ लेते हैं, तो आपका व्यापार 1 से 1X2 = 2 पर पहुँच जाता है क्योंकि आप अपने कार्य के समय को बहुगुणित करते हैं। क्योंकि अब दोनों मिलकर अपने जैसे दो को, फिर चार मिलकर चार को, अपने समूह में शामिल करते हैं। तब आपकी प्रगति कुछ ऐसी होती है।

1X2 = 2

2X2 = 4

4X2 = 8

8X2 = 16

16X2 = 32

32X2 = 64

64X2 = 128

128X2 = 256

256X2 = 512

512X2 = 1024

शुरुआत में यह प्रगति छोटी होती है, नज़र नहीं आती। लेकिन हर माह में एक व्यक्ति का मतलब दसवें महीने में अपने आपको 1024 गुना बढ़ा लेना है। यही एक्स्पोनेंशियल ग्रोथ है, जिसकी कल्पना भी नहीं की जा सकती। उत्पादन के घंटों को बहुगुणित किए बिना कोई आर्थिक आज़ादी नहीं पा सकता। टाटा-बिड़ला ने हज़ारों लोगों का समय ख़रीदा, उनके लिए लाखों घंटे काम हो रहा है। 'कौन बनेगा करोड़पति' इस एक घंटे के 'शो' को दस करोड़ लोगों ने देखा, दस करोड़ घंटे काम हुआ, इसलिए अमिताभ ने करोड़ों कमाए। सचिन का मैच हम ना देखें, तो उसे विज्ञापनों से कितनी आमदनी होगी ? इस बिज़नेस में उत्पादन के घंटों को बहुगुणित किया जा सकता है। इसलिए नेटवर्क मार्केटिंग 21वीं सदी का सर्वश्रेष्ठ बिज़नेस होगा।

3) कम लागत– कम जोखिम

व्यापार के साथ जोखिम का चोली-दामन का साथ होता है। बिना जोखिम के व्यापार में अधिक लाभ की कल्पना भी नहीं की जा सकती। व्यापार की तरह ज़िंदगी में भी यह घोष वाक्य कहा जाता है :

ज़्यादा जोखिम- ज़्यादा फ़ायदा।

वितरण प्रणाली में सुपर-शॉप या बड़े-बड़े डिपार्टमेंटल स्टोर्स को लेकर उतरना किसी भी ऐरे-गैरे का काम नहीं। यहाँ लागत कुछ करोड़ से, सैकड़ों करोड़ तक होती है। जितनी लागत, उतना जोखिम। नेटवर्क मार्केटिंग में लागत नहीं के बराबर होती है। इसलिए यह बिज़नेस कोई भी साधारण आय वाला व्यक्ति शुरू कर सकता है। नेटवर्क मार्केटिंग में सही तरह से काम करने वाली कंपनियाँ तो इस छोटी सी लागत पर भी 100% धन वापसी की गारंटी देती है। जैसे एमवे 90 दिनों के अंदर बिज़नेस किट वापस करने पर 100% धन वापसी की गारंटी देती है। एमवे में 30% तक इस्तेमाल किए गए उत्पादों पर भी, केवल सरकार

को दिए जा चुके सेल्स टैक्स की रक़म काटकर, पूरा पैसा वापस लौटाया जाता है। अब कैसा जोखिम ? यह जनहित में एक क्रांतिकारी क़दम है। इसलिए नेटवर्क मार्केटिंग के विकास का पहिया, इसी तरह तेज़ी से आगे बढ़ता रहेगा।

4) फ्रेंचाइज़ सिस्टम का फ़ायदा

नेटवर्क मार्केटिंग का सिस्टम फ्रेंचाइज़ सिस्टम का सुधरा हुआ सिस्टम है। इसमें फ्रेंचाइज़ सिस्टम के सभी लाभ समाहित हैं। फ्रेंचाइज़ सिस्टम का आधार होता है, एक ब्रांड नेम और दूसरा उसकी शिक्षण प्रणाली। नेटवर्क मार्केटिंग की अच्छी कंपनियाँ भी इसी सिद्धांत पर कार्य करती हैं। भारत में जैसे एमवे, एवॉन, हर्बल लाइफ़, मोदी केयर, हिंदुस्तान लीवर, टप्पर वेअर, जापान लाइफ़, स्वदेशी, RCM जैसी मार्केटिंग कंपनियों में ब्रांडेड प्रॉडक्ट के साथ शिक्षण प्रणालियाँ भी हैं। शिक्षण प्रणालियाँ पुस्तक, कैसेट और फ़क्शन के माध्यम से सिखाती हैं कि यह बिज़नेस सफलतापूर्वक कैसे किया जाता है। कुछ कंपनियाँ ऐसी शिक्षण प्रणालियाँ ख़ुद चलाती हैं। कुछ कंपनियों में सफल हो चुके लोग अपनी शिक्षण प्रणाली अलग से चलाते हैं। जैसे एमवे अपनी ओर से प्रॉडक्ट ट्रेनिंग की मुफ़्त व्यवस्था करती है। कुछ कैसेट, सीडी और लिटरेचर पैक उपलब्ध कराती हैं। कुछ एक फ़ंक्शन भी आयोजित करती हैं, लेकिन एमवे की सफलता में कई शिक्षण प्रणालियों का योगदान है, जिसमें इंटरनेट (डेक्स्टर येगर), ब्रिट वर्ल्ड वाइड (बिल ब्रिट), नेटवर्क-21 (जिम डॉर्नन), विनर्स इंटरनेशनल जैसी संस्थाएँ हैं, जिनमें एमवे में सफलता के शिखर को छूने वाले लोगों के समूह हैं। चाहे जिस बिज़नेस की बात करें, सफलता के दो आधार ज़रूरी हैं, आपके पास 'ब्रांडेड प्रॉडक्ट' हों और आपका बिज़नेस एक 'सिस्टम' के तहत चलाया जाता हो। सफल 'ब्रांड' और 'सफल सिस्टम' का आधार होने के कारण नेटवर्क मार्केटिंग में असफलता की कोई वजह नहीं है। शर्त यही है कि आप प्रॉडक्ट अपनाएँ और सफल सिस्टम का अनुकरण करें।

फ्रेंचाइज़ बिज़नेस में सिस्टम पर चलने वाले हर फ्रेंचाइज़ी के लिए सफलता की गारंटी है। साथ ही फ्रेंचाइज़ कंपनी के मालिक को 'रॉयल्टी'

इनकम मिलती है। जितनी फ्रेंचाइज़ बाँटी जाएगी, उतनी जगह से लाभ में हिस्सेदारी, उतनी ही उत्पादन के समय में बढ़ोतरी होगी। नेटवर्क मार्केटिंग में भी जितना बड़ा नेटवर्क, उतनी अधिक कमाई। विशेषतः हर डिस्ट्रीब्यूटर को 'रॉयल्टी' कमाने का अवसर। आपके द्वारा खड़ा किया गया **'नेटवर्क'** ये एक ऐसी **'संपत्ति'** है, जिससे हमेशा आपको आमदनी होती रहती है। एक बार सही तरीक़े से 2 से 5 वर्ष की मेहनत से एक नेटवर्क खड़ा करके आप आर्थिक स्वतंत्रता पा सकते हैं, वो भी पीढ़ियों तक, इसकी आमदनी आपके परिवार को मिलती रहेगी। इस तरह की आमदनी का लाभ एक साधारण व्यक्ति को और कहीं नहीं मिल सकता, इसलिए नेटवर्क मार्केटिंग 21वीं सदी का सर्वश्रेष्ठ बिज़नेस होगा।

5) मनमाफ़िक समय की आज़ादी

नेटवर्क मार्केटिंग, यह मूलतः एक 'पार्ट टाइम' बिज़नेस है। दूसरी बात यह 'पार्ट टाइम' भी, आपको अपनी सुविधा के अनुसार, अपने ख़ाली और अनुत्पादक समय का उपयोग करने की छूट देता है। यानी आप सुबह-दोपहर-शाम-रात, जब चाहें काम कर सकते हैं। हर व्यक्ति अपने परिवार को पालने के लिए नौकरी, व्यापार या व्यवसाय करता ही है। ऐसे में अपने वर्तमान रोज़गार के साधन को छोड़कर, दूसरा काम करने का जोखिम लेना सभी के लिए ठीक नहीं है। नेटवर्क मार्केटिंग व्यवसाय को शुरू करने और सफल होने के लिए आपको अपने रोज़गार को छोड़ने की ज़रूरत नहीं है। अपने रोज़गार के समय के बाद बचे हुए अपने ख़ाली और अनुत्पादक समय को अपनी सुविधानुसार 'नेटवर्क मार्केटिंग' में लगाया जा सकता है और असीमित सफलता हासिल की जा सकती है। 'मनमाफ़िक समय' का मुद्दा जनहित में है, इसलिए नेटवर्क मार्केटिंग आने वाले समय में सबसे ज़्यादा अपनाया जाने वाला व्यवसाय होगा।

6) धन कुबेर 'जे पॉल गेट्टी' का सिद्धांत

जे पॉल गेट्टी, एक ऐसा धन कुबेर हुआ, जिसके बारे में कहा जाता है कि वह कम आयु में बना विश्व का पहला अरबपति रहा। जे पॉल गेट्टी

ने अरबपति बनने के अपने सिद्धांत में चार बातों का समावेश किया है, जो कि इस प्रकार हैं :

अ) आपका अपना व्यापार होना चाहिए : इसका अर्थ है अपने व्यापार के बिना, खुद मालिक हुए बिना, आप अरबपति नहीं हो सकते। नौकरी करने वाला या दूसरे के व्यापार में काम करने वाला व्यक्ति कभी अमीर नहीं बन सकता।

ब) आपके व्यापार के आधार में रोज़मर्रा उपयोग में आने वाली चीज़ें होनी चाहिए : इसका मतलब है, जिन चीज़ों का इस्तेमाल रोज़मर्रा की ज़िंदगी में सबसे ज़्यादा होता है, ऐसी चीज़ों का व्यापार ही आपको जल्दी और स्थायी अमीर बना सकता है। अर्थ यही है कि 'टाटा ट्रक' और 'टाटा नमक' में से एक व्यापार चुनना हो, तो 'टाटा नमक' का चुनाव बेहतर साबित होगा।

स) आपकी आय का ज़रिया बहु आयामी होना चाहिए : इसका अर्थ यही है कि आप अपनी आय के लिए एक ही आधार के भरोसे न रहें। इन दो विकल्पों में से आप किसे चुनेंगे ?

1) एक लाख की कमाई एक जगह से ?

2) एक-एक हज़ार की कमाई सौ जगह से ?

आप क्या चुनेंगे ? जे पॉल गेट्टी के अनुसार हमें क्रमांक (2) के विकल्प को चुनना चाहिए। कारण यही है कि अगर वह एक आधार किसी भी कारण से ख़त्म हो गया, तो आपकी आय भी ख़त्म।

'सारे अंडे एक ही टोकरी में न रखें।'

क्रमांक (2) का चुनाव करने पर, अगर दो-चार-दस जगह से कमाई बंद भी हुई, तो आपकी कमाई ख़त्म नहीं होगी, आप भविष्य में उसकी भरपाई कर सकते हैं।

द) आपका काम दोहराने योग्य होना चाहिए : यानी आप अपने काम से दूसरों की मदद कर सकें। अपने काम को दूसरों को सिखा सकें, ताकि उस काम से दूसरों को भी लाभ मिले। यानी यह ऐसा व्यापार होना चाहिए, जिसे सिखाया जा सके, दोहराया जा सके। यानी आपके व्यापार को सीखकर अनगिनत लोग आमदनी कमा सकें।

जे पॉल गेट्टी के सिद्धांत की चारों बातें नेटवर्क मार्केटिंग में शामिल हैं। जब आप नेटवर्क मार्केटिंग में शामिल होते हैं, तब आप स्वतंत्र व्यवसायी होते हैं, ख़ुद मालिक होते हैं। यानी आपका अपना व्यापार होता है। नेटवर्क मार्केटिंग की सभी अच्छी कंपनियाँ रोज़मर्रा इस्तेमाल की वस्तुओं का व्यापार करती हैं। तीसरे आप जितने ज़्यादा लोगों तक इस बिज़नेस को पहुँचाते हैं, उतनी ज़्यादा जगह से आपको आमदनी होती है। चौथे इस व्यापार को आप लोगों तक पहुँचाते हैं, उन्हें मदद करते हैं, उन्हें सिखाते हैं, तभी आपका व्यापार बढ़ता है। यानी संक्षेप में यह एक दोहराया जाने वाला व्यापार है।

यही कारण है कि नेटवर्क मार्केटिंग में काम करके अमीर बनने का अवसर है। हर व्यक्ति अमीर बनना चाहता है, इसलिए नेटवर्क मार्केटिंग इंडस्ट्री में असीमित विकास की संभावनाएँ हैं।

7) जीवन बदलने वाली शिक्षण प्रणाली

नेटवर्क मार्केटिंग में वही कंपनियाँ सफल होती हैं और लंबे समय तक चलती हैं, जिनके आधार में एक मज़बूत शिक्षण प्रणाली हो। ये शिक्षण प्रणालियाँ, जो कि विभिन्न नेटवर्क मार्केटिंग कंपनियों में लगभग एक जैसा ही कार्य करती हैं। सबके तरीक़े कमोबेश समान हैं, और चमत्कारी भी। यहाँ बिज़नेस बढ़ाने के साथ-साथ जीवन के आधारभूत मूल्यों की भी शिक्षा दी जाती है। यहाँ सकारात्मक नज़रिया, एकजुटता, श्रद्धा, निष्ठा, एकता, विश्वास, प्रेम, भाईचारा, लोक व्यवहार, मान-सम्मान, आत्मविश्वास, हाव-भाव से लेकर पहनावा और चाल-चलन भी सिखाया जाता है। यहाँ चरित्र से लेकर व्यक्तित्व तक संपूर्ण सुधार सिखाया जाता है। पारंपरिक

बिज़नेस में कोई भी सफल व्यक्ति अपनी सफलता के रहस्यों को गुप्त रखता है, यह उसी की जागीर होती है। कोई भी सफल व्यापारी किसी से नहीं कहता कि "मैं कैसे सफल हुआ।" और यह कि "मैं आपको सिखाऊँगा कि आप भी मेरी तरह सफलता कैसे पा सकते हैं।" नेटवर्क मार्केटिंग में सफल लोग अपनी सफलता के रहस्यों को सबमें बाँट देते हैं। सभी की मदद करते हैं, सिखाते हैं, सहारा देते हैं। इसलिए कई लोग नेटवर्क मार्केटिंग में शामिल न होते हुए भी, इस शिक्षण प्रणाली से सीखकर, उसका उपयोग अपने व्यक्तिगत व्यवसाय में करते हैं और व्यवसाय में दसियों गुना विकास कर लेते हैं। यहाँ जीवन में उत्तेजना, जोश और उत्साह भरने वाली एक शिक्षण प्रणाली होती है, जो जीवन को बदल देती है। जो व्यक्ति इस शिक्षण प्रणाली के सिद्धांतों को सीखकर उन्हें अपने नेटवर्क मार्केटिंग के बिज़नेस के लिए अमल में लाता है, वह सफल होकर ही रहता है। इस हिसाब से यहाँ सफलता के अवसर पूरे 100% हैं। यही कारण है कि इसे 21वीं सदी का बिज़नेस माना जाता है।

8) अंतरराष्ट्रीय व्यापार का अवसर

अगर हम अपने पारंपरिक व्यापार को दूसरे देश में फैलाना चाहते हैं, तो दसियों तरह की चुनौतियों का सामना करने के लिए हमें तैयार होना पड़ेगा। उदाहरण के लिए हर देश के क़ानून अलग हैं, आयात-निर्यात के लिए ही हमें कई बातों और एजेंसियों पर निर्भर रहना पड़ता है, जो कि जोखिम से ख़ाली नहीं है। अपने ग्राहक तक माल भेलना और भुगतान पाना भी अपने आप में एक चुनौती है। इसके अलावा यहाँ बड़ी कंपनियों से स्पर्धा करनी पड़ती है और अपने उत्पादों में अंतरराष्ट्रीय मानकों के अनुसार गुणवत्ता और सेवा का पालन ज़रूरी है। ऐसी ही न जाने कितनी बातें हैं, जो दूसरे देशों में अपना बिज़नेस बढ़ाने में मुश्किलें पैदा करती हैं।

नेटवर्क मार्केटिंग बिज़नेस में अगर आपकी कंपनी विदेशों में व्यापार बढ़ाती है, और आपकी शिक्षण प्रणाली भी वहीं अपनी शिक्षा उपलब्ध कराती है, तो अंतरराष्ट्रीय व्यापार कितना आसान हो जाता है। कंपनी

उस देश के नियम, क़ायदे-क़ानून के अनुसार ही वहाँ काम करेगी, प्रॉडक्ट का उत्पादन और सेवाएँ वहीं उपलब्ध होंगी। आयात-निर्यात, गुणवत्ता, सेवाएँ, भुगतान सबकुछ कंपनी के ज़िम्मे होगा। अब अगर शिक्षण प्रणाली भी वहाँ है, तो आप अपने घर में बैठे-बैठे उस देश के किसी भी व्यक्ति को बिज़नेस में ला सकते हैं। अब उस देश का व्यक्ति अपने ही देश के नियमों का पालन करते हुए बिज़नेस करेगा, कंपनी वहीं उसे उत्पाद और सेवाएँ देगी, आपकी शिक्षण प्रणाली उसे वही सिखाएगी और आपकी अप लाइन टीम के कई सफलतम व्यक्ति वहाँ अपना व्यापार शुरू कर चुके होंगे। वे ही आपके व्यक्ति को मदद करेंगे और उस देश में होने वाले अपने बिज़नेस के लिए आप लाभ कमाएँगे, वो भी अपने ही देश की करंसी में। तब आप बन जाएँगे एक अंतरराष्ट्रीय बिज़नेस के मालिक। नेटवर्क मार्केटिंग में सफल एक चार्टर्ड अकाउंटेंट ने अपना ऑफ़िस हमेशा के लिए छोड़ दिया, तो एक उद्योगपति मित्र ने पूछा, "आख़िर आजकल कर क्या रहे हो?"

चार्टर्ड अकाउंटेंट ने जवाब कुछ इस तरह से दिया, **"बिना किसी लागत के, मैं नब्बे देशों में फ़ैक्ट्री शुरू कर रहा हूँ।"**

यही है 21वीं शताब्दी के लिए दूरदृष्टि।

9) महँगाई से मुक्त व्यापार का अवसर

नेटवर्क मार्केटिंग महँगाई से मुक्त हेता है। इसका मतलब यह नहीं है कि इस बिज़नेस में उत्पादों की क़ीमत नहीं बढ़ती। महँगाई का असर यहाँ भी होता है, लेकिन इस बिज़नेस में शामिल लोगों पर इन बढ़ती क़ीमतों का कोई विपरीत प्रभाव नहीं पड़ता। इसके पीछे कारण इतना सा है कि जब उत्पादों की क़ीमत बढ़ती है, तब लोगों का बिज़नेस 'वॉल्यूम' तथा 'कमीशन' भी उसी अनुपात में बढ़ जाता है। पारंपरिक व्यापार में ऐसा हमेशा संभव नहीं होता। 'महँगाई से मुक्त' यह नेटवर्क मार्केटिंग के ताज में लगा हुआ एक अतिरिक्त 'पंख' है, इसलिए यह बिज़नेस 21वीं सदी का महान बिज़नेस है।

मानव प्रगति की चार अवस्थाएँ

अगर हम मानव की प्रगति के इतिहास पर नज़र डालें तो यह स्पष्ट होता है कि मानव अब तक चार अवस्थाओं से गुज़रा है, जो कि निम्नलिखित हैं :

पहली अवस्था- शिकारियों का काल : जब मनुष्य जंगलों में रहता था। तब उसके भोजन का साधन था शिकार या कंदमूल। जो सबसे तेज़ शिकारी, वही अपने दल का लीडर होता था।

दूसरी अवस्था- खेती का काल : शिकारी मनुष्यों में से कुछ ने खेती के रहस्यों को जाना। कुछ लोग खेती करते, बाक़ी शिकारी उनका मज़ाक़ बनाते। शिकारी देख रहे थे कि ज़मीन खोदकर, बीज बोकर, उसकी देखभाल की जा रही है। महीनों तक कुछ हासिल नहीं होता था, जबकि शिकार अभी किया और पेट भरा। लेकिन फ़सल आने के बाद, शिकारी चौंक गए। शिकार केवल एक-दो दिन काम आता था, फ़सल महीनों तक पेट भरने के काम आती थी। शिकारियों को अब खेती का काम पसंद आने लगा, लेकिन अभ्यस्त शिकारी अपने आपको बदल नहीं पा रहे थे। उनके पास खेती का ज्ञान नहीं था, कौशल नहीं था, इसलिए उन्होंने खेती का काम नहीं किया। लेकिन उन्होंने अपनी अगली पीढ़ी को खेती का काम सीखने के लिए प्रवृत्त किया और इस तरह 90% शिकारी किसान बन गए। तब खेती से होने वाला उत्पादन, शिकार के उत्पादन से पचास गुना ज़्यादा हो गया।

तीसरी अवस्था- औद्योगिक काल : उसके बाद औद्योगिक काल आया। शुरुआत में हर किसान इस परिवर्तन का विरोधी था, लेकिन कालांतर में औद्योगिक जगत में विकास हुआ। मशीनें आईं, कामगारों का समूह तैयार हुआ, नौकरशाही का जन्म हुआ। किसानों ने अपनी भावी पीढ़ी को पढ़ा-लिखाकार, नौकरियाँ करने, उद्योग लगाने के लिए प्रेरित किया, 90% किसान उद्योग जगत में आ गए, और उद्योगों ने खेती से 50 गुना अधिक उत्पादन दिया।

चौथी अवस्था- सूचना काल : अब 1980 के बाद से कंप्यूटर का ज़माना आ गया, आज हम इन्फ़ॉर्मेशन एज से गुज़र रहे हैं। क्या

इन्फ़ॉर्मेशन युग, औद्योगिक युग की 90% नौकरियों को ख़त्म कर देगा? क्या यह उद्योगों से 50 गुना अधिक उत्पादन में सक्षम होगा? यक़ीनन! और ऐसी प्रक्रिया शुरू हो चुकी है। आज एक अच्छा सॉफ़्टवेअर प्रोग्रामर एक साधारण नौकर से कितना ज़्यादा कमाता है? 10 गुना नहीं, 100 गुना नहीं, 1,000 गुना नहीं। आप विश्वास नहीं करेंगे, लेकिन यह सच है कि वह कई हज़ार गुना ज़्यादा आमदनी कमा रहा है।

पाँचवीं अवस्था कौन सी होगी? अगला काल कौन सा होगा? वो होगा... दूरदृष्टि का। जो व्यक्ति आज, आने वाले कल का, दस वर्ष बाद के भविष्य का सटीक अंदाज़ा लगाने में समर्थ है, जिसके पास विज़न है, वही आगे प्रगति करेगा। जो युग के हिसाब से नहीं बदलेगा, वह उसी युग में रह जाएगा। कुछ लोग आज भी शिकार के युग में जी रहे हैं। आदिवासी व जंगली इलाक़ों में आज भी लोग जानवरों के शिकार पर, कंदमूल बटोरने पर आश्रित हैं, कुछ शिकारियों ने अपने पेशे के साथ नए युग में प्रवेश किया, वो किसानों को लूटते थे। उनमें से कुछ शिकारियों ने शिकार के व्यवसाय का औद्योगीकरण किया, वो चाकू-छुरा-पिस्तोल लेकर हत्याएँ, अपहरण व लूटपाट करते हैं। कुछ किसानों ने अपनी खेती का औद्योगीकरण किया और कई गुना ज़्यादा फ़ायदेमंद फ़सल तैयार की। लेकिन बहुत से लोग आज भी एक-दो एकड़ में पारंपरिक खेती करते हुए दो वक़्त की रोटी के लिए तरस रहे हैं। कृषि व्यापारी सैकड़ों एकड़ में, आधुनिक मशीनों और कंप्यूटर की मदद से फ़सल उगाते हैं, उसका व्यापार भी करते हैं।

जिन नौकरीपेशा और कृषि व्यापारियों ने अपनी अगली पीढ़ी को कंप्यूटर सीखने के लिए तैयार नहीं किया, वो जीवन के लिए संघर्ष कर रहे हैं, बेरोज़गारी का रोना रो रहे हैं, लेकिन नौकरी का ज़माना अपने अंतिम पड़ाव में है। कंप्यूटर का ज़माना भी आगे बदल जाएगा। क्या हम अगले परिवर्तन के लिए तैयार हैं? या हम यूँ ही देखकर अनदेखा करते रहेंगे, शिकायतें करेंगे। नए युग को कोसेंगे, लेकिन ख़ुद को तैयार नहीं करेंगे। तब तो हम वहीं के वहीं रह जाएँगे। कोई युग पूरी तरह ख़त्म नहीं होता। शिकारी भी हैं, किसान भी हैं, कृषि व्यापारी भी हैं, नौकरी पेशा और व्यवसायी भी हैं। हमें कहाँ रहना है, यह हमारे चुनाव पर

निर्भर होगा। पहले लोग बैलगाड़ी में घूमते थे। फिर विकास हुआ, कुछ लोग कार में घूमने लगे। आगे हवाई-जहाज़ आ गए, कुछ लोग हवाई-जहाज़ में सफ़र करते हैं। आज बैलगाड़ी, कार और हवाई-जहाज़ तीनों हैं, जिन्होंने अपने आपको बदला, वो आगे बढ़ गए। आप कौन से वाहन का चुनाव करते हैं ?

बदलो..., या फिर बदल डालो...।

इस गणना के हिसाब से आने वाला समय नेटवर्क मार्केटिंग का होगा। 21वीं सदी का सबसे महान व्यापार। जिसने भी इस बात को आज समझ लिया और नेटवर्क मार्केटिंग को अपनाया, वही आने वाले समय में सफलतम व्यक्ति होगा। नेटवर्क यह व्यापार के विकास के लिए आधारभूत शब्द है। हर सफल व्यापारी नेटवर्क का निर्माण करता है, रिलायंस, टाटा, बिड़ला, विप्रो, बजाज, हल्दीराम भुजियावाला, बीएसएनएल, दिनशॉ आइसक्रीम आदि सबका एक डिस्ट्रिब्यूशन नेटवर्क है। बिना नेटवर्क के आपका बेहतरीन उत्पाद भी अपने उपभोक्ता तक नहीं पहुँच पाएगा।

नेटवर्क मार्केटिंग जन साधारण के हित में है। इसमें हर आयु वर्ग, स्तर, धर्म, जाति, रंग और नस्ल का व्यक्ति शामिल हो सकता है और असीमित सफलता हासिल कर सकता है। इसलिए 'नेटवर्क मार्केटिंग' 21वीं सदी का सबसे बड़ा व्यापार होगा। नेटवर्क मार्केटिंग इंडस्ट्री ने काफ़ी उतार-चढ़ाव देखे हैं, इसका ग्राफ़ कुछ इस तरह दिखाई देता है।

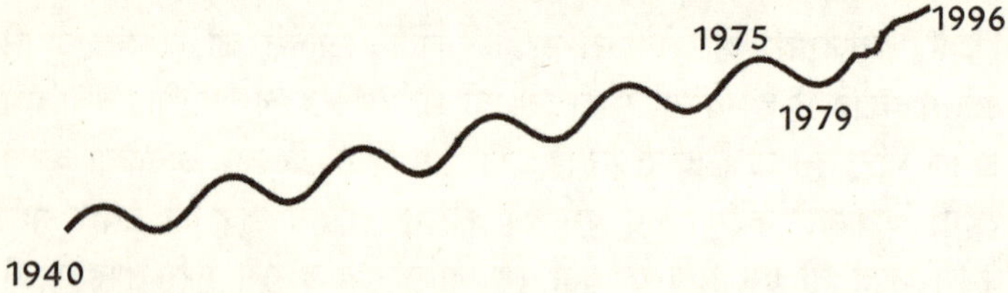

इसकी कार्यप्रणाली में काफ़ी सुधार हुए हैं, अब यह परिपक्व हो चुकी है, हालाँकि सुधार अब भी जारी रहेंगे। अमेरिका में 1996 से इस

इंडस्ट्री में बूम आया। भारत में यही स्थिति कमोबेश 2010 के पहले ही शुरू होगी और 2025 तक चलेगी। इसके बाद यह बिज़नेस स्थिर प्रगति करेगा। स्थिर यानी जैसे आज पिता अपने बच्चे से कहता है, कि बेटा बी.कॉम. कर ले, पाँच हज़ार कमा लेगा, इंजीनियर-डॉक्टर बन जा, दस हज़ार कमाई शुरू होगी। घड़ी-टीवी रिपेयरिंग की दुकान लगा ले, सात-आठ हज़ार कमाएगा। बड़ी रेडीमेड-किराना-होम अपलायंसेज़ की दुकान लगा ले, बीस-तीस हज़ार कमा लेगा। सन 2025 के बाद बाप बेटे से कहेगा, बेटा नेटवर्क मार्केटिंग कर ले... दो साल में लाखों कमाएगा। बस इसी तरह नेटवर्क मार्केटिंग, पारंपरिक नौकरी-व्यवसाय- व्यापार की तरह निश्चित आय का साधन बनेगी, उनके लिए जो सन 2025 के बाद शुरू करेंगे और मेहनत करेंगे। आज तो सुनहरा अवसर है, जिनके पास दूरदृष्टि है, जो इन क़दमों की आहट को आज पहचान लेंगे और मेहनत करेंगे उनकी आने वाली तीन पुश्तों को धन कमाने के लिए काम करने की ज़रूरत नहीं होगी। वो धन के लिए नहीं, बल्कि धन उनके लिए काम करेगा। वो तो बस जिएँगे, ज़िंदगी का मज़ा लेंगे, संसार की सुंदर वादियों की सैर करेंगे, अच्छा पहनेंगे, कारों में घूमेंगे, बंगलों में रहेंगे। उनकी ज़िंदगी में सुकून होगा, संतोष होगा, शांति होगी।

वर्तमान के निर्णयों से भविष्य के परिणाम निर्धारित होते हैं।

सिस्टम की बोध कथाएँ...

एक रात सोते समय बेटे ने पिता से पूछा, "पापा, आप एक घंटा काम करके कितने रुपए कमाते हो?"

छोटे से बच्चे का सवाल सुनकर पिता ने हैरानी से पूछा, "क्यों पूछ रहे हो?"

"पापा प्लीज़, बताओ ना।" बेटे ने कहा।

"महीने के बीस यानी...।" पिता ने गणना करते हुए कहा, "लगभग सौ रुपए कमा लेता हूँ, क्यों?"

"पापा, मुझे पचास रुपए दीजिए ना, प्लीज़...।" बेटे ने मासूमियत के साथ याचना की।

"लगता है आज तेरा दिमाग़ ख़राब हो गया है।" पापा ने डाँटकर कहा, "उल्टे-सीधे सवाल पूछता है, क्या करेगा पचास रुपए का? जा, जाकर सो जा।"

बेटा रुआँसा होकर सो गया, लेकिन पिता की नींद उड़ गई। सारी रात सोचने के बाद भी पिता को इस पहेली का हल नहीं मिला कि बेटे ने यह सवाल पूछा क्यों और रुपए माँगे क्यों? आख़िर सुबह होते ही बेटे को जगाकर पिता ने पचास का नोट उसे दिया और कारण पूछा।

"पापा, मैं एक मिनट में आया...।" कहकर बेटा चला गया, और दौड़कर अपनी गुल्लक ले आया। गुल्लक को तोड़कर उसने अपने जमा किए हुए पैसे जोड़े, जो कि पचास रुपए थे। उसमें पिता के दिए हुए नोट को मिलाकर अपने नन्हें हाथों से बेटे ने सौ रुपए अपने पिता की हथेली पर रखकर कहा, "पापा, ये सौ रुपए हैं। आज अपना एक घंटा मेरे साथ बिताइए ना, प्लीज़।"

कथा सार

धन कमाने के चक्कर में हम कहीं इतने मशगूल तो नहीं हो गए कि हम अपने समय को बेचते समय यह भी भूल गए हैं, कि साथ में हमने अपने बच्चों का बचपन और परिवार की ख़ुशियाँ भी बेच दी हैं।

• • •

अध्याय 3

नेटवर्क मार्केटिंग और आप

नेटवर्क मार्केटिंग में अवरोध पैदा करने वाले तत्व

यह बात सही है कि नेटवर्क मार्केटिंग व्यापार प्रणाली अब परिपक्व हो चुकी है, लेकिन अब भी इस व्यापार में चारों तरफ़ से अवरोध पैदा किया जा रहा है। अवरोध पैदा करने वाले तत्व इस प्रकार हैं :

1) संचार माध्यम
2) स्थापित पारंपरिक कंपनियाँ
3) नेटवर्क मार्केटिंग प्रणाली में व्यवसाय करने वाली कंपनियाँ
4) नेटवर्क मार्केटिंग इंडस्ट्री के डिस्ट्रिब्यूटर यानी ख़ुद हम।

ऊपर लिखे तत्वों का हम अध्ययन करेंगे कि वे किस तरह से और क्यों नेटवर्क मार्केटिंग प्रणाली को नुक़सान पहुँचाने की कोशिश कर रहे हैं।

1) संचार माध्यम

यह सभी जानते हैं कि संचार माध्यम अख़बार, टीवी, रेडियो आदि विज्ञापनों से होने वाली आय के कारण ही चल रहे हैं। नेटवर्क मार्केटिंग में विज्ञापन के लिए ख़र्च नहीं किया जाता है। इसमें कंपनी का डिस्ट्रीब्यूटर ही विज्ञापनकर्ता होता है और विज्ञापन न करने के कारण बचा धन, डिस्ट्रीब्यूटरों में बाँटा जाता है। इसलिए स्वाभाविक है कि संचार माध्यमों का रवैया शत्रुतापूर्ण हो। इसलिए अधिकतर संचार माध्यम नेटवर्क मार्केटिंग को बदनाम करते हैं।

2) स्थापित पारंपरिक कंपनियाँ

पारंपरिक व्यवसाय से जुड़ी स्थापित कंपनियों के कारोबार पर नेटवर्क मार्केटिंग के कारण विपरीत असर पड़ा है। अमेरिका जैसे देशों में तो बाज़ार का 40 से 50 प्रतिशत हिस्सा फ्रेंचाइज़, नेटवर्क मार्केटिंग और सीधी वितरण प्रणाली ने हथिया लिया है। अपने व्यवसाय को बचाने के लिए स्थापित कंपनियाँ नेटवर्क मार्केटिंग व्यवसाय में अवरोध पैदा करती हैं। इन अवरोधों के बावजूद नेटवर्क मार्केटिंग का व्यवसाय तेज़ी से बढ़ रहा है, क्योंकि यह व्यवसाय जनहित में है। जनहित में खोज की गई टेक्नोलॉजी को कोई नहीं रोक सकता। जैसे पहले भी विरोध करने वाली कुछ स्थापित कंपनियों ने छुप-छुपकर फ्रेंचाइज़ प्रणाली को अपनाया था, अब कुछ कंपनियों ने नेटवर्क मार्केटिंग प्रणाली को अपना लिया है। कुछ खुलकर, कुछ ढँके-छुपे बाज़ार में उतर चुकी हैं। जिन स्थापित कंपनियों के पास दूरदृष्टि नहीं है, उन्होंने नेटवर्क मार्केटिंग को बदनाम करने का रास्ता अपनाया है।

3) नेटवर्क मार्केटिंग प्रणाली में व्यवसाय करने वाली कंपनियाँ

तुरंत धन कमाने की प्रवृत्ति मनुष्य में होती है। इस प्रवृत्ति के कारण जब भी धन कमाने का कोई नया मार्ग खुलता है, उस मार्ग से तुरंत धन कमाने के लिए लोग टूट पड़ते हैं। नेटवर्क मार्केटिंग का तरीक़ा जब चलने लगा, तो कई कंपनियाँ इसमें कूद गईं। कुछ इसमें नौसिखिया थीं, इसलिए डूब गईं। कुछ चालाक थे, धन जमा करके निकल गए। दोनों हालातों में जन-साधारण को नुक़सान हुआ। जो उनके प्लान में विश्वास करके शामिल हुए थे, उनका विश्वास टूटा, लेकिन छवि पूरे नेटवर्क मार्केटिंग की ख़राब हुई। नेटवर्क मार्केटिंग का हर डिस्ट्रीब्यूटर अपने बिज़नेस का ख़ुद मालिक होता है। अपना बिज़नेस, इस एहसास को लेकर शामिल हुए बहुत सारे लोगों को जब अपेक्षित लाभ नहीं मिला, लेकिन इस काम को करते-करते उन्हें नेटवर्क मार्केटिंग का अच्छा-ख़ासा ज्ञान हो गया। तब किसी कंपनी का डिस्ट्रीब्यूटर होने के बजाय, अपना ख़ुद का बिज़नेस क्यों

न शुरू किया जाए? इस बात को सोचकर बहुत सारे डिस्ट्रीब्यूटरों ने अपनी नई कंपनियाँ शुरू कीं। अब ऐसे में यह तो निश्चित है, जो व्यक्ति एक डिस्ट्रीब्यूटर की हैसियत से संघर्ष करके सफल नहीं हो पाया, वो अपनी कंपनी की सफलता के लिए आवश्यक संघर्ष कैसे करता? एक डिस्ट्रीब्यूटर की कठिनाइयाँ अलग हैं और कम भी, जबकि कंपनी के साथ बहुत सारी कठिनाइयाँ जुड़ी हुई हैं। स्वाभाविक तौर पर अधिकतर ऐसी नई कंपनियों का अंत असफलता के साथ हुआ। इससे नेटवर्क मार्केटिंग की छवि धूमिल हुई है। इसके बावजूद आज नेटवर्क मार्केटिंग में कई अच्छी कंपनियाँ हैं, जो इन विरोधों के बावजूद अपनी अच्छाई के कारण विकास कर रही हैं। कीचड़ में खिले कमल की तरह साफ़-सुथरी। इनमें एमवे, एवॉन, मोदी केयर, टप्पर वेअर, हर्बल लाइफ़, एच.एल.एल., स्वदेशी, RCM, AMC प्रमुख हैं, जो भारत में चल रही हैं।

4) नेटवर्क मार्केटिंग इंडस्ट्री के डिस्ट्रीब्यूटर यानी ख़ुद हम

नेटवर्क मार्केटिंग इंडस्ट्री का सबसे बड़ा दुश्मन कौन है? नेटवर्क मार्केटिंग इंडस्ट्री का डिस्ट्रीब्यूटर यानी हम। यह आश्चर्य की बात है कि मेंबरशिप, चेन सिस्टम, पिरामिड, पोंजी, एरोप्लेन जैसी अवैध योजनाओं में जिनके हाथ जल चुके हैं या जिन्होंने इस बारे में कुछ देखा-सुना है। वे लोग अच्छी कंपनियों का प्लान देखकर नाक-भौं सिकोड़ते हैं, "ओह... वो ही मेंबर बनाने हैं। अच्छा चेन सिस्टम है। बेकार है...।" अच्छी नेटवर्क मार्केटिंग कंपनी का प्लान देखते समय भी लोग ऐसे ही विचार व्यक्त करते हैं और स्पष्टतः 'ना' कहते हैं। लेकिन जब उन्हें आगे किसी कैसेट-किताब और विशेषकर किसी सेमिनार रैली में जाकर उसकी सही जानकारी मिलती है, तो वे लोग इस बिज़नेस को करने के लिए तैयार हो जाते हैं। मगर आश्चर्य यह है कि वे लोग बिज़नेस की और जानकारी लेने के बजाय मेंबर बनाना शुरू कर देते हैं। जी हाँ, यह सच है...

जिस बात के कारण वो लोग इस बिज़नेस को नहीं करना चाहते थे, वही बात वो ख़ुद करने लगते हैं।

दूसरी बात, लोग जिस कंपनी में शामिल होते हैं, उसके अलावा बाक़ी कंपनियों को ग़लत या ख़राब बताना एक आम चलन है। सोचिए 2,000 नेटवर्क मार्केटिंग कंपनियों में से एक आपकी कंपनी ही अच्छी है, बाक़ी 1,999 कंपनियाँ बुरी हैं, फ्रॉड हैं। इस बात से क्या संदेश जाता है किसी नए व्यक्ति के पास ? यह सीधे-सीधे अपने पैरों पर कुल्हाड़ी मारने के समान है। इससे हमें बचना चाहिए। डिस्ट्रीब्यूटर को चाहिए कि वो अपनी कंपनी की ख़ासियतों को बयान करे, दूसरों की ख़ामियाँ न निकाले। अधिकतर लोग शिक्षण प्रणाली का अनुकरण नहीं करते और जल्दी सफलता पाने के लिए ग़लत तरीक़ों से बिज़नेस करते हैं। ऐसे लोगों के साथ बिज़नेस ज़्यादा देर तक चल नहीं पाता, लेकिन बहुत सारे लोग इसमें अपने हाथ जला लेते हैं। इसके कारण पूरा नेटवर्क का बिज़नेस बदनाम होता है।

नेटवर्क मार्केटिंग में कंपनी का चुनाव

नेटवर्क मार्केटिंग इंडस्ट्री में कमोबेश हर समय लगभग 2,000 कंपनियाँ कार्यरत होती हैं। कुछ बंद पड़ जाती हैं, तो कुछ नई शुरू होती रहती हैं, हिसाब लगभग बराबर रहता है। हमें कौन सी कंपनी का बिज़नेस अपनाना चाहिए? इस प्रश्न का उत्तर हर व्यक्ति के लिए अलग हो सकता है। हर कंपनी की अपनी विशेषता है और अपना मार्केटिंग प्लान है, लेकिन आगे दिए गए कुछ निर्देश तत्व ऐसे हैं, जिनका ख़याल रखकर चुनाव किया जाए, तो सफलता को निश्चित किया जा सकता है और ठगे जाने से बच सकते हैं।

1) कंपनी बड़ी होनी चाहिए

इसका मतलब यह नहीं कि छोटी कंपनी से जुड़ना ग़लत है। बड़ी कंपनी मीडिया का विरोध सह सकती है। छोटी कंपनियों का मीडिया के कारण विकास कर पाना मुश्किल जाता है। इसलिए कंपनी बड़ी हो, ताकि वो मीडिया और स्थापित पारंपरिक कंपनियों का सामना कर सके। कहावत है कि,

"अगर लटकना ही है, तो मोटी डाल पकड़कर लटकना चाहिए।"

कमज़ोर डाल पकड़ने वाला ख़ुद की ग़लती न होने पर भी गिर सकता है। अगर डाल टूट गई तो...? बड़ी कंपनी में यह ख़तरा नहीं रहता।

2) कंपनी कम से कम पाँच वर्ष पुरानी होनी चाहिए

इसका भी अर्थ यह नहीं है कि नई कंपनी कभी सफल नहीं हो सकती। पाँच वर्ष से पुरानी कंपनी भी कभी न कभी नई थी और उसने विकास किया। इस सुझाव के पीछे कारण यही है कि अधिकतर नेटवर्क कंपनियाँ अपनी शुरुआत के पहले दो वर्षों में दम तोड़ देती हैं। कमज़ोर मार्केटिंग प्लान, बदनीयत या लूटने के लिए बाज़ार में उतरी कंपनियाँ ज़्यादा दूर तक नहीं जा पातीं, यह इतिहास है। फिर भी अगर किसी के पास दूरदृष्टि, विज़न है और नई कंपनी में उसे संभावनाएँ नज़र आती हैं, तो वह ऐसी कंपनी से जुड़ सकता है और निश्चित तौर पर इस जोखिम को उठाने वाला अधिक लाभ में रहेगा। पाँच वर्ष एक कंपनी को परखने के लिए एक सुरक्षित और अच्छा आधार है, जो पाँच वर्षों से अच्छा कार्य कर रही है, उस कंपनी की आगे भी अच्छी संभावनाएँ रहती हैं।

3) कंपनी में उत्पाद ज़रूर हो

ख़याल रखें कि कंपनी का व्यापार उत्पादों पर आधारित हो, केवल आइडिया या कॉन्सेप्ट नहीं। कंपनी के द्वारा उत्पादों के उपयोग या बिक्री के द्वारा हुए कारोबार पर कमीशन बाँटा जाता हो। केवल नए लोगों के जोड़ने के एवज़ में कमीशन बाँटना अवैध पिरामिड या मेंबरशिप है। उत्पाद अगर रोज़मर्रा के जीवन में उपयोग होने वाले हों तो सबसे अच्छी बात है। इससे व्यापार की आयु बढ़ जाती है, पीढ़ियों तक।

4) कंपनी के पास उत्पादों की विविधता हो

मतलब यह है कि उसके पास उत्पादों की एक लंबी लिस्ट हो। इसमें व्यापार बढ़ने की संभावना बढ़ जाती है। एक-दो-चार उत्पाद किसी को नहीं भी चाहिए, तो बाक़ी उत्पादों के कारण व्यापार बढ़ता रहता है। इस मामले में एमवे के पास ख़ुद के 450 उत्पाद हैं और 3,000 उत्पाद अन्य कंपनियों के माध्यम से शामिल हुए हैं। मोदी केयर के पास 'होम केयर' और 'पर्सनल केयर' के अलावा भी काफ़ी प्रॉडक्ट्स की रेंज है। हिंदुस्तान लीवर नेटवर्क मार्केटिंग में उतर चुकी है। इस 70 साल पुरानी स्थापित कंपनी के पास पहले से ही काफ़ी रेंज है, जो उसके नेटवर्क में आज नहीं तो कल शामिल होंगे ही। 'स्वदेशी' ने भी देश की कई कंपनियों के साथ टाइअप किया है। एवॉन के पास सौंदर्य प्रसाधनों की अच्छी विविधता है। RCM के पास रोज़मर्रा इस्तेमाल होने वाले उत्पादों की बड़ी रेंज है। N mart कंपनी ने तो बाज़ार में पहले से स्थापित उत्पादों को अपने बिज़नेस में अपनाया है। ऐसे में 'हर्बल लाइफ़' एक ऐसी कंपनी है, जो 'वेट मैनेजमेंट प्रोग्राम' के तहत इस क्षेत्र में टिकी हुई है और सफल भी है। इसके लिए हर्बल लाइफ़ बधाई की पात्र है और निश्चय ही उसकी 'रीढ़' यानी प्रॉडक्ट में दम होना चाहिए।

5) अंतिम डिस्ट्रीब्यूटर को लाभ का अवसर

यह सबसे महत्वपूर्ण मुद्दा है, क्योंकि सबसे नीचे जुड़े व्यक्ति को अगर लाभ कमाने का अवसर नहीं है, तो यह एक अवैध पिरामिड स्कीम होगी। होना यह चाहिए कि नेटवर्क से जुड़ा आख़िरी डिस्ट्रीब्यूटर अगर अपना नेटवर्क नहीं बढ़ा पाता, तो भी वह हमेशा थोक मूल्य पर मिलने वाले उत्पादों की सुविधा के कारण चिल्लर क़ीमत के मुक़ाबले लगभग 20% लाभ बचा सकता है और जितना चाहे उसकी चिल्लर बिक्री करके 20% लाभ कमा सकता है और इस कारोबार के बढ़ने पर कमीशन भी पा सकता है। यह सुविधा अधिकतर कंपनियों में है। 1979 में फ़ेडरल कोर्ट के निर्णय में यही मुद्दा महत्वपूर्ण था।

6) नीचे जुड़े डिस्ट्रीब्यूटर को अपने ऊपर जुड़े डिस्ट्रीब्यूटरों से ज़्यादा कमाने का और स्तर में भी आगे जाने का अवसर होना चाहिए

नेटवर्क मार्केटिंग के अधिकतर मार्केटिंग प्लान इस तरह बनाए गए हैं कि उसमें ऊपर बैठा व्यक्ति नीचे बैठे व्यक्ति से स्तर में और लाभ कमाने में हमेशा ऊपर ही रहता है। यह ग़लत प्रणाली है कि नीचे वाला मेहनत करे, ऊपर वाला बिना मेहनत फ़ायदा लेता रहे। प्लान ऐसा होना चाहिए कि जिसने मेहनत की है उसे अपनी मेहनत का पूरा हिस्सा पहले दिया जाए। अगर ऊपर बैठे व्यक्ति ने भी मेहनत की है, तो बचा हुआ हिस्सा उसे मिलता रहे। आदर्श कंपनी में स्तर और लाभ दोनों तरह से अधिक कमाने का अवसर नीचे वालों को होना चाहिए।

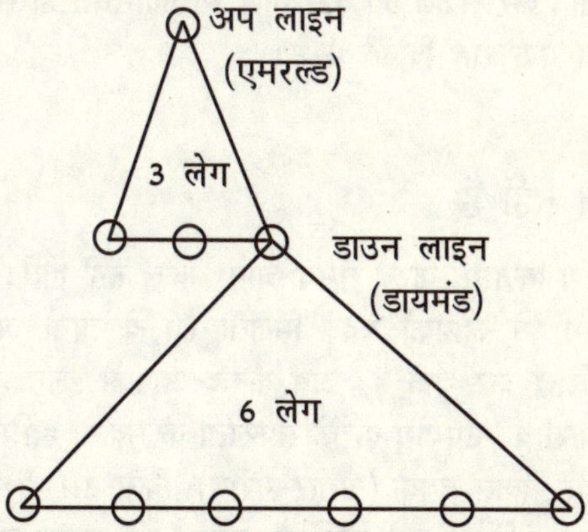

ऊपर के चित्र में स्पष्ट दिखाई देता है कि डाउन लाइन का बिज़नेस, नेटवर्क का क्षेत्र अप लाइन से बड़ा है। आदर्श कंपनियाँ ऐसी स्थिति में डाउन लाइन को ऊँची पिन लेवल के साथ अप लाइन से भी ज़्यादा आमदनी कमाने का अवसर देती हैं।

7) शिक्षण प्रणाली होनी चाहिए

कंपनी के साथ शिक्षण प्रणाली होनी चाहिए, क्योंकि नेटवर्क मार्केटिंग बिज़नेस की कार्यप्रणाली ही ऐसी होती है कि बिना शिक्षण प्रणाली की मदद के इसमें शामिल व्यक्ति द्वारा सफलता पाने की संभावना नहीं के

बराबर रहती है। अब ऐसी शिक्षण प्रणाली ख़ुद कंपनी के द्वारा दी जाती है या सफल डिस्ट्रीब्यूटर का समूह, लेकिन यह आवश्यक है। शिक्षण प्रणाली के महत्व को हम अगले भाग में समझेंगे।

क्या ऐसी कोई कंपनी है, जिसमें ऊपर लिखी सब ख़ासियतें हों? हाँ...। बहुत कम कंपनियाँ हैं, जिनमें ये ख़ासियतें हैं, लेकिन हैं। कम से कम मैं एमवे को इस श्रेणी में स्पष्ट रूप से शामिल पाता हूँ। और भी बहुत सी कंपनियाँ हैं। कभी-कभी हम अपनी ज़रूरत के हिसाब से कुछ ऐसी कंपनियों के बिज़नेस भी शुरू कर सकते हैं, जिनमें ऊपर लिखी ख़ासियतों में से एकाध कम है। ये ख़ासियतें केवल मार्गदर्शन के लिए हैं, कोई नियम नहीं है। हाँ, यह ज़रूर है कि इनके द्वारा आप एक आदर्श कंपनी का चुनाव कर सकते हैं। कुछ और भी ख़ासियतें हो सकती हैं, मैंने तो यहाँ केवल एक राह दिखा दी है।

आप अकेले नहीं हैं

नेटवर्क मार्केटिंग बिज़नेस करते समय आप अकेले नहीं होते। इस बिज़नेस में तीन माध्यमों से आपको मदद मिलती है। ये तीनों आधार अपनी सफलता को सिद्ध कर चुके हैं। अब केवल आपको इतना करना है कि इन तीनों आधारों का उपयोग करके सफलता के मुक़ाम हासिल करें। यहाँ आप किस जाति, किस तबके (अमीर-ग़रीब), किस उम्र में हैं, यह मायने नहीं रखता। आप कितने पढ़े-लिखे हैं, इसका भी सवाल नहीं, यानी...

महत्वपूर्ण यह नहीं कि आप कहाँ से आए हैं,
बल्कि महत्वपूर्ण यह है कि आप कहाँ जाना चाहते हैं।

यहाँ कोई छोटा-बड़ा नहीं, कोई पक्षपात नहीं। सब समान हैं और सबके लिए समान अवसर हैं। प्रकृति की तरह यहाँ भी...

असमान बनने के लिए हमें समान अवसर उपलब्ध हैं।

आप अपनी मंज़िल को निश्चित कीजिए, वहाँ पहुँचने के सभी साधन और रास्ते यहाँ उपलब्ध हैं।

पहला आधार– नेटवर्क मार्केटिंग कंपनी

इस आधार की मदद है उत्पाद और सेवा। एक आदर्श कंपनी आपको श्रेष्ठ उत्पाद देती है और साथ में देती है आपको और आपके ग्राहकों को 100% संतुष्टि का विश्वास। अगर उत्पाद किसी भी कारण से आपको संतुष्ट नहीं करता, तो 30 दिन में उपयोग की गई चीज़ वापस देकर आप अपना पूरा पैसा वापस ले सकते हैं। दूसरी मदद है घरपहुँच सेवा- आपके और आपके ग्राहकों के लिए भी। उसके बाद यह आपके लिए उत्पादों की जानकारी और प्रशिक्षण की भी मुफ़्त व्यवस्था करती है। आपके मुनीमजी का काम करती है, हिसाब-किताब, बहीखाता सबकुछ। आपकी मेहनत का मुआवज़ा हर महीने आपके घर भेजती है। उत्पादों से संबंधित हर क़ानूनी समस्या कंपनी की। दुकान-गोडाउन- ट्रांसपोर्टेशन सेवा सब कंपनी की। प्रिंटेड सामग्री, जिसमें कंपनी की आगामी योजना और नए उत्पादों की जानकारी छपती है।

दूसरा आधार– अप लाइन टीम

जो व्यक्ति आपको बिज़नेस से जोड़ता है, वह आपकी अप लाइन कहलाता है, और इसी तरह उसके ऊपर आपकी लाइन ऑफ़ स्पॉन्सर्स की पूरी टीम होती है। प्रत्यक्ष रूप से यह टीम आपके हर काम में मददगार होती है। यह आश्चर्यजनक है कि यह टीम आपके बारे में आपसे भी ज़्यादा सोचती है। दुनिया में सच्चे दिल से कोई आपका भला चाहता है, आपकी मदद करना चाहता है और आपके लिए आपसे भी ज़्यादा चिंतित कोई है, तो वो है आपकी अप लाइन और अप लाइन टीम। इस बिज़नेस की शुरुआत में आपके पहले क़दम से लेकर, चलने-दौड़ने व जीतने तक हर क़दम आपके साथ होती है, आपकी अप लाइन टीम। यह उन लोगों की टीम है, जो इस राह से सफलतापूर्वक गुज़र चुके हैं, जिस राह पर चलने का आपने आज फ़ैसला किया है। यह टीम इस रास्ते के हर

उतार-चढ़ाव, अवरोध और कठिनाइयों से परिचित है, इसलिए यह टीम, आपको हर तरह की कठिनाइयों से बचाती है, अवरोध आने से पहले ही आपको उसके बारे में जानकारी दे देती है, सावधान करती है। कई बार तो आपको पता भी नहीं चलता कि आपने किसी अवरोध को पार किया है। पीछे मुड़कर देखते हैं तो आपको आश्चर्य होता है, आपने इतने मुश्किल काम को कैसे कर लिया? आप इतनी चढ़ाई कैसे चढ़ पाए? कारण है आपकी अप लाइन टीम, जिसने आपकी राह से काँटे चुन लिए, हर अवरोध को हटा दिया, आपकी राह को आसान बना दिया। अप लाइन को इसीलिए यहाँ जीवन रेखा माना जाता है, क्योंकि उसका सहयोग ईश्वरीय प्रसाद की तरह आपको मिलता है।

तीसरा आधार– शिक्षा प्रणाली

नेटवर्क व्यवसाय के साथ जुड़ा ये एक ऐसा आधार है, जो विश्व के किसी भी व्यापार में नहीं है। शिक्षण प्रणाली एक मज़बूत आधार है, जो सिखाती है कि बिज़नेस को तरीक़े से कैसे किया जाए। नेटवर्क मार्केटिंग के अनुभवी लोगों ने अपने बिज़नेस में मिले वर्षों के सभी अनुभवों को नए लोगों के लिए खुला कर दिया है। यहाँ मार्गदर्शन का अधिकार केवल उसी व्यक्ति को होता है, जिसने पहले सीखा है, उस पर अमल किया है, सफलता का रास्ता तय किया है। वही सफल व्यक्ति यहाँ मार्गदर्शन देता है। यहाँ सिर्फ़ सैद्धांतिक नहीं, बल्कि प्रायोगिक आधार पर सिखाया जाता है। इस शिक्षण पद्धति में शामिल हैं कैसेट, सीडी, पुस्तक और समारोह। सीडी सिर्फ़ सफल और उससे ऊँचे ओहदे पर पहुँचने वाले लीडर्स की होती है, जिनके पास इस सफलता पर पहुँचने का सघन अनुभव होता है। एक-एक सीडी अनुभवों का निचोड़ होती है, जो हर व्यक्ति के लिए उपलब्ध होती है, जिसके माध्यम से हर व्यक्ति होने वाली ग़लतियों से बचकर जल्दी ही सफलता पा सकता है।

शिक्षण प्रणाली के हर पहलू पर हम अगले भाग में विस्तार से चर्चा करेंगे। संक्षेप में यह कि नेटवर्क मार्केटिंग कंपनी कार देती है और शिक्षण प्रणाली एक कार ड्राइविंग स्कूल है, जो तरीक़े से कार चलाना सिखाता है।

सफलता का सिद्धांत दो चीज़ों में निहित है, आइडिया और प्रणाली।

अच्छी कंपनी यह सफलतम आइडिया के रूप में है, और अगर आपके पास सफलतम शिक्षण प्रणाली भी है, तो इन दोनों ने अपनी सफलता को सिद्ध किया है। अब आपकी सफलता के लिए एक ही व्यक्ति बचता है, आप ख़ुद। अँग्रेज़ी में एक दिलचस्प उदाहरण है।

1) You can run the business.
(आप बिज़नेस को सफल बना सकते हैं।)

2) You can ruin the business.
(आप बिज़नेस को गँवा सकते हैं।)

इन दो वाक्यों में एक ही अक्षर 'I' का फ़र्क़ है, यानी मैं। इस 'I' को RUIN में से निकालकर YOU की जगह लिखिए। अब यह वाक्य कहता है।

1) I can run the business.

2) I can run the business.

मैं इस बिज़नेस को सफल बना सकता हूँ। जी हाँ मैं सोचता हूँ कि मैं कर सकता हूँ, तो कर सकता हूँ। अगर मैं सोचता हूँ कि मैं नहीं कर सकता हूँ, तो नहीं कर सकता हूँ। दोनों बातें सही हैं। आदर्श शिक्षण प्रणाली वो है, जो दुनिया के सबसे मज़बूत इन चार शब्दों को हमारे रोम-रोम में भर देती है।

मैं कर सकता हूँ।

I can do it.

अगर हम यह सोच सकें, अगर हम यह कह सकें, तो बाक़ी काम कि 'कैसे' कर सकता हूँ ? इस 'कैसे' को हम सीख सकते हैं, ये सिस्टम सिखाता है। सिस्टम सिखाता भी है, मार्ग भी दिखाता है, विश्वास भी पैदा करता है, और आगे बढ़ने में मदद भी करता है। आइए हम अगले भाग में इस शिक्षण प्रणाली का अध्ययन करें।

सिस्टम की बोध कथाएँ...

उसके चेहरे पर दर्द की रेखाएँ देखकर मुझसे रहा नहीं गया, "क्या बात है, भाई साहब... ?

"जूता ज़रा छोटा है। बुरी तरह काट रहा है...।" उसने जवाब दिया।

"तो उसे उतार दो भाई...।" मैंने कहा, "कुछ देर तो आराम मिलेगा...।"

"नहीं, मैं इसे इस समय नहीं उतारूँगा...।"

"मतलब... ?" मैंने चौंककर कहा, "मैं समझा नहीं... ?"

"इसके लिए आपको मेरी पूरी स्थिति समझनी होगी...।" मेरी सहमति मिलते ही उसने आह भरकर बात जारी रखी, "मैं एक क्लर्क हूँ। मेरा बॉस दिन भर मुझे कुत्ते की तरह काटने को दौड़ता है। ऊपर कोई सुनवाई नहीं। तनख़्वाह इतनी कम है कि बीस तारीख़ आते-आते दम तोड़ देती है। ज़िंदगी की गाड़ी को किसी तरह खींच रहा हूँ। घर में दो जवान बेटियाँ हैं, जिनकी शादी की उम्र पाँच साल पहले गुज़र चुकी है। बीवी हद दर्ज़े की बदसूरत और झगड़ालू है। उसके साथ हर पल जैसे नर्क में गुज़रता है। साथ में यह जूता है, जो थोड़ा छोटा है, बुरी तरह से काटता है। इसमें एक मिनट पैर को चैन नहीं पड़ता, लेकिन शाम को घर पहुँचकर जूता उतार देता हूँ, तो ऐसा लगता है, जैसे स्वर्ग में आ गया हूँ। एक यही तो सुख है, इसे मैं कैसे छोड़ दूँ ?"

कथा सार

क्या हमारी ज़िंदगी भी ऐसे ही किसी दौर से गुज़र रही है ? क्या कोई राह नज़र नहीं आती ? तो इस पुस्तक को समझने की कोशिश कीजिए। शायद एक राह मिल जाए।

• • •

भाग दो : शिक्षण प्रणाली

नेटवर्क मार्केटिंग के आरंभिक समय में कोई शिक्षण प्रणाली नहीं होती थी। सभी अपने-अपने तरीक़े से बिज़नेस करते थे। ऐसे में बहुत सी ग़लतियाँ हो जाती थीं और बना-बनाया नेटवर्क ख़त्म हो जाता था। लोग ग़लतियाँ कर-करके सीखते थे। ऐसे में यह स्वाभाविक था कि बहुत कम लोग सफल हो पाते। ऐसे में किसी सफल व्यक्ति ने सोचा कि अगर सफल लीडर्स के अनुभवों को जमा करके, उनके अनुभवों का लाभ नए लोगों को दिया जाए, तो ग़लतियाँ दोहराई नहीं जाएँगी और हर व्यक्ति को तेज़ी से सफल होने का अवसर मिलेगा। नेटवर्क मार्केटिंग के इतिहास में ज्ञात ऐसी शिक्षण प्रणाली की शुरुआत एमवे के सफल डिस्ट्रीब्यूटर 'डेक्स्टर येगर' ने की है।

डेक्स्टर येगर नेटवर्क मार्केटिंग के इतिहास में एक सफलतम लीडर हैं, जिन्होंने एमवे के प्रारंभिक समय से ही यह बिज़नेस किया। उनकी शिक्षण प्रणाली का नाम 'इंटरनेट' है, जो पहली ज्ञात शिक्षण प्रणाली है, उसके बाद इसी की तरह एमवे में ही कई शिक्षण प्रणालियाँ विकसित हुईं। जिनमें 'ब्रिट वर्ल्ड वाइड', 'नेटवर्क 21' तथा हाल ही में भारत में शुरू की गई 'विनर्स इंटरनेशनल' आदि प्रणालियाँ हैं। इसी तरह बाक़ी अच्छी कंपनियों के साथ भी ऐसी ही शिक्षण प्रणालियाँ उनका अभिन्न हिस्सा बन गई हैं। मक़सद एक ही था कि हर नया व्यक्ति ग़लतियाँ करके सीखने की बजाय, सफल लोगों के अनुभव से सीखे, और तेज़ी से सफल हो सके। तब हर अप लाइन लीडर अपने-अपने ग्रुप को सिखाते, उनकी मीटिंग होती, बड़े ग्रुप में सेमिनार भी होने लगे।

कैसेट से क्रांति

इसी तरह सुधार के चलते किसी लीडर के ख़याल में आया कि सभी सफल लीडर होम मीटिंग में, ओपन मीटिंग में और सेमिनार में भी एक ही अंदाज़ में अपनी बात कहते हैं, अगर उनकी आवाज़ कैसेट में टेप

कर दी जाए, तो उसका फ़ायदा दूर-दूर तक ज़्यादा लोगों को मिल सकता है। यहीं से कैसेट का समावेश होते ही शिक्षण प्रणाली में क्रांति आ गई। धीरे-धीरे लीडर्स अपने ग्रुप से बाहर जाकर सेमिनार करते, उनकी कैसेट बनती, पुस्तकें छपतीं। इस तरह से हर व्यक्ति के पास बहुत सारे सफल लीडर्स का अनुभव जानकारी और ज्ञान पहुँचने लगा। शिक्षण प्रणालियों में निरंतर विकास होता रहा, जो अब भी जारी है। अब ऑडियो के बाद वीडियो का ज़माना आ गया है, अब तो लीडर्स की वीडियो सीडी में आप सुनने के साथ पूरे सेमिनार को देख भी सकते हैं। पूरे विश्व में प्रयोग किए जा रहे सफलता के सिद्धांतों को शिक्षण में शामिल किया गया है। ऐसे में सफल लोगों की जीवनियाँ, सकारात्मक नज़रिया, लोक-व्यवहार और रिश्तों को मज़बूत बनाने वाली विश्वप्रसिद्ध पुस्तकों को हर अच्छी शिक्षण प्रणाली ने अपनाया है। इन सबका सार, यानी नेटवर्क मार्केटिंग में सफलता पाने के लिए आवश्यक क़दमों की व्याख्या की गई है, उन्हें 20 सूत्रों में पिरोया गया है, जो कि 5 भागों में विभाजित हैं। ये पाँच भाग इस प्रकार हैं।

1) सपना और लक्ष्य

2) 3 स्वर्णिम नियम

3) 4 आधारभूत कार्य

4) सफलता की ओर बढ़ते 9 क़दम

5) 3 शक्तियाँ

5 भागों में इन 20 सूत्रों को लगभग हर शिक्षण प्रणाली ने अपनाया है। लेकिन विशेष बात यह है कि ये सभी सूत्र ज़िंदगी के हर हिस्से, हर व्यापार, व्यवसाय और नौकरी में सफलता के लिए आवश्यक हैं। जीवन बदलने वाली इस क्रांतिकारी शिक्षण प्रणाली के लिए सभी अनुभवी और सफल नेटवर्क मार्केटिंग के लीडर्स का समाज हमेशा क़र्ज़दार रहेगा। आइए शिक्षण प्रणाली के हर सूत्र को हम विस्तार से जानें और हर क़दम पर हमें क्या-क्या करना चाहिए, हर काम के पीछे शिक्षण प्रणाली की क्या दार्शनिकता है, क्या मनोविज्ञान है? इसे हम विस्तार से अगले अध्यायों में समझें।

अध्याय 1

सपने और लक्ष्य

इस बिज़नेस की जानकारी मिलते ही सभी उत्साहित व्यक्ति जल्द से जल्द यह जानना चाहते हैं कि इस बिज़नेस को 'कैसे' किया जाता है। सिस्टम का कहना है कि जब तक आपके पास इस बात का जवाब नहीं है कि आप इस बिज़नेस को 'क्यों' करना चाहते हैं। 'क्यों' यानी क्या कारण है, आप क्या पाना चाहते हैं? मतलब आपके सपने, आपकी इच्छाएँ, आपकी ज़रूरतें, आपके मक़सद, आपका मंसूबा, तब तक 'कैसे' का तो सवाल ही पैदा नहीं होता। सफलता के कुछ सिद्धांत हैं, जो विश्व में कहीं भी समान रूप से कार्य करते हैं। इन सिद्धांतों का एक महत्वपूर्ण भाग है कि सफलता पाने के लिए आपके पास एक मज़बूत 'क्यों' होना चाहिए, यानी एक 'सपना' या 'मंसूबा' कि आप ज़िंदगी में क्या पाना चाहते हैं।

"सपनों के बिना इंसान का जीवन पशुवत होता है।"

– स्वामी विवेकानंद

इंसान और जानवर के बीच सबसे बड़ा अंतर है– सपना या मंसूबा। इंसान सपना देखता है, जानवर नहीं, लेकिन हमारे सपनों को हमने बहुत गहरे दफ़ना दिया है। उनके बारे में हम सोचना भी नहीं चाहते, अपने सपनों को याद करने में डर सा लगता है।

सिस्टम दर्शन

यह बिज़नेस तो एक रास्ता है, जिस पर चलकर आप अपने सपनों को साकार कर सकते हैं। अगर किसी का कोई सपना ही नहीं, प्रबल इच्छा ही नहीं, कि कहाँ जाना है, क्या पाना है, यह निश्चित ही नहीं, तो कोई अलग से काम क्यों करेगा ? वो इस बिज़नेस में ही नहीं, किसी भी क्षेत्र में सफलता पाने के लिए ज़्यादा काम करने की प्रेरणा नहीं पाएगा और सफल नहीं हो पाएगा। सिस्टम का कहना है कि यह बिज़नेस एक रास्ता है। ऐसे हज़ारों रास्ते बताए जा सकते हैं, जो हज़ारों मंज़िलों तक आपको ले जाएँगे, लेकिन उस मंज़िल तक आप जाना 'क्यों' चाहते हैं ? जब तक इस 'क्यों ?' का जवाब आपके पास नहीं, तब तक 'कैसे ?' या 'किस रास्ते से ?' का मतलब ही नहीं रह जाता। जो लोग अपना 'क्यों ?' नहीं जानते ? वो लोग 'कैसे ?' में दिलचस्पी नहीं रखते। जिस गाँव जाना नहीं उसकी 'दूरी' जानकर क्या फ़ायदा ? सिस्टम केवल सपने दिखाता ही नहीं या सोए सपनों को जगाता ही नहीं, बल्कि उन सपनों को हासिल करने का रास्ता दिखाता है, साथ ही मदद भी करता है।

मनोविज्ञान

इस बिज़नेस में यही 'क्यों ?' सबसे महत्वपूर्ण है, क्योंकि इस बिज़नेस को सही तरीक़े से केवल कुछ हज़ार की लागत से शुरू किया जा सकता है। यह इस बिज़नेस की सबसे बड़ी ख़ूबी भी है और ख़राबी भी। यह इतनी बड़ी रक़म नहीं, जिसके खोने का डर आपको बिज़नेस करने के लिए प्रेरित कर सके। तब प्रेरणा का स्रोत होते हैं आपके सपने, कि आप क्या पाना चाहते हैं ? इसलिए बिज़नेस में वो ही लोग सफल होते हैं, जिनके पास कोई सपना है और जो उसे हर हाल में पाना चाहते हैं।

जो लोग बिना सही कारण के बिज़नेस शुरू करते हैं। वो लोग बिना सही कारण के बिज़नेस को छोड़ देते हैं।

सफलता के लिए ज़रूरी सपना

सफलता पाने के लिए ज़रूरी है एक सपना। सपने का अर्थ उससे नहीं जो हम नींद के दौरान देखते हैं, बल्कि इस सपने का अर्थ है कि हम जागते समय क्या-क्या पाने की कल्पना करते हैं, हमारा मक़सद क्या है। यही सपने ज़िंदगी में आपकी सफलता के लिए सबसे बड़ी प्रेरणा बन जाते हैं। इस बिज़नेस में वो ताक़त है, जो आपके द्वारा देखे गए ऐसे सभी सपनों को पूरा करने की क्षमता रखती है।

सिस्टम दर्शन

सिस्टम की दार्शनिकता यही है कि जिस रास्ते का जाने-अनजाने में सफलता पाने के लिए सफल लोगों के द्वारा प्रयोग किया गया है, उस रास्ते को पूरी तरह से समझकर सफलता पाना आसान और सहज रहेगा। सपना या प्रबल इच्छा उस सफलता को पाने की पहली सीढ़ी है। यह एक सिद्धांत है, जो सबके लिए समान कार्य करता है। इसलिए सिस्टम इस बिज़नेस के पहले आपको अपने सोए हुए सपनों को जगाने की प्रेरणा देता है।

हम 'सोप' नहीं, 'होप' बेचते हैं।

मनोविज्ञान

दुनिया में कोई भी घटना दो बार घटित होती है, पहले आपकी सोच में सपने के रूप में, फिर यथार्थ में। इसलिए सबसे पहले विचार करना आवश्यक है कि हम ज़िंदगी में क्या-क्या पाना चाहते हैं। दुनिया का कोई भी व्यक्ति उतनी ही सफलता पाता है, जितनी बड़ी उसकी सोच है, उसके आगे कभी नहीं।

हम सबकी इच्छाएँ एक जैसी हैं, प्राथमिकताएँ अलग–अलग हैं

वैसे तो हर इंसान के सपने अलग-अलग होते हैं। मोटे तौर पर ये सपने नीचे दी गई सूची के अनुसार ही होते हैं, क्योंकि हम सब ज़्यादा बातों में एक जैसे और बहुत ही कम बातों में अनोखापन रखते हैं। मनोवैज्ञानिकों का कहना है, कुल 20 इच्छाएँ हैं, जो कि हम मूलभूत रूप में पाना चाहते हैं। फ़र्क़ है तो सिर्फ़ प्राथमिकता का, कि हम कौन सी इच्छा को ज़्यादा ज़रूरी समझते हैं। वो 20 इच्छाएँ इस प्रकार हैं :

1) मानसिक शांति : ज़्यादा लोगों के लिए पहली प्राथमिकता है, चाह है।

2) अपना व्यवसाय : अपने आर्थिक भविष्य की लगाम अपने हाथ में रहे।

3) परिवार के साथ ज़्यादा समय, परिवार के साथ अच्छा संबंध।

4) अर्थपूर्ण काम : जिसे करने पर संतुष्टि मिले। उद्देश्यपूर्ण ज़िंदगी।

5) अपने मनोरंजन और शौक़ पूरे करने के लिए पर्याप्त समय की कामना।

6) अधिक लोगों से मित्रता, गहरे संबंध और स्वीकार्यता।

7) अच्छी सेहत।

8) सफलता के लिए मान-सम्मान।

9) ख़ुशी-आनंद के अवसर।

10) ख़ुद व बच्चों के लिए अच्छी शिक्षण व्यवस्था (आर्थिक तनाव के बिना)।

11) समाज सेवा कार्यों में योगदान।

12) घूमना-फिरना : सुंदर प्राकृतिक, ऐतिहासिक, धार्मिक स्थलों की यात्रा।

13) आर्थिक सुरक्षा : क़र्ज़ से मुक्ति

14) परिवार और रिश्तेदारों की आर्थिक ज़रूरतों को पूरा करना।

15) एक अच्छा घर।

16) एक अच्छी कार।

17) समृद्धि : आर्थिक स्वावलंबन।

18) ऐश्वर्ययुक्त चीज़ों को ख़रीदने की सामर्थ्य।

19) अनपेक्षित ख़र्चों की चिंता से मुक्ति।

20) आने वाली पीढ़ी के लिए विरासत छोड़ जाना।

ऊपर लिखे बीस सपने हम सभी के हैं, सिर्फ़ प्राथमिकताओं में फ़र्क़ होता है। फिर भी हमें अपने ख़ुद के लिए कम से कम छह सपने लिख लेने चाहिए, जिन्हें हम ज़्यादा महत्व देते हैं। हर इंसान के लिए छः क्षेत्रों में अपने सपने रखना ज़रूरी है। ये क्षेत्र हमारी ज़िंदगी के पहिए में लगे स्पोक्स हैं, जिनमें से एक भी 'स्पोक' कम हो जाए, तो हमारी ज़िंदगी की गाड़ी डगमगाने लगती है। ये क्षेत्र निम्नलिखित हैं :

1. **आर्थिक** : कितना धन या भौतिक वस्तुएँ हम पाना चाहते हैं।

2. **पारिवारिक** : परिवार के बिना कोई भी सुख नहीं होता। अपने परिवार को हम किस स्तर पर ले जाना चाहते हैं।

3. **मानसिक** : बौद्धिक स्तर पर सही और ग़लत के बीच फ़र्क़ नहीं कर सकते, तो सफलता का उपभोग नहीं होगा। अपनी बुद्धिमत्ता के स्तर का भी लक्ष्य होना चाहिए। अपना भावनात्मक संतुलन बनाए रखना जीवन की मूलभूत आवश्यकता है।

4. **शारीरिक** : अगर हमारे पास उपभोग करने योग्य स्वास्थ्य नहीं है, तो सारा धन, सारी भौतिक सुख-सुविधाएँ व्यर्थ हैं।

5. **सामाजिक** : समाज ने हमें बहुत कुछ दिया है, अब हम समाज को क्या दे सकते हैं। इसके भी लक्ष्य निर्धारित करें। समाज से अलग होकर हर सफलता व्यर्थ है।

6. **आध्यात्मिक** : मानव की पहली और अंतिम कामना है 'मन की शांति' और यह एक आध्यात्मिक लक्ष्य है। आध्यात्मिक रूप से हम कहाँ तक पहुँचना चाहते हैं, यह हमारे लक्ष्य में समाहित होना चाहिए।

सिस्टम दर्शन

सिस्टम सफलता की राह पर चलना सिखाता है। सफलतम व्यक्तियों ने जिन सिद्धांतों पर चलकर सफलता हासिल की है, उन्हीं सिद्धांतों के बारे में सिस्टम सिखाता है। सफलता पाने के लिए सबसे महत्त्वपूर्ण सिद्धांत है, आपका सपना। आप क्या पाना चाहते हैं? अगर आपके पास एक प्रबल इच्छा नहीं है, तो आप काम क्यों करेंगे? लोगों से मिलना, बातें करना, निकटता बढ़ाना, अच्छा सोचना-करना-बोलना, लोगों को बिज़नेस देखने के लिए आमंत्रण देना, सम्मानपूर्वक बैठाकर प्लान दिखाना, जानकारी देना, मदद करना, कैसेट सुनना, पुस्तक पढ़ना... ये काम कम से कम शुरुआत के दिनों में सभी के सभी आपको अच्छे नहीं लगते। बाद की बात अलग है, इन कामों में आपको मज़ा आने लगता है। शुरुआत में इनमें से कई काम ऐसे होते हैं, जिन्हें आप सख़्त नापसंद करते हैं। फिर आप ये काम करेंगे क्यों? जवाब है आपका सपना, आपकी प्रबल इच्छा, कुछ पाने की लालसा।

दर्द से बचना या ख़ुशियाँ पाना

हालाँकि सपने इतना विशाल विषय हैं कि उनके लिए ऐसी दस-बीस पुस्तकें भी कम पड़ जाएँगी। संक्षेप में सपनों के मुख्य दो भाग हैं :

1. **दर्द से छुटकारा** : आपको किस बात से कष्ट होता है, उस बात से बचना। यह एक नकारात्मक सपना है।
2. **ख़ुशी पाने की इच्छा** : ऐसा क्या काम है, जो आपको ख़ुशी देगा। ऐसी कौन सी चीज़ें हैं, जिन्हें पाकर आपको ख़ुशी होगी।

इन्हीं सपनों से हमें प्रेरणा मिलती है, एक निश्चित दिशा मिलती है।

सिस्टम दर्शन

आपके सपने ही महत्वपूर्ण हैं, क्योंकि इस बिज़नेस में आपका कोई बॉस नहीं होता। आपकी अप लाइन आपकी मददगार होती है, हुक्म चलाने वाला कोई मालिक नहीं। इंसान कोई भी काम या तो दर्द से बचने के लिए करता है या फिर ख़ुशी पाने के लिए करता है। यहाँ खोने के लिए कुछ नहीं है, इसलिए यहाँ आप काम करेंगे कुछ पाने के लिए ही। इसलिए आपको क्या पाना है, आपकी ख़ुशी क्या है, आपका सपना क्या है, यह महत्वपूर्ण हो जाता है। उसी को पाने के लिए थोड़ा और ज़्यादा काम करने के लिए आप तैयार होंगे।

मनोविज्ञान

मनोविज्ञान के हिसाब से दर्द से बचने के, यानी नकारात्मक सपने ज़्यादा प्रभावी होते हैं, क्योंकि कुछ पाकर मिलने वाले मज़े को महसूस करने के लिए प्रयास करना पड़ता है, जबकि दर्द को हम बिना प्रयास के महसूस करते हैं। इसलिए दर्द की चुभन से मुक्ति पाने की दिशा में कोशिश करते रहना हमारे लिए सहज हो जाता है। यह वर्तमान में तीव्रता से महसूस की जा रही एक प्रबल इच्छा है, दर्द से मुक्ति। यही प्रबल इच्छा सफलता पाने के लिए आपको प्रेरित करती है।

सपनों को लक्ष्य में बदलें

सपने केवल सपने रह जाते हैं, अगर समय का बंधन, यानी हासिल करने की तारीख़ उनके साथ न जोड़ी जाए। जैसे ही हमारे सपने समयबद्ध हो जाते हैं, वो हमारे लक्ष्य बन जाते हैं। लक्ष्य बहुत ज़रूरी है, बिना लक्ष्य के आगे बढ़ना अँधेरे में तीर चलाना है, जिससे हताशा ही हाथ लगती है। बहुत लोगों का सपना एक जैसा हो सकता है, लेकिन उसी सपने के लिए लक्ष्य अलग-अलग हो सकते हैं। हमारी प्राथमिकताएँ अलग-अलग हो सकती हैं कि हम पहले क़र्ज़मुक्त होना चाहते हैं, घर बनाना चाहते हैं या नौकरी से छुटकारा पाना चाहते हैं? दूसरी बात, सबके क़र्ज़ की रक़म,

घर बनाने का ख़र्च और नौकरी में तनख़्वाह अलग-अलग होते हैं, इसलिए लक्ष्य भी अलग होगा।

सिस्टम दर्शन

सिस्टम का सार यही है कि सपनों को हासिल नहीं किया जा सकता, लेकिन लक्ष्य पर पहुँचकर हम अपना सपना पूरा कर सकते हैं। अगर आपका सपना एक कार है, इतने से ही आपको कार नहीं मिल जाएगी। सपने तक हम कभी सीधे नहीं पहुंच सकते। हम उसे तारीख़ देकर लक्ष्य बनाते हैं, फिर एक वाहन की तलाश करते हैं, जो हमें लक्ष्य तक पहुँचाएगा। अब हम लक्ष्य तक पहुँच सकते हैं, जो हमें कार ख़रीदने के लिए धन देगा। अगर हमारा सपना छः महीने में नौकरी से छुटकारा है और हमारी तनख़्वाह 10,000 है, तो हमारा लक्ष्य होगा छः महीने के भीतर इस बिज़नेस से रु. 10,000 से ज़्यादा आय बनाएँ। यह एक स्तर पर पहुँचने पर निश्चित रूप से हो जाएगा। इसे ही व्यापारिक लक्ष्य कहते हैं। यह लक्ष्य हासिल होते ही हमें स्वतंत्रता है कि हम अपना सपना पूरा कर सकें।

मनोविज्ञान

जब आप लक्ष्य पर अपना ध्यान केंद्रित करते हैं, उसके लिए समर्पित हो जाते हैं। बार-बार उसे दोहराते हैं, महसूस करते हैं। तब यह लक्ष्य आपके अवचेतन मस्तिष्क में मज़बूती से बैठ जाता है। अब अवचेतन मन हर बार आपके चेतन मस्तिष्क को सही राह पर बनाए रखता है। आपके द्वारा लिया गया हर निर्णय आपके अवचेतन मस्तिष्क द्वारा निश्चित किया जाता है। यही बात हर बार आपको उन ग़लत निर्णयों को लेने से बचाती है, जो आपको लक्ष्य की राह से भटका सकते हैं। जब आपके मस्तिष्क पर आपका लक्ष्य हावी हो जाता है, तो आपको अपने आप उत्साह, ऊर्जा और प्रेरणा मिलती है। इससे हटकर आपको एक अनमोल चीज़ मिलती है, वो है एक नायाब स्वचालित योजना, जो आपको सीधे लक्ष्य तक ले जाती है। जब आप अपने लक्ष्य को अपने

ऊपर हावी होने देते हैं, तो वह आपके अवचेतन में जाकर बैठ जाता है। अवचेतन हमेशा संतुलित रहता है। चेतन मस्तिष्क तब ही संतुलित रहता है, जब वह उसी राह पर चल रहा हो, जो अवचेतन में बनी हुई है। अवचेतन के सहयोग के बिना हम हमेशा झिझकते हैं, असमंजस में होते हैं, दुविधा में होते हैं। अगर लक्ष्य अवचेतन में पूरी तरह बैठ जाए, तो हम स्पष्ट चिंतन कर सकते हैं, बेझिझक अपने लक्ष्य को हासिल करने की योजना पर काम करते हैं और सफलता निश्चित हो जाती है। अवचेतन मस्तिष्क एक स्वचालित मार्गदर्शक यंत्र है, जो हमें कपड़ों के सही चुनाव से लेकर, लक्ष्य पाने के लिए 'यह करो', 'यह मत करो' में हर जगह मार्गदर्शन करता रहता है।

97% या 3%

हार्वर्ड युनिवर्सिटी ने एक सर्वेक्षण के दौरान पाया कि...

1) 83% लोगों के पास कोई लक्ष्य नहीं है।
2) 14% लोगों के पास लक्ष्य है। उन्हें पता है, उन्हें कब तक क्या पाना है।
3) 3% लोगों ने अपने लक्ष्यों को लिखकर रखा है।

और परिणाम आश्चर्यजनक हैं। उन 14% लोगों ने लक्ष्यहीन लोगों से तीन गुना ज़्यादा सफलता पाई है और 3% लोगों ने उन 14% लोगों से दस गुना ज़्यादा सफलता पाई है।

सोचिए, जैसे ही आप लक्ष्य लिखकर दीवार पर चिपका देते हैं, आप उसी समय ऊपर के 3% लोगों में आ जाते हैं। अब सिर्फ़ ज़रूरत है एक वाहन की, जो लक्ष्य तक पहुँचाने में सक्षम हो। वो वाहन निश्चित ही यह बिज़नेस है। दूसरी ज़रूरत है एक रास्ते की, जो आपको आपके लक्ष्यों तक पहुँचाए। शिक्षण प्रणाली आपके लिए एक सिद्ध हो चुकी प्रणाली है, जिसने लोगों को लक्ष्यों तक पहुँचाया है। तीसरी है आपकी अप लाइन टीम, जो इस राह पर चलकर लक्ष्यों तक पहुँचने में आपकी

जी-जान से मदद करेगी।

सिस्टम दर्शन

सफलता के बारे में सिस्टम ने जो अभ्यास किया है, उसका सार यही है कि दुनिया में 3% लोग ही सही मायने में सफल हैं, 97% औसत या उसके काफ़ी नीचे के स्तर पर हैं। फ़र्क़ कहाँ है? आइए हम दोनों का अध्ययन करें।

97% लोग ऐसा करते हैं

पढ़ाई => विशेष योग्यता (पदवी) => नौकरी या छोटा-मोटा व्यापार => तनख़्वाह => सपनों की पूर्ति।

97% लोग शुरुआत की पढ़ाई के बाद किसी क्षेत्र में पदवी लेने की कोशिश करते हैं (वाणिज्य, कला, विज्ञान, इंजीनियरिंग, मेडिकल इत्यादि)। फिर अपनी शिक्षानुसार सैकड़ों जगह नौकरी के लिए आवेदन करते हैं। जैसे ही कोई नौकरी मिली, वहाँ से मिलने वाले मासिक वेतन को अपना वाहन बनाकर ज़िंदगी की गाड़ी खींचते हैं। उसी वेतन की परिधि में अपने सपनों का निर्माण करते हैं- और अपने छोटे-छोटे सपनों को पूरा करते हैं।

3% लोग ऐसा करते हैं

सपना (लक्ष्य) => लक्ष्य को हासिल कर सकें ऐसे वाहन का चुनाव => लक्ष्य के अनुसार पढ़ाई या ज्ञान हासिल करना => योजनाबद्ध कार्य => लक्ष्य पर पहुँचकर सपना साकार करना।

3% लोग पहले निश्चित करते हैं कि उन्हें क्या और कब तक चाहिए, फिर योजनाबद्ध तरीक़े से उस वाहन का चुनाव, उसकी जानकारी लेते हैं। वो योजना पर काम करते हैं। लक्ष्य पर पहुँचकर, वो सोचे गए सपनों को साकार करते हैं। **'रिच डैड, पुअर डैड'** के लेखक **'रॉबर्ट**

कियोसाकी' ने क्या ख़ूब कहा है, "औसत लोग या ग़रीब पिता अपने बेटे से कहता है, बेटा ख़ूब पढ़ो-लिखो, अच्छी डिग्री लो और अच्छी कंपनी में अच्छे ओहदे की नौकरी पा लो। तुम्हारी ज़िंदगी अच्छा खाते-पीते गुज़र जाएगी।"

सोचिए क्या अमीर पिता, टाटा-बिड़ला-अंबानी, अपने बेटे को ऐसी सलाह देते होंगे? बिल्कुल नहीं। अमीर पिता कहता है, "बेटा मर्ज़ी से ख़ूब पढ़ो-लिखो, सीखो, विशेषता हासिल करो, एक अच्छी बड़ी कंपनी शुरू करके इन पढ़े-लिखे जीनियस लोगों को नौकरी पर रखो और उनसे काम करवाकर ऐश की ज़िंदगी जियो, जो चाहते हो वो हासिल करो।"

> ***संक्षेप में ग़रीब बाप पेट के बारे में सोचता है और अमीर बाप सपने के बारे में। बस यही अंतर है, असफलता और सफलता के बीच, सोच का अंतर।***

लक्ष्य SMART होने चाहिए

लक्ष्य सपने से कुछ ज़्यादा होता है। लक्ष्य का दूसरा अर्थ है, 'सपने के लिए काम करना।' 'सपनों में निर्जीवता है,' 'लक्ष्य' सजीव होते हैं। हमारे मक़सद, लक्ष्य **SMART** होने चाहिए।

Specific (स्पष्ट) : मक़सद स्पष्ट होने चाहिए कि हम क्या चाहते हैं।

Measurable (जिन्हें मापा जा सके) : अगर अपने सपने को हम माप सकते हैं, तो अपने बिज़नेस में हुई प्रगति पर हम नज़र रख सकते हैं।

Achievable (जिन्हें प्राप्त किया जा सके) : सपना बड़ा होना चाहिए, लेकिन इतना बड़ा भी नहीं कि हमें निराश कर दे। बड़े सपनों को छोटे-छोटे लक्ष्यों में बाँटकर पूरा किया जा सकता है। अब कोई एक ही महीने में 50 किलो वज़न कम करना चाहे, यह व्यावहारिक नहीं है।

Realistic (वास्तविक) : सपना वास्तविक हो, काल्पनिक नहीं।

वह बड़ा हो, लेकिन विश्वास करने लायक़ हो।

Time Bond (समयबद्ध) : उस पर तारीख़ हो, ताकि वह लक्ष्य हो जाए।

जब आप इस तरह से सपने की रचना करते हैं, उसे लिखकर दीवार पर चिपका देते हैं, रोज़ उसे पढ़ते हैं, उसे बोलते हैं, उसे वर्तमान में पाया हुआ महसूस करते हैं, तो आपके आस-पास इस तरह का वातावरण तैयार हो जाता है कि आप अपने सपने को हर हाल में हासिल कर सकते हैं।

मनोविज्ञान

जब आप किसी इच्छा, ज़रूरत या सपने को लिख लेते हैं। उसे किसी ऐसी जगह पर चिपका देते हैं, जहाँ आप रोज़ पढ़ सकें। जब आप उस सपने के बारे में बातें करते हैं और उसे वर्तमान में महसूस करते हैं, जैसे आपने उसे पा लिया हो। तब आपके अवचेतन मस्तिष्क में उसका एहसास पक्का होता जाता है। अवचेतन मन नहीं जानता कि वह सही है या ग़लत। वो उसे उसी रूप में स्वीकार कर लेता है। जब कोई अवसर आता है, तो अवचेतन मस्तिष्क चेतन मस्तिष्क को सकारात्मक संकेत भेजता है। तब सारे फ़ैसले उस अवचेतन मन की शक्ति के कारण सकारात्मक होते हैं, आस-पास का वातावरण और परिस्थितयाँ आपकी मददगार हो जाती हैं। बाधाएँ, समस्याएँ, कठिनाइयाँ छोटी नज़र आती हैं। दूसरे लोगों के मस्तिष्क पर इसका असर होता है। सारी प्रकृति मानो आपके सपनों को पूरा करने के लिए ऐसी स्थितियाँ निर्मित कर देती है... कि बस... आगे बढ़ो और हासिल कर लो। अवचेतन मस्तिष्क को सही-ग़लत, सच-झूठ की जानकारी नहीं होती। इसलिए जो चाहिए उसे सकारात्मक भाषा में लिखें। उदाहरणार्थ, "यहाँ कचरा मत करो।" यह नकारात्मक है। इसमें पहले 'कचरा' दिमाग़ में आता है, फिर 'मत करो'। इसके बजाय ऐसा लिखना चाहिए, "यहाँ सफ़ाई रखो।" बार-बार दोहराई हुई बात आदत में बदल जाती है। अब वो बात करते समय सोचने की ज़रूरत नहीं पड़ती। जब हम अपना सपना बार-बार दोहराकर उसके

आदी हो जाते हैं, तो अवचेतन मन हमसे वो कार्य अपने आप करवाता है, जो ज़रूरी हैं।

सपनों की तस्वीर

अपने सपनों की तस्वीर भी दीवार पर साथ में चिपकाने से सफलता जल्दी मिलती है। आपको कार चाहिए या घर चाहिए, उसकी तस्वीर चिपका दीजिए। यह आपको ज़्यादा तीव्रता से महसूस करने की शक्ति देता है। सपने को लक्ष्य में बदलने से हममें गंभीरता आती है। ठीक उसी तरह, जैसे परीक्षा की तारीख़ घोषित होते ही विद्यार्थी पूरी गंभीरता से जुट जाते हैं। परीक्षा की तारीख़ अगर पहले से घोषित न की जाए, तो परीक्षाओं में सफल होने वाले विद्यार्थियों की संख्या में काफ़ी कमी आ जाएगी। वही सिद्धांत यहाँ भी काम करता है।

> ***किसी ने क्या ख़ूब कहा है, "सपने देखने के लिए बिना मेहनत की नींद चाहिए। लक्ष्य पाने के लिए बिना नींद की मेहनत चाहिए।"***

मनोविज्ञान

अवचेतन मस्तिष्क शब्दों से ज़्यादा तस्वीर की भाषा समझता है। इसलिए बच्चों की पुस्तक में शब्द कम तस्वीरें ज़्यादा होती हैं। 'अ' आम का, यह वो तस्वीर देखकर बताता है, उच्चारण पढ़कर नहीं। इंसान बुढ़ापे तक इसी तरह तस्वीर की भाषा जल्दी समझता है। इसलिए अपने सपनों की तस्वीरों, फ़ोटो या मॉडल बनाकर सामने रखने पर वो जल्दी ही अवचेतन मस्तिष्क द्वारा स्वीकार कर लिए जाते हैं। इससे सारी प्रक्रिया में तेज़ी आ जाती है। इस तरह आपके सपने की स्पष्ट तस्वीर आपके मस्तिष्क में बनती है। आपका मस्तिष्क कंप्यूटर की तरह काम करता है। जिसमें चेतन मस्तिष्क स्क्रीन है, जहाँ आप काम करते हैं। अवचेतन मस्तिष्क हार्ड डिस्क है, जहाँ यादें जमा होती हैं और सॉफ़्टवेअर प्रोग्राम होते हैं। आँखें, कान, नाक, मुँह और शरीर आपकी पाँचों इंद्रियाँ 'इनपुट डिवाइस' यानी

की-बोर्ड, फ़्लॉपी, माउस, स्कैनर, माइक्रोफ़ोन आदि का काम करती हैं। जो भी 'डाटा' आप चेतन मन में डालते हैं, पहले से जमा प्रोग्राम के हिसाब से अवचेतन उसकी गणना करता है और निर्णय आपकी स्क्रीन यानी चेतन मस्तिष्क पर दिखाई देता है और आप उस हिसाब से काम करते हैं। इसलिए अपनी इच्छाओं की तस्वीर की प्रोग्रामिंग आप अपने अवचेतन में कर लें। जिससे हर गणना यानी सोच आपको सपना पूरा करने के क़रीब ले जाएगी। तस्वीर इसलिए क्योंकि एक चीनी कहावत है :

"एक मिनट में देखी गई सभी चीज़ों का वर्णन करने के लिए एक हज़ार पृष्ठों पर लिखी गई इबारत भी कम पड़ जाती है।"

सफलता एक रास्ता है, मंज़िल नहीं। और सभी लक्ष्य इस राह में आने वाले मुक़ाम हैं। ज़िंदगी का मज़ा सफ़र में होता है, एक मुक़ाम पर पहुँचे, तो अगला मुक़ाम दिखाई दे। यह निरंतर चलने वाली प्रक्रिया है। कुछ लोग एक ही लक्ष्य का निर्धारण करते हैं और प्रबल इच्छा, भावनात्मक लगाव या प्रेरणा तथा सतत प्रयास के कारण अपने लक्ष्य को प्राप्त भी कर लेते हैं, लेकिन उसे ही मंज़िल समझकर रुक जाते हैं। कुछ समय तक इस मंज़िल को पाने का सुख मिलता भी है, लेकिन आगे कोई लक्ष्य न होने के कारण सफ़र थम जाता है। एक तालाब की तरह ठहरा हुआ यह पानी कुछ समय बाद बदबू पैदा करता है, जबकि जीवन एक नदी की तरह होता है, कल-कल बहता हुआ, उमंगों से भरा हुआ सफ़र। इसलिए जब हमारा सपना होता है एक 'डॉक्टर', 'इंजीनियर', या 'वकील' बनने का, तो हम अपने इस लक्ष्य को पाकर ही दम लेते हैं। हमारे हाथ में अपनी पसंदीदा डिग्री होती है। इसी सफलता को हम अपनी आख़िरी मंज़िल मान लेते हैं और ठहर जाते हैं, लेकिन कुछ समय बाद यह ठहरा हुआ पानी हमारे जीवन को बोझिलता से भर देता है। यही कारण है कि अधिकतर लोग अपना मनचाहा लक्ष्य पाकर भी ख़ुश नहीं रह पाते। इसके लिए ज़रूरी है कि हम सफ़र जारी रखें और जीवन के आवश्यक क्षेत्रों में हम अपने लक्ष्य निर्धारित करते रहें, फिर अगला लक्ष्य, फिर अगला लक्ष्य...।

• • •

अध्याय 2

तीन स्वर्णिम नियम

नेटवर्क मार्केटिंग बिज़नेस को बढ़ाने और बनाए रखने के लिए शिक्षण प्रणाली के ये तीन अत्यंत आवश्यक सिद्धांत हैं, जिनका पालन न करने पर बड़े से बड़ा बिज़नेस धराशायी हो सकता है। इन नियमों का उपयोग सिर्फ़ नेटवर्क मार्केटिंग बिज़नेस के लिए ही नहीं है, बल्कि ये नियम व्यावहारिक जीवन के लिए भी बहुत ही ज़रूरी हैं। इनका पालन करने वाले हर क्षेत्र में सफलता पा सकते हैं। ये तीन नियम हमें सिखाते हैं कि हमें क्या नहीं करना चाहिए। ज़िंदगी में हम कई बार कुछ ऐसे क़दम उठा लेते हैं, जिनके कारण हमारी मेहनत पर पानी फिर जाता है। शिक्षा का आधार यही है कि हम ग़लतियाँ फिर से न करें। शिक्षण प्रणाली के पास पाँच दशकों का विशाल अनुभव है, इन पाँच दशकों में बहुत से उतार-चढ़ाव देखे गए हैं। बहुत सारी ग़लतियाँ की गई हैं, उन ग़लतियों से सबक़ लिया गया है। आने वाली पीढ़ियाँ उन ग़लतियों को करने से बचें और तेज़ी से सफलता पाएँ। यही सिस्टम का आधार है (शिक्षण प्रणाली को हम आगे सुविधा के लिए संक्षिप्त में 'सिस्टम' कहेंगे)। इसलिए इन तीन सावधानियों को नियम बनाया गया है।

ये तीनों नियम हालाँकि नकारात्मक हैं, क्योंकि यहाँ सिस्टम कुछ 'नहीं करने' का निर्देश देता है। हम इस शिक्षण प्रणाली के सूत्रों का जब विस्तार से अध्ययन करने जा रहे हैं, तो हम शुरुआत इन्हीं तीन नियमों से कर रहे हें, क्योंकि यही तीन सूत्र 'नियम' के रूप में हैं, बाक़ी सूत्र 'दिशा निर्देश' हैं। इन्हें नियम इसलिए भी कहा गया है, क्योंकि सिस्टम ने दशकों से इन्हीं कारणों से बिज़नेस को ख़त्म होते देखा है। इसलिए 'क्या करना है' इस बात को जानने से पहले यह जानना ज़्यादा ज़रूरी

है कि 'क्या नहीं करना है'। आइए हम हर नियम को विस्तार से समझें, जानें और उस पर अमल करने का निश्चय करें, जिससे हम इस बिज़नेस (नेटवर्क मार्केटिंग बिज़नेस को आगे हम 'बिज़नेस' ही कहेंगे।) में सिर्फ़ आगे बढ़ें, विकास करें और पाई गई सफलता को क़ायम रखें। यह प्रॉडक्ट का नहीं लोगों को जोड़ने का बिज़नेस है। ये नियम बिज़नेस में लोगों को टिकाए रखने के लिए बहुत महत्त्वपूर्ण हैं। एक बने-बनाए बिज़नेस को गिरने के बाद फिर से खड़ा करना, बिज़नेस को नए सिरे से खड़ा करने से कई गुना ज़्यादा मेहनत का काम है।

इंसान अपनी ग़लतियों से सीखता है, लेकिन बुद्धिमान इंसान दूसरों की ग़लतियों से सीखते हैं।

संक्षेप में सिस्टम सिखाता है कि उन कामों को करने से बचें जिनके कारण भविष्य में आपके बिज़नेस को हानि हो सकती है, ताकि आपके धन, समय और ऊर्जा की बचत हो, सफलता का मार्ग आसान हो जाए।

• • •

पहला नियम

हमेशा कोई भी काम पहली बार करने से पहले सफल अप लाइन से पूछे बिना न करें

मतलब यह है कि अगर आप कोई काम इस बिज़नेस में करने जा रहे हैं, जो आपने पहले कभी नहीं किया है, तो अपनी सफल अप लाइन से इस बारे में विचार-विमर्श करके, उनकी सलाह ज़रूर लें। यह नियम पहली नज़र में थोड़ा सा अजीब ज़रूर लगता है कि ऐसा क्यों? जवाब है, क्योंकि आपकी सफल अप लाइन के पास आपसे ज़्यादा अनुभव है। हो सकता है उन्होंने ऐसा कोई प्रयास किया हो और असफल हुए हों। वो आपको ग़लत क़दम बढ़ाने से रोक लेंगे और आपका धन-समय-ऊर्जा बच जाएँगे। अगर आपका क़दम सही है, तो वो आपको वह सब करने में मदद करेंगे, मार्गदर्शन भी देंगे। अगर आपकी अप लाइन के लिए भी वो काम नया है, तो वो अपनी अप लाइन से सलाह लेंगे। इस तरह आपके द्वारा किए जा रहे नए काम में आपको अपनी पूरी लाइन ऑफ़ स्पॉन्सरशिप के अनुभव का लाभ होगा।

सिस्टम दर्शन

इस नियम के पीछे सिस्टम की यह दार्शिनिकता है कि भूतकाल में हुई ग़लतियों को दोहराया न जाए, जिससे भविष्य में किसी को हानि न हो। हर मनुष्य अनोखा है, उसकी हर सोच अनोखी और चमत्कारी हो सकती है। अगर किसी की सोच में कोई पहले से आज़माई गई ग़लत योजना ने जन्म लिया है, तो उसके अमल से पहले ही उसे रोक लिया जाए। अगर किसी चमत्कारी योजना का जन्म हुआ है, तो उसे सफलतम लोगों द्वारा परिष्कृत किया जाए, अमल के लिए मार्गदर्शन तत्व निश्चित किए जाएँ और ऐसी हर चमत्कारी योजना का लाभ सबको मिले। यहाँ सिस्टम का दर्शन **"दोहराने योग्य"** काम करता है। जिस मार्ग पर चलकर लोग सफल हुए हैं, उसे ही दोहराया जाए। जो आप करेंगे वो ही आपके पूरे

समूह में दोहराया जाएगा। आपकी सफल अप लाइन की राह पर चलने में आपकी सफलता निश्चित होगी। आपके ग़लत योजना पर काम करने और उसे आपकी डाउन लाइन द्वारा दोहराए जाने से आपकी मेहनत पर पानी फिर जाएगा। इसलिए सिस्टम उन्हीं योजनाओं पर अमल करने की शिक्षा देता है, जो सफल हैं और दोहराई जा सकती हैं। इस नियम का पालन करके आप सफलता की ज़ंजीर में एक कड़ी का काम करते हैं। सफल होना सफल अप लाइन से सीखते हैं, फिर सफल होते हैं। बाद में सफलता की शिक्षा देते हैं, और यही दोहराया जाता है। यह एक स्वयं सिद्ध सफल प्रणाली का अनुकरण करना है। यह अनुशासन है, ग़ुलामी नहीं। यह एक आज़ादी है, जो अनुशासन से आती है। यह अप लाइन से इजाज़त लेना नहीं, बल्कि सलाह और मार्गदर्शन लेना है।

मनोविज्ञान

हर मनुष्य का दिमाग़ अपनी तरह का एक अनोखा दिमाग़ होता है। उसी प्रकार हर सोच और आइडिया भी अनोखा हो सकता है। हर व्यक्ति यह चाहता है कि वह तेज़ी से सफलता हासिल करे और इस सोच के कारण हर दिमाग़ में बहुत सारी योजनाएँ आती हैं। अनोखेपन के बावजूद अधिकतर योजनाएँ एक जैसी होती हैं, जो कि सही या ग़लत अंजाम तक पहुँचाने वाली हो सकती हैं। शुरुआत में हर डिस्ट्रीब्यूटर के दिमाग़ में ऐसी कई योजनाएँ आती हैं, जिन पर अमल करके वो जल्दी सफलता पाना चाहते हैं। लेकिन उनके पास अनुभव की कमी होती है। अगर वो अपनी किसी योजना पर काम करने के बाद असफल हो जाते हैं, तो उनके समय, धन और ऊर्जा की फ़िज़ूल बर्बादी होती है, जिससे वो निराश हो सकते हैं। कभी-कभी यह हानि इतनी बड़ी होती है कि वो इसे सहन नहीं कर पाते और सफलता के रास्ते पर चलना ही छोड़ देते हैं। योजना सही होने पर भी उस पर, अगर सही तरीक़े से अमल नहीं किया गया, तो सफलता नहीं मिल पाती। अनुभवहीन व्यक्ति आश्चर्य करता है कि ये कैसे हो सकता है? उसका दिमाग़ इस बात को स्वीकार नहीं कर पाता। ऐसे में उसकी सोच में निराशा आती है। अपनी अप लाइन से वो समय रहते सलाह ले लें, तो अप लाइन लीडर के द्वारा उसे संभावित

हानि से बचाया जाता है।

ज़िंदगी में भी अप लाइन से सलाह लें

अगर आप वक़्त रहते अपनी अप लाइन से सलाह ले लें, तो उन सभी संभावनाओं से आप परिचित हो जाएँगे और असफलता की खाई में गिरने से बच जाएँगे। इस नियम का फ़ायदा समझने के बाद लोग नौकरी छोड़ना या नहीं, इसके बारे में भी अप लाइन से सलाह लेते हैं। घर ख़रीदना, कार ख़रीदना, दूसरे शहर में बिज़नेस फैलाना, ऐसे कई काम हैं, जो आप ज़िंदगी में पहली बार करने जाएँगे। यही नहीं लोग तो अपनी शादी करने से पहले भी अप लाइन से सलाह लेते हैं...। जी हाँ, यह सच है..., और निश्चित ही इससे उन्हें लाभ पहुँचता है। कितनी अच्छी बात है कि आपके पास ऐसे कई लोग हैं, जो आपको ग़लतियाँ करने से बचाते हैं। व्यवहारिक जीवन में ऐसा कोई नहीं मिलता, न नौकरी में, न व्यापार में, न व्यवसाय में। ऐसी स्थिति में अप लाइन टीम के लोग आपकी सार-सँभाल लेते हैं। हो सकता है, आपके दिमाग़ में यह आइडिया हो कि आप अपने नौकरों को बिज़नेस बढ़ाने के काम में लगा देंगे, इस तरह आपका समय बचेगा। या अपने किसी दोस्त या रिश्तेदार की बिज़नेस किट का पैसा आप लगा देंगे। सिस्टम का यही निर्देश है, आप ऐसा काम न करें।

सिस्टम दर्शन

अनुभव से अप लाइन बेहतर जानती है कि आपके बिज़नेस की स्थिति क्या है, स्थिरता की स्थिति है या नहीं? अगर आप पूछ लेंगे, तो बहुत बड़ी ग़लती करने से बच जाएँगे, क्योंकि यह रिश्तों का बिज़नेस है, अप लाइन आपका हितैषी, रिश्तेदार बन जाता है। इसमें होगा यह कि आपकी अप लाइन को पता है कि यह बिज़नेस दिल से होता है, नौकर इस काम को दिल से नहीं कर सकते। दूसरी बात यह दोहराया जा सकने वाला काम नहीं। लोग सोचेंगे कि जिनके पास नौकर होते हैं, वो ही ये काम कर सकते हैं। तीसरी बात इस बिज़नेस के बारे में लोगों की धारणा ग़लत हो

जाएगी। बिज़नेस की छवि पर बुरा असर पड़ेगा। चौथी बात अगर आपके नौकरों ने बिज़नेस को बढ़ा भी दिया, तो आप इस बिज़नेस को कभी सीख नहीं पाएँगे। इस बिज़नेस में आपके व्यक्तित्व का विकास, बिज़नेस बढ़ने से नहीं, बल्कि बिज़नेस करने से होता है। ऐसा बिज़नेस बहुत आगे बढ़ ही नहीं सकता। दूसरों की बिज़नेस किट का धन अगर आप देते हैं, तो आप उनसे यह एहसास ही छीन लेते हैं कि यह उनका बिज़नेस है। ऐसे व्यक्ति का बिज़नेस न चला है, न चलेगा, वो करेंगे ही नहीं। दूसरी बात, जो ख़ुद के बिज़नेस के लिए धन नहीं लगा सकते, वो अपने नीचे लोगों के लिए धन लगाने की बात सोच भी नहीं सकते। यानी ये बात दोहराई नहीं जा सकती। वो पहली बात यही सोचेंगे कि आप अपने फ़ायदे के लिए ऐसा कर रहे हैं। यह एहसास ही उन्हें सफलता से दूर ले जाएगा। तीसरी बात, वो अपने आपको आपकी हर बात मानने के लिए बाध्य महसूस करेंगे, जकड़ा हुआ पाएँगे। आप भी जाने-अनजाने में ऐसा ही व्यवहार करेंगे और अंत में यह एहसास आपके रिश्तों को तोड़ देगा। संक्षेप में **आप दो क़ब्रें खोद देंगे, जिनमें दोनों की सफलता दफ़न हो जाएगी।** वो व्यक्ति अब ज़िंदगी में कभी इस तरह का कोई बिज़नेस शुरू ही नहीं करेंगे। नौकरों के माध्यम से बिज़नेस करना या दूसरों के बिज़नेस के लिए अपनी जेब से पैसा लगाना, यह दोहराई जाने वाली बातें नहीं, इसलिए ऐसी बातें नेटवर्क मार्केटिंग की मूलभूत भावना से मेल नहीं खातीं। नेटवर्क मार्केटिंग में ऐसी बातें असफलता ही लेकर आई हैं, इसलिए ऐसी ग़लती नहीं हो, यही सबसे बेहतर विकल्प है।

मनोविज्ञान

किसी भी बात में अपना समझने का एहसास महत्वपूर्ण होता है। कोई भी वस्तु हो, घर हो, रिश्ता हो या फिर व्यापार हो। जब तक आपके अवचेतन में उसके अपना होने, उस पर अधिकार होने की भावना नहीं होती, आप उसकी सार-सँभाल नहीं कर पाते। जैसे किराए के मकान में रहने वाले व्यक्ति, उस मकान को सजाने-सँवारने पर उतना ध्यान नहीं देते, जितना अपने मकान पर देते। व्यक्ति जिसे अपना समझता है, ऐसी टूटी-फूटी चीज़ को भी सँभालकर रखता है। केवल नेटवर्क मार्केटिंग में ही

नहीं, बल्कि पारंपरिक व्यापार में भी यही मनोविज्ञान काम करता है। इसलिए मालिक और नौकर के काम करने में अंतर स्पष्ट दिखाई देता है। जब इस बिज़नेस को आप नौकरों के द्वारा बढ़ाना चाहते हैं, तो आपके अवचेतन में इसके वास्तविक अपनेपन का एहसास ख़त्म हो जाता है। यही बात दूसरों के लिए एक अलग एहसास जगाती है कि यह बिज़नेस बड़े लोगों का काम है, जिनके पास नौकर रखने की हैसियत है। दूसरी बात जब हम प्रत्यक्ष काम करते हैं, तभी हमारा अवचेतन उसकी बारीकियों को दर्ज करता है। जैसे-जैसे हमारा अभ्यास बढ़ता है, हम अवचेतन स्तर पर कुशल हो जाते हैं, हमारा विकास होता है। जब हम उनके बिज़नेस का पैसा लगाते हैं, यही अपनेपन का एहसास, हम उन लोगों से छीन लेते हैं। ऐसे में बिज़नेस करते समय उनके मस्तिष्क में 'मालिक' की छवि बनती ही नहीं, इसलिए बिज़नेस में सफलता मिलती ही नहीं।

चमत्कारी योजना

ऐसा भी तो हो सकता है कि आप जो करने जा रहे हों, वह काम ठीक ही हो, तब ? तब अप लाइन आपको वो काम करने के लिए प्रोत्साहित करेगी और अपने अनुभव के सार से आपको उस काम में आने वाली अड़चनों से परिचित करवाएँगे। यानी आपकी सफलता के अवसर बढ़ जाएँगे। और समझिए आपके दिमाग़ में एक 'चमत्कारी योजना' आई है। एक ऐसा काम जो आज से पहले आपकी अप लाइन या उनसे ऊपर किसी ने पहले कभी नहीं किया। उस काम से आपको ज़बरदस्त फ़ायदा मिलने की गारंटी है। तब आपकी ऐसी सुनहरी योजना आपकी अप लाइन के माध्यम से ऊपर तक जाएगी और सफलतम अनुभवी लोगों द्वारा परिष्कृत होकर नीचे आएगी और उससे हर किसी को लाभ मिलेगा।

सिस्टम दर्शन

अप लाइन में ही ऐसे व्यक्ति होते हैं, जो कल्पना में भी आपका बुरा नहीं सोच सकते। जब भी सोचेंगे, आपका भला ही सोचेंगे, क्योंकि आपका

भला किए बिना उनका भला हो नहीं सकता, और बुरा करके तो बिल्कुल भी नहीं। इस नियम का उपयोग आप इस बिज़नेस से बाहर व्यावहारिक जीवन में भी कर सकते हैं। किसी भी काम को पहली बार करने से पहले अगर आप किसी अनुभवी और सफल हितैषी व्यक्ति से सलाह लेते हैं, तो उनके मार्गदर्शन के कारण आपको बहुत ही लाभ मिलता है। बुद्धिमानी इसी में है कि हम दूसरों की ग़लतियों से सीखें। ऐसा करने पर हम बहुत थोड़ी सी मेहनत से ज़्यादा सीख पाएँगे। यानी आपको लाभ बहुगुणित होकर मिलता है और हानि वाली योजनाओं से आपको बचाया जाता है। है न बढ़िया बात?

मनोविज्ञान

अगर योजना सिरे से ही ग़लत होती है, तो अनुभवी और सफलतम अप लाइन लीडर्स के द्वारा उस योजना को जाँचा-परखा जाता है और आपको संभावित हानि से बचाया जाता है। अगर योजना आंशिक रूप से अच्छी है, तो उसमें अवरोधों को हटाकर प्रयोग की सलाह दी जाती है। अगर योजना वाक़ई में अच्छी है, तो उसे सफलतम व्यक्तियों द्वारा परिष्कृत किया जाएगा और अमल में लाने के लिए मार्गदर्शन भी दिया जाएगा, जिससे सफलता निश्चित हो सके। अच्छी योजना पर अमल करने की सलाह के साथ अप लाइन द्वारा प्रोत्साहित भी किया जाता है। इस प्रोत्साहन के कारण नए व्यक्ति के मन में विश्वास जागता है, हौसला बढ़ जाता है। यह सफलता का सिद्धांत है, उत्साह और विश्वास के साथ सही दिशा में काम किया जाए, तो सफलता निश्चित है।

दूसरा नियम

कभी भी कोई नकारात्मक बात अपनी डाउन लाइन या क्रॉस लाइन से न कहें

इस बिज़नेस में ही नहीं, जीवन में भी बहुत बार ऐसा कुछ घटित हो जाता है, जो हमें चोट पहुँचाता है या हम उसे नकारात्मक नज़रिए से देख लेते हैं। ऐसी किसी भी नकारात्मक स्थिति के बारे में अपनी डाउन लाइन से या क्रॉस-लाइन से बात न करें, क्योंकि यह आपके बिज़नेस के लिए घातक है। पहला तो यह कि हो सकता है वह एक साधारण घटना हो और आपने उस समय अपनी मनःस्थिति के हिसाब से उसे नकारात्मक तरीक़े से देखा हो। या हो सकता है वह घटना वास्तव में घटी ही न हो, आपने केवल अफ़वाह सुनी हो। ऐसे में एक ग़लत बात के प्रचार में आप एक माध्यम बन जाते हैं। एक बार आपने ग़लत बात फैला दी, तो फिर उसे वापस समेटना आपके लिए असंभव होगा। ऐसी स्थिति में आपने शब्दों के माध्यम से जो बीज बो दिया है, उसका फल तो आपको भुगतना ही पड़ेगा, क्योंकि आपको ही दोहराते हुए आपकी डाउन लाइन इस बात को आगे पहुँचा चुकी होगी। जैसे सही बात का जाल फैलाने के लिए हम प्रयास करते हैं, वैसे ही ग़लत बात बिना प्रयास के ही पूरे जाल में पहुँच जाती है। अच्छाई को सीखना पड़ता है, बुराई बिना प्रयास बढ़ जाती है, क्योंकि हम जिस समाज में रहते हैं, वहाँ नकारात्मक मानसिकता तेज़ी से फैलती है और स्वीकार भी की जाती है।

सिस्टम दर्शन

शिक्षण प्रणाली की मूलभूत दार्शनिकता यही है कि सफलता के सिद्धांत दोहराए जाएँ और असफलताओं के लिए कारक ग़लतियाँ दोहराई न जाएँ। हर नए व्यक्ति को उसके द्वारा पहली बार किए जा रहे काम में भी सिस्टम में शामिल हर सफल व्यक्ति के अनुभवों का लाभ मिलना चाहिए। इसलिए जब तक आपके साथ कोई इस बिज़नेस में जुड़ नहीं

जाता, तब तक आपकी उसके लिए कोई नैतिक ज़िम्मेदारी नहीं होती, आपको उसके लिए मेहनत करने की ज़रूरत नहीं। एक बार कोई व्यक्ति आपके माध्यम से इस बिज़नेस को करना शुरू करता है, तो आपकी नैतिक ज़िम्मेदारी बन जाती है कि आप उसे आस-पास के नकारात्मक प्रभाव से बचाएँ, उसकी मदद करें। यहीं से आपकी असली मेहनत शुरू होती है कि आप उस तक सही शिक्षा पहुँचाएँ। पिछले पाँच दशकों के कार्यकाल में बहुत से उतार-चढ़ाव आए हैं, नकारात्मक संभाषण के कुप्रभाव से लोगों के बिज़नेस को ढहते देखा गया है, इसलिए इस नियम के द्वारा नकारात्मक संभाषण को पूरी तरह ख़त्म करने का प्रयास किया गया है।

मनोविज्ञान

हमारा अवचेतन मन अच्छे-बुरे, सही-ग़लत, सच-झूठ में अंतर नहीं करता। वह ज़्यों का त्यों स्वीकार कर लेता है। ऐसी जमा की गई जानकारियों का उपयोग दिमाग़ हर निर्णय के समय करता है। अगर नकारात्मक बात अवचेतन मस्तिष्क द्वारा स्वीकार की गई है, तो हर संबंधित निर्णय के समय यह बात अपना नकारात्मक वोट देती है। बात जितनी बड़ी और गहरी होगी, नई होगी, उसके वोट देने की ताक़त उतनी ही बढ़ जाती है। ऐसी सभी सकारात्मक और नकारात्मक बातों के वोटों को उनकी तीव्रता के हिसाब से अवचेतन मस्तिष्क द्वारा गिना जाता है और जिसके वोट ज़्यादा पड़ते हैं, उसी के पक्ष में निर्णय जाता है, और चेतन मस्तिष्क की स्क्रीन पर चमकता है। हमें लगता है, हमने सोच-समझकर निर्णय लिया है। जबकि निर्णय इस बात पर निर्भर करता है कि हमारे अवचेतन के पास इस बारे में कितना और क्या जमा है। इसीलिए सिस्टम की यह सलाह है कि आप हमेशा सकारात्मकता में ही ध्यान लगाएँ, अच्छा व्यवहार करें, अच्छा बोलें और अच्छा ही सुनें। जिसके कारण जब भी निर्णय हो, आपके अवचेतन मन में अच्छी बातें नकारात्मक बातों से ज़्यादा हों और आपके निर्णय से आपकी प्रगति हो।

बात सच में ही नकारात्मक हो तो?

यह भी हो सकता है कि बात सच में ही नकारात्मक हो, तब भी आपकी डाउन लाइन इसमें आपकी क्या मदद करेगी? आपकी डाउन लाइन के लोग तो नए हैं, आपसे कम अनुभवी हैं। वो ऐसी परिस्थितियों का सामना करने में आपसे कम सक्षम हैं। सोचिए, वो आपकी क्या मदद कर पाएँगे? ऐसे में आपको अपने बिज़नेस में नुक़सान ही होगा, फ़ायदा तो बिल्कुल नहीं।

उदाहरण के तौर पर, समझें कि आपके क्षेत्र में जो कंपनी का ऑफ़िस है, वो कहीं दूसरी जगह ले जाया जा रहा है। तब ऐसी प्रतिक्रिया उत्पन्न होना स्वाभाविक है कि "कंपनी भाग गई...।" ऐसे समय अपनी नकारात्मक बात को अपनी 'डाउन लाइन' या 'क्रॉस लाइन' से न कहें, बल्कि इस बारे में कंपनी के ज़िम्मेदार कर्मचारियों से जानकारी लें या अपनी अप लाइन से बात करें। ऐसी ही अनेक बातें हो सकती हैं, जो हो सकता है सच में ग़लत भी हों, जैसे "किसी का बिज़नेस छोड़ देना" या "ग़लत सामान मिलना" या "किसी की नीयत में खोट।" ऐसी अनगिनत बातें हैं। ऐसी बातें अपनी अप लाइन से कहें और उनकी सलाह लें। जब भी ऐसी घटनाओं की आँधी आए, तो अपने हाथों में दबे नकारात्मक प्रतिक्रिया के पंखों को मज़बूती से थामे रहें। इस आँधी में आपकी मुट्ठी खुलते ही पंख इस तरह चारों ओर फैल जाएँगे कि आप उन्हें सारी ज़िंदगी समेट नहीं पाएँगे।

ज़िंदगी में अपने परिवार में घटी किसी ऐसी ही घटना की चर्चा हम घर के छोटे बच्चों से नहीं करते, ना ही पड़ोसियों से करते हैं। बच्चों के पास ऐसी समस्या का हल नहीं होता और दूसरों का हमारी समस्या में दख़ल नहीं होता। तब जैसे घर के बुज़ुर्गों से हम सलाह लेते हैं, जिनके पास अनुभव और दख़ल भी होता है। वैसे ही अनुभवी अप लाइन से सलाह लें, जिनकी दिलचस्पी आपके लाभ में होती है।

हमें अपने जीवन में भी ऐसी नकारात्मक चर्चाओं से दूर रहना चाहिए। किसी की निंदा, आलोचना या अपमान करने वाली बातों से बचें। नकारात्मक सोच एक ऐसा साँप है, जो जीवन में आपकी सफलता को डस लेता है। इस तरह की चर्चा करना वैसा ही है, जैसे हम साँप के

द्वारा डसे जाने पर उसके पीछे दौड़ें। इससे यही होगा कि हम अपने शरीर में रक्त का संचार बढ़ा लेंगे, जो कि ज़हर को तेज़ी से फैलने में मदद करेगा। बेहतर यही है कि हम इस ज़हर को फैलने से रोकें। यहाँ हमारी अप लाइन हमारी मददगार होती है, वो ज़हर के फैलाव को रोक लेती है और उसका इलाज भी करती है।

सिस्टम दर्शन

सिस्टम पहले सीखने, फिर खुद अमल करने, फिर सिखाने की बात करता है। शिक्षण अप लाइन से डाउन लाइन यानी ऊपर से नीचे आता है। आपका कोई भी नकारात्मक संभाषण इसी बहाव में नीचे की तरफ़ बहेगा और कई गुना होकर नुक़सान पहुँचाएगा। सिस्टम अपनी सफल अप लाइन पर विश्वास करना सिखाता है। आपकी नकारात्मक बातों पर विश्वास करके आपकी डाउन लाइन अपने साथ-साथ आपके भी बिज़नेस पर कुप्रभाव डालेगी। हर डाउन लाइन पहला पाठ अपनी अप लाइन से सीखती है, उनके मस्तिष्क में अप लाइन की बातों का प्रभाव सबसे ज़्यादा होता है। एक करंट है, जो ऊपर से नीचे आता है और नकारात्मक विचारों को प्रवाहित करने वाला कनेक्शन इस नियम के माध्यम से काट दिया गया है। शिक्षण प्रणाली के अनुभव अनुसार, कहा गया हर शब्द अपना प्रभाव दिखाता है- सकारात्मक है, तो सकारात्मक और नकारात्मक है, तो नकारात्मक। नकारात्मकता, वह चाहे शब्दों में हो, आचरण में हो, नज़रिए में हो, इस बिज़नेस में ज़हर का काम करती है। वैसे तो नकारात्मक बात केवल डाउन लाइन और क्रॉस लाइन से करने की मनाही है, लेकिन संभव हो सके, तो उसे अप लाइन के पास भी न पहुँचाएँ। आपकी अप लाइन आपका एक बहुत बड़ा सहारा है। हालाँकि शिक्षण प्रणाली का पालन करते हुए वो काफ़ी मज़बूत हो चुका होता है, लेकिन उस व्यक्ति पर भी नकारात्मक शब्दों का प्रभाव होता ही है। अगर नीचे से पूरे दल के लोग नकारात्मकता का कचरा उस पर डालेंगे, तो वो भी कुछ न कुछ मैला होगा ही। इसका नतीजा सारे ग्रुप को भुगतना पड़ेगा। डाउन लाइन से नकारात्मक बात कहना, अपने ही पैरों पर कुल्हाड़ी मारना है। मूलभूत दार्शनिकता यही है कि कभी किसी की शिकायत न

करें। अपमान, निंदा या आलोचना न करें। व्यवहारिक जीवन में भी इन तीन चीज़ों से बचने वाला ही सफल होता है। हमेशा सकारात्मक बातों पर ध्यान दें।

मनोविज्ञान

हम जितना नकारात्मक सुनते हैं, उतनी ज़्यादा नकारात्मकता बढ़ जाती है और जितनी बढ़ती है, उतना ही हम नकारात्मकता पर अपना ध्यान केंद्रित करते हैं। हम अपने अवचेतन पर हावी विचारों जैसे ही विचारों को आकर्षित करते हैं, उन्हें मज़बूत करते हैं। अप लाइन एक ऐसा माध्यम है, जिसके विचारों का तीव्र प्रभाव डाउन लाइन के अवचेतन पर पड़ता है, क्योंकि डाउन लाइन अप लाइन का अनुसरण करती है। ऐसे में किसी भी नकारात्मक बात का प्रभाव डाउन लाइन पर ज़्यादा ताक़तवर तरीक़े से पड़ेगा, जो उसकी आगामी सफलता को प्रभावित करेगा और साथ-साथ बिज़नेस पर भी इसका विपरीत परिणाम होगा। हर व्यक्ति को इस नकारात्मक मनोवैज्ञानिक प्रभाव से बचना ज़रूरी है, इसलिए यह एक महत्वपूर्ण नियम है।

ग़लतियों के लिए माफ़ कर दें

क्रॉस लाइन के साथ सकारात्मक सहयोग, सद्व्यवहार, सद्भावना, प्यार और सम्मान की ही बात होनी चाहिए। उनसे बिज़नेस के विषय में चर्चा भी न करें, यही बेहतर है। वैसे भी हमारी ज़िम्मेदारी है कि हम अपनी डाउन लाइन को नकारात्मक बातों से बचाएँ। ऐसे में हम अगर ख़ुद ही उन्हें नकारात्मक जानकारी देंगे, तो उन्हें बचाएँगे कैसे? अगर डाउन लाइन या क्रॉस लाइन कभी ग़लती कर भी दे, तो एकदम से उन्हें उनकी ग़लत न बताएँ, न नाराज़ हों, उन्हें बाद में सही समय आने पर प्यार से समझाएँ। इस तरह से समझाएँ कि उन्हें पता चल जाए कि ग़लती क्या हुई और उनकी जगह सही क्या किया जा सकता था। साथ ही उन्हें यह बात सामान्य सी लगे कि ऐसा तो होता ही है, आगे इस ग़लती को न दोहराने के लिए वो सावधान रहेंगे। डाउन लाइन को हमेशा ऊपर

उठाते रहें और नकारात्मक चर्चा को टाल दें। जैसे ग़लती का समय गुज़र गया, वह भूतकाल की बात हो गई। लोगों को उनकी ग़लतियों के लिए माफ़ कर दें।

> ***ग़लतियाँ पुल के नीचे से गुज़र चुके पानी की तरह होनी चाहिए, जो फिर कभी उसी पुल के नीचे से होकर नहीं गुज़रता।***

सिस्टम दर्शन

आदमी ग़लतियाँ करता ही है, ऐसा कोई भी नहीं, आप भी नहीं, जिसने कभी ग़लतियाँ न की हों।

> ***ऐसा एक व्यक्ति मुझे दिखाइए, जिसने कभी ग़लती नहीं की है और मैं आपको एक ऐसा व्यक्ति दिखा दूँगा, जिसने कभी कोई काम ही नहीं किया है।***

ग़लती उसी से होगी जो काम करेगा। प्रणाली का दर्शन कहता है कि लोगों को उनकी ग़लतियों के लिए माफ़ कर दो। आपको भी तो दूसरे लोगों ने आपकी ग़लतियों के लिए माफ़ किया है। आप अगर ऐसा सोचते हैं कि लोग आपको माफ़ नहीं करते, तो आप सही नहीं सोचते, क्योंकि आप भी परिपूर्ण नहीं हैं। इसका मतलब आपकी कमियों और ग़लतियों के बावजूद आपके दोस्त-रिश्तेदार हैं, जिन्होंने आपको माफ़ किया है, तभी तो आपकी दोस्ती-रिश्तेदारी क़ायम है। अब आप भी बदले में लोगों को माफ़ कर दें। कितना सुंदर विचार है।

मनोविज्ञान

वैसे भी नकारात्मकता से किसी को कोई लाभ नहीं होता। न बोलने वालों को, न सुनने वालों को। हाँ, बोलने वालों को कुछ समय तक यह बात एक कुटिलतापूर्ण ख़ुशी देती है, लेकिन अवचेतन मस्तिष्क में यह एक

आदत में बदलकर उन्हें सफलता के रास्ते से बहुत दूर हटा देती है। आप समस्याओं व ग़लतियों पर जितना ध्यान केंद्रित करेंगे, उतना ही आप उनको बढ़ाएँगे। एक समस्या हल की नहीं कि आपका उस तरफ़ केंद्रित दिमाग़ आपको एक और समस्या पकड़ा देगा। आप इन्हीं समस्याओं के जाल में उलझकर रह जाएँगे। हर व्यक्ति में कोई न कोई अच्छी बात होती है, उस पर ध्यान केंद्रित करने से हम अच्छी बातों को बढ़ावा दे सकते हैं।

सफलता की राह में छुपा हुआ दुश्मन : टीवी

हमारी ज़िम्मेदारी है कि हम अपने ग्रुप को नकारात्मक बातों से बचाए रखें। इसीलिए सिस्टम यहाँ तक सलाह देता है कि हमें समाचारपत्र नहीं पढ़ने चाहिए, टीवी नहीं देखना चाहिए, क्योंकि समाचारपत्र और टीवी में सकारात्मक से अधिक नकारात्मक बातें होती हैं। नकारात्मक सोच सफलता की राह में सबसे बड़ी बाधा है। इसलिए हमें अपने आपको इससे बचाना चाहिए। अगर कहीं नकारात्मक चर्चा हो रही हो, तो उस स्थान से अपने आपको हटा दें। उसकी जगह सकारात्मक सोच वाली बातें पढ़ें, अच्छे चरित्रों की जीवनियाँ पढ़ें, अच्छे लोगों की संगत करें।

मनोविज्ञान

अख़बार और टीवी में नकारात्मक बातें ज़्यादा होती हैं, हत्या, हादसा, डकैती, लूट, चोरी, बलात्कार ख़ास ख़बरों के रूप में छपती या दिखाई जाती हैं। जब आप इन्हीं नकारात्मक बातों को रोज़ पढ़ते, सुनते या देखते हैं, तो आपके अवचेतन में नकारात्मक बातें ज़्यादा जमा होती रहती हैं। जो कि भविष्य में आपके निर्णयों को प्रभावित करती हैं। हर बार आपके दिमाग़ में किसी भी बात के बारे में विश्वास कम और शंकाएँ ज़्यादा आती हैं। कारण यही है कि अवचेतन के दरवाज़ों को आपने किन बातों के लिए खोल रखा है। सिस्टम इस मनोविज्ञान को समझता है, इसीलिए टीवी और अख़बार से दूर रहने की सलाह दी जाती है।

टीवी सफलता का सबसे बड़ा, लेकिन छुपा हुआ दुश्मन है

भारत में औसतन हर व्यक्ति पाँच घंटे रोज़ टीवी देखता है। अठारह वर्ष का युवा टीवी पर हज़ारों हत्याएँ और अपराध देख चुका होता है। यही उसके अवचेतन पर प्रभावी होते हैं और वह हिंसक व्यवहार करता है। ऐसा नहीं है कि टीवी पर अच्छे कार्यक्रम नहीं होते, लेकिन यह भी सच है कि बुरे प्रभाव वाले कार्यक्रम अधिक होते हैं। हत्या और अपराध के अलावा भी सीरियलों में पारिवारिक रिश्तों में बिखराव एवं षड्यंत्रों को ज़्यादा परोसा जा रहा है। अगर हम इन बातों को छोड़ भी दें, तो भी टीवी एक छुपा हुआ दुश्मन है। टीवी देखने के लिए कुछ विशेष मेहनत नहीं करनी पड़ती। यह एक सरल और सहज क्रिया है कि रिमोट कंट्रोल लेकर टीवी के सामने आराम की स्थिति में लेटकर टीवी देखें। यह इतना आसान होता है कि हम आधे घंटे से शुरू करके फिर इसे एक-डेढ़ घंटे तक, फिर कई घंटों तक बढ़ा सकते हैं। आगे चलकर यह एक आदत बन जाती है। इसी आदत पर चलते-चलते हम इसके आदी बन जाते हैं। लेटकर टीवी देखना हमारे अवचेतन में बहुत गहरे बैठ जाता है। यह मनोवैज्ञानिक रूप से साबित हो चुका है कि जिस बात के हम आदी हो चुके हैं, वही करना हमें सहज लगता है। जैसे शराब का आदी शराब पीते समय और जुए का आदी जुआ खेलते समय अपने आपको सहज स्थिति में पाता है, इन आदतों को छोड़ नहीं पाता। ऐसे में हर बार उसी सहज स्थिति में लेटकर टीवी देखने के लिए हम आकर्षित होते हैं। बाक़ी कोई भी काम करना, उठकर किसी को पानी पिलाना, दरवाज़ा खोलना, यहाँ तक कि उठकर चैनल बदलना भी हमारे लिए एक तकलीफ़ वाला काम बन जाता है। ऐसे में कोई उत्पादक काम करने की कल्पना भी नहीं की जा सकती। टीवी देखते समय हम एक ज़िंदा लाश से अधिक कुछ नहीं होते।

एक ज़िंदा लाश लेटकर घंटों तक टीवी देखती है और सफलता के लिए ज़रूरी सारा समय बिना कुछ किए ही गुज़र जाता है।

तीसरा नियम

किसी के धन–अहंकार–परिवार से खिलवाड़ ना करें, बिज़नेस में शराब को शामिल न करें

हर व्यक्ति के पास अपना एक अहंकार होता है। आपके शब्दों, हाव-भाव या व्यवहार से इस अहंकार को ठेस न पहुँचे।

ऐसी वाणी बोलिए, मन का आपा खोय। औरन को शीतल करे आपहु शीतल होय।

कई बार ऐसा लगता है कि कुछ प्रॉस्पेक्ट समझने की कोशिश नहीं करते। जितना हम उन्हें समझाने की कोशिश करते हैं, वो उतनी ही ज़्यादा शंकाएँ व्यक्त करते हैं। तब स्वाभाविक ही लगता है कि कैसे बेवकूफ़ हैं, जो अपना फ़ायदा भी नहीं समझ पा रहे हैं। तब लगता है कि उन्हें उनकी वर्तमान दयनीय स्थिति बता दें (सीधे शब्दों में उन्हें उनकी औक़ात दिखा दें)। और कह दें, तेरी हैसियत तो 5,000 कमाने की भी नहीं है, मैं 50,000 कमाना सिखा रहा हूँ, तो सयाना बन रहा है। रुकिए... रुकिए..., कहीं ये शब्द आपकी ज़बान पर न आ जाएँ, आप उन्हें बिज़नेस दिखाइए। उन्हें 5,000 कमाने हैं या 50,000 कमाने हैं, इसका फ़ैसला करने का अधिकार उन्हीं का है। आप कौन होते हैं, जो उनकी हैसियत या औक़ात बताएँ। आप बिज़नेस प्लान को मंदिर का प्रसाद समझकर बाँटें और फ़ैसला उन्हें करने दें। ऐसे शब्द जब भी आपके मन में आएँ, तो सोचें जब आपको बिज़नेस प्लान दिखाया गया था, तब आपने कितना विश्वास किया था? आपके मन में कितनी शंकाएँ थीं? आज आपकी समझ में आ चुका है कि इस बिज़नेस में कितनी ताक़त है। इसका मतलब यह नहीं कि अब सभी को पहली बार में ही समझ में आ जाए। ऐसे विचार मन में आएँ, तो पहले अपने आपसे यह

प्रश्न पूछें :

1) सिर्फ़ अपने फ़ायदे के लिए मैं उन्हें बिज़नेस में लाने की ज़बरदस्ती तो नहीं कर रहा हूँ? (क्योंकि वो लोग अपना फ़ायदा देखकर बिज़नेस करेंगे, आपकी भावना भी उन्हें फ़ायदा पहुँचाने की होनी चाहिए।)

2) कहीं मैंने अपना बहुत सारा समय और ऊर्जा उन्हें समझाने में तो ख़र्च नहीं कर दिया? (अगर हमने ज़्यादा मेहनत की है, तो हमें लगता है अब उन्हें बिज़नेस करना ही चाहिए, क्योंकि उस चूक गए समय और ऊर्जा का हम दूसरी तरफ़ उपयोग नहीं कर सकते। हमें लगता है कि ऐसा करते, तो शायद हम ज़्यादा फ़ायदे में रहते।)

3) हम उनसे ज़्यादा उम्मीदें रखते हैं और जब वे ना कहते हैं, तो हम चिड़चिड़ाते हैं। शिक्षण प्रणाली का कहना है कि हमारे मुँह से ऐसा शब्द नहीं निकलना चाहिए कि किसी का दिल दुखे। पुरानी कहावत है कि तलवार का घाव मिट सकता है, लेकिन ज़बान का घाव कभी नहीं मिटता। कमान से निकले तीर और ज़बान से निकले शब्द को वापस नहीं लौटाया जा सकता। इसलिए हमें इनका प्रयोग सोच-समझकर, नाप-तौलकर करना चाहिए। आपके पास सोना है, आप जानते हैं कि सोने का मूल्य क्या है। आप इस सोने को बाँट रहे हैं, लेकिन सामने बैठा व्यक्ति इस सोने को पहचान नहीं पाता और कहता है कि यह बिज़नेस फ्रॉड है। अब सोचिए नुक़सान किसका हुआ? आपका सोना आपके पास है, आप इसे उस व्यक्ति को देंगे, जो इसे पहचानता है, इसका मूल्य जानता है। कुछ सफल डिस्ट्रीब्यूटर 'ना' सुनने के बाद मन ही मन प्रार्थना करते हैं, **"हे ईश्वर, इन्हें क्षमा करना। ये नहीं जानते हैं कि ये किस चीज़ को मना कर रहे हैं।"**

आप भी इसका प्रयोग करके देखिए, आपको अच्छा लगेगा। और याद रखिए, किसी का दिल नहीं दुखाना है। अगर आप अच्छा नहीं बोल

सकते तो चुप रहिए, शांत रहिए।

सिस्टम दर्शन

इस नियम के पीछे शिक्षण प्रणाली का दर्शन है : व्यावहारिकता, नैतिकता और चरित्र। व्यावहारिक रूप से एक सफल व्यक्ति को सोच-समझकर बोलना चाहिए। किसी के दिल को दुखाकर हम उसे यह बिज़नेस करने के लिए राज़ी नहीं कर सकते। अगर सफल होना है, तो अपने मनोभाव को नियंत्रित रखना ज़रूरी है। इसलिए यहाँ भारतीय संस्कृति के ब्रह्म वाक्य का प्रयोग किया गया है, **"शुभ-शुभ बोलो।"** सबक़ यही है कि प्लान दिखाते समय अपनी भावना शुद्ध रखो, शुभ-शुभ सोचो और बोलो। बिज़नेस के बारे में जानकारी देने का मतलब यह नहीं कि उन्हें अपने बिज़नेस में लाना है, बल्कि उनकी दिलचस्पी को जानना है। आप भोजन की थाली परोस दें, भूख लगी होगी, तो वो स्वयं खाएँगे, वो फ़ैसला करेंगे कि उन्हें खाना है या नहीं, आप ज़बरदस्ती ठूँसने की कोशिश न करें। बस आपको ख़याल रहे कि आप अपने हाव-भाव ऊँचे रखें। उन्हें सम्मान के साथ बिज़नेस बताएँ। आपका प्रदर्शन संतुलित हो। अगर उन्हें ज़रूरत होगी, तो बिज़नेस करेंगे, निर्णय ख़ुद लेंगे, आप बिल्कुल नहीं। वैसे भी जब आप कड़वी बातें बोलते हैं, तो आप उनके लिए आपके बिज़नेस में जुड़ने का दरवाज़ा बंद कर देते हैं। वो अब जीवन में कभी भी आपके साथ यह बिज़नेस नहीं करेंगे। बहुत से लोग आज बिज़नेस से जुड़ रहे हैं, जिन्होंने पहले भी कभी इस बिज़नेस के बारे में जाना था, आमंत्रित किए गए थे। उनका कहना है, "अगर हमें पहले ही इसके बारे में सही तरह से समझाया गया होता, तो हमने तभी बिज़नेस शुरू कर दिया होता।" यानी उन्हें बिज़नेस की सही ढंग से जानकारी नहीं दी गई, या ग़लत व्यवहार किया गया, इसलिए आज वो किसी और के साथ बिज़नेस शुरू कर रहे हैं। लोग कंपनी को नहीं आपको देखते हैं। आपके हाव-भाव, आपका उत्साह-विश्वास, आपका नज़रिया, जो कि सही रहेगा, तो उनके लिए आपके साथ बिज़नेस शुरू करने का दरवाज़ा खुला रहेगा। जब उनका सही समय होगा, वो आपके ग्रुप में होंगे और ऐसा हो भी रहा है।

मनोविज्ञान

हम सभी के पास एक अहं भाव होता है। मनुष्य अपने अंदर गहराई में इस अहं भाव को पालता है कि वह जो कुछ कर रहा है वह सही है, अगर वह ग़लत मानता, तो ऐसा काम करता ही नहीं। हर मनुष्य का अहंकार उसके सामने होता है। यह अहंकार बहुत ही नाज़ुक होता है, उसे ज़रा सी बात से ठेस लगती है। जब भी आप ऐसा कुछ कहते हैं, जो उनके अहंकार को ठेस पहुँचाने वाली बात है, तो वो उसका विरोध करते हैं। ऐसी अवस्था में उनका मस्तिष्क आपको और आपकी हर बात को नकारना शुरू कर देता है। अपनी परिस्थितियों से मजबूर होकर वो प्रत्यक्ष चाहे कुछ ना कहें, लेकिन उनके अंदर आपके प्रति एक विरोध की भावना जाग जाती है। कड़वी बात कहने के बाद आप उनके फ़ायदे की बात उन्हें कितनी भी समझाने की कोशिश करें, वो नहीं समझते। उनका दिमाग़ आपकी हर बात के लिए बंद हो चुका होता है। ऐसे में आप उन्हें अपनी बात के लिए कभी राज़ी नहीं कर सकते। इस कड़वी बात का असर भी लंबे समय तक चलता है, कभी-कभी तो जीवन भर तक। इसलिए अहंकार को ठेस पहुँचाने वाली हर कटु बात को कहने की मनाही की गई है। जब आप किसी की 'ना' सुनते हैं, तो आपके अहंकार को ठेस पहुँचती है। यह सोचकर कि वो लोग आप पर विश्वास नहीं करते, आपकी बातों पर उन्हें यक़ीन नहीं है, तब आपका चोट खाया हुआ अहंकार उनसे बदला लेने के लिए आपको प्रेरित करता है, आपकी हताशा आप पर हावी हो जाती है। तब ऐसी ही कड़वी बातें बोलकर आप उन्हें चोट पहुँचाना चाहते हैं। इस सारी प्रक्रिया के पीछे जो मनोविज्ञान है, वह यही है कि उनके हिस्से का फ़ैसला भी आप कर रहे हैं, जिसे वो स्वीकार नहीं करते। और आप हताश हो जाते हैं कि आपकी मेहनत पर पानी फिर रहा है। हर शब्द अपना प्रभाव छोड़ता है, अच्छा या बुरा। सुनने वाले के ही नहीं, बल्कि बोलने वाले के अवचेतन मन में भी वो अंकित हो जाता है, जो आगे चलकर उसके निर्णय को प्रभावित करता है। अच्छे निर्णय के लिए अवचेतन में अच्छी बातों का भंडार ज़्यादा होना चाहिए।

किसी के धन से खिलवाड़ न करें

दुनियाभर में जितने भी बिज़नेस असफल हुए हैं, उनके लिए अगर कोई चीज़ सबसे ज़्यादा ज़िम्मेदार रही है, तो वह है पैसे का लेन-देन, उधार। बिज़नेस का मूलभूत आधार है पैसा, धन। इसलिए धन की अनियमितता बिज़नेस पर सबसे ज़्यादा प्रभाव डालती है। इस नियम के साथ यही कारण जुड़ा है। हर व्यवहार नक़द करें, लेन-देन में उधारी बिल्कुल न रखें, उधार प्रेम को काटने वाली कैंची है, उधार से संबंधों में दरार आती है, रिश्ते बिगड़ते हैं।

आप अगर किसी से कोई कैसेट, पुस्तक, टिकिट या प्रॉडक्ट लेते हैं, तो तुरंत उसकी क़ीमत अदा कीजिए। एक हाथ दें, एक हाथ लें। जब भी हम अपनी सफल अप लाइन की कमाई से परिचित होते हैं, तो सोचते हैं, हमारे द्वारा ली गई एक कैसेट के 100 रुपए उधार रहने से उन्हें क्या फ़र्क़ पड़ेगा ? लेकिन यह ग़लत है। आपकी अप लाइन के ग्रुप में सैकड़ों, हज़ारों, लाखों लोग हैं। अगर हर कोई आपकी तरह सोचने लगे, तो अप लाइन का दिवाला निकल जाएगा। वो सफल हुए हैं इसका मतलब यह नहीं कि हम सब मिलकर उन्हें सज़ा दें। वैसे भी यह दोहराई जाने वाली बात नहीं। क्या आप यह पसंद करेंगे कि जिस चीज़ का आपने नक़द भुगतान किया है, आपकी डाउन लाइन आपसे उधार लेकर जाए। इसके अलावा भी जब हम बाहर कहीं मिलकर ख़र्च करते हैं, हमें ख़र्च का पैसा समान रूप में जमा करना चाहिए। होटल में चार लोग गए, चाय-नाश्ता किया, 40 रुपए ख़र्च हुए, सभी 10-10 रुपए का भुगतान करें। इससे रिश्ते में खटास नहीं आएगी। किसी एक पर भार नहीं पड़ेगा।

उधारी का भुगतान अक्सर समय पर नहीं किया जाता, क्योंकि हम उसके विपरीत परिणाम के प्रति गंभीर नहीं होते। दूसरी ओर जिसने पैसा दिया है, उसके दिमाग़ में यह बात खटकती रहती है। वो सीधे कुछ भी नहीं कह पाते और उनसे रहा भी नहीं जाता। ऐसे में आपके साथ बिज़नेस बढ़ाते समय उनका ध्यान लगातार उसी 'उधार' रक़म की ओर लगा रहता है और आपका बिज़नेस सही विकास नहीं कर पाता। अगर आप ईमानदार हैं और समय पर भुगतान नहीं कर पाते, तो शर्म के मारे आप मिलना टालने लगते हैं। मीटिंग में भी नहीं जाते। इसलिए आपका

बिज़नेस आगे नहीं बढ़ पाता। कई बार ऐसी परिस्थितियाँ आ सकती हैं, जब आपके पास 'उधार' लेने या देने के अलावा कोई रास्ता नहीं होगा। तब इस रास्ते पर चलना फ़ायदा दे सकता है, अन्यथा नुक़सान होगा। ऐसे समय क्या करें? तब भी इस रास्ते पर मत चलिए, रुकना बेहतर है। उधार का व्यवहार तब भी मत कीजिए, क्योंकि यह थोड़ा-बहुत तात्कालिक लाभ आगे चलकर एक परंपरा बन जाएगा और आपके पूरे बिज़नेस में एक बड़ी हानि का कारण बन जाएगा।

सिस्टम दर्शन

नक़द व्यवहार ही हर बिज़नेस की जान होता है। उधारी का अंत रिश्ते टूटने से होता है और अंततः बिज़नेस की बर्बादी होती है। अगर आप नक़द लेन-देन करते हैं, तो चाहे कुछ समय तक किसी को बुरा लगे, लेकिन आपके रिश्तों में दरार नहीं आती। आगे चलकर आपका बिज़नेस फलता-फूलता है और यह जो तात्कालिक अनबन है, दूर हो जाती है। बिज़नेस में रिश्ते बने रहें, तो बिज़नेस बढ़ता ज़रूर है। सिस्टम ने बहुत दूर का सोचा है, यह पीढ़ियों तक चलने वाला बिज़नेस है। उधार लेन-देन से संबंधों में खटास अवश्य आती है, लेकिन नक़द व्यवहार ही इस बिज़नेस को लंबे समय तक टिकाए रखने में सहायक रहेगा।

मनोविज्ञान

पैसे के लेन-देन में हुई अनियमितता का दिमाग़ में असर हमेशा रहता है। इस बिज़नेस को सभी धन के लिए करते हैं। अपनी मेहनत से कमाया धन कोई भी किसी को देना नहीं चाहता। जब आपको किसी से पैसे लेने हैं, तो जब भी लोग आपके सामने आएँगे, आपके दिमाग़ में बिज़नेस बढ़ाने की सब योजनाओं के साथ उधार वसूली की बात पहले नंबर पर रहती है। सारे काम करते हुए उस उधारी का आँकड़ा आपके मन-मस्तिष्क पर हावी रहता है, जैसे-

दातों में भोजन का कोई कण अटक जाए, तो जीभ उसी के आस-पास मँडराती है।

उधार लेने वाले अगर कहीं ख़र्च करें, ख़रीदारी करें, किसी को उधार दें, यह देखकर आपके मन में सवाल उठता है कि पहले मुझे चुकता क्यों नहीं करते ? कभी-कभी आपको धन की ज़रूरत नहीं होती। तब आपकी सोच प्रभुत्व वाली होती है। आपको ऐसा लगता है कि आपके क़र्ज़दार आदमी को आपकी जायज़-नाजायज़ बातों को मानना चाहिए। दूसरी तरफ़ जिसने उधार लिया है, अगर वह समय पर चुकता नहीं कर पाते, तो उन्हें हर बार आपके सामने आने पर डर रहता है, कहीं आप माँग न लें। ऐसे में उन्हें शर्मिंदगी का सामना करना पड़ेगा। ऐसे में वो आपका सामना करने की बात को टालते रहते हैं। आपकी हर बात के साथ वो उधार वसूली की भावना को जोड़कर आपकी बात में, आपकी भावना में ख़ामियाँ तलाश करते हैं। आपके हर हाव-भाव से उन्हें चोट पहुँचती है, चाहे आपकी वैसी सोच हो या न हो। उनके मन-मस्तिष्क पर बैठा डर उन्हें ऐसा सोचने पर मजबूर करता है और वो आपकी हर बात का ग़लत अर्थ लगा सकते हैं। इस नाटक का अंत संबंधों में दरार डाल देता है और अंततः आपसी रिश्ते टूटते हैं। धन का लेन-देन नक़द हो, तो दिमाग़ कभी पसोपेश में नहीं पड़ता, इसलिए आप अपना पूरा ध्यान बिज़नेस के विकास पर केंद्रित कर सकते हैं।

किसी के परिवार के प्रति बुरी नियत न रखें

यह बिज़नेस पारिवारिक बिज़नेस है। काम के दौरान दो परिवारों के रिश्ते मज़बूत होते हैं, ऐसे यदि हम किसी के पति या पत्नि, बेटी-बेटे या बहन पर अगर बुरी नियत रखते हैं, तो यह बिज़नेस के लिए घातक सिद्ध होगा। इस बिज़नेस में प्यार बाँटना है, लेकिन इस प्यार का मतलब चरित्रहीनता नहीं, अनैतिक संबंध नहीं। हर व्यक्ति धन कमाना चाहता है, कोई भी व्यक्ति धन के लिए किसी को यह इजाज़त नहीं दे सकता कि कोई उनके परिवार के साथ अनैतिक रिश्ते क़ायम करे। उनकी इज़्ज़त से

खिलवाड़ करे। सफलता चाहिए, लेकिन मान-सम्मान, चरित्र और नैतिकता की क़ीमत पर बिल्कुल नहीं। यह भी दोहराई जा सकने वाली बात नहीं। क्या हम पसंद करेंगे कि कोई हमारी माँ, बहन, बेटी पर बुरी नियत रखे? स्पष्टतः नहीं। तो फिर दूसरे कैसे हमारी बदनियत को स्वीकार कर सकते हैं।

शिक्षण प्रणाली ने तो यह तक निर्देश दिए हैं कि कोई अकेला पुरुष किसी अकेली महिला को उसके घर तक छोड़ने न जाए। चाहे पुरुष-स्त्री के बीच भाई-बहन का रिश्ता माना जाता हो। ऐसी अकेली महिला के घर अकेला पुरुष कभी न जाए। जब तक आपके साथ आपकी पत्नी या दूसरे लोग न हों, ऐसा काम न करें। यह ठीक है कि आप दोनों की नियत में कोई खोट नहीं। पड़ोस के जो लोग आपको देख रहे हैं, वो उसे आपके नहीं, अपने नज़रिए से देखेंगे। अगर उनके नज़रिए में खोट है, तो वो ग़लत बातों का प्रचार करेंगे। आप दोनों के परिवारों में महाभारत हो सकता है। आपका बिज़नेस तबाह हो सकता है। मीटिंग में भी महिलाओं के साथ शिष्टता-सज्जनता के साथ पेश आएँ। उनसे दूरी बनाए रखें। हाव-भाव पर नियंत्रण रखें। कोई भी ऐसा आचरण न करें, जिससे छिछोरापन झलकता हो। अपनी नियत को साफ़ रखें।

> ***आपके हाव-भाव, चाल-चलन, आचरण को देखकर अंजान लोगों के मुँह से निकलना चाहिए कि हो न हो यह नेटवर्क मार्केटिंग से जुड़ा व्यक्ति है।***

सिस्टम दर्शन :

इस बिज़नेस का आधार है नैतिकता। किसी के पारिवारिक सदस्य के प्रति बुरी नियत हमारी दोस्ती को दुश्मनी में बदल देगी। साधारण तौर पर भी लोग अपने परिवार से अनैतिक संबंध या वैसी ही नियत को सहन नहीं कर सकते। वो ही बात इस बिज़नेस में भी लागू होती है। बिज़नेस एक परिवार से दूसरे परिवार तक पहुँचता है। इसमें पुल का काम करता है, हमारा चरित्र, हमारी नैतिकता, हमारी अच्छी भावना, अच्छा व्यवहार।

वास्तव में लोग बिज़नेस में जुड़ते ही नहीं, वे तो हमसे जुड़ते हैं। सिस्टम का अनुभव है कि महिलाएँ इस बिज़नेस की नींव हैं, शक्ति हैं। इस बिज़नेस का आधार है स्वप्नपूर्ति की लालसा। पुरुषों की तुलना में महिलाओं के सपने ज़्यादा होते हैं, इच्छाएँ और लालसाएँ ज़्यादा होती हैं। पुरुष दिमाग़ से काम करते हैं, महिलाएँ दिल से काम लेती हैं। दिमाग़ तथ्य पर आधारित इच्छाएँ करता है, दिल पर कोई बंधन नहीं होता, वो अनंत इच्छाएँ कर सकता है। इसलिए महिलाओं का सहयोग इस बिज़नेस में सफलता की गारंटी माना जाता है। सिस्टम महिलाओं की भावनाओं की क़द्र करता है। यहाँ महिलाओं को पुरुषों से ज़्यादा सम्मान दिया जाता है। यहाँ समारोह में महिलाएँ खड़ी नहीं रहतीं, पुरुषों द्वारा उन्हें सम्मानपूर्वक अपनी सीट दे दी जाती है, इसलिए सिस्टम बुरी नज़र रखने वाले को सहन नहीं करता। ऐसा अंदेशा होने पर उस व्यक्ति को सिस्टम निकालकर बाहर कर देता है। एक गंदी मछली पूरे तालाब को गंदा कर देती है, इसलिए अपने तालाब को ऐसी गंदी मछलियों से बचाए रखना है। सिस्टम दर्शन है कि :

> ***दूसरों की माँ, बहन, बेटी को आप उसी नज़र से देखें, जैसे अपनी माँ, बहन, बेटी को देखते हैं। दूसरों की पत्नी को आप उसी नज़र से देखें, जैसा आप चाहते हैं कि दूसरे आपकी पत्नी को देखें।***

सिस्टम का अनुभव है कि यह बिज़नेस परिवारों के बीच रिश्तों को मज़बूत करने से बढ़ता है। इसलिए इसकी दार्शनिकता है कि रिश्तों को कमज़ोर करने वाली कोई भी बात इस बिज़नेस के दौरान न की जाए। इस नियम के पीछे सिस्टम का यही संदेश है,

> ***दीजिए वो बेहतरीन जो आपके पास है, और आप पाइए वो बेहतरीन जो आपके पास नहीं है।***

मनोविज्ञान

कभी किसी के परिवार के प्रति नियत ख़राब न हो। इस बिज़नेस में सभी डिस्ट्रीब्यूटरों के बीच इतने मज़बूत रिश्ते जुड़ जाते हैं कि लगता ही नहीं कि कोई बाहर का व्यक्ति है। ऐसा ही लगता है जैसे हम सब एक ही परिवार के सदस्य हैं, सुख-दुख के साथी। ऐसे में कभी-कभी हमारी मानसिक कमज़ोरी हमारे बिज़नेस पर हावी हो जाती है। हमारे मन में दूसरों के परिवार के प्रति, किसी सदस्य के प्रति कोई बुरी भावना जाग सकती है। निकटता और खुलेपन का हम कभी-कभी ग़लत अर्थ लगा लेते हैं और ऐसी हरकत कर बैठते हैं, जो नैतिक नहीं होती। ऐसी हरकत कोई और हमारे परिवार के साथ करे, तो हम उससे लड़ने-मरने पर उतारू हो जाएँ। ऐसा ही दूसरे हमारे साथ करने पर उतारू हो जाते हैं।

हर व्यक्ति के दिमाग़ में अपने परिवार को लेकर कुछ अधिकारों की भावना होती है। ऐसे अधिकार जो किसी भी बाहरी व्यक्ति के नहीं हो सकते। ऐसे किसी अधिकार में किसी और की घुसपैठ को हमारा मस्तिष्क सहन नहीं कर सकता। जब हमारी नज़र में खोट आती है, तो उन्हें अपने अधिकार की भावना ख़तरे में नज़र आती है। उन्हें ठेस पहुँचती है, जिसे वो कदापि सहन नहीं कर सकते। यही अधिकार हमें अपने परिवार से बाँधे रखता है। परिवार की संस्कृति का अर्थ यही है कि ऐसे अधिकार सिर्फ़ उस परिवार के सदस्य को ही हो सकते हैं। ऐसे में बिज़नेस की सफलता चाहे कितनी भी बड़ी क्यों न हो, किसी का मन इस बात को स्वीकार नहीं करेगा कि वो उसके लिए किसी को भी अपने परिवार, अपने मान-सम्मान, अपनी इज़्ज़त से खिलवाड़ करने दें। इसलिए ऐसी अनैतिक हरकत तो दूर की बात है, ऐसी किसी चर्चा या अफ़वाह को सुनना भी वो गँवारा नहीं कर सकते। सिस्टम में मनोवैज्ञानिक स्तर पर इसका गहराई से अध्ययन किया गया है। ऐसी स्थिति न आए इसके लिए इस नियम पर सख़्ती से चलने के निर्देश दिए गए हैं।

बिज़नेस में शराब को शामिल न करें

यह एक पारिवारिक बिज़नेस है। आप नहीं चाहते कि कोई शराब पीकर आपके घर आए और आपके परिवार से बात करे। यह बिज़नेस

पाक-साफ़ है, इसमें शराब को शामिल करने का सवाल ही पैदा नहीं होता। शराब बिज़नेस के लिए घातक है। आधुनिक संस्कृति में शराब पीना-पिलाना एक फ़ैशन हो चला है। अगर आप शराब पीने को बुरा नहीं समझते हैं, तो यह आपका व्यक्तिगत मामला है। सिस्टम में शराब पीकर बिज़नेस के सिलसिले में किसी के घर जाना सख़्त मना है। अगर आप बिज़नेस की बात करते हैं, तो शराब से दूर रहिए। ख़ासकर बिज़नेस की चर्चा तक से दूर रहिए। अगर शराब पीते समय कोई बिज़नेस की चर्चा करे, तो उसे स्पष्ट कहिए, “मैं ऐसे समय में इस महान बिज़नेस पर चर्चा नहीं करूँगा।” या जैसा आप कह सकते हों। वरना बिज़नेस शराब में घोलकर गटक लिया जाएगा और आप सफलता को ढूँढ़ते रह जाएँगे। ऐसी बहुत सी घटनाएँ हो चुकी हैं, जहाँ शराब के कारण इस बिज़नेस में हानि हुई है। शराब पीने वाला ख़ुद के बिज़नेस को तो ख़राब करता ही है, लेकिन दूसरों के बिज़नेस को भी ख़राब करता है।

सोचिए एक बिज़नेस मीटिंग के दौरान कोई शराब पीकर बैठा है, और माना कि वो पूरे होश में है, कोई ग़लत हरकत नहीं कर रहा है। लेकिन उसके पास वाली सीट पर कोई संभ्रांत व्यक्ति बैठे हैं, जिनके परिवार में शराब पीने को ग़लत समझा जाता है, उन्हें शराब से चिढ़ है। उन्हें उनकी पत्नी बड़ी मिन्नतें करके वहाँ ले आई है। उन्हें बताया गया है कि यहाँ का माहौल पाक-साफ़ रहता है। अगर उन्हें पता चल जाए कि पास बैठे व्यक्ति ने शराब पी रखी है, तो वो संभ्रांत व्यक्ति फिर कभी अपनी पत्नी को ऐसी मीटिंग में जाने की इजाज़त नहीं देंगे। हमें अधिकार नहीं है कि हम किसी के बिज़नेस को ख़त्म करने वाली कोई हरकत करें। इसलिए सिस्टम ने यह नियम बनाया है। अगर शराब को आपके समाज में या माहौल में बुरा नहीं माना जाता, तब भी अपनी किसी डाउन लाइन या क्रॉस लाइन के साथ शराब न पिएँ। हो सकता है, बिज़नेस में शामिल व्यक्ति आपके पुराने मित्र हों। अब उनके बिज़नेस में आने के बाद आप उनके साथ संयत व्यवहार रखें। आपको 'मित्रता' या 'बिज़नेस' में से किसी एक को चुनना पड़े, तो आपको अपनी प्राथमिकता अनुसार चुनाव करना पड़ेगा। आप जिसका चुनाव करेंगे, वहाँ सफलता मिलेगी। या तो मित्रता में, या फिर बिज़नेस में। लेकिन शराब को छोड़कर आप दोनों पा सकते हैं।

सिस्टम दर्शन

सिस्टम में शराब या नशाख़ोरी वर्जित है। सिस्टम को अनुशासन प्रिय है। जो लोग अपने ऊपर नियंत्रण नहीं रख सकते, वो अनुशासन तोड़ सकते हैं, नियमों की अवहेलना कर सकते हैं, दूसरों की भावनाओं को ठेस पहुँचा सकते हैं। इसका विपरीत परिणाम बिज़नेस पर पड़ता है। सिस्टम का मानना है कि शराब या अन्य मादक पदार्थ कुछ समय के लिए उत्साह और उत्तेजना पैदा करते हैं, लेकिन अनियंत्रित होने के कारण यह अति-उत्साह और अति-उत्तेजना की स्थिति में पहुँच जाता है, जो कि हानिकारक है।

हो सकता है आप शराब को बुरी चीज़ न समझते हों, लेकिन दूसरे लोग इसे बुरा समझ सकते हैं। यहाँ सबको अपने विचारों को बनाए रखने की आज़ादी है। आप बिज़नेस के वातावरण को पवित्र बनाए रखिए। आपको आज़ादी है, लेकिन इसका मतलब यह नहीं कि आपकी इस आज़ादी के कारण दूसरों को नुक़सान उठाना पड़े, उनकी आज़ादी या अधिकारों को ठेस पहुँचे। यहाँ एक-दूसरे की भावना को सम्मान दिया जाता है। शराब पीकर समारोह में आना मना है, किसी के साथ बिज़नेस की चर्चा करना मना है, इसीलिए क्योंकि इससे इस बिज़नेस की छवि ख़राब होती है। पारंपरिक और नेटवर्क मार्केटिंग बिज़नेस में यही अंतर है, यह संस्कारों का बिज़नेस है। सिस्टम इन नियमों के माध्यम से हमें अच्छे संस्कार देता है।

मनोविज्ञान

शराब या अन्य मादक पदार्थों के कारण हमारा नियंत्रण हमारी भावनाओं पर नहीं रह जाता। हम अनियंत्रित होकर बहुत कुछ ऐसा कह देते हैं, या कर देते हैं, जो हमारी पूरी टीम के बिज़नेस के लिए हानिकारक हो सकता है। शराब के नशे में हम ऐसे ग़लत काम कर सकते हैं, जो होश में शायद हम कभी नहीं करते। ऐसे में दोष शराब का नहीं, पीने वालों का है। शराब हमारी चेतनता को कमज़ोर कर देती है, ऐसे में शक्तिशाली अवचेतन मन कार्य करता है। अब अवचेतन मस्तिष्क अकेला सही-ग़लत

का निर्णय नहीं ले सकता। अवचेतन मन तो अपने भंडार में सभी अच्छी-बुरी बातों का, ज़्यों का त्यों ब्यौरा रखता है, और चेतन मन के हटते ही ज्यों का त्यों आदेश देता है। सही-ग़लत से उसे मतलब नहीं। अब ऐसे में हम अपने अवचेतन मन में बैठी बातों-हरकतों को दोहरा देते हैं, जो कि ग़लत भी हो सकती हैं। ऐसे में हम किसी का भी दिल दुखा सकते हैं, अनैतिक कार्य कर सकते हैं, जो हमारी सफलता को पूरी तरह नष्ट कर देंगे। वैसे भी शराब पीना अच्छी नज़र से नहीं देखा जाता। इसलिए हर व्यक्ति के अवचेतन में शराब पीने वालों की बुरी तस्वीर बनती है। जब भी कोई इस बिज़नेस में शराब पीकर काम करेगा, सामने वाले के दिमाग़ में इस बिज़नेस की भी ग़लत छवि बनेगी। इस बात को सिस्टम में गहराई से समझा गया है, इसलिए यह नियम अस्तित्व में आया है।

सिस्टम की बोध कथाएँ...

गंगा में स्नान करते साधू को अचानक लहरों के साथ संघर्ष करता एक बिच्छू दिखाई दिया। दयावश साधू ने बिच्छू की जान बचाने के लिए उसे हथेली पर उठा लिया, लेकिन बिच्छू ने हथेली पर डंक मार दिया। डंक लगते ही साधू काँप गया और हथेली से छिटककर बिच्छू वापस पानी में जा गिरा। साधू ने फिर बिच्छू को उठाया, बिच्छू ने फिर डंक मारा। कई बार ऐसा होते देख, पास खड़े एक सज्जन से रहा नहीं गया।

"साधू महाराज," उसने कहा, "जब बार-बार डंक मार रहा है, तो उसे छोड़ क्यों नहीं देते? ऐसों का मरना ही बेहतर है।"

"नहीं बेटा, मैं ऐसा कैसे कर दूँ?" साधू ने सादगी से जवाब दिया, "जब ये छोटा सा बिच्छू होकर भी बुराई के अपने स्वभाव को नहीं छोड़ रहा, तो मैं इतना बड़ा इंसान होकर भलाई करना कैसे छोड़ दूँ?"

कथा सार

अगर कोई हमसे ग़लत व्यवहार कर रहा है, तो हम उसकी बुराई के कारण अपनी भलाई क्यों छोड़ दें। हमें हर बुराई से बचना चाहिए। अपने चरित्र में भलाई की भावना को इस तरह से भर दें कि वो आपका स्वभाव बन जाए।

• • •

अध्याय 3

4 आधारभूत कार्य

अगर आपने अपना 'क्यों' पहचान लिया है। क्या पाना है यह निश्चित कर लिया है। आप अपनी प्रबल इच्छा या सपनों को पूरा करना चाहते हैं, तो आपको सिस्टम द्वारा सुझाए गए 4 मूलभूत कार्यों को अपनाना है, जो कि इस बिज़नेस में सफलता पाने के लिए मूलभूत आधार का काम करते हैं।

1) नामों की सूची बनाना।

2) संपर्क करके आमंत्रण देना।

3) सेल्स मार्केटिंग प्लान का प्रदर्शन।

4) दिलचस्पी को जानना- शुरू करने में मदद करना।

एक नए डिस्ट्रीब्यूटर को इतना ही करना है। यही सफल लोगों ने किया है। अगर आपके साथ लोग बिज़नेस शुरू करना चाहते हैं, तो उन्हें भी यही चार काम करना सिखाइए। इन चार कार्यों में नेटवर्क बढ़ाने का सारा रहस्य छुपा हुआ है। आइए हम हर कार्य को विस्तार से जानें...।

• • •

सिस्टम की बोध कथाएँ...

गाँव के बाहर बैठे साधू को पूरा गाँव बहुत मानता था, क्योंकि साधू की ख़ासियत थी कि वो 'रेन डान्स' यानी वर्षा नृत्य किया करता था। जब भी गाँव में अकाल पड़ता, साधू मदमस्त होकर नाचता और वर्षा हो जाती। यह सिलसिला सालों से चला आ रहा था। साधू का नृत्य कभी असफल नहीं हुआ। अब साधू वृद्ध हो गया था और अस्वस्थता के कारण उसने नृत्य करना छोड़ दिया था। एक बार गाँव में भयानक अकाल पड़ा। सारे खेत पानी के अभाव में सूख गए। गाँववालों ने साधू से नाचने के लिए याचना की, लेकिन साधू ने अपने स्वास्थ्य की लाचारी बताकर इंकार कर दिया। तब साधू के चेलों ने 'रेन डान्स' करने का निश्चय किया। सभी चेले नाच-नाचकर थक गए, लेकिन वर्षा नहीं हुई।

चेलों ने साधू के पास आकर पूछा, "बाबा, आप जब भी नाचते हो, तब पानी ज़रूर बरसता है। हम इतना नाचे मगर बरसात नहीं हुई। ऐसा क्यों... ?"

बाबा ने जवाब दिया, "मेरे बच्चो, इसके पीछे दो कारण हैं। पहला तो यह कि मैं जब भी नाचने के लिए खड़ा होता हूँ, तब मुझे विश्वास होता है कि मैं नाचूँगा तो बरसात ज़रूर होगी। दूसरा कारण यह है कि मैं तब तक नाचता हूँ, जब तक बरसात नहीं हो जाती...।"

कथा सार

इस बिज़नेस में ज़रूरी कार्यों को करते समय हमें विश्वास होना चाहिए कि हम काम करेंगे, तो सफलता ज़रूर मिलेगी और हम तब तक काम करते रहेंगे, जब तक हम सफल नहीं हो जाते।

पहला आधारभूत कार्य
नामों की सूची बनाना

इस बिज़नेस को बढ़ाने के लिए सबसे पहली ज़रूरत है, एक सूची की, लोगों के नामों की सूची। अगर आपने बिज़नेस शुरू किया है, तो सबसे पहले एक सूची बनाइए, उन लोगों की जिन्हें आप जानते या पहचानते हैं। आपके रिश्तेदार, आपके मित्र, आपकी जान-पहचान के लोग। नामों की सूची में एक ही ख़ूबी होनी चाहिए, नामों की सूची बड़ी होनी चाहिए। जितनी बड़ी 'सूची' होगी, उतना बड़ा आपका बिज़नेस होगा। बड़ी लिस्ट बनाने के लिए निम्नलिखित प्रयोग कीजिए।

बड़ी लिस्ट

1) सिस्टम की पुस्तक में 'सूची' (लिस्ट) से संबंधित पाठ पढ़िए और उसमें बताए गए तरीक़ों से अपनी सूची तैयार कीजिए, बढ़ाइए और फिर उसी अनुसार बढ़ाते रहिए। इस पुस्तक में सूची बनाने और बढ़ाने के सभी तरीक़े दिए गए हैं, जो आपको सहायक रहेंगे।

2) सिस्टम की ऑडियो कैसेट सुनिए। इन कैसेटों में भी आपको 'सूची' बनाने और बढ़ाने के महत्वपूर्ण तरीक़े सिखाए गए हैं। आपकी अप लाइन भी आपकी सबसे बड़ी मददगार रहेगी, आप अपनी अप लाइन की मदद लीजिए।

3) **FRIENDS** इस शब्द का प्रयोग लिस्ट बनाने के लिए इस प्रकार कीजिए।

Friends : मित्र/दोस्त

Relatives : रिश्तेदार

In Laws/Institutions : ससुराल के रिश्तेदार/संस्थाएँ

Engineers/Enemies : इंजीनियर/दुश्मन

Neighbours : पड़ौसी

Doctors : डॉक्टर्स

Strangers : अजनबी (जी हाँ, जिन्हें आप आज नहीं जानते, वो भी आपकी लिस्ट में आगे जुड़ेंगे।)

4) अपनी या अपने परिवार में हुई शादी के एल्बम में देखकर उन सभी के नाम या उनकी कोई पहचान लिखिए। अपनी टेलीफ़ोन डायरेक्ट्री का भी उपयोग मेमॉरी-जॉगर की तरह कीजिए, हर नाम के साथ अपने परिचित का नाम याद कीजिए।

5) आँख बंद करके अपने शहर की हर गली, हर रास्ते पर मन ही मन घूमिए। हर रास्ते के आस-पास का वो हर नाम या उसकी किसी विशेष पहचान, जैसे उसकी कोई आदत, उसके शौक़, उसका पहनावा, उसका व्यक्तित्व आदि लिखते चले जाइए। इसी तरह हर शहर में आपके परिचित लोगों का नाम लिखिए।

बस लिस्ट में नाम लिखिए

लिस्ट बनाते समय आप इस बात की चिंता बिल्कुल मत कीजिए कि कौन बिज़नेस करेगा या नहीं करेगा, कौन मोटा है या पतला है, कौन अमीर है या ग़रीब है, कौन पढ़ा-लिखा है या अनपढ़ है। यानी कौन कैसा है, इस बात का आपकी लिस्ट से कोई संबंध नहीं है, बस लिस्ट में हर नाम को लिखते जाना है। साथ ही उनके बारे में आप जितना जानते हैं, वो भी लिख लीजिए। उनका फ़ोन नंबर, व्यवसाय, पता, उम्र आदि। लिस्ट की दो ख़ासियतें होनी चाहिए। एक तो वो बड़ी हो, उसमें 200 से 500 नाम होने चाहिए। दूसरी ख़ासियत आपकी लिस्ट ज़िंदा हो। ज़िंदा यानी हर दिन उसमें दो-चार नाम जुड़ने चाहिए। हर रोज़ आप ऐसे अनगिनत लोगों के संपर्क में आते हैं, जिन्हें आप नहीं जानते। टेलीफ़ोन, इलेक्ट्रिक

आदि का बिल भरते समय कतारों में, बस-गाड़ी में सफ़र करते समय या ऐसी और जगहों पर जब आप अपरिचित लोगों से मिलते हैं, तो उनसे पहचान बढ़ाइए। भीड़ में जो व्यक्ति आपको आकर्षित करे उससे मिलिए, परिचय का आदान-प्रदान कीजिए। मुस्कुराकर उनकी ओर देखना, पहचान बनाने का सबसे सरल और सुंदर तरीक़ा है।

मुस्कुराइए- पहचान बनाइए

अगर आप दिल से मुस्कुराते हुए कुछ पल किसी की ओर देखते हैं, तो वो ख़ुद ही आपकी ओर आकर्षित हो जाते हैं। अगर मुस्कुराहट के जवाब में मुस्कुराहट न मिले, तो उन्हें भूल जाइए। ऐसे लोग इस बिज़नेस के लिए उपयुक्त नहीं होते। अगर मुस्कान से पहचान बनती है, तो उनके दिलचस्पी के विषयों पर बातें करें। उनके परिवार, व्यवसाय, शौक़ और मनोरंजन के साधनों के बारे में बातें करें। उनके पसंदीदा विषय को कभी न बदलें। ऐसे में आप उनके सपनों को जान सकते हैं। अब सिर्फ़ अपना कार्ड उन्हें दें, उनका कार्ड या फ़ोन नंबर ले लें। यहाँ एकदम से बिज़नेस की बातें न करें, बल्कि अपने आपको कुछ समय दें, जिससे आप परख सकें कि वो बिज़नेस के लिए उपयुक्त हैं या नहीं।

अगर उस व्यक्ति की महत्वाकांक्षा को पहचान लें, तो फिर कभी मिल-बैठकर बात करने की बात कहकर विदा लें। हर दिन ऐसे दो-चार लोगों से बात करने की आदत बना लीजिए, इससे हर दिन आपकी 'लिस्ट' में दो नए नाम जुड़ते जाएँगे। तभी आपकी लिस्ट 'ज़िंदा लिस्ट' होगी। लेकिन किसी भी व्यक्ति का नाम लिखते समय पूर्वानुमान न लगाएँ कि यह करेगा और यह तो बिल्कुल नहीं करेगा। लिस्ट में नाम लिखने का मतलब यह नहीं कि सबको बिज़नेस में लाना है। बस एक बड़ी लिस्ट बनानी है। आप लिस्ट कुछ इस तरह बनाइए कि शुरुआत में 500 फिर 499, 498, 497... 3, 2, 1 ऐसा करने से बड़ी लिस्ट बनती है, वरना दस-बीस-पचास तक पहुँचकर लिस्ट रुक जाती है।

सिस्टम दर्शन

सिस्टम ने अनुभव से तीन नियम बनाए हैं, जो कि सफलता पाने के लिए अत्यंत आवश्यक है। पहला नियम है, **इस बिज़नेस को अधिक से अधिक लोगों तक पहुँचाना।** दूसरा नियम महत्वपूर्ण है जो यह बताता है कि संख्या का क्या महत्व है। दूसरा नियम है, **इस बिज़नेस को अधिक से अधिक लोगों तक पहुँचाना।** और सिस्टम के अनुभव का निचोड़ है यह तीसरा नियम, **इस बिज़नेस को अधिक से अधिक लोगों तक पहुँचाना।** ऐसे ही दस नियम और हैं... शायद आप समझ गए होंगे। सिस्टम का अनुभव है कि इस बिज़नेस में बड़ी लिस्ट वालों ने ही ज़्यादातर बड़ी सफलता पाई है। सिस्टम दर्शन यही कहता है कि हम सफल व्यक्तियों का अनुकरण करके आसानी से सफलता पा सकते हैं।

मनोविज्ञान

इस बिज़नेस में बड़ी लिस्ट बनाने से आपका मनोबल हमेशा ऊँचा रहता है। ऊँचा मनोबल ही आपकी सफलता की गारंटी है। जब इस बिज़नेस की योजना हम किसी के सामने रखते हैं, तो हमारे अवचेतन में यह गणना होती रहती है कि हम कितने लोगों को योजना बता चुके हैं और कितने लोगों को बताना बाक़ी है। लिस्ट छोटी है, तो हमारा विश्वास डगमगाने लगता है और एक डर हावी हो जाता है कि उसने 'ना' कह दिया तो? बड़ी संख्या के अभाव में बिज़नेस को बढ़ाने के लिए हम केवल कुछ लोगों पर निर्भर हो जाते हैं, उनकी 'ना' हमारे बिज़नेस को बढ़ने नहीं देगी। यही डर हमारे मनोबल को गिराता है, हाव-भाव को बिगाड़ देता है और हम गिड़गिड़ाने की हद तक उनके पीछे पड़ सकते हैं, जो हमें सफलता से और दूर ले जाता है।

बिज़नेस शुरू करते ही तुरंत बड़ी लिस्ट बनाएँ

जैसे ही बिज़नेस शुरू करें, तुरंत फटाफट लिस्ट बनाने का काम शुरू करें। हर स्पॉन्सर का पहला काम यही है कि वह नए जुड़े डिस्ट्रीब्यूटर को उसकी बड़ी लिस्ट बनाने में मदद करे, वो भी तत्काल- बिना समय

गँवाए, क्योंकि कुछ समय बीतने के बाद लिस्ट बनाना लगभग असंभवन होता है। बाद में साधाराणतः कोई लिस्ट नहीं बनाई जा सकती। यह काम शुरुआत में ही अच्छी तरह से किया जा सकता है।

इस बिज़नेस का मूल हैं उत्पाद, लेकिन उत्पाद तभी चलेंगे, जब लोग उसे चलाएँगे, इसलिए इस बिज़नेस की नींव हैं, लोग। लोगों की कमी नहीं है। अब यह आप पर निर्भर करता है कि आप जल्द से जल्द कितने लोगों का नाम अपनी लिस्ट में लिख सकते हैं। मुख्य बात यह है कि लिस्ट काग़ज़ पर लिखी होनी चाहिए, दिमाग़ में नहीं। काग़ज़ पर लिखी गई लिस्ट में आप चुनाव कर सकते हैं, जोड़ सकते हैं घटा सकते हैं। काग़ज़ पर हिसाब रखा जा सकता है और कभी भी पढ़कर उसका उपयोग कर सकते हैं।

सिस्टम दर्शन

बड़ी लिस्ट बनाना एक बहुत ही आसान काम है, अगर इसे हम बिज़नेस शुरू करते ही तत्काल बनाना शुरू करें। काग़ज़ पर लिखी लिस्ट से हमें बड़ा फ़ायदा यह मिलता है कि हम चुनाव कर सकें कि किससे हम पहले बात करें किससे बाद में। इसी तरह से हम लोगों के पीछे नहीं पड़ते जिसके कारण हमारे हाव-भाव ऊँचे रहते हैं, जो बिज़नेस की सफलता और गरिमा बनाए रखने के लिए बहुत ज़रूरी है। यहाँ तक कि हमारी भावनाओं को साफ़-सुथरा रखने में भी इससे मदद मिलती है। संक्षेप में बड़ी लिस्ट बड़ा काम करती है। हर व्यक्ति में अपनी एक विशेषता होती है, हम बहुत सी बातों में एक-दूसरे से अलग हैं, अनूठे हैं। फिर भी बहुत सी मूलभूत बातों में हमारी सोच, अनुभूति, भावनाएँ, पसंद-नापसंद एक जैसी होती है, समान होती है। इस समानता को जानने-समझने के लिए हमें ज़्यादा लोगों तक पहुँचना ज़रूरी है। उसके लिए ज़रूरत है एक बड़ी लिस्ट की। क्योंकि-

जितना ज़्यादा भिन्नता वाले लोगों तक आप पहुँचेंगे, उतना ज़्यादा आप लोगों के बीच की समानता को समझ पाएँगे।

मनोविज्ञान

लिस्ट को शुरुआती दौर में तत्काल बनाना इसलिए ज़रूरी है, क्योंकि अगर बिना बड़ी लिस्ट के आप काम शुरू करेंगे और अगर शुरुआत में आपको असफलता मिली, जो कि कम ज्ञान के कारण मिल भी सकती है, इस स्थिति में आप जब आगे बढ़ने जाएँगे, तो आपका मस्तिष्क लिस्ट में नाम जोड़ने से इंकार करेगा। 'ये करेगा' 'वो नहीं कर सकता' ऐसे फ़ैसलों के कारण आपकी लिस्ट आगे नहीं बढ़ पाएगी। मनोविश्लेषण से यह साबित हो चुका है कि ऐसे में बहुत से नामों को आप याद नहीं कर पाएँगे। हर बार 'ना' सुनने के साथ ही आपका मस्तिष्क लोगों के नाम भूलना शुरू कर देगा। अब तक जैसे आप आशावादी नज़रिए से लोगों से बात कर रहे थे। अब आप हर व्यक्ति के संबंध में निराशावादी नज़रिए से सोचकर उसका नाम लिखने से पहले ही काटना शुरू करेंगे। हर व्यक्ति के बारे में 'विश्वास' की जगह 'शंकाएँ' जन्म लेंगी और चुनाव करते समय 'नकारात्मक' सोचना शुरू करेंगे? इन सब बातों का मनोवैज्ञानिक कुप्रभाव पड़ने से पहले ही अगर आप बड़ी लिस्ट बना लेते हैं, तो आपका अवचेतन हर 'ना' के साथ आपको संकेत देता है कि चिंता की बात नहीं, अभी बहुत बाक़ी है। इसलिए पहला काम है, बड़ी लिस्ट को काग़ज़ पर लिखकर तैयार करना।

अपनी लिस्ट को तीन हिस्सों में बनाइए

1. **स्थानीय लिस्ट** : जहाँ आप एक घंटे में पहुँच सकते हों, आस-पास के ऐसे सभी परिचितों के नाम लिखिए? यह आपकी सबसे महत्वपूर्ण लिस्ट है, जहाँ आप अपनी नौकरी या व्यवसाय करते हुए भी काम कर सकते हैं।
2. **लंबी दूरी की लिस्ट** : इस लिस्ट में दूर रहने वाले दूसरे राज्यों में रहने वाले लोगों के नाम लिखिए। इन लोगों के द्वारा आपका बिज़नेस दूर-दूर तक फैलेगा। इस लिस्ट में आपकी अप लाइन की मदद से आप बिज़नेस बढ़ा पाएँगे।
3. **अंतरराष्ट्रीय लिस्ट** : उसमें देश से बाहर रहने वाले अपने

परिचित लोगों के नाम लिखिए। यह लिस्ट आपके बिज़नेस को अंतरराष्ट्रीय स्तर पर पहुँचाएगी। इस लिस्ट में आपकी अप लाइन की भूमिका सबसे महत्वपूर्ण है और अप लाइन ही इस स्तर पर आपको मदद करेगी।

संख्या का खेल

इस बिज़नेस को एक अकेला व्यक्ति बहुत बड़ी सफलता नहीं दिला सकता। एक अकेला व्यक्ति इसके उत्पादों का उपयोग स्वयं करके या अपने परिचितों को बिक्री करके बहुत बड़ा 'बिज़नेस वॉल्युम' न बना सकता है, न बनाए रख सकता है। हाँ, दो-चार-पाँच-दस हज़ार लगातार चिल्लर बिक्री करके कमा सकता है। लाखों की स्थायी आमदनी के लिए बहुत सारे लोगों द्वारा छोटे-छोटे 'बिज़नेस वॉल्युम' की सख़्त ज़रूरत होती है। यह काम नेटवर्क का जाल बिछाकर, अपने हुनर को दूसरों को सिखाकर, आसानी से किया जा सकता है। इसके लिए ज़रूरत है लोगों की। इसलिए एक बड़ी लिस्ट इस बिज़नेस में रीढ़ की हड्डी का काम करती है। इसी बड़ी लिस्ट पर काम करके आप बड़ा अनुभव लेते हैं, सीखते हैं। यही अनुभव आपकी डाउन लाइन के लोगों के लिए काम करते समय आपके लिए सबसे ज़्यादा उपयोगी सिद्ध होता है।

सिस्टम दर्शन

बड़ी लिस्ट बनाने के पीछे सिस्टम की दार्शनिकता यही है कि यह बिज़नेस सबके लिए है। इसकी ज़रूरत सबको है, लेकिन सभी इस बिज़नेस को करेंगे ऐसा नहीं है। अब किसी के माथे पर तो लिखा नहीं है कि वो करेंगे या नहीं। ऐसा कोई प्रतीक चिन्ह या बात भी नहीं जिससे निश्चय किया जा सके कि कौन से लोग बिज़नेस को शुरू करेंगे और कौन सफल होने तक लगातार करते रहेंगे। इसका पता तब ही चलता है, जब कोई सफलता का रास्ता तय करता है। पहले क़दम पर यह जानने का कोई उपाय नहीं है। यह एक प्रक्रिया है, और हम इसे छानने की प्रक्रिया में लोगों को डालते हैं और परिणाम अपने आप सामने आ जाते हैं। यह एक संख्या का खेल है, 'नंबर गेम'। इस प्रक्रिया से हम जितनी ज़्यादा

संख्या में लोगों को गुज़रने देंगे, परिणामस्वरूप उसी अनुपात में ज़्यादा लोग मिलेंगे। यहाँ औसत का नियम काम करता है। 10:6:3:1 यानी दस लोगों से बात करें तो छः लोग समझना चाहेंगे, तीन उत्साहित होंगे और एक ही व्यक्ति काम शुरू करेगा। अब ऐसे दस काम शुरू करने वालों में तीन-चार ही ऐसे लोग मिलेंगे, जो तेज़ी से काम आगे बढ़ाना चाहेंगे, सफल होने के लिए जी-जान लगा देंगे। बाक़ी छः-सात लोगों में से कुछ उनकी सफलता को देखकर उत्साहित होंगे और आगे बढ़ेंगे, कुछ की नींद शायद बाद में खुले। अब यह तो पता नहीं कि ऐसे सौ लोगों में से, जिनसे आपने उस बिज़नेस की बात की है, प्लान दिखाया है, वो कौन से तीन-चार लोग हैं जो अपनी सफलता के लिए आकाश-पाताल एक कर देंगे। यह तो प्रक्रिया से गुज़रने के बाद ही पता चलता है कि कोई है जो नायाब हीरा है।

मनोविज्ञान

अगर हमारी लिस्ट बड़ी हो, तो कुछ लोगों की 'ना' से हम डगमगाते नहीं, हमारा मनोबल बना रहता है, क्योंकि हमारी सफलता के लिए बहुत सारे लोग अभी बाक़ी हैं। हमारी आशा लंबे समय तक बनी रहती है, और उसी लंबे समय के बीच हम सिस्टम अनुसार कैसेट सुनते हैं, पुस्तकें पढ़ते हैं, और मीटिंग-सेमिनार में जाते रहते हैं, जिसके कारण हमारा उस विषय में ज्ञान बढ़ता है, मनोबल बढ़ता है। मनोबल गिरने का वास्तविक कारण कम संख्या या छोटी लिस्ट नहीं होता, बल्कि कम ज्ञान के कारण ही हमारा विश्वास डगमगाने लगता है। इस विश्वास की कमी को, कैसेट-पुस्तक-सेमिनार से मिला ज्ञान ख़त्म कर देता है, जो कि समय के साथ ही मिलता है, और शुरुआती दौर में यह समय सिर्फ़ बड़ी लिस्ट के कारण ही संभव है।

दिवाली के पटाखे

बड़ी लिस्ट बनाते ही आप सफलता का एक महत्वपूर्ण मुक़ाम पा लेते हैं। इसे इस उदाहरण से समझें कि दिवाली के पटाखों में बहुत से पटाखे

'फुस्सी' निकलते हैं। अगर हम एक-एक पटाखे को फोड़ने की कोशिश करते रहें और कुछ पटाखे लगातार 'फुस्सी' निकलते हैं, तो पटाखे जलाने का हमारा उत्साह कम हो जाता है। इसके बजाय हमारे पास पाँच सौ की लड़ हो, तो आग लगाते ही कई पटाखे फूटने लगते हैं और हम उत्साह से भर जाते हैं, तब 'फुस्सी' पटाखों की ओर हमारा ध्यान भी नहीं जाता और हमारी दिवाली उत्साहपूर्वक मन जाती है। इसी तरह बड़ी लिस्ट के कारण हम उन लोगों पर ध्यान नहीं देते, जो मना करते हैं और 'हाँ' कहने वालों के साथ काम करते चले जाते हैं। हमें पता भी नहीं चलता और हमें सफलता मिल जाती है। क्या इस बिज़नेस में सफलता पाना इतना ही सरल है? जवाब है- हाँ। अगर हमारे पास बड़ी लिस्ट हो।

सिस्टम की बोध कथाएँ...

ऑफ़िस की फ़ाइलों में उलझे पापा के पास उनका छः वर्ष का बेटा आया और अपने साथ खेलने के लिए ज़िद करने लगा। पापा के लिए फ़ाइलें निपटाना ज़रूरी था। बेटा अपने पापा के साथ खेलने के लिए मचलने लगा। जब समझाने से बात नहीं बनी, तो पापा ने उसे उलझाए रखने के लिए एक उपाय किया। एक काग़ज़ पर दुनिया का नक़्शा था। पापा ने काग़ज़ को आड़ा-तिरछा काटकर कई टुकड़े किए और बेटे के हाथ में देकर कहा, "इस नक़्शे को जोड़कर ले आओ, फिर हम मिलकर खेलेंगे।"

पापा ने सोचा इतने टुकड़ों को सही ढंग से जोड़कर नक़्शा बनाने में बेटे को एकाध घंटा तो लगेगा ही, तब तक वो फ़ाइलों का काम निपटा लेंगे, लेकिन बेटा पाँच मिनट में ही वापस लौट आया। उसके हाथ में टुकड़े जोड़कर बनाया हुआ दुनिया का नक़्शा था। पापा को आश्चर्य हुआ कि छः साल के बच्चे ने कठिन नक़्शे के टुकड़ों को इतनी जल्दी कैसे जोड़ दिया, वो भी बिल्कुल सही ढंग से।

"तुमने इतनी जल्दी दुनिया को कैसे जोड़ दिया?" पापा ने पूछा।

"पापा, इस नक़्शे के पीछे इंसान की तस्वीर थी...।" बेटे ने मासूमियत से जवाब दिया, "मैंने तो इंसान को जोड़ा, दुनिया अपने आप जुड़ गई।"

कथा सार

दुनिया इंसानों से बनी है, लकीरों से नहीं। अगर हम इंसान को इंसान से जोड़ सकें, तो दुनिया अपने आप जुड़ जाएगी। यह बिज़नेस हमें यही सिखाता है।

दूसरा आधारभूत कार्य
संपर्क और निमंत्रण

नेटवर्क मार्केटिंग में लिस्ट तैयार करने के बाद बिज़नेस करते समय यह दूसरा महत्वपूर्ण कार्य है। लिस्ट हमने इसलिए तैयार की है, ताकि हम लोगों को बिज़नेस का प्लान दिखा सकें। प्लान दिखाने के लिए ज़रूरी है कि हम लोगों से संपर्क करें और अगर उन्हें दिलचस्पी है, तो उन्हें निमंत्रण दें। हर नए डिस्ट्रीब्यूटर के लिए यह ज़रूरी है कि वह लिस्ट बनाने के बाद संपर्क और निमंत्रण की कला को सीख ले। इसे कला का नाम इसलिए दिया गया है कि यहाँ हर व्यक्ति को एक ही तरीक़े से संपर्क करके आमंत्रित नहीं किया जा सकता। अलग-अलग लोगों से अलग-अलग तरीक़ों से संपर्क किया जाता है और अलग तरीक़ों से ही उन्हें हम प्लान देखने के लिए आमंत्रित या निमंत्रित करते हैं। इस संबंध में शिक्षण प्रणाली की पुस्तकों और ऑडियो टेप्स की हमें बहुत मदद मिलती है।

सिस्टम की पुस्तक से सीखें

हर शिक्षण प्रणाली में एक पुस्तक होती है। इस पुस्तक में संपर्क और निमंत्रण का पूरा अध्याय होता है। इसे पढ़ें, बार-बार पढ़ते रहें, पढ़कर उसका प्रयोग करते रहें और धीरे-धीरे आप इस कला में कुशल हो जाएँगे। इस पुस्तक में संपर्क और निमंत्रण के अनगिनत तरीक़े दिए जाते हैं। नज़दीकी यार-दोस्त-रिश्तेदारों से जान-पहचान के लोगों से कभी-कभार मिलने वालों से, नए परिचितों से, यहाँ तक कि अनजान लोगों से संपर्क के तरीक़े इस पुस्तक में दिए जाते हैं। यह पुस्तक सफलता पाने की कुंजी है। इस एक पुस्तक को अगर कोई पूरी तरह से पढ़े, इसके दिशा-निर्देशों में कुशलता हासिल करके उन पर अमल करे, तो उसे दुनिया की कोई ताक़त सफल होने से नहीं रोक सकती। इस एक पुस्तक में 'नेटवर्क मार्केटिंग' बिज़नेस के सारे रहस्य छुपे होते हैं।

सवाल ही जवाब हैं

इस विषय में दूसरी पुस्तक है 'सवाल ही जवाब हैं'। एलन पीज़ द्वारा लिखी गई इस पुस्तक में संपर्क और आमंत्रण का एक अनोखा तरीक़ा दिया गया है, जो 'नेटवर्क मार्केटिंग' में बहुत उपयोगी सिद्ध हुआ है।

सिस्टम की कैसेट या सीडी

सिस्टम द्वारा संपर्क और निमंत्रण विषय पर सीडी भी होती हैं, जो कि इस संबंध में बहुत मददगार होती हैं। सेमिनार की सीडी में इस विषय पर सफलतम लीडर समझाते हैं। ऐसी सीडी को हमें बार-बार, लगातार सुनते रहना चाहिए।

अप लाइन की मदद लें

अप लाइन स्पॉन्सर का काम है कि वो नए 'डिस्ट्रीब्यूटर' के साथ मिलकर ख़ुद लोगों से संपर्क करके आमंत्रित करें, ताकि नए 'डिस्ट्रीब्यूटर' पुस्तक-सीडी की जानकारी पढ़ते-पढ़ते व सुनते-सुनते प्रत्यक्ष यह काम अप लाइन को करते हुए देखें और सीखें। जब तक आपको विश्वास न हो जाए कि आप संपर्क और निमंत्रण की इस कला को बहुत कुछ सीख चुके हैं। इस काम को ख़ुद न करें, बल्कि अप लाइन की मदद लें।

सिस्टम दर्शन

इस बिज़नेस के लिए 'सिस्टम' के पास पाँच दशकों से ज़्यादा का अनुभव है। इसलिए सिस्टम ने जान लिया है कि यह बिज़नेस करते-करते ही सीखा जा सकता है, जैसे साइकल चलाना या तैरना सीखते हैं। हर व्यक्ति अनोखा और अलग होता है, इसलिए जिन व्यक्तियों से आप संपर्क करने जा रहे हैं, वो औरों से किसी न किसी बात में अलग होंगे ही। इसलिए आपकी हर बातचीत अलग तरीक़े से होगी। इसका कोई साँचा नहीं बनाया जा सकता, जिसमें सभी फ़िट हो जाएँ। साथ ही यह

भी उतना ही सच है कि हम सभी बहुत सी बातों में एक जैसी ही प्रतिक्रिया देते हैं। हममें बहुत सी बातें एक जैसी हैं। अपने अनुभव से सिस्टम ने इन समान भावनाओं के आधार पर एक निर्देशिका बनाई है। इन निर्देशों पर चलकर हम सिस्टम के पूरे अनुभवों का लाभ लेते हैं।

मनोविज्ञान

मनोवैज्ञानिक स्तर पर यह बिज़नेस करते-करते ही सीखा जा सकता है। शुरुआत में ज्ञान की कमी के कारण संकोच और डर लगता है। लेकिन धीरे-धीरे प्रत्यक्ष संपर्क करते-करते यह डर-संकोच कम होता जाता है। हमारा मस्तिष्क धीरे-धीरे संपर्क और निमंत्रण को अपनाने लगता है। फिर हम इसमें कुशलता हालिस कर लेते हैं-

"करत-करत अभ्यास के जड़मति होत सुजान।"

फिर तो यह सहजता से किया जाता है। हम लोगों के मनोविज्ञान को समझने लगते हैं। हमारे अवचेतन मस्तिष्क में इस कला का प्रवेश होता जाता है। अब हम संपर्क और निमंत्रण इतनी सहजता से करने लगते हैं, जैसे हम साँस लेते हैं। लेकिन यह सब करते-करते ही सीखा जा सकता है। पुस्तक-कैसेट और अप लाइन केवल मार्गदर्शन के लिए हैं, लेकिन हम ख़ुद अभ्यास करके ही सीख सकते हैं। संपर्क करना, प्लान देखने के लिए आमंत्रित करना एक कला है, जिसमें अभ्यास करके ही कुशलता पाई जा सकती है। जब हम पहली-दूसरी बार इसे करते हैं, तो असफल होते हैं। तब हमें लगता है यह तरीक़ा ग़लत है, काम नहीं कर रहा है। जबकि शुरुआत में हम कुशल न होने के कारण ग़लतियाँ करते हैं। यह बिल्कुल वैसा है, जैसे गेंद उछालना, साइकल चलाना या मोटर साइकल चलाना, पहली बार में कोई काम 'परफ़ैक्ट' नहीं होता है। हम ग़लतियाँ करते हैं, लेकिन अभ्यास करके कुशलता पाने के बाद हम इसे बड़ी सहजता से कर लेते हैं। वैसे ही संपर्क-निमंत्रण में भी अभ्यास के द्वारा कुशलता पाई जा सकती है।

करते जाएँ– सीखते जाएँ

संपर्क करने और प्लान दिखाने के लिए निमंत्रण देना शुरुआत के समय में हर 'डिस्ट्रीब्यूटर' को एक कठिन कार्य लगता है। इस समय हमें डर लगता है, संकोच होता है, झिझक होती है, थोड़ा-बहुत शर्मिंदगी का एहसास भी होता है। लेकिन जैसे-जैसे हम इस बिज़नेस को करते-करते सीखते जाते हैं, और सीख-सीखकर करते जाते हैं, यह सभी अड़चनें अपने आप दूर हो जाती हैं, यह एक आसान सा काम बन जाता है। इसलिए हर नए 'डिस्ट्रीब्यूटर' का पहला काम यही है कि वह कैसेट, पुस्तक, मीटिंग, सेमिनार और विशेषकर अप लाइन के साथ रहकर इस कला को सीखने की ठान लें, और बस करते चले जाएँ, रुकें नहीं। जो आगे बढ़ते जाएँगे, वो इस कला को सीख ही जाएँगे।

सिस्टम दर्शन

शुरू-शुरू में डर, झिझक या शर्मिंदगी इसलिए महसूस होती है, क्योंकि तब हमारे पास इस बिज़नेस के बारे में बहुत कम जानकारी होती है। हमारे सामने यह एक छोटी लागत वाला, छोटा सा बिज़नेस होता है। हमें सफलता के आसार भी कम नज़र आते हैं और हमें ऐसी शंका भी घेरे रहती है कि कहीं हम फँस तो नहीं गए? बिज़नेस शुरू करने का हमारा निर्णय ग़लत तो नहीं था? ऐसी संभ्रम की स्थिति में हमारा मस्तिष्क स्वीकार नहीं करता कि हम अपने किसी सगे-संबंधी को इसमें ले आएँ। अगर हमारा यह निर्णय ग़लत साबित हुआ, तो लोग क्या कहेंगे, अपनों को क्या जवाब देंगे। यही सोचकर हमें हिचकिचाहट होती है। साथ ही जानकारी न होने के कारण डर लगता है कि सामने वाला न जाने कौन सा प्रश्न पूछ ले और हमें असफलता का मुँह देखना पड़े। चूँकि कम लागत के कारण यह बिज़नेस हमारी ही नज़र में छोटा होता, इसलिए हमें संकोच भी होता है कि दूसरों को हम कैसे आमंत्रण दें, ख़ासकर अपने से ऊँचे स्तर के लोगों को। अगर हमारी लिस्ट छोटी हो, तो हरेक बार हमारा डर और बढ़ जाता है।

मनोविज्ञान

मनोवैज्ञानिकों के अनुसार अनजाने का डर हमारे जन्म के साथ ही हमारे अवचेतन में होता है। हमें यह क़ुदरत से मिला अनमोल मददगार है, जिसके कारण कई बार हमारा जीवन बच पाया है, लेकिन यह डर कभी-कभी हमें कुछ ज़्यादा ही चौकन्ना करता है। इस सावधानी के कारण हम आगे नहीं बढ़ पाते। हमारी यह बचाव प्रणाली कई बार फ़र्क़ नहीं कर पाती कि क्या सुरक्षित है और क्या नहीं है। हर काम जो हमने पहली बार किए हैं, उनमें यह डर हावी रहता आया है। याद कीजिए स्कूल का पहला दिन, नए शहर या नौकरी में पहला प्रवेश, पानी में उतरना, हर बार यह डर हम पर हावी रहा है। ऐसे में एक सहयोगी ज़रूरी है, जो दिलासा दे कि घबराओ नहीं, कुछ नहीं होगा, आगे बढ़ो। यह काम सिस्टम की पुस्तकें, सीडी और फ़ंक्शन तथा सबसे अधिक हमारी सफल अप लाइन करती है, और हम आगे बढ़ जाते हैं। जब कभी हम नहीं जानते कि हमें आगे क्या करना है, तब यह समस्या अवचेतन मन की नहीं, बल्कि हमारी जानकारी की कमी के कारण है। इसलिए जानकारी लेकर अभ्यास करना ज़रूरी है। इसमें हम आत्मसुझाव के द्वारा भी अपना मनोबल बढ़ा सकते हैं। अपने आपको प्रोत्साहित करने वाली बातें कहें। आगे बढ़ने, हिम्मत बढ़ाने वाले वाक्य ख़ुद से कहें और आप इस डर से पार पा जाएँगे। शुरुआत में संपर्क और निमंत्रण देने के लिए पुस्तकों, कैसेटों और अप लाइन के मार्गदर्शन में काम करने के पीछे मनोविज्ञान यही है कि हमारा मस्तिष्क बने बनाए मार्ग पर आसानी से चल सकता है, बजाय इसके कि सपाट मैदान में नई पगडंडी बनाए या जंगल में नया रास्ता खोजे। शुरुआत में सबकुछ नया और अनजाना होता है, इसलिए हर बार नया काम करते समय यह डर लगता है कि हम सही कर रहे हैं, सही रास्ते पर हैं या नहीं। ऐसी भय और भ्रम की स्थिति में हमारे क़दम सीधे नहीं पड़ते और हम ज़्यादा ग़लतियाँ करते हैं। पुस्तक-कैसेट और अप लाइन के मार्गदर्शन के कारण हमें अनुभवों का लाभ मिलता है, बनी-बनाई राह के कारण हम भय या भ्रम में नहीं रहते और सही दिशा में क़दम उठाते हैं। इसके कारण जब हमें सफलता मिलने लगती है, तब हमारा विश्वास भी बढ़ने लगता है। धीरे-धीरे हम उस सड़क के अभ्यस्त हो जाते हैं। तब हमारा मस्तिष्क दिशा के बारे में आश्वस्त हो जाता है और हम तब ख़ुद

ही सही तरीक़ों से काम करना शुरू करते हैं।

'ना' सुनने के डर से पार पाएँ

इस संबंध में एक दिलचस्प प्रयोग किया जा सकता है। अपनी स्थानीय लिस्ट को तीन भागों में बाँट लें।

1) वे लोग, जो आपकी नज़र में निश्चित ही इस बिज़नेस को करेंगे। जिन्हें हम **'करने वाले'** नाम देंगे।
2) वे लोग, जो बिल्कुल नहीं करेंगे, उन्हें हम **'नहीं करने वाले'** नाम देंगे।
3) वे लोग, जिनके बारे में आपको अंदाज़ा नहीं है कि करेंगे या नहीं। उन्हें हम **'पता नहीं वाले'** नाम देंगे।

अब सबसे पहले **'करने वाले'** लोगों की लिस्ट आप अपनी अप लाइन को दे दीजिए। इन लोगों के साथ अप लाइन को ही बात करने दें। आप केवल उनका संपर्क अप लाइन से करवा दें और साथ रहकर सीखें कि वो उनसे कैसे बातें करते हैं। जहाँ आपकी समझ में न आए, वो बातें बाद में अप लाइन से पूछकर समझ लें।

इस बीच **'नहीं करने वाले'** लोगों से आप ख़ुद बात करें और अप लाइन या सिस्टम से सीखी बातों का प्रयोग करें। इस तरह आप का दिनोंदिन अभ्यास होता जाएगा और आप इस कला में कुशलता हासिल करते जाएँगे। **'पता नहीं वाले'** लोगों को बाद में काम करने के लिए छोड़ दें। जब आप काफ़ी कुछ सीख चुके होंगे, तभी उस लिस्ट पर काम करेंगे।

सिस्टम दर्शन

अब अगर आप अपनी लिस्ट में **'नहीं करने वाले'** लोगों से संपर्क करते हैं, तो आपका लोगों के बारे में अभ्यास बढ़ता है और झिझक दूर होती

है। उनके इंकार करने का आप पर विपरीत प्रभाव नहीं होता, क्योंकि आप पहले से जानते हैं कि वो **'नहीं करने वाले'** हैं। इसलिए आप कोई अपेक्षा रखकर बात नहीं करते। सिस्टम का अनुभव है कि जब हम अपेक्षा रखकर बात नहीं करते, तो सफलता का प्रतिशत बढ़ जाता है और 'ना' सुनने पर हताशा भी नहीं होती। फिर जब हम अभ्यस्त हो जाते हैं, तो हर काम सरल-सहज होता चला जाता है, और तब सफलता की मात्रा बढ़ती जाती है। डर से पार पाने का एक ही रास्ता है काम करना-एक्शन। दूसरी बात, जब भी आपको संकोच हो, तो इस बिज़नेस की ज़्यादा जानकारी हासिल करें, सीडी सुनें, पुस्तक पढ़ें, फ़ंक्शन में जाएँ।

मनोविज्ञान

जैसे-जैसे हमारा ज्ञान बढ़ता जाता है, अभ्यास बढ़ता है, अनुभव बढ़ते हैं, हमारा मस्तिष्क विश्वास करने लगता है। मनोविज्ञान के अनुसार हमारे दिमाग़ में भ्रम रहता है या विश्वास, दोनों चीज़ें एक साथ नहीं रह सकतीं। हर समस्या का एक ही मनोवैज्ञानिक समाधान है, कार्यशीलता। कार्यशील दिमाग़ में अपने आप समाधान आते हैं। जब हम शुरुआत में ही 'ना' सुन लेते हैं और लगातार पाँच-दस बार 'ना' सुनते हैं, तो हमारे मस्तिष्क में बिज़नेस के प्रति शंकाएँ बढ़ने लगती हैं, क्योंकि हमारा विश्वास डगमगाने लगता है।

'ना' सुनने का डर हमें क्यों सताता है?

मनोवैज्ञानिकों के अनुसार हमारे दिमाग़ में जन्म से ही कुछ प्रोग्राम होते हैं, जैसे प्यार और आकर्षण, जो हमें सुरक्षित वातावरण का एहसास देते हैं। वैसे ही जो चीज़ हमें चोट पहुँचा सकती है, उससे बचने की भावना भी अवचेतन में जन्म से होती है। जिसे हम मनोवैज्ञानिक बचाव प्रणाली कह सकते हैं। ये सब हमारे भले के लिए ही है, क़ुदरत का अनोखा उपहार। जैसे हम किसी दोराहे पर खड़े हों, जिन पर 'शत्रु' और 'मित्र' लिखा है, हम कहाँ जाएँगे? निश्चित ही 'मित्र' वाली राह पर। 'ना सुनना', 'मज़ाक़ बनाया जाना', 'हँसी का पात्र बनना', या 'अस्वीकार

किया जाना' ऐसे ही काल्पनिक डर हैं। हमें लगता है कि इनसे हमें ख़तरा है। इसलिए हम संपर्क, निमंत्रण या बात करने से बचते हैं। हालाँकि यह हमारे नज़रिए का परिणाम है। अगर हम अपने नज़रिए को सकारात्मक बनाएँ, हर नए व्यक्ति में अपना हितैषी देखें, उसके अंदर बिज़नेस बढ़ाने की असीमित संभावनाएँ देखें (जो कि होती ही हैं), तो हमारा 'ना सुनने का डर' ख़त्म हो जाता है। हर व्यक्ति हमारा हितैषी है, हमें उसकी 'ना' से कोई ख़तरा नहीं। जब भी ज़्यादा बार 'ना' सुनें, अपनी सफल अप लाइन से सीखने जाएँ और फिर अभ्यास करें। इसलिए शुरुआत में अप लाइन के अनुभवों तथा कैसेट-पुस्तकों के सार की मदद आवश्यक है। जब हमें अप लाइन के मार्गदर्शन में सफलता मिलने लगती है, तो हमारे मस्तिष्क में विश्वास पनपने लगता है। तब हम अपने सिस्टम की कार्यप्रणाली को सहज ही स्वीकार करने लगते हैं और सीखने को तैयार हो जाते हैं। दूसरी तरफ़ जब हम अपनी लिस्ट के **नहीं करने वाले** लोगों से बात करके असफल हो भी जाते हैं, तो हताश नहीं होते, क्योंकि हमारे मस्तिष्क में पहले से ही भरा होता है कि ये नहीं करेंगे। इसलिए हमारा दिमाग़ सहमति जताते हुए कहता है, "मैं तो पहले ही जानता था, ये नहीं करने वाले।" तब विश्वास कम नहीं होता, परंतु अभ्यास बढ़ता जाता है और हमारी प्रस्तुति में निखार आता जाता है। उधर अप लाइन की मदद से एक बार भी 'हाँ' सुन ली, तो हमारा मस्तिष्क देर तक 'ना' सुनने के लिए तैयार हो जाता है। यही देर (समय) यह सीखने के लिए काम आता है कि हम किस तरह से 'हाँ' तक पहुँचें।

संपर्क और निमंत्रण मुख्यतः दो प्रकार से किया जाता है।

1) सीधी बात

इसमें हम सीधे-सीधे उन्हें बता देते हैं कि हम 'नेटवर्क मार्केटिंग' बिज़नेस के बारे में बात कर रहे हैं और अगर उनकी दिलचस्पी है, तो हम उन्हें प्लान दिखाएँगे। हम अपने बहुत ही क़रीबी मित्रों से और रिश्तेदारों से सीधी बात करते हैं। जिनके बारे में हमें विश्वास होता है कि वो हमारी बात को सुनेंगे ज़रूर, सिर्फ़ बिज़नेस का नाम सुनकर ही नकार नहीं देंगे।

इन लोगों से हमारा मिलना-जुलना एक-दो दिनों में होता ही रहता है, इसलिए उन तक जानकारी हरदम पहुँचती ही रहेगी।

सीधी बात : मैं नेटवर्क मार्केटिंग बिज़नेस कर रहा हूँ

सीधे संपर्क का एक नया तरीक़ा और भी है, लेकिन इसका उपयोग तब करें, जब आप दस मिनट उनके साथ रह सकें। जैसे बस या गाड़ी में सफ़र करते समय। अब आप सीधी बात करते हैं कि मैं 'नेटवर्क मार्केटिंग' बिज़नेस कर रहा हूँ। अगर वो नहीं जानते, तो आप उत्साहित होकर उन्हें बिज़नेस समझने के लिए, अगली मुलाक़ात तय करके, निमंत्रण दें। वहीं बिज़नेस न दिखाएँ। अगर वो जानते हैं (या ग़लत जानते हैं) तो चौंककर कहेंगे, "ओह...! वो मेंबरशिप ?"

"नहीं...। वैसे आप 'नेटवर्क मार्केटिंग' के बारे में क्या जानते हैं ?" यहाँ महत्वपूर्ण है कि आप उनके विचारों को धैर्यपूर्वक सुने और हर बार कहते रहें "अच्छा...।" "हूँ...।" "और...।" "अच्छा-अच्छा।"

अब यह निश्चित है कि अगर वो इस बिज़नेस में नहीं हैं, तो एक-दो मिनट से ज़्यादा इस बिज़नेस के बारे में बोल ही नहीं सकते। इसलिए पहले सुन लें, फिर कहें, "बिल्कुल सही, पहले मुझे भी ऐसा ही लगा था, लेकिन बाद में पता चला कि ऐसा नहीं है। ये बिज़नेस तो बिल्कुल अलग है..., अल्टीमेट बिज़नेस है। क्या आप सही जानकारी जानना चाहते हैं ?" अब अगर जवाब 'हाँ' में आता है, तो ठीक वरना आगे बढ़ जाएँ, किसी और से बात करें।

सीधी बात : लोग नेटवर्क मार्केटिंग के बारे में कुछ नहीं जानते

वैसे सीधी और आमने-सामने बात करने का एक तरीक़ा यह भी है कि हम उनसे पूछें, "क्या आप नेटवर्क मार्केटिंग के बारे में जानते हैं ?"

इसका परिणाम यह होता है कि अधिकतर लोग नेटवर्क मार्केटिंग के बारे में कुछ नहीं जानते। अब अगर उन्हें जानकारी नहीं है, तो आप इसे जानने के लिए उन्हें आमंत्रित कर सकते हैं। अगर वो नेटवर्क मार्केटिंग

के बारे में जानते हैं, तो उनसे पूछिए कि वो क्या जानकारी रखते हैं और उसे पूरी तरह सुनिए। सुनकर आपको पता चल जाएगा उनकी जानकारी अधकचरी है, अधूरी है। ऐसे में आप कह सकते हैं, "बिल्कुल सही। शुरुआत में मुझे कुछ ऐसा ही लगा था, लेकिन जब मैं गहराई में गया और जानकारी ली, तब मुझे पता चला कि यह ऐसा नहीं है। जिस 'नेटवर्क मार्केटिंग' की आप बात कर रहे हैं उसमें, और जो जानकारी बाद में मुझे मिली, उसमें ज़मीन-आसमान का फ़र्क़ है। क्या आप सही जानकारी चाहते हैं?"

अब अगर वो 'हाँ' कहते हैं तो ठीक, वरना उन्हें धन्यवाद देकर विदा लें। यह भी कह सकते हैं, "जब आप जानना चाहें, मुझसे कॉन्टेक्ट कीजिएगा।" इस तरह आप दरवाज़ा खुला रखते हैं, जो कभी भी काम आ सकता है।

नौकरी करने वालों से सीधी बात

नौकरी करने वालों से संपर्क का एक बेहतर तरीक़ा यह भी है। यह संपर्क फ़ोन के बजाय प्रत्यक्ष रूप में करना अच्छा है, ख़ासकर जिन लोगों से हमेशा मिलते रहते हैं। इस संपर्क के पीछे सच्चाई इस प्रकार है।

सिस्टम का अनुभव है कि अस्सी प्रतिशत से ज़्यादा नौकरीपेशा लोगों के मन में यह भावना कभी ना कभी आई है कि काश, उनका अपना एक व्यापार होता। बहुत से लोगों ने एक या ज़्यादा बार कोशिश भी की होती है, लेकिन वो अपना बिज़नेस शुरू नहीं कर पाए। सर्वेक्षण से पता चला है कि इसके पीछे मोटे तौर पर चार कारण होते हैं।

1) बिज़नेस में लागत ज़्यादा होती है, जो सबके बस की बात नहीं।

2) बिज़नेस में औसतन दस से पंद्रह घंटे रोज़ काम करना ज़रूरी होता है।

3) बिज़नेस में अनुभव ज़रूरी है, वरना बड़ी लागत के डूबने का डर रहता है।

4) अपने बिज़नेस के लिए लायसेंस, टैक्स, हिसाब-किताब जैसी कई क़ानूनी अड़चनें होती हैं, झंझट होते हैं। अधिकतर लोगों ने इनमें से किसी एक या ज़्यादा कारणों की वजह से अपना बिज़नेस शुरू नहीं किया, लेकिन इच्छा ज़रूर की है। अब ऐसे में आप सीधे बिज़नेस की बात करने के बजाय उनसे ऐसे बात कीजिए।

आप : "रमेश, तुमने कभी सोचा है कि तुम्हारा एक अपना बिज़नेस होता तो... सोचा है ?"

वो (90%) : "हाँ यार सोचा तो था... लेकिन...।"

आप : "फिर किया क्यों नहीं... ?"

अब वो ऊपर लिखे एक या अधिक कारणों को बताएँगे, तब आप उनमें उत्सुकता जगा सकते हैं। यह कहकर, "रमेश, अगर एक ऐसा बिज़नेस हो, जिसमें लागत न के बराबर हो, जिसे पार्ट-टाइम में नौकरी के साथ कर सकते हों, जिसमें एक्सपर्ट लोग हमारी मदद करते हों और कोई क़ानूनी झंझट भी न हो और बढ़िया पैसा कमाने का मौक़ा हो तो..., क्या उसे जानना चाहोगे... ?"

वो : "ऐसा कभी होता है क्या ?"

आप : "अगर हो तो जानना चाहोगे ?"

वो : "ऐसा कौन सा बिज़नेस है ?"

आप : "उसके लिए एक सफल व्यक्ति मेरे घर पर आने वाले हैं। कल शाम को सात बजे भाभीजी के साथ घर आ जाना, मिलकर समझेंगे। अच्छा लगा तो करेंगे, नहीं तो जय रामजी की।"

अन्य लोगों से सीधी बात न करें, उनके लिए संपर्क और निमंत्रण का दूसरा तरीक़ा इस्तेमाल करें। इन तरीक़ों में ख़ासियत यह है कि हम उन्हें बिज़नेस देखने के लिए बुलाते हैं, करने के लिए नहीं। इसलिए ज़्यादा सफलता मिलती है।

सिस्टम दर्शन

सिस्टम का यह अनुभव है कि सिर्फ़ बिज़नेस की जानकारी प्राप्त करने के लिए आगे लोग अधिक उत्सुकता दिखाते हैं, बजाय इसके कि उन्हें बिज़नेस करना है। हमारा काम यही है कि हम उन्हें सही तरीक़े से जानकारी दें, जिसके आधार पर वो ख़ुद फ़ैसला कर सकें कि उन्हें बिज़नेस करना है या नहीं। इसलिए हमारा उद्‌देश्य उन्हें जानकारी देने का रखने पर लोगों की संख्या बढ़ेगी और सकारात्मक परिणाम भी बढ़ेंगे। जितने ज़्यादा लोगों को आप जानने के लिए प्रोत्साहित कर सकेंगे, उतने ही अनुपात में बिज़नेस करने वाले आपको मिल जाएँगे।

मनोविज्ञान

जब हम लोगों को बिज़नेस 'करने' के लिए आमंत्रित करते हैं, बजाय 'देखने' के, तब उनका मस्तिष्क इस बात का विरोध करता है, क्योंकि उन्होंने बिज़नेस की जानकारी हासिल नहीं की है और यह फ़ैसला उनका नहीं है। उन पर थोपा गया है कि 'अगर बिज़नेस करना चाहते हैं तो आइए।' तब वो या तो आते ही नहीं या फिर सैकड़ों शंकाएँ-प्रश्न लेकर बिज़नेस देखने आते हैं। ऐसे में उनका दिमाग़ खुलकर किसी बात को स्वीकार नहीं कर पाता। वो अपने आपको दोस्ती-रिश्तेदारी के लिहाज़ में जकड़ा हुआ पाते हैं और...

वो सही बात के लिए भी ग़लत तक ढूँढ़ते हैं।

इसके बजाय जब हम उन्हें केवल 'देखने' के लिए निमंत्रण देते हैं, तब वो स्वतंत्रता महसूस करते हैं कि वो देखेंगे और ख़ुद फ़ैसला करेंगे। ऐसे में दिमाग़ खुला रहता है, जानकारी को स्वीकार करता है। इससे उनके अहंकार की भी तुष्टि होती है कि उन्हें फ़ैसला करने का अधिकार है।

'काम' के डर का मनोविज्ञान

अवचेतन मन में एक और डर रहता है, 'काम' करने का डर, जिससे हम बचना चाहते हैं। 'काम' दो प्रकार के होते हैं, 'मज़ेदार काम' और 'बेमज़ा काम'। मतलब यह कि मज़े के लिए काम करना और मजबूरी में काम करना। नौकरी, व्यापार या व्यवसाय में काम करना हमारी मजबूरी है, जो हमें थका देती है, हम बोर हो जाते हैं। जबकि दूसरी ओर हम खेलते समय ज़्यादा मेहनत करते हैं, लेकिन हमें उससे स्फूर्ति मिलती है। जब बिज़नेस को हम मजबूरी में करेंगे तो यह 'बेमज़ा काम' हो जाता है। यह काम करना हमें अपनी आज़ादी में रुकावट लगता है, लेकिन अगर हम इसे मज़े से करें, तो यह हमें स्फूर्त करता है, उत्साह बढ़ाता है, जो कि हमें आज़ादी देगा। इसलिए बिज़नेस के काम को हमें मज़ेदार खेल की तरह करना चाहिए, एक ऐसा खेल जो हमें प्रेरणा देगा। यही मज़ेदार काम हमें आर्थिक आज़ादी की राह पर ले जाएगा। कुछ लोग बिज़नेस को भी एक नौकरी जैसा ही काम समझते हैं, इसलिए उनके मन में वैसा ही डर बैठ जाता है कि यह एक थकाने वाला, बहुत ही बोरियत भरा काम है, जिसे वो कभी भी दिल से करना नहीं चाहते। इसलिए लोग संपर्क करने पर ठंडी प्रतिक्रिया देते हैं। यह केवल हमारे नज़रिए का फ़र्क़ है, वरना यह बिज़नेस करना मज़ेदार काम है, एक खेल है। जिन्होंने इस खेल में मज़ा लेना सीख लिया, वो आसानी से सफलता पा जाएँगे।

2) उत्सुकता बढ़ाने वाला संपर्क

इस बिज़नेस में यही तरीक़ा अधिक सफल रहा है। इसमें हम उन लोगों से संपर्क करते हैं, जो सीधी बात के लिए हमें उपयुक्त नहीं लगते, यानी बाक़ी सभी लोगों से। इस तरीक़े में 'नेटवर्क मार्केटिंग' के बारे में हम बात नहीं करते, लेकिन एक ऐसे बिज़नेस के बारे में उनकी उत्सुकता बढ़ाते हैं, जो आने वाले समय में उनकी हर इच्छा-आकांक्षा को पूरा कर सकता है। हम ऐसी उत्सुकता जगाने की कोशिश करते हैं, जो कम से कम उन्हें बिज़नेस प्लान देखने के लिए मजबूर कर दे। सबसे आसान तरीक़ा है फ़ोन पर संपर्क करना। फ़ोन द्वारा संपर्क की अवधि एक मिनट से अधिक

न हो, वरना आप प्रश्न-उत्तर के जाल में उलझ जाएँगे। प्रत्यक्ष मिलकर निमंत्रण को इसीलिए टाला जाता है। पूरी तरह से सीखने के बाद ही प्रत्यक्ष संपर्क करें। सबसे पहले, यह बात अच्छी तरह बिठा लें कि किसी का नाम लिस्ट में लिखा है या हम संपर्क करने जा रहे हैं, तो उसका मतलब यह क़तई नहीं है कि हमें सबको बिज़नेस में लाना है। संपर्क का मतलब सिर्फ़ इतना है कि हम उनकी रुचि को जाँचते हैं, दिलचस्पी को परखते हैं, महत्वाकांक्षा को नापते हैं। अगर उनकी रुचि-दिलचस्पी और महत्वाकांक्षा है, तभी हम उन्हें प्लान देखने के लिए आमंत्रित करते हैं। प्लान देखने के बाद बिज़नेस करना न करना देखने वालों की मर्ज़ी है, इसका फ़ैसला वो खुद करेंगे, हम नहीं। पहले यह निश्चित कर लें कि आपका काम उनको प्लना दिखाना है, जानकारी देना है, बिज़नेस में लाना नहीं। ये फ़ैसला प्लान देखने के बाद उनका अपना होगा। इसलिए संपर्क करते समय लोगों को प्लान देखने के लिए आमंत्रित करना है, इस बात को दिमाग़ में रखकर संपर्क कीजिए।

बस एक मिनट में

उत्साह के साथ यह प्रश्न पूछकर, संक्षेप में हम संपर्क कर सकते हैं, "क्या आप अपने काम से संतुष्ट हैं?" या "कुछ और हासिल करना चाहते हैं?"

"हाँ, चाहता हूँ।" या "वो क्या है?" इस तरह अगर उनका जवाब सकारात्मक है, तो बात आगे बढ़ाइए। आप उत्साह से कहें, "एक ज़बरदस्त बिज़नेस है...।"

"वो क्या है?" या "कैसा बिज़नेस?" वो कहेंगे, यानी अगर वो आपके प्रस्ताव के प्रति उत्सुकता दिखाते हैं, तभी उन्हें प्लान देखने के लिए आमंत्रण दीजिए, लेकिन वहाँ बिज़नेस से संबंधित कोई बात मत कीजिए।

"कल या परसों शाम को आप ख़ाली हैं? (या 'बिज़ी' हैं क्या?)" अब वो जिस दिन फुर्सत बताएँ, उस दिन के लिए, उन्हें सम्मानपूर्वक निमंत्रण दीजिए, "ठीक है...। हम ऐसा करते हैं कि शाम को सात बजे मैं अपनी पत्नी के साथ, आपके घर आता हूँ, वहीं हम इस पर चर्चा

करेंगे।" ठीक इस तरह से अपनी बातचीत बंद करने की पहल कीजिए। ऐसे में अगर वो बात को बढ़ाना चाहते हैं, या फ़ोन पर ही सबकुछ जानना चाहते हैं, तो यह कहकर स्पष्ट इंकार कर दीजिए, "देखिए मैं इस समय थोड़ा जल्दी में हूँ और इस बारे में फ़ोन पर चर्चा नहीं हो सकती। हम कल मिल रहे हैं ना, कल हम आराम से बातें करेंगे। ओ.के. ...।"

यह बातचीत अधिकतर इसी तरह से ख़त्म होती है, लेकिन हमेशा ऐसा होना ज़रूरी नहीं है। जितनी तरह के लोग हैं, उतनी ही तरह से बातचीत होगी। इस संबंध में शिक्षण प्रणाली की पुस्तकें और कैसेट्स आपको बहुत मददगार होंगी। सबसे बड़ी बात आप उसे करते-करते ही सीख पाएँगे। अगर कोई सवाल पर सवाल ही पूछता जाए, तो आप उसे प्लान देखने के लिए आमंत्रण कदापि न दें। बल्कि उसे वैसा ही छोड़ दें... अनुत्तरित, जिज्ञासा युक्त, जानने को उत्सुक, यह कहकर, "देखिए, इस विषय में फ़ोन पर नहीं बताया जा सकता। मैं अभी काम से जा रहा हूँ। अगर आप इस बारे में जानना चाहते हैं, तो आप बाद में मुझे फ़ोन कीजिएगा। तब हम मिलकर इस पर चर्चा करेंगे..., ओ.के. बाय...!"

संपर्क करते समय उन्हें प्लान देखने के लिए आमंत्रित करना है, बस एक मिनट में ही क्यों? इस उत्सुकता जगाने वाले तरीक़े का उपयोग हम क्यों करते हैं? इससे हमें अच्छे परिणाम क्यों मिलते हैं? इसका ख़ुलासा हम आगे करेंगे।

सिस्टम दर्शन

सिस्टम संपर्क और निमंत्रण की बातचीत को एक मिनट के भीतर पूरा करने को इसी कारण से कहता है, क्योंकि नए लोग वहीं के वहीं, टुकड़ों में पूरा बिज़नेस समझने के लिए सवाल-जवाब करते हैं। ऐसे में आप उन्हें सिलसिलेवार तरीक़े से जानकारी नहीं दे पाएँगे। टुकड़ों में मिली जानकारी के आधार पर ही वो अपना फ़ैसला करने लगते हैं, जो कि सही तरीक़े की जानकारी नहीं होती। इससे आपको अपने हाव-भाव का स्तर बनाए रखना मुश्किल होता है। यही बात तब भी होती है, जब आप अपने फ़ायदे या लेने का भाव रखकर, या बिज़नेस में शामिल करने के

उद्देश्य से उन्हें आमंत्रित करते हैं। जबकि हाव-भाव ऊँचा रखने के लिए उनके फ़ायदे का भाव, उन्हें लाभ पहुँचाने की भावना और इस फ़ायदे के लिए सिर्फ़ बिज़नेस देखने को (करने को नहीं) उनमें उत्सुकता जगाना ही ज़रूरी है। उत्सुकता जगाकर निमंत्रण देने के पीछे सिस्टम का अनुभव यह है कि जैसे-जैसे किसी देश में बिज़नेस का विस्तार होता जाता है, डिस्ट्रीब्यूटर की संख्या बढ़ती जाती है। वैसे-वैसे इस बिज़नेस के बारे में आधी-अधूरी और ग़लत जानकारी रखने वालों की संख्या भी बढ़ जाती है। दूसरी बात सफल कंपनी के पीछे-पीछे कई अन्य कंपनियाँ भी बाज़ार में आ जाती हैं। जिनका उद्देश्य लंबे समय तक बिज़नेस करना नहीं होता और वे 'नेटवर्क मार्केटिंग' के नाम पर तुरंत लाभ कमाकर ग़ायब हो जाती हैं। ऐसे में निश्चित ही लोगों को नुक़सान पहुँचता है। उनके विश्वास को ठेस पहुँचती है। अब ऐसे में अगर उनसे सीधी बात की जाए, या नेटवर्क की बात की जाए, तो वे अपने दुखद अनुभव या अधकचरी जानकारी के आधार पर तुरंत फ़ैसला कर लेते हैं कि उन्हें ऐसा कोई काम नहीं करना है। इसी कारण से आपके निमंत्रण को ठंडी, नकारात्मक प्रतिक्रिया मिलती है। इसलिए सिस्टम का कहना यही है कि उनसे सीधी बात करने के बजाय, उनमें बिज़नेस के प्रति उत्सुकता जगाई जाए। ताकि वे इसे जानने के लिए आगे आएँ और सही जानकारी पाकर निर्णय लेने की स्थिति में पहुँचें। यह देखा गया है कि ऐसे कई नकारात्मक नज़रिए वाले लोग भी, सही जानकारी पाकर उत्साहित हुए हैं, और बिज़नेस में सफलता भी पाई है।

मनोविज्ञान

मानव स्वभावतः हर बदलाव का विरोधी होता है। जब तक एक संभावना उसके मन में न हो, वो कोई भी नया काम करने के लिए प्रवृत्त नहीं होता। दूसरी बात अपनी सीमित या अधकचरी जानकारी के भरोसे वो निर्णय लेता है, क्योंकि मनुष्य स्वभावतः आलसी भी होता है। अगर हम उत्सुकता न जगाएँ, रोमांच न जगाएँ, उनके मन में एक जिज्ञासा का संचार न करें, तो लोग अपने में ही मस्त रहेंगे। दूसरी तरफ़ अगर उनके मन में प्रश्न पैदा हों, जिज्ञासा जागे, तो वो उनका उत्तर ढूँढ़ने के लिए

कोशिश ज़रूर करेंगे कि आख़िर वह है क्या? इसलिए जिज्ञासा जगाकर निमंत्रण देने की शैली को 'नेटवर्क मार्केटिंग' में आशातीत सफलता मिलती है। अगर उनकी जिज्ञासा जगाने की जगह उन्हें थोड़ी जानकारी दे दी जाए, तो वो अपने अनुभव, ज्ञान, जानकारी को मिलाकर, दो दूनी चार के निष्कर्ष पर पहुँचकर फ़ैसला कर लेते हैं और आगे की जानकारी जानना ज़रूरी नहीं समझते।

डाउन लाइन के लिए संपर्क

अपनी डाउन लाइन के लिए संपर्क और निमंत्रण का एक तरीक़ा यह भी है। इसमें फ़ोन पर आप बेहतर तरीक़े से संपर्क कर सकते हैं। इसमें अप लाइन और डाउन लाइन (नया डिस्ट्रीब्यूटर) पहले होम मीटिंग के लिए दो दिन निश्चित कर लेते हैं। उदाहरण के लिए पहला कल सोमवार, दूसरा परसों मंगलवार। अब नया डिस्ट्रीब्यूटर रमाकांत, अपनी लिस्ट में से अपने परिचित को फ़ोन करता है और पहले उनसे हालचाल पूछता है, और फिर कहता है, "रमेश, मेरे घर में मेरे दोस्त आए हैं, पंकजजी, ये एक सफल बिज़नेसमैन हैं, ये तुमसे बात करना चाहते हैं।"

ऐसा कहते ही रिसीवर अप लाइन पंकजजी के हाथ में आ जाता है। अब पंकजजी कुछ ऐसे बात करते हैं, "हलो रमेशजी, मैं रमाकांत का दोस्त पंकज बोल रहा हूँ।"

रमेश : "जी बोलिए।"

पंकजजी : "रमेशजी, बात कुछ ऐसी है, रमाकांत से मैं अपने बिज़नेस को बढ़ाने की बात कर रहा था। हमें कुछ ऐसे लोगों की तलाश है, जो शार्प और एम्बीशियस हों, ज़िंदगी में आगे बढ़ना चाहते हों, तो रमाकांत ने आपका नाम सुझाया। क्या आप 'एक्स्ट्रा इन्कम' कमाना चाहते हैं? (या सचमुच महत्वाकांक्षी हैं? या ज़िंदगी में ऐसा कुछ अवसर तलाश कर रहे हैं?)"

रमेश : "क्या बिज़नेस है? (या वो किस बारे में है?)"

पंकजजी : "रमेशजी, माफ़ कीजिएगा, इस बारे में फ़ोन पर

बातचीत नहीं हो सकती, इसके लिए हमें मिलना होगा। लेकिन एक बात कह दूँ, मैं कोई वादा नहीं करता कि यह बिज़नेस आपके लिए होगा ही। ये तो आपसे मिलने के बाद, बात करने के बाद ही फ़ैसला होगा। मैंने रमाकांत के यहाँ दो सेशन रखे हैं, जहाँ मैं उनके दोस्तों से बातचीत करूँगा। आप सोमवार शाम को ख़ाली हैं या मंगलवार को?"

अब जो दिन ख़ाली हों, निमंत्रण दे दीजिए। ज़्यादा सवाल-जवाब करने पर उन्हें जता दीजिए कि अगर वो आना चाहते हैं, तो ठीक है वरना आपको उससे फ़र्क़ नहीं पड़ता। उन्हें जता दीजिए कि आप किसी और को उनकी जगह बुला लेंगे। इससे आपके नए डिस्ट्रीब्यूटर को प्रत्यक्ष सीखने का मौक़ा मिलेगा। (यहाँ जताना है, बताना नहीं है। स्पष्ट शब्दों का प्रयोग न करें। बस उन्हें एहसास हो जाने दें।)

सिस्टम दर्शन

यह बिज़नेस अनुभव और अभ्यास का है। हर अनुभव से सीखना और अभ्यास करते-करते कुशलता हासिल करना। जितना अभ्यास करेंगे, उतना अनुभव बढ़ेगा। जितना अनुभव से सीखेंगे, उतना अभ्यस्त होते जाएँगे, कुशलता प्राप्त करेंगे और उसी अनुपात में सफलता के अवसर भी बढ़ते जाएँगे। इसलिए सिस्टम का कहना है कि शुरुआत में अप लाइन के अनुभवों का फ़ायदा लें और सीखें, फिर ख़ुद अभ्यास करें और जल्द से जल्द कुशलता हासिल करके सफलता का रास्ता तय करें। सिस्टम ने कई तरीक़े और तकनीकें हमें दी हैं, लेकिन कुशलता अभ्यास करके ही पाई जा सकती है। अगर हम अभ्यास नहीं करेंगे, तो यह जानकारियाँ कुशलता में नहीं बदल पाएँगे। जैसे किसी ने हमें कार दी हो, जिसमें हम कहीं भी जा सकते हैं। अगर हम कार को चलाना न सीखें, कार खड़ी रहने दें, तो हम कहीं भी नहीं पहुँच पाएँगे।

मनोविज्ञान

असफल होने का डर जन्म से हमारे अवचेतन में नहीं होता, यह दूसरों की बातों से हमारे अवचेतन में जमा होता है। दूसरों के विचार हम पर

थोपे जाते हैं और हम ख़ुद को नाकारा, कमअक़्ल और कमज़ोर समझने लगते हैं। अगर हमारे अवचेतन में यह भावना है कि हम असमर्थ हैं, तो हमारी प्रतिक्रिया उस काम को नहीं करने की होती है। हम छोड़ना ज़्यादा पसंद करते हैं, बजाय इसके कि हम असफल हो जाएँ। हमारे अवचेतन में दूसरों के द्वारा थोपी गई असमर्थता की भावना, ख़ुद पर अविश्वास, इस बिज़नेस में सबसे बड़ी बाधा है। इस डर से पार पाने का एक ही उपाय है, दूसरों के विचारों को अपने ऊपर हावी न होने दें, वे बकवास मात्र हैं। हम आगे बढ़ते रहें, अपने लक्ष्य पर निगाह रखें, योजना पर कार्य करते रहें। हम अक़्लमंद हैं, समर्थ हैं, चैंपियन हैं और सफलता पाने के लिए हर ख़ासियत रखते हैं।

हर असफलता आने वाली सफलता के लिए एक सीढ़ी है।

पति–पत्नी को साथ–साथ आमंत्रण ज़रूरी है

सिस्टम इस बिज़नेस को एक पारिवारिक माहौल में करने का निर्देश देता है, क्योंकि इस बिज़नेस की नींव है- रिश्तों की मज़बूती। परिवार का मतलब है, पति-पत्नी-युगल-दंपति। जिसमें माता-पिता, भाई-बहन, बच्चे सभी शामिल हैं। एक परिवार का दूसरे परिवार से रिश्ता क़ायम करना, इस बिज़नेस में सफलता की कुंजी है। इसलिए 'टू ऑन टू' प्लान देखने के लिए आमंत्रण ज़रूरी है- एक युगल (पति-पत्नी) दूसरे युगल को प्लान दिखाएँ। इस बिज़नेस में एक पति-पत्नी द्वारा दूसरे पति-पत्नी से साथ-साथ बात करना सबसे उत्तम होता है।

सिस्टम दर्शन

सिस्टम का अनुभव है कि पति-पत्नी ने मिलकर अगर प्लान देखा है, तो अधिक संख्या में बिज़नेस शुरू किया है और सफलता भी उनसे ज़्यादा पाई है, जिन्होंने अकेले ही बिज़नेस देखा और अकेले ही बिज़नेस किया भी है। स्त्री-पुरुष सैद्धांतिक रूप से अलग होते हैं। स्त्री भावनात्मकता

और पुरुष बौद्धिकता के पर्याय हैं। कोई पुरुष इस बात को मान ही नहीं सकता कि कोई स्त्री बौद्धिक स्तर पर कोई नई बात उसे समझा सकती है। दूसरी तरफ़ पुरुष के द्वारा दिए गए तर्क को स्त्री स्वीकार नहीं कर पाती। इसलिए यह बिज़नेस प्लान स्त्री द्वारा पुरुष को या पुरुष द्वारा स्त्री को दिखाया जाए, तो सफलता के अवसर कम होते हैं। कारण यह है कि महिलाएँ भावनात्मक पक्ष देखती हैं और पुरुष तार्किक या बौद्धिक पक्ष देखते हैं। बिज़नेस शुरू करने के लिए दोनों पक्षों की ज़रूरत होती है, बल्कि भावनात्मक पक्ष ज़्यादा ज़रूरी है। सिर्फ़ तार्किक पक्ष के साथ बिज़नेस की जानकारी लेने वाले लोग बहुत कम संख्या में बिज़नेस शुरू करते हैं और मीन-मेख ज़्यादा निकालते हैं। इसलिए महिलाओं को बिज़नेस की रीढ़ माना जाता है। यही कारण है कि सिस्टम का कहना है कि हम पति-पत्नी साथ मिलकर दोनों को प्लान दिखाएँ- इसमें सफलता के अवसर बढ़ते हैं।

मनोविज्ञान

यह बिज़नेस भावना प्रधान है और भावनात्मक रूप से ही किया जाता है। इसलिए पुरुष द्वारा पुरुष को समझाना भी कठिन होता है। दोनों बौद्धिक स्तर पर तर्क द्वारा एक-दूसरे को समझाना चाहते हैं और समझना, यानी बौद्धिक स्तर पर हार मान लेना पुरुषों के स्वभाव में नहीं होता। दूसरी ओर एक स्त्री के द्वारा दूसरी स्त्री का बिज़नेस में जुड़ना एक आसान बात है। इसमें समय भी कम लगता है, क्योंकि दोनों भावनात्मक रूप से जुड़ जाती हैं। इस बिज़नेस में एक पति-पत्नी द्वारा दूसरे पति-पत्नी के साथ-साथ बात करना सबसे उत्तम होता है, क्योंकि पतियों की बौद्धिक चर्चा में से पत्नियाँ अपनी भावनाओं के पूरक सपनों को पा लेती हैं। जहाँ पत्नियों की भावना प्रबल हो जाती है, पतियों के तर्क कमज़ोर हो जाते हैं। यहाँ सवाल पति या पत्नी का नहीं है, बल्कि तर्क और भावना का है।

जब भावना प्रबल हो जाती है, तो तर्क कमज़ोर हो जाते हैं।

दूसरी बात यह भी है कि जब पुरुष अकेले ही किसी पति-पत्नी को प्लान दिखाते हैं, तो वो उनकी पत्नी से सवाल-जवाब नहीं कर सकते, या किसी बात को पत्नी की ओर इशारा करके नहीं कह सकते। अगर कोई ऐसा अपने क़रीबी संबंधों के कारण कर भी ले, तो पत्नी अपने पति के सामने अपनी भावनाओं को पर-पुरुष के सामने उजागर नहीं करेगी, भावनाओं को दबा देगी। पति भी पसंद नहीं करेंगे कि उनकी पत्नी से सवाल पूछे जाएँ और पत्नी जवाब दे। मनोवैज्ञानिकों के अनुसार किसी अन्य पुरुष का अपनी पत्नी से बात करना, पति को ऐसा लगता है जैसे कोई अनाधिकृत तरीक़े से पति के अधिकार क्षेत्र में प्रवेश कर रहा हो। जबकि पति-पत्नी साथ मिलकर जाएँ और उन्हें साथ बैठाकर प्लान दिखाएँ, तो उपरोक्त सवाल-जवाब सामान्य तरीक़े से लिए जाएँगे और परिणाम सकारात्मक निकलेंगे। इसलिए पति-पत्नी को एक साथ आमंत्रित करना आवश्यक है। इससे मनोवैज्ञानिक तौर पर यह संदेश भी जाता है कि यह एक पारिवारिक बिज़नेस है।

संपर्क और निमंत्रण में सफलता की कुंजी है

1) आपका उत्साह और अपने बिज़नेस में विश्वास।
2) ऊँचे हाव-भाव।
3) प्लान देखने के लिए उत्सुकता जगाना।
4) सवाल-जवाब के जाल में उलझने से बचना।
5) सबसे बड़ी बात मदद करने की भावना। अगर आप उन्हें कुछ देने की भावना से बात करते हैं, लेने की भावना से नहीं, तो आप इसे आसानी से कर सकते हैं।

सिस्टम की बोध कथाएँ...

मकान के सामान की नीलामी में बोलियाँ लगाई जा रही थीं। अच्छा फ़र्नीचर, टीवी, फ्रिज आदि के बाद अचानक बोली लगवाने वाले के हाथ एक पुराना जर्जर वायलिन आ गया। उस वायलिन को हवा में लहराते हुए उसने

व्यंग्यात्मक लहज़े में कहा, "अब इसे कौन ख़रीदेगा? कोई है... ?"

सभी हँसने लगे। किसी ने आवाज़ लगाई, "इसे तो कोई कबाड़ी ही ख़रीद सकता है।"

"तो चाहिए...। बोली लगाइए...।"

"दो रुपए...।" सभी हँसे।

"पाँच रुपए...।" एक और आवाज़, एक और हँसी।

"दस रुपए...। इस कबाड़ को इससे महँगा नहीं ख़रीदना।"

"सुनिए...।" एक बूढ़े की आवाज़ ने सबको चौंका दिया, "क्या मैं इस वायलिन को दो मिनट के लिए हाथ में ले सकता हूँ?"

सहमति मिलते ही बूढ़े ने वायलिन हाथ में ले लिया, पेंचों की मदद से उसके तारों को कसा, ट्यूनिंग की और बजाने लगा। वातावरण में वायलिन की मीठी धुन ने समाँ बाँध दिया, जैसे किसी ने कानों में मिश्री घोल दी हो। बूढ़े ने वायलिन वापस सौंपी और भीड़ से रास्ता बनाकर चला गया।

"हाँ अब बोलिए साहेबान... दस रुपया एक...।"

"एक हज़ार रुपए...।" "दो हज़ार...।" "पाँच हज़ार रुपए...।"

कथा सार

हमारे व्यक्तित्व के वायलिन में ख़ूबियों के स्वर छुपे हैं, ज़रूरत है ट्यूनिंग की। यही ट्यूनिंग का काम सिस्टम करता है और हम सफलता की धुन बिखेरने लगते हैं।

तीसरा आधारभूत कार्य

सेल्स और मार्केटिंग प्लान का प्रदर्शन

इस बिज़नेस का यह अति महत्वपूर्ण क़दम है, लोगों को इस बिज़नेस की योजना दिखाना। प्लान का प्रदर्शन ठीक उसी तरह है जैसे पारंपरिक व्यवसाय में माल दिखाना, साड़ी की दुकान में ग्राहक के सामने साड़ी फैलाना, टीवी की दुकान में टीवी का प्रदर्शन। इस बिज़नेस की दुकान शुरू होती है, प्लान दिखाने से। यहाँ स्पष्ट मतलब है प्लान का प्रदर्शन, प्लान बताना या चर्चा करना बिल्कुल भी नहीं। प्लान दिखाएँ- एक उदाहरण, जिसमें गोले-गोले बनाकर हम दिखाते हैं कि इस बिज़नेस में कारोबार कैसे हो सकता है और विभिन्न स्तर पर हमें किस तरह से आमदनी होती है। इस बिज़नेस का प्लान लोगों की आर्थिक आज़ादी की राह दिखाता है। यह एक ख़ज़ाने का नक़्शा है, जिसे आप किसी की मदद से पा सकते हैं। आपका प्रॉस्पेक्ट ही वह व्यक्ति है, जिसके साथ आप नक़्शा पढ़ते हैं, ख़ज़ाने तक पहुँचते हैं। सोचिए, अगर आपके पास कुबेर के ख़ज़ाने का नक़्शा है। जिसे आप ठोक-बजाकर जाँच चुके हैं कि वह नक़्शा सही है और आपको ख़ज़ाने तक ले जाएगा। अब इस नक़्शे पर स्पष्ट लिखा है कि आप किसी की मदद से ही ख़ज़ाने तक पहुँच सकते हैं और जितने लोगों को आप ख़ज़ाने का हिस्सेदार बनने में मदद करेंगे, उतनी जल्दी आप ख़ज़ाना पा जाएँगे। तब आप कितने विश्वास से, कितने उत्साह से, कितनी अच्छी भावना से, नक़्शे और ख़ज़ाने की बात करेंगे? वो ही सबकुछ प्लान दिखाते समय कीजिए, क्योंकि यह एक ऐसा ही ख़ज़ाना है, जो सबकी ज़िंदगी बदल देगा। इस बिज़नेस में धन के अलावा भी बहुत कुछ है, जैसे संस्कार, व्यक्तित्त्व का विकास, अधिक समय, मन की शांति, परोपकार की भावना, नए मित्र आदि। बिज़नेस प्लान यानी गोले बनाकर दिखाना कि किस तरह क़दम- दर-क़दम साठ प्रतिशत हिस्सा हमें वापस मिलता है। इस बिज़नेस का यह प्लान अपने आप में एक जादू है। इस प्लान में बनाए हुए गोले जादू का काम करते हैं। हमारे बिज़नेस में हमारी सफलता पूरी तरह निर्भर होती है कि हम कितने ज़्यादा प्लान दिखाते हैं।

सिस्टम दर्शन

सिस्टम ने इसका नाम "प्लान का प्रदर्शन" रखा है, प्लान बताना या चर्चा करना नहीं। इस प्लान के गोलों में जादू है। जब प्लान का प्रदर्शन होता है, तो लोग इसके गोलों के साथ जुड़ जाते हैं। अनुभव यह कहता है कि जितने भी सफल लीडर्स हैं, उन सभी ने अपना प्लान ख़ुद दिखाना तुरंत शुरू कर दिया था। जिसने जितना जल्दी प्लान दिखाना सीखा, वो उतनी तेज़ी से बिज़नेस में सफल हुआ। सिस्टम का दर्शन यही है कि जो सफल लोगों ने किया है, हम उसी का अनुकरण करें, उन्हीं के पदचिन्हों पर चलें। इसलिए सिस्टम सिखाता है कि हम अपना प्लान दिखाना सीख लें। यह बिज़नेस अप लाइन का नहीं, हमारा अपना बिज़नेस है। जब तक अप लाइन का प्लान होगा, घोड़े की लगाम अप लाइन के हाथ में होगी। अप लाइन के पास हमारे जैसी और भी डाउन लाइन होती हैं, ऐसे में उनका समय बँट जाएगा। बेहतर यही है कि हम अपने बिज़नेस की लगाम अपने हाथ में रखें और अप लाइन के समय का विशेषज्ञता की स्थिति में इस्तेमाल करें। सिस्टम का अनुभव यह भी है कि दस जगह बिज़नेस की चर्चा करने या बात करने से परिणाम नहीं मिलते, जितना कि एक प्लान प्रत्यक्ष दिखाने से मिलते हैं। इसलिए बातें मत कीजिए, बताइए मत, प्लान को गोले-गोले बनाकर दिखाइए।

मनोविज्ञान

प्लान बताने की जगह, प्लान के प्रदर्शन का मनोवैज्ञानिक महत्व है, क्योंकि हमारा मस्तिष्क शब्दों को नहीं तस्वीरों को समझता है। जब हम 'चीता' कहते हैं, तो चीते की तस्वीर हमारे दिमाग़ में उभरती है, चीते की स्पेलिंग या उच्चारण नहीं। दूसरी बात यह कि हम कानों से अपेक्षातः कम सीखते हैं, आँखों से बहुत ज़्यादा सीखते हैं। जब प्लान का प्रदर्शन होता है, तो देखना और सुनना दोनों बातें एक ही साथ होती हैं, जिसे मस्तिष्क सबसे ज़्यादा अपनाता है। मस्तिष्क देखी हुई बात पर ज़्यादा यक़ीन करता है, सुनी हुई बात पर कम। अगर बात देखी और सुनी हुई हो, तो वह ज़्यादा गहरा असर करती है, साथ ही मस्तिष्क में इसका

असर ज़्यादा समय तक रहता है। जब प्लान प्रदर्शन के समय गोले बनाए जाते हैं, ग्राफ़ निकाले जाते हैं, आँकड़े लिखे जाते हैं, सपनों को लिखा जाता है, या तस्वीरें बनाई जाती हैं, तब उन्हें आँखों के द्वारा मस्तिष्क तेज़ी से ग्रहण करता है। संक्षेप में हम देखकर ज़्यादा सीखते हैं। दूसरी बात उससे दिखाने वाले की भी एकाग्रता बनी रहती है, क्योंकि,

दो रुपए का पेन दुनिया का सर्वश्रेष्ठ एकाग्रता यंत्र है।

उसका सबसे बड़ा लाभ यह भी है कि जब हम बार-बार अपने सपनों की बातें करते हैं, उन सपनों को पूरा करने की बातें करते हैं, हज़ारों-लाखों की आमदनी की बातें करते हैं, तो हमारी कही गई इन सारी बातों को सबसे पहले हम सुनते हैं। जब बार-बार ये बातें, ये तस्वीरें, ये आँकड़े हमारे दिमाग़ में जाते हैं, तो हमारा इनमें विश्वास पक्का होता जाता है। ये सब हमारे अवचेतन मस्तिष्क में चला जाता है। सहज ही हमारी हर बात से, हर हाव-भाव से, यह दिखता है कि हम बिज़नेस में विश्वास करते हैं, और जानते हैं कि यह बिज़नेस हमारे सभी सपनों को साकार करने का एक सशक्त माध्यम है। तभी सही मायनों में बिज़नेस हमारे अंदर प्रवेश कर जाता है। तब हम पूरे आत्मविश्वास से इस बिज़नेस की बातें करते हैं। तब देखने वालों का अवचेतन मन, हमारे अवचेतन मन की भावनाओं को ग्रहण करता है। तब यही विश्वास का एक संप्रेषण सारी बातों से ज़्यादा महत्वपूर्ण हो जाता है कि हमने प्लान में क्या दिखाया या क्या दिखाना भूल गए।

जल्द ही अपना प्लान दिखाना सीख लें

प्लान का प्रदर्शन यानी लोगों के लिए एक स्वर्णिम अवसर का दरवाज़ा खोलना। जब तक हम दरवाज़ा नहीं खोलेंगे, लोग अंदर झाँक नहीं पाएँगे। जब तक लोग झाँक नहीं पाएँगे, तब तक उन्हें पता नहीं चलेगा कि यह बिज़नेस किस तरह से उनकी दुनिया को बदलने वाला है।

हालाँकि इस दरवाज़े के पीछे इतना कुछ है कि एकाध घंटे में हम उसकी केवल एक झलक भर दिखा सकते हैं, एक रूपरेखा मात्र। यही प्लान का प्रदर्शन अगली छननी है, जिसमें अगर वो रुक गए, तो हम आगे उनकी मदद करते हैं, उन्हें और जानकारी देते हैं। यह अगली प्रक्रिया है, जिससे हम अंदाज़ा लगाते हैं कि प्लान देखने वाले कितने महत्वाकांक्षी हैं। प्लान दिखाने का मतलब उन्हें बिज़नेस में लाना है, ऐसा न समझ लें। अगर प्लान देखकर वो उत्साहित हो जाते हैं, अपनी महत्वाकांक्षा को पूरा करने के लिए कार्यशील होने को तत्पर होते हैं, तो ही उन्हें हम अपने बिज़नेस में शामिल करने के बारे में विचार कर सकते हैं। शुरुआत में अप लाइन की मदद लें और ख़ुद ध्यान देकर उनकी हर बात को सीख लें। जल्द ही अपना प्लान दिखाना शुरू कर दें। शुरुआत में हमें डर रहता है कि हम परिपूर्ण प्लान नहीं दिखा सकते, इसलिए हम हमेशा चाहते हैं कि ये काम अप लाइन के द्वारा ही किया जाए! लेकिन यह सही नहीं है। कोई भी प्लान परफ़ैक्ट नहीं होता, न हो सकता है। प्लान दिखाने वाले कैसे प्लान दिखाते हैं, यह महत्वपूर्ण नहीं, प्लान देखने वाले कितने महत्वाकांक्षी हैं, यह महत्वपूर्ण है।

मनोविज्ञान

प्लान ख़ुद दिखाना इसलिए महत्वपूर्ण है, क्योंकि जब तक हम प्लान ख़ुद नहीं दिखाते, प्लान हमारी चेतनता के स्तर पर ही रहता है, दूसरों का दिखाया गया प्लान हमारे अवचेतन में पूरी तरह नहीं उतरता। ऐसे में यही होता है, जैसे हम पानी में उतरे बग़ैर किसी और को तैरता देखकर तैरना सीख रहे हों, जबकि तैरने की बारीकियाँ ख़ुद तैरकर ही जानी जा सकती हैं। जब हम ख़ुद प्लान दिखाते हैं, तो धीरे-धीरे प्लान की हर बारीकी हमें समझ आने लगती है। शुरुआत में हम डरते हैं कि हम प्लान कैसे दिखा पाएँगे, अगर ग़लती हो गई तो देखने वाला हमारे बिज़नेस में नहीं आएगा, क्योंकि हम इसमें कुशल और परिपक्व नहीं होते। हम जब प्लान का प्रदर्शन शुरू करते हैं, तभी हम दूसरों के दिखाए प्लान की विशेष बातों पर ग़ौर करने लगते हैं, धीरे-धीरे हमारे प्लान का प्रदर्शन निखरता जाता है, और हम प्लान दिखाने में परिपक्व हाते जाते हैं, अब

यह हमारे अवचेतन में उतर जाता है और हम सहजता से प्लान दिखाने लगते हैं।

प्लान हर देखने वाले के अनुसार थोड़ा-बहुत बदलता रहता है, यह हम प्लान दिखाते-दिखाते ही सीखते हैं। फिर भी कुछ मुख्य तत्त्व हैं, जिन्हें हम अपने प्लान में दिखाते हैं।

प्लान के प्रदर्शन का ख़ाका

1) अपना परिचय देना

सबसे पहले अपना नाम और इस बिज़नेस के अलावा, जो आपका अपना व्यवसाय है वह बताएँ। जिससे देखने वाले को पता चलेगा कि आप एक महत्वपूर्ण व्यक्ति हैं और अपने व्यवसाय को करते हुए, ख़ाली समय में, बिज़नेस कर रहे हैं, वो भी परिवार के साथ।

2) तनावमुक्त वातावरण का निर्माण

देखने वाले बहुत सी बातें मन में लिए प्लान का प्रदर्शन देखते हैं, जैसे कि "मुझे कहीं फँसाया तो नहीं जाएगा?", "मुझे कुछ बेचने की कोशिश की जाएगी? या मुझे कुछ ख़रीदना पड़ेगा?", "मुझे ज़बरदस्ती बिज़नेस करने के लिए मजबूर तो नहीं किया जाएगा?" ऐसे में देखने वाले तनाव में रहते हैं और आपकी बात सुनने के लिए अपने दिमाग़ को खुला नहीं रखते। इसलिए शुरुआत में ही कुछ बातें स्पष्ट कर दें कि आप कुछ बेचने नहीं आए, उन्हें कुछ ख़रीदना नहीं है। आप केवल एक जानकारी उन्हें देना चाहते हैं। ये बिज़नेस उनके लिए हो भी सकता है और नहीं भी। फ़ैसला लेने का अधिकार देखने वालों का है, वे ही फ़ैसला करेंगे। आज ही फ़ैसला करने की ज़रूरत नहीं है, आराम से सोच-समझकर फ़ैसला कर सकते हैं। ऐसा कहने पर उनके दिमाग़ में उठी कई शंकाएँ शांत हो जाएँगी और वे जानकारी को खुले दिमाग़ से देखेंगे।

3) अपनी ज़रूरतों, इच्छाओं और सपनों की बात करें

आप उन्हें खुलकर बताइए कि आपने किन कारणों से यह बिज़नेस शुरू किया। आप क्या पाना चाहते हैं, उन्हें लिखिए। अपनी इच्छाओं को आप जितना स्पष्ट करेंगे, आप अपने वर्तमान मक़सद का जितना बयान करेंगे, उतना ही आपकी प्रस्तुति से देखने वाले जुड़ेंगे। सपना इस बिज़नेस का सबसे ज़्यादा महत्त्वपूर्ण हिस्सा है। बिना सपने के यह प्लान हो ही नहीं सकता, बल्कि यह बिज़नेस ही नहीं हो सकता। इसलिए अपने सपनों की बात करें, दर्द की बात करें। अपने सपने, अपने दर्द बताने का फ़ायदा हमें अपने प्लान के अगले चरण में मिलता है, जब हम उनकी इच्छाओं, ज़रूरतों, सपनों तक पहुँचने की कोशिश करते हैं।

4) सपने

देखने वाले की किसी इच्छा, ज़रूरत या सपने तक पहुँचने का प्रयास करें। पूछें कि बिज़नेस की आय से वो किन तकलीफ़ों से छुटकारा पा सकते हैं या किन इच्छाओं को पूरा करके सुख पाना चाहते हैं। जब आप उन्हें दिल खोलकर अपने सपने बता देते हैं, तो वो भी अपना दिल खोलकर रख देंगे। आगे के चरणों में आपकी बातचीत का रुख़ उनके सपनों को साकार करने पर होगा।

सिस्टम दर्शन

प्लान में सपनों का, ज़रूरतों का, लालसाओं का, इच्छाओं का बड़ा महत्व है। जिस प्लान में सपनों को साकार करने की बात नहीं, वो प्लान प्लान ही नहीं है। सिस्टम का अनुभव है कि लोग अपने सपनों का ज़िक्र करने में हिचकिचाते हैं। अगर सपने पूरे नहीं किए जा सकते, तो केवल उनका ज़िक्र करना उन्हें ऐसे लगता है, जैसे उनकी किसी जंग में हार हो गई हो। कोई भी व्यक्ति ऐसी कार से बचना बेहतर समझता है और सपनों का ज़िक्र भी नहीं करता। जब हम दिल खोलकर अपने सपनों की, अपने ज़ख़्मों की बात करते हैं, तो वो भी बेझिझक अपने सपनों की बातें करते

हैं और दिखाते हैं कि उनके ज़ख़्म हमसे ज़्यादा गहरे हैं। या ऐसा भी होता है कि जब हम दिल खोलकर यह बताते हैं कि हमने बिज़नेस क्यों किया, कौन से कारण थे, किन बातों से हमें बाहर निकलना था, हमारी प्रबल इच्छा क्या पाने की है। तब देखने वाले हमारी किसी न किसी इच्छा, दर्द या सपने से जुड़े होते हैं और बिज़नेस करने के लिए, यही उनका 'क्यों' बन जाता है। 'क्यों करना है?' इस सच्चाई के बिना बिज़नेस नहीं किया जा सकता। दुनिया का कोई भी काम बिना इस 'क्यों' के नहीं होता। हज़ार मील की यात्रा भी नहीं और एक क़दम का सफ़र भी नहीं। यही कारण है कि सपनों का ज़िक्र करके हम उनकी 'क्यों' तक पहुँचते हैं। अगर उनकी 'क्यों' मज़बूत है, अगर वो सपने साकार करना चाहते हैं, तो हमारा प्लान एक तरीक़ा है, जो उन्हें मंज़िल तक पहुँचने का एक विकल्प देता है। हम ही अपनी कंपनी के ब्रान्ड एम्बेसेडर हैं। लोग कंपनी से नहीं, हमसे जुड़ते हैं, इसलिए हमारी हर हरकत से पता चलना चाहिए कि हम इस बिज़नेस के माध्यम से हर एक मुक़ाम हासिल करने वाले हैं। तभी औरों को विश्वास होगा।

मनोविज्ञान

मनुष्य एक आलसी प्राणी है। अगर उसके पास सपने न हों, महत्वाकांक्षा न हो, इच्छा न हो, ज़रूरत न हो, संक्षेप में अगर कोई कारण न हो, तो वह एक क़दम उठाने की भी मेहनत नहीं करना चाहता। दूसरी बात यह कि मनुष्य सारी सुख-सुविधाएँ पाना चाहता है, ये भी उसके आलसीपन की देन है, क्योंकि सबकुछ पाकर वो आराम से जीना चाहता है। जब हमें अपनी इच्छाओं को पूरा कने का कोई रास्ता नज़र नहीं आता, तो हम मनोवैज्ञानिक स्तर पर अपनी सहज अवस्था में लौट आते है। सहज यानी हम जो रोज़ करते हैं, जिसके हम आदी हो चुके हैं। बिज़नेस करना यानी अपने रोज़ के काम के अलावा और मेहनत करना। अब अगर हमारे पास कोई सशक्त कारण नहीं, तो हम अपनी सहज ज़िंदगी से बाहर 'क्यों' निकलना चाहेंगे? अब पाने की इच्छा तो है, लेकिन नहीं मिलता, इसलिए हम अपने मन को समझा लेते हैं और हमारे सपनों पर धूल की मोटी परत जम जाती है। हम सपनों को भूल जाते हैं। बिज़नेस प्लान में जब

सपनों का ज़िक्र होता है, तो राख में दबी चिंगारी को हवा मिलती है और हमारे सपने धधकना चाहते हैं। साथ ही सपनों को बिज़नेस द्वारा निश्चित ही साकार किया जा सकता है, यह बात इस आग में घी का काम करती है। अगर एक बार मेहनत करके अपने सपनों को पूरा किया जा सकता है, यह बात हमें जँच जाए, तो हम अधिक मेहनत करने को तैयार हो जाते हैं। इसलिए सपनों का ज़िक्र प्लान में अत्यंत आवश्यक है।

सपना एक भावन है, तर्क नहीं। यह बिज़नेस तर्क से कम, भावना से ज़्यादा चलता है।

तर्क बाधाओं और लक्ष्य के बीच तुलना करते हैं। भावना लक्ष्य को देखती है और बाधाएँ उसे नज़र नहीं आतीं। प्लान दिखाने वाले अगर अपने सपनों की बातें करते हैं, तो देखने वाले भी अपनी भावनाओं को खोलकर रख देते हैं, क्योंकि मनोवैज्ञानिक स्तर पर देखने वाले आश्वस्त हो जाते हैं कि यहाँ उनकी इच्छाओं-महत्वाकांक्षाओं का आदर किया जाएगा, कोई उनका मज़ाक़ नहीं बनाएगा।

5) रेखांकित आमदनी– समय और धन का ग्राफ़

उन्हें आय के वर्तमान साधन के बारे में बताएँ कि समय का धन के लिए व्यापार हमें वास्तविक सफलता क्यों नहीं दिला सकता। जब हम अपना समय बेचकर धन कमा रहे हैं, तो हम धन, समय और सुरक्षा इन तीनों को एक साथ नहीं पा सकते। हमारे पास सिर्फ़ चौबीस घंटे हैं, 8-10-12 सीमित घंटे काम करके हम सीमित आमदनी ही पाएँगे। जब कभी हम काम नहीं कर पाएँगे, हमारी आमदनी बंद हो जाएगी। यानी आमदनी पाते रहने के लिए काम करते रहना पड़ेगा। चूँकि हमारे बिना आमदनी नहीं रहेगी, इसलिए यह आमदनी का सुरक्षित तरीक़ा नहीं है, क्योंकि हमारे साथ कभी भी, कोई भी दुर्घटना हो सकती है।

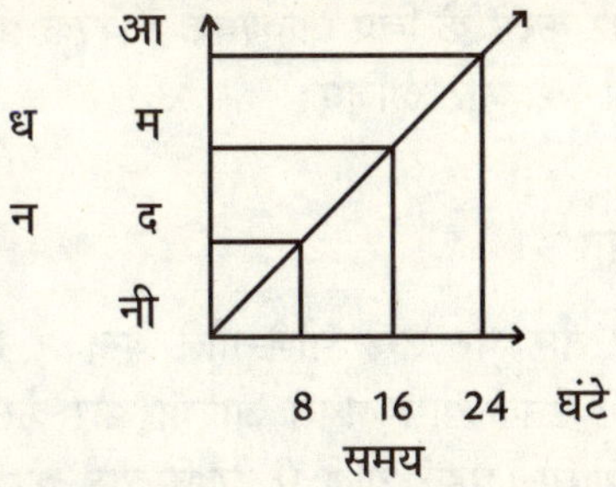

6) फ्रेंचाइज़

समय का गुणन कैसे किया जा सकता है, इसके लिए फ्रेंचाइज़ का उदाहरण दे सकते हैं, जैसे मैकडॉनल्ड या बाटा। लेकिन फ्रेंचाइज़ का उदाहरण पढ़े-लिखे लोगों के लिए आसान होता है। जहाँ ज़रूरत हो, वहीं इसका प्रयोग करें।

7) पारंपरिक व्यवसाय

पारंपरिक व्यवसाय में दिखाएँ कि कैसे उत्पादक से उपभोक्ता तक आते-आते वस्तु के दाम बढ़ जाते हैं। सबसे बड़ा सवाल यही है कि अपनी इच्छाओं को पूरा करने के लिए पैसा कहाँ से आएगा? जवाब है, वहीं से जहाँ ख़र्च के रूप में पैसा जा रहा है। कंज़्यूमर और प्रोज़्यूमर के बीच का अंतर बताइए कि कैसे हमारा ख़र्च ही आमदनी का ज़रिया बन सकता है। उन्हें दिखाइए कि किस तरह से उनकी ख़ून-पसीने की कमाई का 60% हिस्सा वितरण प्रणाली में बँट जाता है। जिसके बदले में न तो वस्तु के रूप-रंग, न गुणवत्ता में फ़र्क़ पड़ता है। जैसी वस्तु उत्पादक के पास से निकलती है, उसी रूप में, ग्राहक तक पहुँचती है। फिर 60% हमने दिया क्यों?

8) नेटवर्क मार्केटिंग

दिखाइए कि कैसे नेटवर्क मार्केटिंग के ज़रिए उनके 60% उन्हें वापस मिल सकते हैं। 60% पर ज़ोर दीजिए, क्योंकि यही वो कुंजी है, जो

उनके सपने साकार करने के लिए आवश्यक है। एक बार काम और तीन पीढ़ियों की सुरक्षा पर ज़ोर दीजिए।

9) मार्केटिंग प्लान

अब उदाहरण के तौर पर उन्हें गोले-गोले बनाकर दिखाइए कि किस तरह से यह 60% उनके पास वापस आएगा और कैसे वो अपने सपनों को साकार कर पाएँगे। पहले गोले में देखने वाले का नाम ज़रूर लिखें, आगे के किसी गोलों में एक-दो दोस्तों का नाम लिखने पर प्रस्तुति की सफलता बढ़ जाती है। हर कमाई के साथ उनके सपनों को जोड़ने की कोशिश करें। रॉयल्टी इन्कम पर ज़ोर दें, उसे उभारकर दिखाएँ।

10) सफल लोगों के फ़ोटो दिखाना

अब आपके बिज़नेस में सफल हुए लोगों के फ़ोटो दिखाइए। उनका परिचय बताइए कि वो पहले क्या थे, अब उन्होंने इस बिज़नेस से क्या पाया है। प्लान देखने वाले व्यक्ति के पेशे, भाषा, क्षेत्र, आयु आदि से मेल खाने वाले सफल लोगों की तस्वीरें दिखाइए, ताकि वो अच्छा महसूस कर सकें।

11) मदद

उन्हें बताइए कि वे अकेले नहीं हैं। कंपनी, अप लाइन टीम और सिस्टम उन्हें सफलता दिलाने में कैसे मदद करेंगे। सिस्टम की रैली, कैसेट, समारोह और प्रॉडक्ट ट्रेनिंग को इतना उभारें कि वो इसे जानने के लिए प्रवृत्त हो जाएँ। आपकी प्रस्तुति से अगर यह उत्सुकता पैदा की जा सके कि इस बिज़नेस को और समझने के लिए देखने वाले एक कैसेट सुनना चाहें, एक मीटिंग देखना चाहें, तो आपकी प्रस्तुति सफल है।

12) विशाल चित्र

अब उन्हें संक्षेप में अपनी कंपनी की जानकारी दें कि यह कितनी पुरानी, विशाल और विस्तृत कंपनी है, जिससे हम नाममात्र लागत पर जुड़ने जा

रहे हैं। उन्हें दिखाएँ कि कैसे इसमें 60% के हिस्सेदार बनकर हर सपना पूरा हो सकता है।

13) प्रॉडक्ट डेमो

अब आप उन्हें प्रॉडक्ट्स दिखाएँ। कुछ प्रॉडक्ट्स के नाम व उनके उपयोग बताएँ और एक-दो प्रॉडक्ट का डेमॉन्स्ट्रेशन भी करके दिखाएँ कि वो बाज़ार के अन्य प्रॉडक्ट से कैसे अच्छे और किफ़ायती हैं।

देखने वालों के अनुसार और समय सूचकता को ध्यान में रखकर उपरोक्त मार्गदर्शक तत्वों में थोड़ा फेर-बदल भी किया जा सकता है।

सिस्टम दर्शन

सिस्टम का अनुभव है कि लोग प्लान को नहीं देखते, वो तलाश करते हैं कि उस प्लान में उनके फ़ायदे के लिए कुछ है या नहीं। ऐसे में लोग दिखाने वाले की वेशभूषा, उसके हाव-भाव, उसके विश्वास, उसकी लगन, वातावरण, उसके सपने, सपनों के पूरा होने की संभावनाएँ, ख़ुद की महत्वाकांक्षा और उसके पूरा होने की संभावनाएँ देखते हैं। ऐसे में उनके दिमाग़ में कई शंकाएँ और प्रश्न उभरते हैं। सिस्टम ने प्लान का ख़ाका कुछ इस तरीक़े से बनाया है, जिससे उनके मन में उठी अधिकतर शंकाएँ शांत हो जाती हैं। मार्गदर्शक तत्वों के कारण हम जल्द ही प्लान का प्रदर्शन सीख जाते हैं तथा इसके कारण दुनिया में कहीं भी एक जैसी स्थिति रहती है। जब हर जगह एक जैसी पद्धति अपनाई जाती है, तो बिज़नेस को अपने राज्य के बाहर पूरे देश में और अंतरराष्ट्रीय स्तर पर भी बढ़ाने में आसानी होती है। दूसरा लाभ यह है कि यह दोहराए जाने के लिए आसान है। हर व्यक्ति एक ही सिस्टम से काम करेगा, तो सफलता अधिक व्यापक होगी। ऐसा होने के कारण दिल्ली में बैठा व्यक्ति मुंबई के व्यक्ति द्वारा बिज़नेस में जोड़ा जाता है और दिल्ली में ही सिस्टम से जुड़कर वैसी ही पद्धति सीखता है, जैसी वो मुंबई में रहकर सीख पाता। इस बिज़नेस में सफलता पाने वाले लोगों ने कई तरीक़े अपनाए हैं, उन सभी तरीक़ों का सार इन मार्गदर्शक तत्वों में लिया गया है, जो

कि सफलता का मूलमंत्र हैं, सफल लोगों के अनुभवों का निचोड़ है।

मनोविज्ञान

मार्गदर्शक तत्वों का महत्व यही है कि हमारा मस्तिष्क बनी-बनाई पगडंडी पर आगे बढ़ने में सहजता महसूस करता है। वरना अनजाने का डर उसे हर क़दम पर आगे बढ़ने से रोक देता है। इन निर्देशों को लोगों से मिले अनुभव के आधार पर बनाया गया है, जिसके कारण देखने वाले के दिमाग़ में उठने वाले सर्वसाधारण प्रश्नों और शंकाओं का समाधान हो सके। जब तक देखने वाले के दिमाग़ में उठने वाले सर्वसाधारण प्रश्नों और शंकाओं का समाधान हो सके। जब तक देखने वाले तनावमुक्त, शंकामुक्त होकर खुले दिमाग़ से प्लान नहीं देखेंगे, उनका दिमाग़ हर अच्छी बात का विरोध करेगा। जब दिमाग़ खुला होगा, नज़रिया सकारात्मक होगा तथा वो अपने मतलब की बात इस प्लान में ढूँढ़ पाएँगे, तभी वो बाक़ी बातों पर सकारात्मक विचार करेंगे और ख़ुद को तैयार करेंगे। मुख्य प्लान है, बाक़ी उदाहरण तो लोगों की महत्वाकांक्षा जागृत करने के लिए हैं, जो कि अनुभव और अभ्यास के कारण व्यक्ति-दर-व्यक्ति बदलते रहते हैं।

प्लान की स्थितियाँ निम्नलिखित हो सकती हैं :

1. **एक द्वारा एक को :** इसमें एक व्यक्ति, एक अन्य व्यक्ति को, अकेले में प्लान दिखाता है।
2. **दो द्वारा दो को :** यहाँ पति-पत्नी द्वारा किसी दंपति को प्लान दिखाया जाता है।
3. **होम मीटिंग :** इसमें एक घर में कुछ आमंत्रित परिचितों के लिए आप या आपके अप लाइन प्लान दिखाते हैं। यह प्लान मार्कर बोर्ड पर दिखाया जाता है। नेटवर्क बढ़ाने के लिए यह सबसे अच्छा तरीक़ा माना जाता है।
4. **ओपन मीटिंग :** इस तरीक़े में एक हॉल में व्यावसायिक तरीक़े से प्लान दिखाया जाता है। यहाँ हर डिस्ट्रीब्यूटर अपने

प्रॉस्पेक्ट को ले आते हैं। यहाँ बिज़नेस में सफलता पा चुके अनुभवी लोग प्लान दिखाते हैं, यह एक प्रभावी तरीक़ा है।

5. **ओवरव्यू** : इस तरीक़े से हम दसेक मिनट में लोगों को संक्षिप्त बिज़नेस प्लान दिखाते हैं और आगे की विस्तृत जानकारी के लिए उन्हें ओपन मीटिंग में आमंत्रित करते हैं। ओवरव्यू घर के बाहर भी सही जगह पर किया जा सकता है।

प्लान दिखाते समय निम्नलिखित बातों का ध्यान रखें :

1. प्लान का प्रदर्शन करें, बताएँ नहीं, गोले बनाकर दिखाएँ।
2. प्लान शुरू करने से पहले मन ही मन देखने वाले की भलाई के लिए प्रार्थना करें।
3. छोटी अवधि का, स्पष्ट और सरल प्लान दिखाएँ। प्लान की अवधि 45 मिनट से ज़्यादा न हो पाए।
4. प्लान घर में दिखाएँ, कैंटीन, बस स्टैंड, दुकान, रेल्वे स्टेशन या ऑफ़िस में नहीं।
5. बाक़ायदा दिन-समय-स्थान निश्चित करके ही प्लान का प्रदर्शन करें। संपर्क करते ही प्लान दिखाने न बैठ जाएँ।
6. व्यावसायिक वेशभूषा पहनें, यानी हल्के रंग की शर्ट, गहरे रंग का पेंट, ज़रूरत हो तो लाल रंग से मिश्रित टाई भी पहनें।
7. प्लान दिखाते समय हमेशा व्यावहारिक रहें, व्यक्तिगत नहीं। 'प्रोफ़ेशनल' तरीक़े से प्लान दिखाएँ।
8. पति-पत्नी को प्लान दिखाते समय उन्हें अपनी दाहिनी ओर एक ही तरफ़ बैठाएँ। उन्हें एक-दूसरे के आमने-सामने न बिठाएँ। ख़ुद कभी भी पति-पत्नी के बीच में न बैठें।
9. प्लान दिखाते समय अपना और उनका मोबाइल बंद रखें। टेलीफ़ोन का रिसीवर उठाकर रखवा दें तथा ऐसी ही अन्य बातों के लिए व्यवस्था करवा दें, जो प्लान के बीच में

अवरोध पैदा कर सकती हैं। उदाहरणार्थ- छोटे बच्चे, पालतू कुत्ते इत्यादि।

10. एक ही व्यक्ति को बार-बार प्लान न दिखाएँ। अगर वो चाहते हैं, तो उन्हें होम मीटिंग या ओपन मीटिंग में ले जाएँ।

11. प्लान दिखाते समय सवाल-जवाब के जाल में न उलझें। अगर सवाल पूछा जाए, तो उन्हें आश्वासन दीजिए कि इस प्लान में उनके सवालों का जवाब मिल जाएगा। यदि कोई सवाल बचा भी रहा, तो उसके लिए आवश्यक पुस्तक-कैसेट- लिटरेचर उन्हें दिया जाएगा।

12. प्लान दिखाते समय आपको उत्साहित होना चाहिए। अपने बिज़नेस में आपका विश्वास होना चाहिए। आपके विश्वास का, आपके शब्दों से ज़्यादा गहरा प्रभाव पड़ता है। प्लान दिखाते समय आपका नज़रिया सही होना चाहिए। आपकी भावना मदद करने की होनी चाहिए, भावना देने की हो, लेने की नहीं। इस बिज़नेस के प्रति अगर आप प्रेरित नहीं हैं, तो किसी को भी आप प्रेरित नहीं कर सकते। आपकी प्रबल इच्छा और आपकी सबसे बड़ी प्रेरणा, प्लान दिखाते समय आपके दिलो-दिमाग़ में होनी चाहिए।

मनोविज्ञान

हमारा मस्तिष्क शब्दों से कम, और तस्वीरों से ज़्यादा समझता है। देखने वाले सुनते कम हैं, देखते ज़्यादा है। उनका अवचेतन मन हमारे हाव-भाव व देहभाषा के संकेतों को ग्रहण करता है। अगर हमारी देहभाषा से आत्मविश्वास प्रकट हो रहा है, उत्साह और रोमांच प्रकट हो रहा है, तो हमारे द्वारा कही गई बातें छोटी हो जाती हैं।

कार्य में शब्दों से ज़्यादा आवाज़ होती है।

हमारी देहभाषा से उत्साह और विश्वास के संकेत तभी संप्रेषित होंगे, जब हमारे अवचेतन में उत्साह और विश्वास होगा।

13. प्लान इस तरह दिखाइए, जैसे आपके सामने भविष्य में डायमंड बनने वाला व्यक्ति बैठा हो। हर व्यक्ति में डायमंड बनने की क्षमता होती है, बात सिर्फ़ इतनी है कि उसे सही समय पर सही जानकारी मिले।

14. ओपन मीटिंग शुरू होते समय किसी के इंतज़ार में बाहर खड़े न रहें, ना ही किसी की टिकट का पैसा अपनी जेब से दें।

15. प्लान ख़त्म होने के बाद उनसे सकारात्मक सवाल पूछें, "बढ़िया है ना?" ('कैसा लगा?' नहीं), "शुरू करें?" आगे दो विकल्पों वाले प्रश्न पूछें, "अपने नाम पर शुरू करना चाहेंगे या मिसेज़ के?", "पेमेंट चैक से देंगे या कैश?" अगर वो झिझकें या सकारात्मक प्रश्न पूछें तब उन्हें आवश्यक पुस्तक-कैसेट देकर विदा करें। उन्हें और समझाने की कोशिश न करें।

16. ओपन मीटिंग या होम मीटिंग के बाद आपके साथ आए नए प्रॉस्पेक्ट को अपने लोगों से अवश्य मिलवाएँ। लीडर्स को प्रमोट करते हुए, उनसे मिलाएँ।

17. जब प्लान कोई और दिखा रहा हो, तो आप पेन काग़ज़ लेकर गंभीरता से प्लान के नोट्स बनाएँ। नए प्रॉस्पेक्ट, आपकी गंभीरता देखकर ही प्लान दिखाने वाले की बातों को गंभीरता से देखते हैं। प्लान के बीच कहीं उठकर ना जाएँ, अन्य किसी बात पर ध्यान न दें, प्रॉस्पेक्ट पर भी नहीं।

18. प्लान ख़त्म होने के बाद अगर वे सकारात्मक जानकारी चाहते हैं, और 'फ़ॉलो-अप पैक' में रुचि दिखाते हैं, तभी उन्हें 'फ़ॉलो-अप पैक' देकर विदा करें। फ़ॉलो-अप पैक में एकाध रैली कैसेट हो, एकाध पुस्तक हो, जो कि सिस्टम द्वारा दी गई हो, जो बिज़नेस की जानकारी देने वाली होनी चाहिए। अगली मुलाक़ात का स्थान और समय निश्चित करके, उन्हें जल्द ही विदा करें। स्पीकर की बात को दोहराने, उसका अर्थ समझाने, सवालों का जवाब या अधिक जानकारी उसी समय देने की कोशिश न करें।

19. अगर आप प्लान दिखा रहे हैं, तो देखने वाले के सपनों को छूने की कोशिश ज़रूर करें। जब भी आमदनी दिखाएँ, पूरे हो सकने वाले सपनों की चर्चा अवश्य करें। प्लान की किसी भी आय से देखने वाले के सपनों को जोड़ा जा सके, तो यह सर्वश्रेष्ठ प्रस्तुति होगी। चाहे बाक़ी बातें आधी-अधूरी ही क्यों न हों।

महत्वाकांक्षी लोगों की खोज में आगे बढ़ें

बिज़नेस का नेटवर्क बढ़ाने के लिए, प्लान का प्रदर्शन ही महत्वपूर्ण कार्य है। यह बिज़नेस का वो हिस्सा है, जहाँ से अनुमान लगाया जा सकता है कि नए लोग इस बिज़नेस को करने के लिए उपयुक्त हैं या नहीं। अगर वो प्लान देखकर उत्साहित होते हैं, तो संभावना है कि वो आगे बिज़नेस शुरू कर सकते हैं। अगर वो बिल्कुल भी उत्सुक नहीं हैं, तो हमारा काम वहीं ख़त्म हो जाता है। हम उन महत्वाकांक्षी लोगों की तलाश कर रहे हैं, जो आगे बढ़ने के लिए किसी अवसर की तलाश कर रहे हैं। जो लोग अवसर को पाकर उत्तेजित हो जाते हैं, रोमांच और उत्साह से भर जाते हैं, उन्हीं लोगों के साथ हमें आगे काम करना है। जो अवसर देखकर आगे बढ़ने की चुनौती स्वीकार नहीं करते, उत्साहित नहीं होते, उनके साथ काम करके हम आगे नहीं बढ़ पाएँगे। इसलिए सही महत्त्वाकांक्षी लोगों की खोज में हम अपनी तलाश आगे बढ़ा लेते हैं।

सिस्टम दर्शन

सिस्टम दर्शन अनुसार प्लान दिखाने वाला नहीं, देखने वाला महत्वपूर्ण है। जो महत्वाकांक्षी हैं, वो आगे की जानकारी लेने के लिए ख़ुद ही आपके पीछे पड़ेंगे, हमें किसी के पीछे पड़ने की ज़रूरत नहीं। आप खाना सामने रखेंगे, तो जिसे भूख लगी होगी, वह ख़ुद ही 'हाँ' कहेंगे। यहाँ सवाल भोजन का नहीं भूख का है। जो अपनी वर्तमान स्थिति से संतुष्ट नहीं, जो ज़िंदगी में कुछ करना चाहते हैं, जिनके अंदर कुछ पाने की प्रबल इच्छा है, वो प्लान देखते ही उत्साहित हो जाएँगे। इसलिए प्लान का प्रदर्शन

एक प्रक्रिया है, जिससे गुज़रकर हम जान पाते हैं कि देखने वाले के मन में कुछ अतिरिक्त पाने की प्रबल इच्छा है या नहीं। प्लान का प्रदर्शन एक पैमाना है, जिसे हम देखने वाले की महत्वाकांक्षा को मापने में लगा देते हैं। सफलता उन्हें ही मिलती है, जिनके अंदर कुछ पाने की प्रबल इच्छा हो, महत्वाकांक्षा हो, उत्साह हो। जिनमें यह सब नहीं, वो अगर लिहाज़ या दबाव में आकर बिज़नेस शुरू भी कर दें, तो भी वो सफलता की राह पर बहुत आगे नहीं बढ़ पाएँगे। प्लान दिखाने का मतलब सभी लोगों को बिज़नेस में लाना नहीं है, बल्कि हम इस तरह से कुछ महत्वाकांक्षी लोगों को छाँटते हैं, जिनके साथ हमें बहुत बड़ा बिज़नेस खड़ा करता है। बहुत बार गन्ने और बाँस में फ़र्क़ नज़र नहीं आता, गन्ने की मशीन में अपने आप पता चल जाएगा कि कौन बाँस है और कौन गन्ना। सभी लोग एक जैसे लगते हैं, उन्हें प्लान दिखाने की मशीन में से गुज़ारकर देखिए। जिसमें महत्वाकांक्षा का रस होगा, वो गन्ना, वरना बाँस। हमें गन्नों की तलाश है, जिनमें रस हो। कुछ लोग तो इतने कठोर बाँस होते हैं कि इस मशीन से गुज़रते ही नहीं। ऐसे लोगों को जबरन प्लान न दिखाएँ, वरना मशीन ख़राब होगी। इनको अपनी रसवंती की दुकान के मंडप का आधार बनाएँ। कुछ बाँस गुज़र जाएँगे, लेकिन रस नहीं निकलेगा। यानी जितना रस चाहिए, उतने गन्नों को छाँटना पड़ेगा, इसलिए इस मशीन से गन्नों को गुज़ारते रहिए। प्लान दिखाते रहिए।

मनोविज्ञान

प्लान दिखाते समय उनके सपनों को जगाना, महत्वाकांक्षा को परखना ज़रूरी है। कुछ लोगों ने अपने सपनों को पूरी तरह गहरे दफ़ना दिया है। ऐसे लोग अपने अवचेतन में हर प्रकार से निश्चित किए बैठे हैं कि उनके सपने अब किसी भी तरह से हक़ीक़त नहीं बन सकते। यह प्रोग्रामिंग इतनी गहरी है कि वो लोग ऐसे किसी रास्ते को जानना भी नहीं चाहते, जो उनके सपनों को साकार कर सके। इसलिए वो ऐसे मीन-मेख निकालते हैं, ऐसे तर्क देते हैं, जिनका कभी तो कोई अर्थ भी नहीं होता, इस तरह से उनका अवचेतन उनकी सोच को सच साबित करता है। ये बॉस हैं, गन्ने नहीं, ऐसे लोगों के साथ ज़्यादा समय बिताना अपने समय

और ऊर्जा की बर्बादी है। इसलिए सिस्टम कहता है कि महत्वाकांक्षा को परखकर काम करना श्रेष्ठ है। जो लोग महत्वाकांक्षी हैं, वो प्लान को देखकर उत्साहित हो जाते हैं और अगर उन्हें अधिक जानकारी चाहिए, तो वो उसके लिए ख़ुद प्रयत्न करते हैं। ऐसे लोग हर सीडी, पुस्तक या फ़ंक्शन तक ख़ुद पहुँच जाते हैं, सवालों के जवाब ढूँढ़ते हैं। उनके साथ काम करना आसान होता है, क्योंकि वो सिर्फ़ सवाल नहीं पूछते, उनके जवाब पाने के लिए मेहनत भी करते हैं। उनके दिलो-दिमाग़ में अपनी महत्वाकांक्षा महत्वपूर्ण होती है, बाक़ी सारी चीज़ें महत्वहीन। इसलिए उन्हें जैसे ही थोड़ी सी जानकारी मिलती है, ये मंज़िल पाने को दौड़ पड़ते हैं। उनका ध्यान लक्ष्य की तरफ़ होता है, उन्हें बाधाएँ नज़र नहीं आतीं और ये जल्द ही सफलता प्राप्त भी कर लेते हैं।

कठिन लोगों के साथ मेहनत करने की जगह सरल लोगों के साथ कठिन मेहनत करें।

प्लान की संख्या बढ़ाइए

हर नए डिस्ट्रीब्यूटर के लिए ज़रूरी है कि वो अपना प्लान जल्द से जल्द ख़ुद ही दिखाना शुरू करें, आधा-अधूरा, ग़लत-सलत कैसा भी, पर ख़ुद प्लान दिखाना शुरू करें। प्लान दिखाना भी साइकल चलाने जैसा करते-करते ही सीखा जा सकता है और प्रस्तुति-दर-प्रस्तुति इसमें निखार आता जाता है। आपका बीसवाँ प्लान, पहले प्लान से काफ़ी बेहतर होगा। लेकिन कितनी भी कोशिश करके आप बीसवाँ प्लान, पहली बार में नहीं दिखा सकते। इसलिए पहला-दूसरा-तीसरा... बीसवाँ प्लान दिखाते जाइए। हर बार आप बेहतर से बेहतरीन प्रस्तुति दे सकेंगे और फिर यह सब एक प्रक्रिया बन जाएगी, जिसे आप बड़ी सहजता से कर सकेंगे।

अब आप प्लान की संख्या बढ़ाइए, जितनी ज़्यादा संख्या में आप प्लान दिखाएँगे, उतनी ही जल्दी आप उपयुक्त महत्वाकांक्षी लोगों की तलाश कर पाएँगे और उतनी ही तेज़ी से अपने लक्ष्य को प्राप्त कर सकेंगे। रोज़ कम से कम एक प्लान का प्रदर्शन बिज़नेस को ज़िंदा रखने

के लिए ज़रूरी है। एक से ज़्यादा प्लान आपको उत्तेजित कर देते हैं, जो कि इस बिज़नेस की गति बढ़ाते रहने के लिए अत्यंत आवश्यक है।

सिस्टम दर्शन

अधिक प्लान दिखाने से सफलता जल्दी मिलती है। यह संख्या का खेल है, यहाँ औसत का नियम बिल्कुल ठीक बैठता है, जितने ज़्यादा प्लान दिखाए जाएँगे, उतनी जल्दी सफलता मिलेगी। किसी एक व्यक्ति के बारे में यह नहीं कहा जा सकता कि वो बिज़नेस करेगा या नहीं। चाहे वो व्यक्ति कैसा भी हो, पढ़ा-लिखा, मेहनती, ईमानदार। लेकिन यह कहा जा सकता है कि ऐसे दस लोगों को प्लान दिखाया जाए, तो दो-तीन लोग बिज़नेस ज़रूर करना चाहेंगे। अब ये दो-तीन लोग कौन होंगे ? हमें पता नहीं। अगर हम अपना नेटवर्क बढ़ाना चाहते हैं, तो हमें जल्द से जल्द ज़्यादा लोगों तक पहुँचना होगा। सिस्टम का अनुभव यही है, जब आप अधिक लोगों को प्लान दिखाते हैं, तो आपके बिज़नेस में 'मोमेंटम' रहता है और आपके पास इतने लोगों की संभावनाएँ होती हैं कि नकारात्मक या ढीले-ढाले लोगों के लिए आपके पास फ़ुर्सत ही नहीं होती। तब आपके पास तेज़-तर्रार, महत्वाकांक्षी और सकारात्मक लोगों पर ध्यान देने के अलावा कोई और रास्ता ही नहीं होता। ऐसे में आप किसी नकारात्मकता को न सुनना चाहते हैं, न उसके लिए रुकना पसंद करते हैं। स्वभावतः इससे आपका बिज़नेस तेज़ी से बढ़ता है, वो भी केवल सही लोगों के साथ।

मनोविज्ञान

औसत के नियम का मनोविज्ञान समझना ज़रूरी है। हमारी लिस्ट के दस लोगों मे से दो या तीन लोग ही औसतन बिज़नेस शुरू करते हैं। ऐसे चार डिस्ट्रीब्यूटर में से एक बिल्कुल भी काम नहीं करता, दो हमेशा हाँ या ना के बीच असमंजस में रहते हैं, कभी सक्रिय होकर काम करते हैं, प्रॉडक्ट इस्तेमाल करते हैं, कभी निष्क्रिय होकर बैठ जाते हैं और स्थिति में परिवर्तन देखकर फिर काम में जुट जाते हैं। लेकिन हर चौथा डिस्ट्रीब्यूटर काम करता है और अपने जैसे लोगों का नेटवर्क तैयार करता है। अगर

हम इस औसत के गणित को समझ लें, तो हम 'ना' बोलने वाले और 'काम नहीं करने वाले' लोगों के कारण हताश नहीं होते और कार्यशील लोगों के साथ मेहनत करके आगे बढ़ जाते हैं। तब हमारे ग्रुप की सफलता देखकर निष्क्रिय लोग भी काम में जुट जाते हैं, और सभी मिलकर सफलता को बहुगुणित कर लेते हैं।

प्लान प्रोफ़शनल तरीक़े से दिखाएँ

प्रोफ़ेशनल तरीक़े में निम्नलिखित बातें शामिल हैं :

1) आपका पहनावा
2) आपके ऊँचे हाव-भाव
3) आपका विश्वास
4) आपका सकारात्मक नज़रिया
5) समय की पाबंदी
6) आप जो दिखा रहे हैं, उसमें आपकी सजगता
7) आपका उत्साह
8) आपके नपे-तुले शब्द
9) सबसे बड़ी बात देखने वालों को समझ में आए, ऐसी भाषा का प्रयोग करें।

चौथा आधारभूत कार्य
फ़ॉलो–अप

फ़ॉलो-अप हमारे कार्य का आख़िरी पड़ाव है। फ़ॉलो-अप का मतलब पीछा करना नहीं है। फ़ॉलो-अप का मतलब है, लोगों की इच्छा, आकांक्षा, उत्साह को परखना, उनकी सही निर्णय तक पहुँचने में मदद करना। अगर लोग प्लान देखने के बाद दूसरे दिन मिलते ही कहें कि वो बिज़नेस शुरू करना चाहते हैं, तब तो यह एक साधारण सी बात दिखाई देती है। लेकिन इतनी सहजता से, सैकड़ों में से एकाध ही मिलता है। अधिकतर लोग असमंजस में होते हैं। उनके पास बहुत से प्रश्न, शंकाएँ, जिज्ञासाएँ होती हैं, और ऐसे में फ़ॉलो-अप की प्रक्रिया से गुज़रकर ही निर्णय पर पहुँचते हैं। यही फ़ॉलो-अप, चारों आधारभूत कार्यों में सबसे महत्त्वपूर्ण कार्य बन जाता है। देखा जाए तो लिस्ट, संपर्क-निमंत्रण, प्लान का प्रदर्शन, इन तीनों का महत्व 25% ही है। फ़ॉलो-अप का 75% महत्त्व है, क्योंकि बिज़नेस करने या न करने का फ़ैसला इसी बात पर आधारित होता है कि फ़ॉलो-अप कैसे किया गया।

फ़ॉलो–अप पैक दीजिए

सबसे पहली बात फ़ॉलो-अप की प्रक्रिया शुरू होती है उस समय से, जब आपके प्लान का प्रदर्शन ख़त्म होता है। प्लान जैसे ही ख़त्म हो, प्लान देखने वालों को टटोलिए। प्लान का उन पर कितना प्रभाव पड़ा है, वो उत्साहित हैं या नहीं। इस बारे में वो सकारात्मक हैं, या सकरात्मक बनने जा रहे हैं, या पूरी तरह नकारात्मक हैं, उदासीन हैं। इसे परखने का आसान तरीक़ा है, उनसे सकारात्मक सवाल पूछिए, "बढ़िया है ना? शुरू करें? कब से शुरू करना चाहेंगे, कल या परसों?" (यह कभी मत पूछिए कि कैसा लगा।) अब अगर उन्हें बिज़नेस की बात जँच गई है, तो वो तुरंत अपनी तैयारी दिखाएँगे, वरना हर बात के लिए झिझकेंगे। अगर वो और जानकारी लेने के लिए उत्सुकता दिखाएँ, तब उन्हें फ़ॉलो-अप पैक

दीजिए। फ़ॉलो-अप पैक, यानी एक रैली कैसेट बिज़नेस की जानकारी से संबंधित पुस्तक या सफल लोगों के फ़ोटो और जिसमें परिचय छपे हों ऐसी पुस्तक, सिस्टम द्वारा या कंपनी द्वारा प्रकाशित मासिक पत्रिका तथा बिज़नेस के सेल्स और मार्केटिंग प्लान की कॉपी, नेटवर्क मार्केटिंग या अपनी कंपनी के बारे में अख़बार या किसी पत्रिका में छपे लेख की कॉपी। यानी एक पुस्तक, एक कैसेट या वी.सी.डी. तथा प्लान की शीट, ये एक आदर्श फ़ॉलो-अप पैक माना जाएगा। इस फ़ॉलो-अप पैक को महत्वपूर्ण बताकर दीजिए, प्रमोट करके दीजिए।

सिस्टम दर्शन

सिस्टम के अनुसार फ़ॉलो-अप का मतलब, किसी प्रॉस्पेक्ट को बिज़नेस शुरू करने के लिए मजबूर करना नहीं है, बल्कि शरू करने के लिए मदद करना है। वास्तव में इसका मतलब है, उनके उत्साह, उनकी महत्वाकांक्षा के स्तर को परखना, यानी यह जानना कि वो इस बिज़नेस को करने के लिए किस सीमा तक आतुर हैं। इस फ़ॉलो-अप पैक को 'प्रमोट' करके देने के पीछे भी एक कारण है। सिस्टम का अनुभव है कि जब तक किसी चीज़ को प्रमोट नहीं किया जाता, तब तक नए लोग अपने आप उसे विशेष तौर पर गंभीरता से नहीं लेते। वो अपने रोज़मर्रा के कामों में से समय निकालकर सीडी नहीं सुनते, पुस्तक नहीं पढ़ते। जब सीडी-पुस्तक को सही ढंग से प्रमोट किया जाता है, और वापस देने का समय भी निश्चित होता है, तो लोग अपना विशेष समय निकालकर उसे सुनते हैं, पढ़ते हैं। फ़ॉलो-अप पैक का मतलब है और अधिक सही जानकारी तथा नकारात्मक प्रभाव से बचाव। बिज़नेस प्लान देखकर उत्साहित हुए प्रॉस्पेक्ट बिज़नेस को लेकर लोगों से बातचीत करना शुरू कर देते हैं। वो एक ऐसे विषय पर बातचीत करते हैं, जिसके बारे में उन्हें नाम मात्र जानकारी है। ऐसे में संभव है कि उनके किसी मित्र द्वारा दी गई नकारात्मक जानकारी का उन पर अधिक प्रभाव पड़े। ऐसे में ज़रूरी है कि उन्हें नकारात्मक जानकारी मिलने के पहले, सही जानकारी देने वाली सीडी या पुस्तक दी जाए, जिससे उनकी जानकारी और विश्वास का स्तर ऊपर उठ जाए। सिस्टम का अनुभव है कि हर व्यक्ति इस बिज़नेस को

करना चाहता है, और हर व्यक्ति इस बिज़नेस में सफलता पा सकता है। अगर प्लान दिखाने के बाद, नए लोगों को, नकारात्मक प्रभाव से, दो दिन तक बचाया जा सके, और उन्हें इस बीच सही जानकारी दी जा सके, तो उनका निर्णय सकारात्मक ही होगा।

मनोविज्ञान

फ़ॉलो-अप पैक को प्रमोट करके देने के पीछे साधारण मानवीय सोच का मनोविज्ञान है। हम तब तक कोई काम नहीं करते, जब तक हमें कुछ खोने का डर या कुछ पाने की इच्छा न हो। 'प्रमोशन' के कारण हमारे अंदर एक उत्सुकता जागती है। अपनी उत्सुकता की ख़ातिर हम सीडी सुनने, पुस्तक पढ़ने का समय निकाल लेते हैं। वरना हमारे पास इससे ज़्यादा ज़रूरी हज़ार काम होते हैं, जिन्हें हम प्राथमिकता देते हैं। ऐसे कामों में एक घंटा आराम से बैठने से लेकर टीवी देखने या बेमतलब गपशप करने जैसे काम भी हो सकते हैं। प्रमोशन के कारण हमारे दिलो-दिमाग़ में सवाल पैदा होता है कि इसमें ऐसा क्या है? क्या वास्तव में इस सीडी की जानकारी किसी की ज़िंदगी को बदल सकती है? अपने ऐसे ही प्रश्नों के उत्तर पाने के लिए हम सीडी सुनने के काम को प्राथमिकता देते हैं। दूसरी बात, जब उस सीडी-पुस्तक को वापस लेने का समय निश्चित है, तो हमारे दिमाग़ में एक डर पैदा होता है, कि अगर इस बीच मैंने सीडी नहीं सुनी, तो मैं इस महत्वपूर्ण जानकारी को पाने से वंचित रह जाऊँगा। जब किसी काम के लिए समय सीमा निश्चित होती है, तो हम उसे प्राथमिकता देकर पहले ही निपटा लेना चाहते हैं। इंसान मूलतः एक आलसी प्राणी है, अगर कोई काम लेटकर किया जा सकता है, तो वह बैठकर करने की मेहनत से बचना चाहता है, खड़े रहकर या चलकर इस काम को करने के बारे में सोचता भी नहीं। ऐसे में अगर 'प्रमोट' न किया जाए, समय सीमा निश्चित न हो, तो नया व्यक्ति इसे 'समय मिलने पर कभी करूँगा' ऐसा सोचकर रख देता है, और अपने कथित व्यस्त समय में से उसे समय मिलता नहीं, और ऐसा 'कभी करूँगा' कभी नहीं आता। ऐसे में उसके दिमाग़ में यह एहसास भी होता है कि सीडी सुनवाना आपके लिए ज़रूरी है, सुनना उसकी ख़ुद की ज़रूरत

नहीं। प्रमोट करने से यह काम उसकी ख़ुद की ज़रूरत बन जाता है, और ख़ुद की ज़रूरत पूरी करने के लिए हम समय निकाल ही लेते हैं।

दूसरी बात यह होती है कि प्लान देखकर पैदा हुआ उत्साह, अपने सपनों को पूरा कर पाने की एक आशा मस्तिष्क में एक तूफ़ान सा उठा देती है। ऐसे में लोग चुप नहीं बैठ पाते और इसकी अधिक जानकारी के लिए और लोगों से बात करना शुरू कर देते हैं और अपनी अधकचरी जानकारी से ही लोगों को समझाने की कोशिश करते हैं। ऐसे में आस-पास के लोगों द्वारा कई सवाल पूछे जाते हैं, नकारात्मक जानकारी और सलाह दी जाती है, जिसके कारण उनका उत्साह ठंडा हो जाता है। तब उनके मन में एक द्वंद्व निर्माण होता है कि जो उन्होंने आपसे जाना है, वह सच है? या और लोगों ने जो बताया है वह सच है? तब वो अपने मन में उठे सवालों के साथ लोगों द्वारा पैदा किए गए संदेहों का भी समाधान माँगते हैं। ऐसे में अगर उनके पास सही जानकारीयुक्त सीडी-पुस्तक हों, तो वो लोगों से सलाह लेने के बजाय ख़ुद ही सही जगह से जानकारी लेते हैं, तब उनका विश्वास और उत्साह बढ़ जाता है।

फ़ॉलो-अप 48 घंटे के भीतर ही पूरा कर लें

फ़ॉलो-अप पैक को महत्वपूर्ण बताकर दीजिए, प्रमोट करके दीजिए। अगर वो नकारात्मक हैं, तो लेने से इंकार कर देंगे या इस तरह से लेंगे, जैसे उनकी इच्छा नहीं है। अब अगर पुस्तक-सीडी ले ली है, तो उनसे प्रश्न पूछिए, "आप इसे कब सुनेंगे या पढ़ेंगे, आज या कल?"

अगर वो उसे पढ़ना या सुनना नहीं चाहते, तो वो टालमटोल करेंगे। ऐसे में उनसे अपने पुस्तक-सीडी वापस ले लीजिए, ये कहते हुए कि, "यह सीडी-पुस्तक मेरे लिए बहुत ज़रूरी चीज़ें हैं, मुझे किसी और को भी देना है। ऐसा करते हैं, हम बाद में मिलेंगे, तब मैं आपको ये दे दूँगा। हम कल शाम को मिल सकते हैं, या परसों शाम को?"

अब अगर वो मिलने का समय भी देने को तैयार नहीं हैं, तो उन्हें ख़ुशी-ख़ुशी विदा कीजिए और कहिए, "कोई बात नहीं। जब आप और जानकारी चाहें, तो मुझसे संपर्क कीजिएगा।" ऐसे लोगों को फ़ॉलो-अप

पैक कदापि न दें, क्योंकि ऐसे लोग आपका समय और ऊर्जा ख़राब करेंगे।

अब जो लोग उत्साहित हैं वो तुरंत कहेंगे, “मैं आज सुनूँगा।” ऐसे में उनसे 48 घंटे के भीतर अगली मुलाक़ात निश्चित कर लें। बेहतर होगा यह मुलाक़ात उन्हीं के घर पर हों, या फिर ज़्यादा से ज़्यादा आपके घर पर। ऑफ़िस-दुकान, रेस्टॉरेंट में मुलाक़ात तय न करें। मुलाक़ात का दिन, समय और जगह निश्चित होने चाहिए, उसे उन्हीं के सामने अपनी डायरी में नोट कर लें। अगर वो उसी समय प्रश्न पूछते हैं, तो उन्हें आश्वासन दें कि उनके सवालों के जवाब इस सीडी-पुस्तक में मिल जाएँगे, वरना उनके बाक़ी सवालों का जवाब आप अगली मुलाक़ात में उन्हें देंगे। उनसे चिपके रहने की कोशिश न करें। कभी भी उन्हें ज़्यादा जानकारी या जवाब देने की कोशिश न करें और उन्हें जल्द से जल्द विदा करें। अब 48 घंटे के पहले ही अपनी निश्चित जगह पर, उनसे सही समय पर मिलें। उनके घर गए हों, तो स्थिति का जायज़ा लें कि अगले दस मिनट बात करने की स्थिति है या नहीं। कहीं घर में किसी कलह आदि के कारण उनका मूड उखड़ा हुआ तो नहीं। आश्वस्त होते ही उनसे सकारात्मक प्रश्न पूछिए, जैसे “सीडी बढ़िया है ना?” (“कैसी लगी?” मत पूछिए।) जवाब में तीन ही संभावनाएँ हैं।

1) “अरे यार, टाइम ही नहीं मिला, वो क्या है कि...।”

2) “ठीक है...। (ठीऽऽऽऽक है...।)”

3) “बहुत बढ़िया है...।”

पहले जवाब के लिए मुस्कुराकर कहिए, “ओ.के. मुझे इसकी ज़रूरत है, जब आपके पास समय हो तो मुझसे माँग लीजिएगा। ... लेकिन आपको पता है मेरे पास बेहतरीन प्रॉडक्ट हैं। (अपने प्रॉडक्ट और उनकी ख़ासियतें दिखाइए।) “इनमें से कितने प्रॉडक्ट इस्तेमाल करके देखना चाहेंगे?”

अब वो जिस प्रॉडक्ट को उठा लें, उसकी थोड़ी जानकारी और उससे जुड़े अनुभव बता दीजिए। महँगा लगने पर इस्तेमाल का तरीक़ा और अच्छा रहने के कारण कैसे किफ़ायती पड़ता है बताएँ। उन्हें बता दीजिए कि अगर उन्हें क़ीमत और क्वालिटी के आधार पर संतुष्टि नहीं

मिली, तो आप उन्हें इस्तेमाल हुए प्रॉडक्ट पर भी पूरे पैसे वापस करेंगे। अब उन्हें बिज़नेस में जोड़ने के अपने लाभ पर नियंत्रण रखिए, बिज़नेस के बारे में चर्चा को टाल दीजिए और दस-पंद्रह मिनट में उनके घर से विदा लीजिए, लेकिन अगली ओपन मीटिंग में आने का निमंत्रण अवश्य देते जाइए।

अब जो दूसरा या तीसरा जवाब दें, उनसे पूछिए, "इसमें आपको सबसे अच्छी बात कौन सी लगी? (कैसा लगा या क्या नहीं लगा)" इस प्रश्न के उत्तर में आप जान जाएँगे कि उन्होंने सीडी सुनी है या नहीं, बशर्ते कि आपने भी पहले से सीडी सुनी हो। अगर वो कहते हैं, "सबकुछ अच्छा लगा" तो प्रश्न दोहरा दीजिए। अब अगर उन्होंने सीडी सुनी है, तो कोई न कोई बात बताएँगे ही। अब वो जिस बात को अच्छा कहें, उसी को ज़ोर देकर अच्छा कहिए। अब अगर उन्हें वाक़ई में अच्छा लगा है, वो उत्साहित हैं, तो उनसे सीधे बिज़नेस शुरू करने की बात करें और बताएँ कि कैसे वो बिज़नेस किट ख़रीदकर शुरू कर सकते हैं। फ़ॉलो-अप का यह काम 48 घंटे के भीतर पूरा करें।

सिस्टम दर्शन

सिस्टम द्वारा प्रस्तावित अधिकतर तरीक़ों में 48 घंटों का विशेष महत्व है। इसलिए फ़ॉलो-अप का काम 48 घंटे के भीतर ही प्रयोग में लाने की हिदायत दी जाती है। यही वह समय होता है जब किसी भी प्रॉस्पेक्ट द्वारा बिज़नेस शुरू करने की संभावना 99% रहती है। उसमें बचे हुए 1% लोगों द्वारा आपकी जानकारी या मेहनत से बिज़नेस शुरू नहीं किया जाता, बल्कि ये बचे हुए 1% लोग अगर भविष्य में बिज़नेस शुरू भी करते हैं, तो स्वयं-सफूर्त होकर करते हैं। 48 घंटों के बाद की गई मेहनत या कोशिश इन 1% लोगों को इस बिज़नेस से दूर ही ले जाती है, तथा उनके सकारात्मक निर्णय को भी प्रभावित कर देती है। इसलिए बेहतर यही माना गया है कि 48 घंटों के पहले उनसे 'हाँ' या फिर 'ना' का निर्णय लेकर, आप आगे बढ़ जाएँ। इससे समय, ऊर्जा और पैसे की बचत होती है और आपके उत्साह में कमी नहीं आती। आप उस समय में कहीं किसी अन्य प्रॉस्पेक्ट के साथ बात करके सफलता पा लेते हैं और

हताशा आप पर हावी नहीं हो पाती। एक सफलता कई असफलताओं को भुला देने में सहायक होती है। सफलता से उत्साह बढ़ता है, उत्साह के कारण आप और सफल होते जाते हैं, और यही सिलसिला आगे बढ़कर आप में जोश भर देता है, जिसे 'मोमेंटम' कहते हैं, जो इस बिज़नेस में टॉनिक का काम करता है।

सफलता ही बड़ी सफलता को जन्म देती है।

सिस्टम का अनुभव है कि 'प्रमोट' किए गए और 48 घंटों की समय सीमा के लिए दिए गए 'फ़ॉलो-अप पैक' से सकारात्मक नतीजे निकले हैं। 48 घंटों के बाद के फ़ालो-अप में शत-प्रतिशत असफलता की ही संभावना है। इसलिए सिस्टम का बोध-वाक्य यही कहा जा सकता है...

'48 घंटों के भीतर 'हाँ' या 'ना' में जवाब हासिल करें या फिर प्रॉस्पेक्ट से उम्मीद करना छोड़ दें।

48 घंटों के बाद कोई भी फ़ॉलो-अप सकारात्मक नतीजे नहीं देता। अगर किसी को सकारात्मक नतीजे मिल भी जाएँ, तो उसका कारण या तो प्रॉस्पेक्ट बहुत अच्छे हैं, या फिर आपके अपने प्रॉस्पेक्ट के साथ संबंध बहुत अच्छे हैं। सिस्टम के हिसाब से 48 घंटों के बाद केवल आपके बेहतर रिश्ते ही सकारात्मक परिणाम देंगे, फ़ॉलो-अप नहीं। हालाँकि बहुत गहराई में बेहतर रिश्ते बनाए रखना 'फ़ॉलो-अप' का ही एक भाग है।

मनोविज्ञान

48 घंटों की समय-सीमा का भी मनोविज्ञान से संबंध है। क्योंकि मानव मस्तिष्क 48 घंटे पहले ली हुई जानकारी का काफ़ी हिस्सा भूलने लगता है। उदाहरण के लिए आप याद कीजिए कि तीन दिन पहले दोपहर को आपने खाने में क्या-क्या खाया था? अधिकतर संभावना यही है कि आपको याद नहीं होगा। जब हम खाया हुआ भूल जाते हैं, तो इसकी ज़्यादा संभावना है कि हम प्लान को पूरी तरह याद नहीं रख पाएँ। दूसरी बात, प्लान के कारण पैदा हुआ हमारा उत्साह 48 घंटों के बाद पूरी तरह

ठंडा पड़ जाता है और यह उत्साह वही जानकारी या प्लान देखकर फिर से पैदा नहीं होता। यानी 48 घंटे बाद हमारे दिमाग़ से प्लान की यादें ख़त्म और मन से उत्साह ख़त्म, यानी सबकुछ ख़त्म। जब उत्साह ठंडा पड़ जाता है, तो व्यक्ति अब दूसरी तरह से सोचने लगता है और हर बात के बारे में मस्तिष्क में संदेह पैदा होने लगते हैं, प्रश्न तैयार होते हैं। ऐसे में उनकी इच्छा मर जाती है, और वो मन ही मन फ़ैसला कर लेते हैं कि उन्हें और ज़्यादा झंझटों में नहीं पड़ना है। इसलिए 48 घंटों के बाद बिज़नेस में शामिल होने से बचने के लिए बहाने बनाते हैं कि "मेरे पास समय नहीं है, या पैसे नहीं हैं, या इच्छा नहीं है। मैं आपकी तरह दौड़-भाग नहीं कर सकता या बात नहीं कर सकता।" ऐसे में वो बहुत सारे संदेह व्यक्त करते हैं, "कंपनी भाग गई तो... ? मैंने काम नहीं किया तो... ? चेक नहीं आया तो... ? मेरे नीचे वालों ने काम नहीं किया तो... ?" इसके अलावा वह सवाल भी बहुत पूछते हैं, "कंपनी 60% सीधे क्यों नहीं दे देती ? किट में मनपसंद प्रॉडक्ट क्यों नहीं देते ? अपने प्रॉडक्ट का उपयोग स्वयं करना क्यों ज़रूरी है ?"

ऐसी अनंत बातें सामने आती हैं, जिनके द्वारा वो बिज़नेस से बचना चाहते हैं। हालाँकि ऐसे हर सवाल का जवाब है, अगर वो समझना चाहें। लेकिन अब वो कोई भी बात समझना ही नहीं चाहते, इसलिए 48 घंटों बाद की गई बातचीत का कोई अर्थ नहीं रह जाता। अधिकतर यह बातचीत बहस का रूप ले लेती है, परिणामतः वो बिज़नेस से और दूर हो जाते हैं। उन्हें लगता है कि ज़बरदस्ती उन्हें 'मेंबर' बनाने की कोशिश की जा रही है। तभी वो कहते फिरते हैं, "कई लोग इसके लिए मेरे पीछे पड़े थे...।"

सवालों को लिख लें

अब अगर वो कुछ सवाल-जवाब करते हैं, तो उनके सवाल को तुरंत अपनी डायरी में लिख लें और तुरंत कहें, "अच्छा सवाल है, इसके अलावा और कोई बात, जो आपको बिज़नेस में आने से रोक रही हो ?"

इसी तरह से उनके दूसरे-तीसरे-चौथे सवाल को लिखते जाइए। जब

सवाल ख़त्म हो जाएँ, तो कहिए, "आपके सवालों का जवाब मिल जाए, तो आप बिज़नेस करना चाहते हैं ना?" या "आप सचमुच इन सवालों के जवाब पाना चाहते हैं या ऐसे ही टाइम पास के लिए पूछ रहे हैं?"

अगर वो 'नहीं' कहते हैं या टालमटोल करते हैं, तो डायरी बंद करके फिर प्रॉडक्ट की बात करने लगें।

अगर वो तैयारी दिखाते हैं तो कहिए, "क्या मैं आपसे कुछ सवाल पूछ सकता हूँ?" अब उनसे नीचे लिखे पाँच सवाल पूछिए :

1) इस बिज़नेस में आपको सबसे अच्छा क्या लगा?

2) क्या आपको लगता है कि इस बिज़नेस से ज़िंदगी में बेहतर बदलाव आएगा?

3) अगर आपने बिज़नेस नहीं किया, तो दो साल बाद कहाँ रहेंगे? (हाथों के इशारे से बताइए, वहीं के वहीं) अगर बिज़नेस नहीं भी चला तो कहाँ रहेंगे? (इशारे से बताइए, वहीं के वहीं) लेकिन अगर यह बिज़नेस सिस्टम से करेंगे, तो लाखों कमा सकते हैं, तब कहाँ रहेंगे? (हाथों के इशारे से फ़र्क़ दिखाएँ।) फ़र्क़ रहेगा?"

4) अगर आपको 25-50 हज़ार की कमाई होने लगे, तो ऐसी कौन सी इच्छाएँ हैं, जो आप पूरी करना चाहते हैं? क्या ख़रीदेंगे? (यहाँ उनके हर सपने को लिख लीजिए। सपना विस्तृत जानकारी के साथ स्पष्ट लिखें, जैसे 'घर बनना है, तो 'किस एरिया में', 'कितने रूम का' आदि-आदि...।)

5) अगर हम और हमारी टीम के एक्सपर्ट लोग, इन सपनों को पूरा करने में आपकी मदद करें, तो आप मदद लेना पसंद करेंगे?

यहाँ एक बात ठान लें कि जब तक वो सकारात्मक उत्तर देते हैं, अगला प्रश्न पूछें, वरना डायरी बंद करके प्रॉडक्ट की बात पर आ जाएँ। अगर सारे सकारात्मक जवाब मिलें, तो बिज़नेस शुरू करने की बात पर आ जाएँ। अगर वो अपने प्रश्न के उत्तर पहले जानना चाहें, तो उन्हें एक और सीडी सुनने को दें और अगली 'ओपन-मीटिंग' या 'सेमिनार' में

आने के लिए कहें।

सिस्टम दर्शन

यहाँ सिस्टम प्रॉस्पेक्ट द्वारा पूछे गए सवालों को लिख लेने की हिदायत देता है। चाहे सवालों के जवाब कितने ही आसान या कठिन हों। कारण यह है कि जब लोग एक सवाल पूछते हैं, तो दिए गए जवाब से वे अगला सवाल ढूँढ़ लेते हैं। ऐसे में सवाल के पीछे जवाब, फिर जवाब के पीछे सवाल का सिलसिला ख़त्म नहीं होता। जब सवालों को लिखना शुरू किया जाता है, तो वो केवल वही सवाल पूछते हैं, जो गंभीर है। उनके मन में जो असली सवाल होते हैं, वो केवल वही सवाल पूछते हैं। ऐसे में वो फ़ालतू सवालों को टाल देते हैं। इस तरीक़े से अलग-अलग विषयों-क्षेत्रों से संबंधित वास्तविक सवाल ही सामने आते हैं। अगर सवाल लिखने के बजाय जवाब दिया जाए, तो एक ही विषय-क्षेत्र में सिलसिलेवार सैकड़ों सवाल पूछे जाते हैं और यह सिलसिला अंतहीन हो जाता है। सिस्टम का अनुभव है कि जब लिखा जाता है, तो सवालों की संख्या दो-चार से आगे नहीं जाती, पूछने वाले ख़ुद ही महत्वहीन सवालों को टाल देते हैं।

सिस्टम ऐसे किसी भी सवाल का जवाब देने से मना करता है। सिस्टम के दर्शन अनुसार पूछा गया कोई भी सवाल, वास्तव में सवाल होता ही नहीं, बल्कि बिज़नेस न करने के लिए किया गया एक बहाना होता है, या कि एक मुखौटा होता है, जो उनके असली बहाने को छुपाने के लिए प्रॉस्पेक्ट द्वारा उपयोग में लाया जाता है। ऐसे किसी एक बहाने का संतोषजनक जवाब मिलते ही प्रॉस्पेक्ट दूसरा बहाना ढूँढ़ लेते हैं। हो सकता है प्रॉस्पेक्ट के सवाल सही हों, गंभीर हों, लेकिन सिस्टम का मानना है कि...

यह बिज़नेस सवाल-जवाब की नहीं, करने की चीज़ है।

इसलिए केवल सवाल-जवाब या बातों से बिज़नेस नहीं होता। वैसे भी कई सवालों के जवाब ऐसी जानकारी से संबंधित होते हैं, जिन्हें आगे

सही समय पर ही देना उचित होता है। पहली कक्षा में एडमिशन लेने वाले बच्चे को दसवीं कक्षा की जानकारी देना ठीक नहीं। वैसे भी आगे चलकर आप खुद ही उन्हें सही समय पर, सही जानकारी देने ही वाले हैं। इसलिए हर सवाल का जवाब तभी दे देना ठीक नहीं है।

मनोविज्ञान

सवाल लिख लेने के पीछे भी एक मनोवैज्ञानिक कारण है। क्योंकि उपरोक्त परिस्थितियों से स्पष्ट होता है कि हम अपने सपनों को पूरा करने के लिए एक रास्ता ढूँढ़ते हैं। इस बिज़नेस के द्वारा हमें आशा की एक किरण दिखाई देती है, लेकिन अंदर एक द्वंद्व चलता है, विश्वास और डर के बीच। ऐसे में अपने डर को हम सवालों के माध्यम से हल करना चाहते हैं, लेकिन होता इसका उल्टा है। सवालों के जवाब मिलते ही हमारी जानकारी बढ़ती है, लेकिन साथ ही द्वंद्व भी बढ़ता है। इसलिए ज़रूरी है इन सवालों के बहाव को रोका जाए, सीमित किया जाए। इसलिए जवाब देने के बजाय उसे लिख लेना महत्वपूर्ण है। जैसे ही सवाल लिखना शुरू होता है, हमें महसूस होता है कि हमारे सवालों को गंभीरता से लिया जा रहा है। तब उसका बहाव रुक जाता है। मस्तिष्क से फ़ालतू सवाल ग़ायब हो जाते हैं और केवल कुछ ही सवालों तक हम सीमित हो जाते हैं, जबकि ये सवाल भी वास्तविक नहीं होते। वास्तविक सवाल तो एक ही है, हमारा 'डर' यानी "यह बिज़नेस चलता है?" और "क्या वास्तव में मैं भी सफल हो सकता हूँ?"

अवास्तविक सवालों के जवाब देकर इस वास्तविक डर को दूर नहीं किया जा सकता।

'फ़ील–फ़ेल्ट–फ़ाउंड' फ़ॉर्मूला अपनाएँ

इसलिए पहले सवालों को लिखकर उन्हें सीमित किया जाता है, फिर 'फ़ील-फ़ेल्ट-फ़ाउंड' द्वारा, उनका जवाब देकर उनका ध्यान हटाया जाता है, उसे मोड़ा जाता है। एक कैसेट पर, एक मीटिंग पर, जहाँ उनका

विश्वास उनके डर से बहुत बड़ा हो जाता है।

याद रखें, आपको किसी भी प्रश्न का जवाब नहीं देना है, अगर बहुत ही ज़रूरी हो, तो सिस्टम का बेहतरीन फ़ॉर्मूला अपनाएँ, जो कि है-

Feel - Felt - Found

"बिल्कुल सही...। मुझे भी ऐसा ही लगा था...। बाद में मैंने पाया...।"

उनके किसी भी सवाल को लेकर कहें, "बिल्कुल सही... वास्तव में पहले मुझे भी ऐसा ही लगा था। लेकिन एक मीटिंग में जाने के बाद (या सीडी सुनने के बाद या पुस्तक पढ़ने के बाद या प्रॉडक्ट-ट्रेनिंग में जाने के बाद या अप लाइन से मिलने के बाद) मुझे पता चला कि ऐसा नहीं है।"

इस तरह उनके प्रश्न को सीडी, पुस्तक, फ़ंक्शन, अप लाइन या प्रॉडक्ट-ट्रेनिंग की ओर कर दें। इस बात से फ़र्क़ नहीं पड़ता कि प्रश्न कितना सरल है या आप कितनी अच्छी तरह से उसका उत्तर जानते हैं। हाँ, इस बात से फ़र्क़ पड़ता है कि आप उसके जवाब में उन्हें एक सीडी सुनने या मीटिंग में आने के लिए उत्सुक कर दें। उदाहरण के तौर पर, आपसे अगर पूछा जाता है, "इसमें दो और दो कितने होते हैं?" और आपके मुँह से जवाब तुरंत मिल सकता है "चार...।"

लेकिन जवाब मत दीजिए, बल्कि उनके प्रश्नों को सही बताइए और कहिए, "अच्छा प्रश्न है। वास्तव में ऐसे ही प्रश्न मेरे मन में भी थे, लेकिन सीडी सुनने (या मीटिंग में जाने) के बाद मुझे उसका सही जवाब मिला। इस सीडी में बहुत ही बढ़िया तरीक़े से समझाया गया है, कि दो और दो कितने होते हैं, और क्यों?"

आप शायद मेरी बात से सहमत नहीं होंगे, लेकिन मैं स्पष्ट कह दूँ, जवाब देकर आप किसी को संतुष्ट कभी नहीं कर पाएँगे। क्यों? इसका जवाब सिस्टम दर्शन और मनोविज्ञान में है, इस विषय को वहाँ हम आसानी से समझ जाएँगे। यहाँ केवल इतना ही कि हर सवाल का जवाब **'फ़ील-फ़ेल्ट-फ़ाउंड'** से दीजिए।

अगर सवाल प्रॉडक्ट से संबंधित है, प्रॉडक्ट की क़ीमत, उसकी

क्वालिटी, या उसकी उपयोगिता से संबंधित है, तो आप उनका रुख़ प्रॉडक्ट-ट्रेनिंग की ओर कर दीजिए।

अगर सवाल बिज़नेस की सफलता पर प्रश्न चिन्ह खड़ा करते हैं, या प्रॉस्पेक्ट को ख़ुद की क़ाबिलियत पर शक है, या और किसी भी बात का डर है, तो सर्वश्रेष्ठ जवाब यह है कि उन्हें एक मीटिंग के लिए प्रोत्साहित किया जाए, जो आजकल में होने वाली है। अगर मीटिंग में समय है, तो तब तक एक सीडी सुनने के लिए प्रमोट करें, या फिर अपनी सफल अप लाइन से मिलने के लिए उन्हें प्रोत्साहित करें, लेकिन उसी 'फ़ील-फ़ेल्ट-फ़ाउंड' का उपयोग करके। इस सूत्र का बिज़नेस में ही नहीं, जीवन के हर मोड़ पर प्रयोग करें। जहाँ भी बात बहस का रूप ले सकती है या आप अपनी असहमति जताना चाहते हैं, सीधे असहमति दर्शाने या विरोध करने की जगह "फ़ील-फ़ेल्ट-फ़ाउंड" फ़ॉर्मूला आपको फ़ायदा पहुँचाएगा। इस सूत्र पर इतना अभ्यास करें कि यह आपके व्यवहार का एक हिस्सा बन जाए। आप सहजता से "ऐसा ही लगा और... फिर पाया..." कह पाएँ, तो आप ज़िंदगी में भी हर जगह सफलता पा सकेंगे।

उदाहरण के लिए, समझें कि आपके दोस्त राम का कहना है कि राजा एक ग़लत आदमी है, लेकिन आप राम की बात से सहमत नहीं हैं। अब होगा यह कि आप अगर सीधे से असहमति जताते हैं, तो राम हज़ार तरीक़ों से यह सिद्ध करने की कोशिश करेगा कि राजा ग़लत कैसे है। आप भी हज़ार तर्क देकर राजा को सही सिद्ध करना चाहेंगे। बात बहस का रूप ले लेगी। इस बहस के चरमबिंदु पर हेगा यही कि राजा का विषय हट जाएगा और झगड़ा इस बात तक पहुँच जाएगा, "मैं नहीं, राम तू ग़लत है।" इसकी जगह अगर आप "फ़ील-फ़ेल्ट-फ़ाउंड" का उपयोग करके कहते हैं, "बिल्कुल सही राम, पहले मुझे भी ऐसा लगा था कि राजा ग़लत है, लेकिन जब मैंने उसके साथ रहकर उसे समझा, तब मुझे पता चला कि वो ऐसा नहीं है।" अब आपके बीच बहस नहीं होगी।

इस सिस्टम से अगर मुझे केवल एक ही चीज़ चुननी हो, तो मैं शायद यही एक सूत्र "फ़ील-फ़ेल्ट-फ़ाउंड" चुनूँगा और इसमें कुशलता हासिल करना चाहूँगा।

"फ़ॉलो-अप का यह तरीक़ा शत-प्रतिशत कारगर होगा क्या ? यानी

सभी लोग बिज़नेस में आ जाएँगे क्या?"

"नहीं...।" जवाब सीधा है, क्योंकि हर आदमी की अपनी एक विशेषता है। जितने लोग, उतनी विविधताएँ। हाँ, यह बात दावे के साथ कही जा सकती है कि इस तरीक़े से आपका रिश्ता प्रॉस्पेक्ट के साथ नहीं बिगड़ता, बल्कि मज़बूत होता है, जो कि भविष्य में बिज़नेस में आने के लिए एक खुले दरवाज़े का करेगा। विशेष बात यह है कि आपको उनके सवाल से हैरान-परेशान होना या चिढ़ना नहीं है। तभी आप प्रोफ़ेशनल तरीक़े से पेश आ पाएँगे और यह सूत्र यही काम सहजता से पूरा करता है।

कई बार सवालों के जवाब, सवाल पूछकर भी दिए जा सकते हैं। जैसे कि...

सवाल : "क्या इसमें मेंबर बनाने पड़ेंगे?"

जवाब में सवाल : "क्या आपको मेंबर बनाना पसंद है?"

"नहीं...।" अगर वो कहते हैं।

"...ये मेंबरशिप वाला नहीं है।" ये जवाब दीजिए।

अगर वो कहते हैं, "हाँ, पसंद है।" तो आप कह सकते हैं, "...तो फिर यह बिज़नेस आपके लिए ही है...।"

लेकिन अधिकतर सवालों के जवाब में 'सवाल' तब ही पूछना चाहिए, जब सामने वाला व्यक्ति विचारशील हो, सकारात्मक हो, ताकि वो उस दिशा में और विचार कर सके। जैसे...

सवाल : "इसमें प्रॉडक्ट तो महँगे हैं?"

जवाब में सवाल : "क्या आप अच्छी क्वालिटी के प्रॉडक्ट इस्तेमाल करना पसंद नहीं करते?" या फिर "क्या आप 'चीप' प्रॉडक्ट उपयोग करना पसंद करते हैं?"

ख़याल रहे सवाल के बदले में सवाल अगर सावधानी से न पूछे जाएँ, तो यह उनके अहंकार को ठेस पहुँचा सकते हैं और बात बहस का

रूप धारण कर सकती है। यह भी ध्यान रखें कि सवाल पूछने वाले और उनके सवाल दोनों ही सही हैं। वो नए हैं, उन्हें आज उतनी ही सही या ग़लत जानकारी है, जितनी आपको तब थी, जब आपने पहली बार प्लान देखा था। इसलिए संयम बरतें, ध्यान देकर सुनें, दिलचस्पी लें और प्रोफ़ेशनल तरीक़े से उनका रुख़ सीडी-पुस्तक-फ़ंक्शन-प्रॉडक्ट ट्रेनिंग या अपलाइन की ओर मोड़ दें, जहाँ से उन्हें सही जानकारी मिल जाएगी, जो जानकारी वो ख़ुद जानना चाहते हैं।

सिस्टम दर्शन

सिस्टम का अनुभव है कि साधारण सवाल-जवाब का सिलसिला भी आगे बहस का रूप धारण कर लेता है और बहस में जीतकर भी आप हार जाते हैं। क्योंकि बहस में दोनों पक्षों की हार होती है। कोई भी किसी को अच्छे तर्क देकर चुप करा सकता है, अपनी बात के लिए सहमत नहीं करवा सकता। लेकिन समस्या यह है कि अगर आप सवालों के जवाब देने से सीधे इंकार करते हैं, तो बातचीत या संबंधों का तार टूट जाता है, तब आप बिज़नेस के बारे में अपनी बात आगे नहीं बढ़ा सकते। ऐसे में ज़रूरी है जवाब देकर भी जवाब न दिया जाए। उसके लिए ही सिस्टम ने अनमोल सूत्र दिया है। जो है... "फ़ील-फ़ेल्ट-फ़ाउंड।"

इस सूत्र से आप जवाब देकर भी नहीं देते, बहस को टाल देते हैं, और अपने बिज़नेस का एक सिरा थामकर भी रख सकते हैं। 'फ़ील-फ़ेल्ट-फ़ाउंड' द्वारा आप उनके सवालों को सीडी, पुस्तक, मीटिंग, अप लाइन या प्रॉडक्ट-ट्रेनिंग की ओर मोड़ देते हैं, जो कि जानकारी का सही ज़रिया हैं। जब आप कहते हैं, "बिल्कुल ठीक, मुझे भी ऐसा ही लगा था, लेकिन जब मैं मीटिंग में गया, तब मुझे पता चला कि यह ऐसा नहीं है।"

तब अनकहे ही यह संदेश जाता है कि मैं भी आपकी तरह ही विचार करता हूँ, लेकिन मीटिंग में जाकर मुझे मेरे प्रश्नों का जवाब मिला। अब अगर आप भी गंभीरता से जानना चाहते हैं, तो आपको भी मीटिंग में अपने प्रश्नों के उत्तर मिल सकते हैं।

सिस्टम का अनुभव यही है कि लोग आपके सटीक जवाबों को सुनकर बिज़नेस नहीं करते, बल्कि सफल लोगों की बातें सुनकर, पढ़कर या प्रत्यक्ष देखकर ही बिज़नेस का निर्णय ख़ुद लेते हैं। सवालों का जवाब देना, यानी आप अपना निर्णय उन पर लाद रहे हैं, जो कोई भी सहसा मंज़ूर नहीं करता। कोई अगर सिर्फ़ इसलिए बिज़नेस शुरू कर भी दे कि उनके पास आपके जवाबों के बाद सवाल नहीं बचा, तब भी वो तब तक सफल बिज़नेस खड़ा करने की कोशिश नहीं करते, जब तक किसी मन को लगने वाली बात को वो ख़ुद अनुभव न कर लें या जान न लें। सिस्टम का अनुभव है कि लोग इस बात को नहीं समझना चाहते कि आपके पास कितना ज्ञान है, आप कितने सटीक जवाब देते हैं, बल्कि लोग यह समझना चाहते हैं कि आप कितने सफल हैं, कितने और किस प्रकार के लोग सफल हैं। इसलिए सिस्टम की सलाह है कि-

इस बिज़नेस में सफलता पाना बुद्धिमानी है, सफलता के बिना पंडित या विद्वान होना मूर्खता है।

लोग देखते हैं कि आपका अपना इसमें कितना विश्वास है, आप कितने उत्साहित हैं, आप कितने रोमांचित हैं, आप कितने सफल हैं। सिस्टम का अनुभव है कि लोग बहुत गहराई में सिर्फ़ दो सवालों के जवाब जानना चाहते हैं। (याद रखें सिर्फ़ सुनना नहीं बल्कि जानना, महसूस करना।)

1) क्या यह बिज़नेस सफलतापूर्वक चल रहा है?

2) क्या मैं इसमें सफल हो पाऊँगा?

लेकिन वो सीधे-सीधे ये सवाल नहीं पूछते, वो घुमा-फिराकर संदेह व्यक्त करते हैं। बहुत से सवाल ऐसे होते हैं जिनके जवाब वो पाना ही नहीं चाहते। कुछ ऐसे सवाल होते हैं जिनके जवाब उनके दिमाग़ में पहले से निश्चित हैं। उदाहरण, "मैंने काम नहीं किया तो?" या "मेरे नीचे वालों ने काम नहीं किया तो?" लेकिन असली सवाल उनकी ज़बान पर नहीं आते। ऐसे में उनके दिखावटी सवालों (या बहानों) का जवाब देकर हम उनके इंकार को ही मज़बूत करते जाते हैं। उनके असली सवाल

(कंपनी चलेगी? मैं चलूँगा?) के जवाब उन्हें कोई दूसरा व्यक्ति समझा नहीं सकता, इसलिए उन्हें किसी तीसरे व्यक्ति की ज़रूरत होती है, जो वहाँ मौजूद नहीं, कोई सफल व्यक्ति, जिनकी आवाज़ सीडी में है, जिनके शब्द पुस्तक में हैं, जिन्हें किसी समारोह में लोग सुन रहे हैं और उनसे सहमत हैं। अगर प्रॉस्पेक्ट को समझना है, तो वो ख़ुद उस तीसरे व्यक्ति को देखकर, सुनकर या पढ़कर ख़ुद अनुभव करेंगे। एक सफल व्यक्ति से असहमत होकर वो अपना ही नुक़सान करते हैं। इसकी अनुभूति उन्हें होती ही है। ऐसे सफल व्यक्ति से न तो वो बहस कर सकते हैं, न ही असहमत होकर अपना नुक़सान कर सकते हैं। साथ ही उनकी असहमति का सफल व्यक्ति पर कोई प्रभाव भी नहीं पड़ता। इसलिए सिस्टम का कहना है कि आमने-सामने सवाल-जवाब के चक्कर (बहस) में उलझने के बजाय, उन्हें सीडी, कैसेट, पुस्तक, फ़ंक्शन, अप लाइन या प्रॉडक्ट ट्रेनिंग की ओर मोड़ दिया जाए, जहाँ अपनी सहमति-असहमति के लाभ-हानि को वो ख़ुद महसूस कर सकें।

मनोविज्ञान

'फ़ील-फ़ेल्ट-फ़ाउंड' फ़ॉर्मूले के पीछे एक बहुत ही गहरा मनोवैज्ञानिक तत्व छुपा है। जब आप उनके सवालों का जवाब देते हैं, तो उनके अहंकार को ठेस लगती है, क्योंकि उनका अहंकार इसी बात में होता है कि उन्होंने अपने हिसाब से एक महत्वपूर्ण सवाल पूछा है। सीधे-सीधे जवाब के कारण उनके सवाल का महत्व आप कम कर देते हैं, ऐसे में अहंकार को चोट पहुँचती है। तब वो अपने अहंकार के कारण ही, जवाब में से एक और सवाल निकाल लेते हैं। आप फिर जवाब दे देते हैं, तब वो एक से दूसरे, दूसरे से तीसरे विषय पर सवाल पूछते चले जाते हैं। जब आप हर सवाल का जवाब दे देते हैं, तो वो ऐसे सवालों पर आ जाते हैं, जिनका जवाब निश्चित ही नकारात्मक है, "समझो मैंने काम नहीं किया तो...? मेरे नीचे वालों ने काम नहीं किया तो...? कोई भी प्रॉडक्ट का उपयोग नहीं करता हो तो...? क्या तब भी मुझे फ़ायदा मिलेगा?" यानी "मैं अगर अपनी दुकान नहीं खोलूँ तो...? या मैं नौकरी पर नहीं जाऊँ तो...? क्या तब भी मुझे कमाई होगी...?"

जवाब स्पष्ट है "नहीं...।" अब अगर आप सीधे 'नहीं...' कहें, तो उनके अहंकार को संतुष्टि मिलती है कि 'मेरा सोचना सही है कि ऐसे में यह बिज़नेस नहीं चलेगा।' अब आप अपनी बात पर अड़े हुए हैं कि 'ऐसा नहीं होता- बिज़नेस चलता है।' तब आप बात को कहीं और मोड़ने की कोशिश करते हैं और बहस कभी ख़त्म नहीं होती। दूसरी बात, लगातार जवाब देते-देते आप भी घायल होते हैं। आपके भी अहंकार को ठेस पहुँचती है कि वो किसी जवाब को नहीं मान रहे, बस सवाल पूछते जा रहे हैं। तब आपको चिढ़ आती है, ये सोचकर कि उनका आपके जवाबों पर क़तई विश्वास नहीं है। तब आप अपना धैर्य खोने लगते हैं। ऐसे व्यक्तियों के साथ बिज़नेस नहीं करना है, जो विश्वास नहीं कर सकते, ऐसा निश्चय करके आप उनसे बदला लेने पर उतर जाते हैं। आपकी हताशा यहीं आपको प्रेरित करती है कि उनकी 'औक़ात' याद दिला दें।

यहाँ महत्वपूर्ण बात यह है कि प्लान आपने दिखाया है। अगर उन्हें आपकी बात पर पूरा विश्वास है, तो वो तुरंत बिज़नेस करना चाहेंगे। अगर वो सवाल पूछ रहे हैं, तो निश्चय ही वो आप पर पूरा विश्वास नहीं करते। ऐसे में अगर आप जवाब दे भी देते हैं, तो स्थिति वहीं की वहीं रहती है। जवाब दे कौन रहा है? आप...। अगर उन्हें आप पर विश्वास होता, तो प्लान देखकर ही बिज़नेस करते। जब आपके बताए प्लान में उन्हें पूरा विश्वास नहीं है, तो आपके बताए गए जवाबों में भी विश्वास नहीं होगा। ऐसे में आप अनंत तक भी जवाब देते रहें, तो सवाल ख़त्म नहीं होंगे, आप पर विश्वास किए बिना यह संभव नहीं। तब ज़रूरी है कि आप 'फ़ील-फ़ेल्ट-फ़ाउंड' फ़ॉर्मूले का प्रयोग करके बहस से बचें। उनके अहंकार को संतुष्ट होने दें और उनका ध्यान उस ओर लगा दें, जहाँ से वो विश्वास के साथ सवालों के जवाब ख़ुद पा सकें।

फ़ॉलो–अप के मुख्य उद्देश्य निम्नलिखित हैं...

1) मदद करना

हम प्रॉस्पेक्ट को सही निर्णय लेने के लिए मदद करते हैं। लेकिन उसकी

भी एक सीमा है, हमें मदद करनी है, दबाव नहीं डालना। कभी-कभी हम इतने उतावले हो जाते हैं कि मदद देने के बहाने दबाव डालकर उन्हें बिज़नेस करने पर मजबूर करने का प्रयास करते हैं। दिल में उनकी भलाई की भावना रखकर मदद करें।

स्वार्थ (लालच) ही दुनिया में हर भलाई को बुरा बनाता है।

2) बचाव

अगर प्रॉस्पेक्ट उत्साहित है, तो यह ज़रूरी है कि हम उन्हें नकारात्मक लोगों के विचारों से बचाएँ, जो उनकी ज़िंदगी के महत्वपूर्ण फ़ैसले को प्रभावित कर सकते हैं। उसके लिए सही वक़्त रहते उन्हें बिज़नेस शुरू करने में मदद करें और उन्हें सकारात्मक माहौल से जोड़ दें। उन्हें रैली की सीडी दें, पढ़ने के लिए पुस्तकें दें, प्रॉडक्ट की जानकारी दें, अप लाइन से मिलवाएँ, और अगली मीटिंग में शामिल करें। इस तरह से उनका समय सकारात्मक बातों के साथ बीतेगा, वरना वो उत्साहित होकर बिज़नेस की जानकारी पाने के लिए नकारात्मक लोगों से मुलाक़ात कर सकते हैं।

3) दोस्ती बढ़ाना

नए परिचित को सबकुछ अच्छा लगने पर भी, वे कभी-कभी आप पर एकाएक भरोसा नहीं कर पाते। इसके लिए उनसे दोस्ती-रिश्ता बढ़ाएँ ताकि वे आपको जान सकें और भरोसा कर सकें।

4) लिस्ट बनाना

उत्साहित प्रॉस्पेक्ट को लिस्ट बनाने में मदद करें। उन्हें सोचने के लिए प्रवृत्त करें कि उनके कौन-कौन से दोस्त इस बिज़नेस को सफलतापूर्वक कर सकते हैं। अगर वे ख़ुद नहीं भी करना चाहेंगे, तो एक माध्यम बन

सकते हैं। जिससे आपकी लिस्ट में कुछ अजनबी प्रॉसपेक्ट जुड़ जाएँगे।

5) प्रॉडक्ट डेमो करना

एक दो प्रॉडक्ट की क्वालिटी, उपयोगिता और किफ़ायती दाम की जानकारी अवश्य दें तथा 'डेमॉन्स्ट्रेशन' यानी प्रत्यक्ष प्रयोग करके दिखाएँ। प्रॉडक्ट का स्पर्श ज़रूर करवा दें, जैसे टेल्कम पावडर लगाना, साबुन से हाथ धुलवाना आदि। यह स्पर्श और डेमो लोगों के दिलो-दिमाग़ में लंबे समय तक रहता है।

6) सपनों को छूना

लोगों के सपनों को ज़रूर छुएँ। वो ज़िंदगी में क्या पाना चाहते हैं, उनकी प्रबल इच्छा क्या पाने की है। यह फ़ॉलो-अप की प्रक्रिया का सबसे महत्वपूर्ण हिस्सा है। अगर महत्वाकांक्षी व्यक्ति के सपनों को जगाया जा सके, तो बाक़ी बातें बेमानी हो जाती हैं और यही एक कारण उनके बिज़नेस में सफलता पाने की प्रेरणा बन जाता है।

7) ग्राहक बनाना

अगर किसी भी कारण से उन्हें आज हम प्रेरित नहीं कर पाए, तो उन्हें अपना ग्राहक बनाइए, उन्हें प्रॉडक्ट दीजिए। यह एक ऐसा माध्यम है जो उन्हें भविष्य में आपसे जोड़े रखेगा और उनके बिज़नेस में प्रवेश का द्वार हमेशा खुला रहेगा।

8) उत्साह की खिड़की से अंदर कूदना–
फ़ॉलो–अप का सबसे महत्त्वपूर्ण क़दम

फ़ॉलो-अप के दौरान कभी-कभी ऐसी स्थिति भी आ जाती है कि प्रॉस्पेक्ट बिज़नेस शुरू करने के लिए उत्साहित तो है, मगर शुरू करने में

हिचकिचा रहा हो। ऐसे समय पर उसके यहाँ मीटिंग तय करना ज़रूरी हो जाता है। ताकि उनके परिचितों के बीच प्लान दिखाकर उनके नीचे ऐसा व्यक्ति ढूँढ़ा जाए, जो 'आज', 'अभी' बिज़नेस शुरू करने को तैयार हो। इस प्रक्रिया को 'जंपिंग थ्रू विंडो' कहते हैं। अगर एकाध जगह असफलता भी मिले, तो भी उसे एक के नीचे एक करते जाना, 'नेटवर्क मार्केटिंग' में सफलता का एक नुस्ख़ा है। प्लान देखकर प्रॉस्पेक्ट के दिमाग़ में उत्साह की जो खिड़की खुली है, उसके अंदर कूद जाएँ, क्योंकि यह उत्साह की खिड़की अगले 48 घंटों में बंद हो जाएगी, जिसे आप फिर नहीं खोल सकते। कारण यह है कि अधिकतर लोगों को विश्वास नहीं होता कि इस बिज़नेस को वो सफलतापूर्वक कर सकते हैं। ऐसे में आप प्रत्यक्ष उनके लिए मीटिंग करके उनके नीचे किसी 'अभी' वाले व्यक्ति को तलाश करते हैं। 'अभी' वाले व्यक्ति मिलते ही, वो भी तैयार हो जाते हैं। वैसे भी यही काम आपको उनके लिए बिज़नेस शुरू करने के बाद करना ही है। इसलिए इसे पहले करने पर उन्हें निर्णय तक पहुँचाना आसान हो जाता है। अगर आप यह काम नहीं करेंगे, तो भी उत्साहित हुए व्यक्ति ख़ुद ही लोगों से बातें करेंगे। बिज़नेस की जानकारी तथा आत्मविश्वास कम होने के कारण वो असफल हो जाएँगे और फिर ग़लत निर्णय ले लेंगे। बेहतर है कि यह काम उनके लिए आप ही कर दें। सभी सफल लोगों ने जाने-अनजाने में 'जंपिंग थ्रू विंडो' इस सूत्र का उपयोग किया है। यह एक कारगर तरीक़ा है। नए डिस्ट्रीब्यूटर की लिस्ट लेकर उस पर काम करना इसी सूत्र का दूसरा रूप है। मतलब यही है कि वो ख़ुद ग़लत तरीक़े से लोगों को बिज़नेस दिखाएँ या उनसे उनकी राय जानने की कोशिश करें और नकारात्मक स्थिति का सामना करें, हम उनका बचाव करें और उन्हें सही जानकारी लेने, सही तरीक़े से काम करने की प्रक्रिया में शामिल करके उन्हें व्यस्त रखें।

प्रॉडक्ट का डेमॉन्स्ट्रेशन करना

अगर लोग किसी भी कारण से बिज़नेस नहीं करना चाहते, तो उन पर दबाव न डालें, बल्कि उन्हें अपने बेहतरीन उत्पादों का उपभोक्ता बनाने की कोशिश करें। इसके लिए फ़ॉलो-अप के दौरान अपने उत्पादों को

उनके सामने रख दें और कुछ उत्पादों के नाम और उपयोग बताएँ। अब वे जिस प्रॉडक्ट को उठाएँ, उसके बारे में ज़्यादा जानकारी दें, उसकी विशेषताएँ, उसके फ़ायदे, उसका सही उपयोग, वह तुलनात्मक रूप से कैसे किफ़ायती है, इत्यादि...। प्रॉडक्ट को उसकी छपी क़ीमत पर नक़द बेचें। अगर ख़रीदार आपके नज़दीकी या क़रीबी हैं, या छूट मिलने की आशा रखते हैं, तो अपनी बचत का ध्यान रखकर उन्हें एक, दो, तीन या चार तरह के सैशे मुफ़्त प्रदान करें। लेकिन सीधी छूट को टालने का प्रयास करें। सौ प्रतिशत संतुष्टि का वादा करें। उन्हें दिए गए प्रॉडक्ट को, नाम सहित अपने ग्राहकों वाले रजिस्टर में नोट कर लें, दिनांक लिखना न भूलें, ताकि ग्राहक को जब दूसरी बार ज़रूरत पड़ने वाली होगी, उससे पहले ही आप उसे दे सकें। इस तरह से आपके पास 10-12 ग्राहक हमेशा के लिए हो जाएँगे, जो आपके द्वारा किए गए व्यक्तिगत कारोबार के लिए मददगार होंगे।

सिस्टम दर्शन

'ना' सुनने पर प्रॉडक्ट का डेमॉन्स्ट्रेशन करना या 'स्पर्श करा देना' एक अति महत्वपूर्ण प्रक्रिया है। क्योंकि 'प्रॉडक्ट' ही बिज़नेस की रीढ़ है। अगर प्रॉडक्ट हटा दिए जाएँ, तो यह बिज़नेस बिज़नेस नहीं रह जाएगा 'चिट-फ़ंड' हो जाएगा। बिज़नेस का आधार है प्रॉडक्ट, जब प्रॉडक्ट उपयोग में आएँगे, तो कारोबार होगा, उसी कारोबार के अनुसार आपकी आमदनी होगी। यह मेंबरशिप का धंधा नहीं। एक आदर्श नेटवर्क मार्केटिंग मेंबरशिप के भरोसे काम नहीं करती। यहाँ लोगों को मेंबर बनाने से आमदनी नहीं होती, बल्कि प्रॉडक्ट के चलने से कारोबार होता है, जो कि किसी के बिज़नेस में जुड़ने से ही होगा, ऐसा ज़रूरी नहीं, बल्कि लोगों के द्वारा प्रॉडक्ट का उपयोग बढ़ने से ही कारोबार बढ़ता है। चाहे वो ख़ुद उपयोग करें या उपयोग करना सिखाएँ।

'डेमॉन्स्ट्रेशन' या 'स्पर्श' के बाद प्रॉडक्ट लंबे समय तक अपना प्रभाव बनाए रखते हैं। सिस्टम का अनुभव है कि ऐसा डेमॉन्स्ट्रेशन होने के बाद प्रॉस्पेक्ट एक या एक से अधिक प्रॉडक्ट इस्तेमाल करने के लिए लालायित हो जाते हैं और प्रॉडक्ट्स ख़रीद लेते हैं। अगर आपके प्रॉडक्ट

की ख़ासियत है कि अपनी उच्च गुणवत्ता और प्रभाव के कारण वह प्रॉस्पेक्ट को बार-बार इस्तेमाल के लिए प्रेरित करते हैं, तो ऐसे में प्रॉस्पेक्ट ऐसे ग्राहक बन जाते हैं जो आपको हर महीने कारोबार देते रहते हैं। यह सब इस बात से बेहतर है कि कोई आपके लिहाज़ या दबाव में बिज़नेस शुरू करे और कभी भी प्रॉडक्ट्स का इस्तेमाल न करे। सिस्टम के अनुसार अगर किसी ने एक प्रॉडक्ट इस्तेमाल किया है, तो वो आगे दूसरा प्रॉडक्ट भी परखना चाहेंगे। तब आपके उनके साथ संबंध एक व्यापारी के ग्राहक के साथ संबंधों जैसे होंगे। आप उन पर बिज़नेस करने का दबाव नहीं बनाएँगे, जो कि उन्हें आपसे हमेशा जोड़े रखेगा, और आपको एक निश्चित कारोबार मिलता रहेगा। सिस्टम का यह भी अनुभव है कि ऐसे ग्राहक आगे-पीछे इस बिज़नेस को ज़रूर करते हैं, अपने आप आगे आकर और तेज़ी से सफलता हासिल करते हैं। कुछ लोग इस बिज़नेस को छोटा-मोटा और हीन बिज़नेस समझकर उसे करना अपनी गरिमा के ख़िलाफ़ समझते हैं, तब प्रॉडक्ट का इस्तेमाल उनके अहंकार को संतुष्टि प्रदान कराता है कि वे क्वालिटी प्रॉडक्ट इस्तेमाल करते हैं, लोगों को प्रॉडक्ट बेचने का धंधा नहीं करते।

सिस्टम का अनुभव है कि सभी लोग इस बिज़नेस को नहीं अपनाते, हालाँकि यह सबके लिए एक सुनहरा अवसर है। अमेरिका में चालीस साल बाद भी सबसे बड़ी कंपनी एमवे के बिज़नेस को करने वाले लोगों की कुल संख्या दो प्रतिशत तक ही हैं। ऐसे में उनके सामने कारोबार बढ़ाने के लिए 98% जगह ख़ाली है, जिसमें से अधिकतर लोग इसके ग्राहक बनकर ही ख़ुश रहेंगे और दो प्रतिशत लोगों का कारोबार बढ़ेगा।

इस बिज़नेस के दो भाग हैं

1) नेटवर्क तैयार करना।

2) प्रॉडक्ट के उपयोग को प्रोत्साहित करना।

अकेला काम अधूरा है, उससे कारोबार नहीं बढ़ता। उसके दूसरे भाग 'प्रॉडक्ट के उपयोग को प्रोत्साहित करना...' को करते हुए थोड़ा-बहुत

बिज़नेस किया जा सकता है, क्योंकि इस अकेले काम से भी कुछ हद तक लाभ कमाया जा सकता है। लेकिन इस तरह से तो हम कभी भी पारंपरिक व्यापार की हद से ऊपर नहीं उठ सकते। दूसरी तरफ़ उपभोक्ताओं के बिना, सिर्फ़ नेटवर्क तैयार करना, यानी लोगों को जमा करना बेमानी है, उससे कोई लाभ नहीं होगा। नेटवर्क बढ़ाने के लिए ही सिस्टम ने इन चार 'आधारभूत कार्यों' को तैयार किया है, लेकिन फ़ॉलो-अप के दौरान प्रॉडक्ट का डेमॉन्स्ट्रेशन या स्पर्श ही उपभोक्ताओं को प्रेरित करता है, और प्रॉडक्ट्स का उपभोग होने पर ही कारोबार और आमदनी होती है। इसलिए फ़ॉलो-अप का यह काम बिज़नेस का आधा भाग है, जो अत्यंत ज़रूरी है। सिस्टम का अनुभव है कि कुछ लोगों ने आधारभूत कार्यों को सीखकर बहुत मेहनत की, बहुत बड़ा नेटवर्क तैयार किया, लेकिन लोगों को 'प्रॉडक्ट' का उपयोग करने के लिए प्रेरित नहीं किया, इसलिए उन्हें अपेक्षित आमदनी नहीं मिली। जो ख़ुद नहीं सीखा, वह अपने नेटवर्क के लोगों को भी नहीं सिखा पाया। इसलिए सिस्टम इसे महत्वपूर्ण मानता है कि पहले ख़ुद उपभोक्ता बनें, फिर लोगों को 'प्रॉडक्ट' व सेवा देकर एक छोटा सा कारोबार खड़ा करें। फिर इसी बात को लोगों को सिखाएँ। सरल भाषा में ख़ुद 100% उपभोक्ता बनें फिर नेटवर्क बढ़ाएँ, जिसमें हर व्यक्ति आपकी ही तरह का कारोबार करे, तभी आप पारंपरिक व्यवसाय से ऊपर उठ पाएँगे और पीढ़ियों तक आमदनी आती रहेगी।

मनोविज्ञान

प्रॉडक्ट डेमॉन्स्ट्रेशन और स्पर्श का गहरा मनोवैज्ञानिक प्रभाव पड़ता है। क्योंकि हमारा मस्तिष्क तस्वीरों में सोचता है, शब्दों में नहीं। डेमॉन्स्ट्रेशन एक दृश्य, एक तस्वीर के रूप में, उनके मस्तिष्क में अपनी छाप छोड़ देता है, जो लंबे समय तक रहती है। मनुष्य अपनी आँखों देखी बात को ज़्यादा महत्व देता है और याद भी रखता है। विशेषकर जब इसके साथ ही प्रॉडक्ट का स्पर्श भी होता है, यह एक अतिरिक्त अनुभव मस्तिष्क भूल नहीं पाता। ऐसे में प्रत्यक्ष आँख से देखना, कान से सुनना, त्वचा से स्पर्श, नाक से सूँघना, यानी उनकी चारों इंद्रियों द्वारा एक अनुभव उनके मस्तिष्क में चला जाता है, जो गहरा असर करता है। ऐसे में अगर वो

प्रॉडक्ट लेने से या बिज़नेस करने से चाहे इंकार करें, तब भी यह बात मस्तिष्क से निकलती नहीं। वो जब भी आपको मिलते हैं, उनकी प्रॉडक्ट्स इस्तेमाल करने की तथा बिज़नेस करने की इच्छा होती ही है। अगर आपके द्वारा अच्छा व्यवहार किया गया है, तो कोई कारण नहीं कि ऐसे व्यक्ति भविष्य में आपके साथ न जुड़ना चाहें।

जवाब के लिए बेहतरीन विकल्प

जब भी लोग दुविधा में हों, सवाल पूछते हों, उन्हें किसी ओपन मीटिंग या सेमिनार में अवश्य ले जाएँ और मीटिंग या सेमिनार ख़त्म होते ही उन्हें आठ-दस लीडर्स से अवश्य मिलवा दें। अगर मीटिंग-सेमिनार के बाद भी कोई दुविधा में है, तो उसे प्रॉडक्ट देकर छोड़ दीजिए। हाँ, अगर वो अधिक जानकारी के लिए ख़ुद सामने आते हैं, अपना समय देते हैं, मेहनत करते हैं, तो आप उन्हें सीडी और पुस्तक देते रहें। जब तक वो जानना चाहें, ये चलते रहना चाहिए।

सिस्टम दर्शन

सिस्टम के फ़ंक्शन इन सवालों के जवाब के लिए सबसे बेहतरीन विकल्प हैं। क्योंकि फ़ंक्शन में 'रिकग्निशन राउंड' होता है। जब छोटे सफल व्यक्ति से लेकर हर ऊँची सफलता पर पहुँचे व्यक्ति को सम्मानित किया जाता है। ऐसे में जब कुछ सफल लोग मंच पर आकर अपना नाम, व्यवसाय और अपनी इच्छाओं की पूर्ति के बारे में बात करते हैं, तो नए लोग पहले सवाल का जवाब ख़ुद ही पा लेते हैं कि यह बिज़नेस सफलता दिलाता है, चल रहा है। दूसरे सवाल के जवाब के लिए नए प्रॉस्पेक्ट दो तरह के लोगों की तलाश करते हैं। एक वो लोग जो उनके जैसे हैं, व्यवसाय में, स्तर में, जिनसे उन्हें लगता है कि उन्हें भी करना चाहिए। दूसरे वो लोग जो उनके जैसे नहीं हैं, यानी ऐसे लोग जो बातचीत, पहनावे, व्यवसाय और स्तर में उनसे कम हैं, तब उन्हें लगता है कि ये लोग सफल हो सकते हैं, तो मैं ज़्यादा सफल हो सकता हूँ। यही वो क्षण होता है, जब वो बिज़नेस शुरू करने का फ़ैसला ख़ुद कर लेते हैं।

भविष्य का वादा और परिचितों के नाम ज़रूर लें

अगर यह निश्चित हो जाए कि प्रॉस्पेक्ट बिज़नेस शुरू करने के लिए अभी तैयार नहीं है, तो दो काम ज़रूर कीजिए। एक उनसे वादा ले लीजिए कि जब भी भविष्य में वो बिज़नेस करना चाहेंगे, तो आपके साथ ही शुरू करेंगे। इसे यूँ कह सकते हैं, "ठीक है, अभी आप बिज़नेस नहीं करना चाहते, शायद अभी सही समय नहीं आया, लेकिन क्या आप मुझसे वादा कर सकते हैं कि जब भी आगे आप इस बिज़नेस को करना चाहेंगे, मेरे साथ ही करेंगे?"

इसका जवाब अधिकतर 'हाँ' में ही मिलेगा।

दूसरे उनसे उनके आठ-दस परिचितों के नाम ज़रूर ले लें। कुछ इस तरह से, "यह ठीक है कि आज आप इस बिज़नेस को करना ज़रूरी नहीं समझते, लेकिन हो सकता है आपके परिचित कुछ लोग इसे करना चाहें। क्या आप ऐसे कुछ नाम मुझे दे सकते हैं?"

इस तरह से पाए गए नामों से आप संपर्क करें और उन्हें भी प्लान दिखाएँ। हो सकता है, ऐसा कोई व्यक्ति बिज़नेस करना चाहे। तब आप वापस अपने प्रॉस्पेक्ट से मिलकर उन्हें बताएँ और पूछें, "आपके ये दोस्त बिज़नेस शुरू करना चाहते हैं, अगर आप चाहें तो उन्हें आपके साथ जोड़ दें, वरना ये मेरे साथ जुड़ जाएँगे?" अगर वो तैयार हैं, तो आपके साथ दो व्यक्ति एक साथ जुड़ जाएँगे, वरना एक ही सही। वो भी वो व्यक्ति जिनका नाम आपकी लिस्ट में कभी नहीं हो सकता था।

सिस्टम दर्शन

प्रॉस्पेक्ट का स्पष्ट इंकार मिलने के बाद उनसे 'वादा' लेने के पीछे दर्शन यही है कि हर व्यक्ति को इस बिज़नेस की ज़रूरत है। हर व्यक्ति इसे करना चाहेगा, बशर्ते सही व्यक्ति को सही समय पर सही तरीक़े से बिज़नेस का प्लान दिखाया जाए। हो सकता है ऐसा सही समय आगे कभी आ जाए। कौन जानता है कि किसका समय कब सही होगा? लेकिन जब भी ऐसा होगा, वो लोग आपको दिए गए 'वादे' को याद करेंगे- सोचेंगे

और अगर ईमानदार हुए, तो आपके पास आएँगे। अगर ईमानदार नहीं हुए, तो ऐसे व्यक्ति के साथ आप बिज़नेस करने से बच जाएँगे, जो अपने वादे के पक्के नहीं हैं। तब भी आप लाभ में ही होंगे, आपका समय-ऊर्जा-धन बच जाएँगे। प्रॉस्पेक्ट से लिए गए नामों की लिस्ट का सिस्टम में बड़ा महत्व है, क्योंकि ऐसे में आपकी लिस्ट से कम हुआ हर व्यक्ति आपकी लिस्ट को बढ़ाने में मददगार साबित होता है और आपकी लिस्ट कभी ख़त्म नहीं होती। दूसरा फ़ायदा यह है कि ऐसे व्यक्ति जो आपको नहीं जानते, आपके बारे में पूर्वाग्रह नहीं रखते और आपके बिज़नेस में जल्दी शामिल हो जाते हैं। इन लोगों से बात करते समय आप खुलकर, बिना डर के बातें करते हैं और उनसे आपको बहुत से नए अनुभव मिलते हैं, जिनसे सीख लेकर आप और मज़बूत हो जाते हैं।

रिश्तों को मज़बूत बनाए रखें

फ़ॉलो-अप का सबसे महत्वपूर्ण हिस्सा है- रिश्ते को बनाए रखें, उसे बढ़ाएँ, मज़बूत बनाएँ। ऐसी कोई बात या वाक्य न कहें, जो आपके रिश्तों में दरार पैदा करे या उसे ख़त्म कर दे। कोई भी ऐसी बात जो अंतिम सिद्ध हो, न कहें। इसे कहते हैं, प्रॉस्पेक्ट के साथ रिश्ते का आख़िरी सिरा थामे रखना। चाहे उनका इंकार आपको कितना ही नागवार गुज़रे, उसे हँसते-हँसते सहजता से स्वीकार करने की आदत डालें, इससे रिश्ते बने रहेंगे। आपकी सफलता इस बात में नहीं कि आप हाँ सुनकर कितने उत्साहित होते हैं, बल्कि इस बात में है कि 'ना' सुनकर भी आप कितने उत्साहित रह पाते हैं। यही 'ना' आपकी प्रगति की अगली पायदान साबित होगी। आपके चेहरे पर 'ना' सुनने के बाद निराशा की परछाई भी नहीं लहरानी चाहिए, उसी दिन आपने सफलता शर्तिया पा ली है। 'ना' सुनकर उन्हें इस सहजता से विदा करें कि वो सोचते रह जाएँ, यार बिज़नेस कैसा भी हो, पर ये लोग बहुत अच्छे हैं।

गाँधीजी की अहिंसा के विषय को लेकर किसी ने रवींद्र कुमार से पूछा, "अगर कोई तलवार लेकर मारने आए, तो हम क्या करें ?"

लेखक रवींद्र कुमार ने जवाब दिया, "गाँधीजी की अहिंसा का मतलब है, तब आपके चेहरे पर डर की छाया भी नहीं आनी चाहिए। अगर आपके अंदर डर है, तो मारने वाले का विश्वास अपने हथियार में बढ़ जाएगा। अगर आप डरें नहीं, तो सबसे पहले वो अपनी तलवार को देखेगा कि वह ठीक है या नहीं। अपने हथियार पर विश्वास कम होते ही उसमें वार करने की शक्ति नहीं रहेगी, क्योंकि उसका विश्वास तलवार में है, अपने आप में नहीं।"

सिस्टम दर्शन

सिस्टम 'रिश्ता बनाए रखने' को बहुत ही महत्वपूर्ण मानता है। इस बिज़नेस की शुरुआत होती है रिश्ता क़ायम करने से और रिश्तों की मज़बूती के साथ ही बिज़नेस भी मज़बूत होता जाता है। इसलिए फ़ॉलो-अप के दौरान, सिस्टम रिश्ता बनाने पर ज़ोर देता है। अगर आप रिश्ता क़ायम करने में सफल होंगे, तो आपकी बिज़नेस में सफलता निश्चित है। लोग इस बिज़नेस को करना चाहते हैं, उस व्यक्ति के साथ जिस पर वो भरोसा कर सकें, और भरोसा तभी किया जा सकता है, जब रिश्ता क़ायम हो। इंकार सुनने के बाद भी जब आप हतोत्साहित नहीं होते, तब भविष्य में जब भी वो बिज़नेस करना चाहेंगे, आपके साथ ही करना चाहेंगे। गाँधीजी की अहिंसा के हिसाब से आपके चेहरे पर निराशा की छाया, लोगों की अपने किए गए 'ना' के फ़ैसले में उनके विश्वास को बढ़ाती है। सिस्टम में सफल कुछ लीडर्स तो यहाँ तक कहते हैं, आपके हाव-भाव से, चाल-ढाल से, आपको देखने वालों को एहसास हो जाना चाहिए कि हो न हो ये नेटवर्क मार्केटिंग बिज़नेस करने वाला व्यक्ति होना चाहिए।

मनोविज्ञान

रिश्ता क़ायम करके रखना ज़िंदगी के हर क्षेत्र में ज़रूरी है। जब आप किसी से भला व्यवहार करते हैं, तो वो आपके क़रीब रहना पसंद करते

हैं। ऐसे में वो आपके विचारों और भावना को नज़दीक से समझने लगते हैं। यही नज़दीकी उनके मस्तिष्क में आपके प्रति भरोसे की भावना जगाती है। जब यह भरोसा मज़बूत हो जाता है, तो वो आपके हर काम को सही समझने लगते हैं। ऐसे में उनका नज़रिया इस बिज़नेस के बारे में भी बदलने लगता है। तब वो आपके साथ बिज़नेस शुरू करना चाहते हैं। वैसे भी–

एक अच्छे व्यक्ति के साथ बुरी योजना पर काम करना बेहतर है, बजाय इसके कि एक बुरे व्यक्ति के साथ मिलकर एक अच्छी योजना पर काम किया जाए।

सिस्टम का अनुभव है कि शुरुआत में लोग बिज़नेस या सिस्टम से नहीं जुड़ते, वो हमसे जुड़ते हैं, बशर्ते कि हम उन्हें सही व्यक्ति लगते हैं। इसलिए सिस्टम अपने व्यक्तित्व में सुधार पर ज़ोर देता है। सिस्टम इसीलिए सबसे पहले लोक व्यवहार सिखाता है। हमारे चरित्र, हमारे नज़रिए, हमारे व्यवहार, हमारे हाव-भाव, हमारे चाल-चलन, हमारे पहनावे में सुधार लाना ही सिस्टम का आधार है। इन्हीं गुणों के कारण हम सफलता की सीढ़ियाँ चढ़ने के क़ाबिल बनते हैं और सफलता के शिखर पर बने रह सकते हैं। इसलिए अगर हम लोगों के साथ अच्छे रिश्तों को क़ायम रख पाएँ, तब आज नहीं तो कल, लोग हमारे साथ ही जुड़ेंगे।

रिश्तों को क़ायम रखना स्थायी सफलता के लिए किया गया सबसे बेहतर निवेश है।

बिज़नेस की सही शुरुआत

फ़ॉलो-अप ख़त्म होता है, जब हमें 'ना' या 'हाँ' में जवाब मिल चुका होता है। 'ना' के साथ ही हमारा काम ख़त्म होता है, लेकिन 'हाँ' के साथ ही हमारा अगला ज़रूरी काम शुरू होता है, **'बिज़नेस की सही शुरुआत।'** इस बिज़नेस की शुरुआत 'सही' या फिर 'ग़लत' तरीक़े से

एक ही बार होती है। 'सही' शुरुआत हमेशा अच्छे परिणाम दे जाती है। सही शुरुआत करने के लिए यहाँ कुछ निर्देश दिए जा रहे हैं।

1. नए व्यक्ति के घर में पूरे परिवार के साथ बिज़नेस किट को खोलें। उनकी परंपरा के हिसाब से पूजा-अर्चना, धूप-दीप, अगरबत्ती का प्रयोग करें, क्योंकि हम इस नए बिज़नेस का शुभारंभ करने जा रहे हैं। यह शुभारंभ ईश्वर की कृपा से ही संभव हुआ है, इसलिए ईश्वर को धन्यवाद!

2. अपनी कंपनी की विस्तृत जानकारी दें, इस बिज़नेस की बड़ी तस्वीर से उनका परिचय करवाएँ।

3. प्रॉडक्ट के उपयोग के तरीक़े, उनकी ख़ासियतें समझाएँ। अगर आपकी कंपनी द्वारा प्रॉडक्ट की ट्रेनिंग दी जाती है, तो उन्हें 'प्रॉडक्ट ट्रेनिंग' में जाने के लिए प्रोत्साहित करें। कुछ प्रॉडक्ट्स के डेमो (प्रत्यक्ष प्रयोग) करके दिखाएँ।

4. संक्षेप में उन्हें बताएँ कि इन वस्तुओं का उपयोग करके, वो किस तरह लाभ कमा सकते हैं। संक्षेप में उन्हें प्लान समझाएँ।

5. उन्हें विश्वास दिलाएँ कि इस बिज़नेस के माध्यम से उनके सपने साकार हो सकते हैं। उनके सपने, ज़रूरतें, इच्छाएँ और मक़सदों के बारे में पूछें, उन्हें काग़ज़ पर लिख लें। नीचे एक प्रार्थना लिखें, जिसमें ईश्वर को धन्यवाद, बिज़नेस को सही तरीक़े से करने की प्रतिबद्धता और सपनों को साकार करने की प्रार्थना हो। प्रार्थना के नीचे उन्हें दस्तख़त करने दें और अपनी ओर से उन्हें हर संभव मदद करने की बात लिखें और अपने दस्तख़त करें।

6. घर के मंदिर में परिवार के साथ प्रार्थना पढ़ें और इस काग़ज़ को वहीं दीवार पर चिपका दें।

7. अब बताएँ कि इस बिज़नेस में कंपनी की, सिस्टम की, अप लाइन की और उनकी भूमिका क्या होगी। शुरू के 15 दिन

बहुत ही महत्वपूर्ण होते हैं, शुरुआत के इन 15 दिनों में क्या-क्या करना उनके लिए ज़रूरी है, उसकी लिस्ट बनाकर उन्हें दे दें। इस लिस्ट में काम का विवरण इस प्रकार होगा।

शुरुआत के 15 दिनों में ज़रूरी काम

1. अपनी कंपनी के सभी प्रॉडक्ट का घर में उपयोग। दूसरी कंपनियों के प्रॉडक्ट का उपयोग बंद।
2. कम से कम दो बार प्रॉडक्ट ट्रेनिंग में जाकर (अगर उपलब्ध हो तो) प्रॉडक्ट की जानकारी लेना। प्रॉडक्ट के बारे में प्रिंटेड सामग्री पढ़ना।
3. सिस्टम द्वारा दी गई 'बिज़नेस निर्देशिका' पुस्तक का अध्ययन करना।
4. सिस्टम द्वारा दिए गए (बिज़नेस बढ़ाने के बारे में) कैसेट सुनना।
5. ज़रूरत-इच्छा और सपनों को लिखकर दीवार पर चिपकाना।
6. अपने परिचितों की लिस्ट बनाना, जिसमें कम से कम 200 नाम हों।
7. अप लाइन की अपने घर में दो से तीन 'होम मीटिंग' निश्चित करना।
8. इन तीन मीटिंग के दौरान ख़ुद भी प्लान का प्रदर्शन सीखना, उसका अभ्यास करना।
9. बैठक वाले कमरे में मैजिक-कॉर्नर, यानी ऐसी जगह बनाना जहाँ से प्रॉडक्ट्स का प्रदर्शन हो सके।

इस तरह से की गई सही शुरुआत के कारण यह बिज़नेस सही तरीक़े से शुरू होगा, अधिक समय तक चलेगा, और हमेशा विकास करेगा। यह सही शुरुआत इस कहावत को चरितार्थ करती है-

"सही शुरुआत यानी आधा काम फ़तह।"

सिस्टम की बोध कथाएँ...

ससुर के रातभर खाँसने की आवाज़ से परेशान पत्नी ने पति से कहा, "अब नहीं सहा जाता। दिनभर की नौकरी, फिर घर के काम और उस पर रात को भी आराम नहीं। बाबूजी की खाँसी के कारण मैं रात भर सो नहीं पाई। अब मैं ऑफ़िस कैसे जाऊँ? बच्चों की भी नींद ख़राब हुई है, कैसे स्कूल जाएँगे? कैसे पढ़ाई करेंगे? आप बाबूजी का कुछ कीजिए ना।"

अपने जागरण से ख़ुद परेशान पति ने फ़ैसला किया और शाम को पिता से बोले, "बाबूजी, चलिए मेरे साथ...।"

आधी रात को एक सुनसान जंगल में गाड़ी रुकी। बेटे ने पिता को उतारा और कुछ दूर जंगल में पैदल चलने के बाद बोला, "बस बाबूजी, यहीं तक।"

"नहीं बेटे, तू ये ग़लत कर रहा है।" पिता ने कहा।

"बस बाबूजी...।" बेटे ने दूर जाते हुए कहा, "इसके अलावा और कोई उपाय नहीं...। मुझे माफ़ कर दीजिए।"

"तू मुझे ग़लत जगह पर छोड़कर जा रहा है...।" पिता ने रुआंसे स्वर में कहा, "माफ़ी की बात नहीं है बेटा, तू मुझे और आगे ले चल। तू मुझे उस जगह पर छोड़ देना, वहाँ, जहाँ मैं अपने पिता को छोड़कर आया था। और हाँ..., इस जगह को अच्छी तरह से याद रखना, क्योंकि तेरे बच्चे भी तुझे यहीं छोड़कर जाएँगे।"

कथा सार

ज़िंदगी 'बूमरैंग' की तरह है। जो कुछ आप देते हैं, वही लौटकर आपके पास वापस आ जाता है। सिस्टम सिखाता है- भला करना, प्यार करना, सद्व्यवहार करना।

• • •

अध्याय 4

सफलता के 9 क़दम

नेटवर्क मार्केटिंग बिज़नेस में सफलता पाने के लिए एज्युकेशन सिस्टम ने नौ क़दम निर्धारित किए हैं। इन नौ क़दमों पर लगातार अमल करने वाला व्यक्ति निश्चित ही सफलता पाता है, और हमेशा आगे ही आगे बढ़ता जाता है। ये क़दम तीन चरणों में हैं।

पहला चरण : चरित्र निर्माण

पहला क़दम : सीखने की तैयारी

दूसरा क़दम : प्रामाणिकता

तीसरा क़दम : अप लाइन से संवाद या समर्पण

दूसरा चरण : संगत

चौथा क़दम : पुस्तक की संगत

पाँचवाँ क़दम : कैसेट और सीडी की संगत

छठवाँ क़दम : सफल लोगों की संगत

तीसरा चरण : कार्य

सातवाँ क़दम : 100% उत्पादों का उपयोग

आठवाँ क़दम : बिक्री हेतु 8-10 ग्राहकों का निर्माण

नौवाँ क़दम : प्लान का प्रदर्शन

वास्तव में इन नौ क्रियाओं में सारा बिज़नेस समाया हुआ है। सिस्टम के पाँच दशकों के अनुभव को एक सूत्र के रूप में प्रस्तुत करना

हो तो वो यही नौ क़दम हैं। यह एक गणितीय सूत्र की तरह है। जैसे गणित में अगर बार-बार की जाने वाली किसी क्रिया से एक ही उत्तर मिलता है, तो प्रश्न बराबर उत्तर को सीधा लिख दिया जाता है, बीच की प्रक्रिया को हटा दिया जाता है। इसे ही गणित में सूत्र या फ़ॉर्मूला कहा जाता है। ये सूत्र कभी ग़लत नहीं होते, इसलिए स्थायी होते हैं। इसी तरह ये नौ क़दम, इस बिज़नेस में सफलता पाने के सूत्र हैं जो हमेशा सही रहते हैं, कभी नहीं बदलते। इन नौ क़दमों पर चलने वाला व्यक्ति कभी असफल नहीं हो सकता। अगर बिज़नेस में असफल व्यक्ति मिल जाए, तो यह निश्चित है कि उसने इन नौ क़दमों में से कुछ या सभी नौ क़दमों का पालन नहीं किया होगा। यह सूत्र है और सूत्र कभी ग़लत नहीं होता, जो ग़लत हो सकता है उसे सूत्र नहीं कहा जाता।

पहले चरण में चरित्र निर्माण की बात है। अच्छे चरित्र का आधार है कि हम सीखने को तैयार रहें, प्रामाणिक हों और अपनी अप लाइन को समर्पित रहें, जिससे हर स्थिति में हमारे चरित्र का विकास हो, हम चरित्रवान बने रहें। दूसरे चरण में सकारात्मक संगत की बात है। संगत के अनुसार ही हमारा चरित्र निर्माण होता है, और हमारी दिशा और दशा तय होती है। पुस्तक, कैसेट, सीडी और फ़ंक्शन, एक ऐसी संगत है, जो हमें हमेशा अपनी राह पर बनाए रखती है और यही सफलता की राह का महत्वपूर्ण भाग है। कैसेट, पुस्तक, सीडी और फ़ंक्शन एक उधार लिया हुआ अनुभव है, एक उधार लिया हुआ उत्साह है और एक उधार लिया हुआ विश्वास भी है। तीसरा चरण कार्य से जुड़ा है। इस बिज़नेस में मुख्यतः तीन ही कार्य हैं, अपने प्रॉडक्ट का स्वयं उपयोग करना, दूसरों को प्लान दिखाकर यही सिखाना और जो लोग सक्रिय बिज़नेस करने के इच्छुक नहीं हैं, उन्हें इन प्रॉडक्ट का उपयोग करने के लिए प्रोत्साहित करना। बिना कार्य के कहीं भी कुछ नहीं हो सकता। कार्य करना मंज़िल की ओर बढ़ाया गया अगला क़दम है। बिना अगला क़दम बढ़ाए कोई भी किसी मंज़िल तक नहीं पहुँच सकता।

कार्य** (work) **से पहले सफलता** (success) **को पाया जा सकता है, लेकिन केवल अँग्रेज़ी शब्दकोश** (dictionary) **में।

• • •

पहला चरण– चरित्र निर्माण

सफलता का पहला क़दम

सीखने की तैयारी

नेटवर्क मार्केटिंग बिज़नेस सीखने-सिखाने का बिज़नेस है। इसे अँग्रेजी के अक्षर 'LTD' द्वारा दर्शाया जाता है, 'L' यानी Learn (सीखना), 'T' यानी Teach (सिखाना) और 'D' यानी Duplicate (दोहराना)। जब तक आप सीखते नहीं, आप सिखा नहीं सकते, और यह प्रक्रिया दोहराई नहीं जा सकती। जब आप सीखते हैं, तब ही सिखा सकते हैं और यही प्रक्रिया दोहराई जाती है और आपकी सफलता बहुगुणित होती चली जाती है। इसलिए पहले सीखने की तैयारी होनी चाहिए। सीखना, इस क्रिया के अंदर चार भाग हैं :

1) सुनने की तैयारी

2) अपने आपको बदलने की तैयारी

3) प्राथमिकता तय करना

4) असफलता के लिए तैयार रहना और उससे सीखना।

जब आप सुनने को तैयार होते हैं, तब ही सीख सकते हैं। इस क्षेत्र में जो सफल हो चुके हैं, उनकी सीडी-कैसेट, पुस्तक, उनके फ़ंक्शन और सफल अप लाइन की बातों को आत्मसात करना, यही सबकुछ 'सुनने' की प्रक्रिया में आता है। हम उनकी बातें सुनने को तैयार रहते हैं, जिनके जैसा हम बनना चाहते हैं। सुनना ही सीखने की तैयारी दर्शाता है। अगर हम सुनने को तैयार हैं तो हम सीख सकते हैं। सुनने के बाद हम इस सुने हुए को समझते हैं और फिर अपने आपसे उसकी तुलना करते हैं और जिन क्षेत्रों में हम स्वयं को कम पाते हैं, उन क्षेत्रों में हम सुधार करते हैं। यही स्वयं को बदलने की प्रक्रिया है। जब तक हम स्वयं को बदलने के लिए तैयार नहीं होते, सुनना, समझना और अंततः सीखना बेकार हो जाता है। हम जैसे बनना चाहते हैं, वैसे हम पूरी तरह से नहीं हैं।

इसलिए सुनकर हम अपनी कमियों को पहचानते हैं, ताकि उनमें सुधार करें यानी अपने आप में बदलाव लाकर हम वैसे बन सकें जैसे हम बनना चाहते हैं।

इस सीखने की प्रक्रिया में प्राथमिकताएँ तय करना ज़रूरी है, ताकि हम उन कार्यों को प्राथमिकता दे सकें, जिन्हें पहले करना ज़रूरी है। इसके लिए हमें अनुशासित होना चाहिए, ताकि हम ज़रूरी कामों को पहले ही ठीक समय पर पूरा कर सकें। अगर हम ज़रूरी कामों को समय पर पहले ही नहीं निपटा लेते, तो यही काम तत्काल ज़रूरी या आपदा या एक समस्या बनकर हमारे सामने आ जाता है। तब इसे टालने का कोई विकल्प नहीं बचता। हम कम से कम उतना ही समय और अधिकतर ज़्यादा समय-ऊर्जा उस काम के लिए लगा देते हैं। ऐसे में एक और ज़रूरी काम रह जाता है, जो आगे चलकर समस्या के रूप में सामने आता है। इसलिए प्राथमिकताएँ तय करना, सीखने की प्रक्रिया का महत्वपूर्ण हिस्सा है।

सीखने की प्रक्रिया में असफलताएँ पाना निश्चित है। ऐसी कोई योजना नहीं हो सकती, जिसमें छोटी-छोटी असफलताओं की संभावना न हो। ऐसी कोई राह नहीं होती, जिसमें ऊँच-नीच या पुल न हो। हम योजना ऐसी ज़रूर बनाते हैं, जिसमें ऊँच-नीच या पुल न हो, लेकिन यात्रा के पहले ही यह निश्चित कर लेना असंभव है कि रास्ते में कोई रुकावट आएगी ही नहीं। रुकावट और पुल आएँगे ही। बस हमें हर रुकावट और पुल को पार करने का हौसला रखना चाहिए। वैसे भी पुल आने के बाद ही उसे पार किया जा सकता है, उससे पहले नहीं। यही रुकावटें और असफलताएँ हमारी सफलता की सीढ़ी का अगला पत्थर बन जाती हैं।

अगर कुछ सीखा जा सके, तो असफलता से बड़ा कोई गुरु नहीं है।

मतलब यही है कि अगर हम सीखने को तैयार हैं, तो यह बिज़नेस

एक बेहद सरल बिज़नेस है, और इसमें सफलता ज़रूर मिलेगी। ख़ाली गिलास में कुछ डाला जा सकता है, भरे गिलास में डाली गई हर चीज़ छलक जाएगी। यहाँ संदेश यही है कि हम अपना गिलास ख़ाली रखें, ताकि हम इस बिज़नेस के बारे में सिखाई गई बातों को सीख सकें।

सिस्टम दर्शन

सीखने के लिए तैयार होने का अर्थ है, हम इस नए क्षेत्र को जानना समझना चाहते हैं। अगर हम सीखने के लिए तैयार हैं, तो दुनिया के हर काम में सफलता पाई जा सकती है। सिस्टम का अनुभव यही है कि यह बिज़नेस नए लोगों के लिए अजनबी है, एक नया काम है, जिसे उन्होंने पहले कभी नहीं किया। इसलिए नए लोगों को सबसे पहले यह सीखना ज़रूरी है कि इस काम को सफल लोगों ने किस तरह से किया है। इस बिज़नेस की विशेषता और ताक़त इसी में है कि यह बिज़नेस दोहराया जाता है। यानी इसे सीखना है, इसे करना है, सफल होकर दूसरों को यही सफलता की प्रक्रिया सिखानी है। बिना सीखे हम किसी को भी कैसे सिखा सकते हैं? इसलिए सिस्टम सबसे पहले एक अच्छा विद्यार्थी बनने पर ज़ोर देता है। एक अच्छा विद्यार्थी ही एक अच्छा शिक्षक बन सकता है, जो दूसरे अच्छे विद्यार्थी को सिखाकर उसे शिक्षक के स्तर पर पहुँचा सकता है। यही बात बार-बार दोहराई जाने के कारण एक बड़ी टीम का निर्माण होता है, जो इस बिज़नेस का एक बड़ा नेटवर्क बन जाती है। इसी सिद्धांत पर यह बिज़नेस टिका हुआ है और पिछले पाँच दशकों से निरंतर प्रगति कर रहा है।

मनोविज्ञान

सीखना पूर्णतः एक मनोवैज्ञानिक प्रक्रिया है, बचपन से बुढ़ापे तक लाखों-करोड़ों घटनाएँ हमारे जीवन में घटती हैं। हर घटना, जीवन का एक पाठ है, जो हमें कुछ न कुछ सिखाकर जाती है, बशर्ते हम सीखने को तैयार हों।

अनुभव वास्तव में एक घटना का नाम है, जिससे हमने कुछ सीखा है।

अगर हमने कुछ नहीं सीखा, तो यह अनुभव नहीं वरन एक घटना मात्र है, जो जीवन में घटी तो सही, परंतु हमने उसे महत्व नहीं दिया। जिस घटना से हमें हानि या दर्द पहुँचता है, उससे हम सीखते ज़रूर हैं, क्योंकि हम दुबारा उसी हानि या दर्द को झेलना नहीं चाहते। हमारे अवचेतन में लाभ-हानि को तौलने वाला एक तराज़ू होता है, एक गणित होता है। कोई भी काम करने से पहले सोचने का एक ही अर्थ है कि हम उससे संबंधित अपने सारे अनुभवों को इस तराज़ू पर रखकर तौल लें कि हमें कितना लाभ या हानि होगी और सचेतन होकर हानि को घटाना या लाभ को बढ़ाना ही वास्तव में बुद्धिमानी है।

अपने अनुभवों से सीखने के लिए हमारी ज़िंदगी बहुत छोटी होती है।

इसलिए बेहतर है कि हम दूसरों की ग़लतियों से भी सबक़ लें, जो कि उसी मंज़िल की ओर बढ़ चुके हैं, जहाँ जाने का हमने निश्चय किया है।

प्रक्रिया का हिस्सा बन जाएँ

सीखने के लिए ज़रूरी है सुनना, देखना, महसूस करना, यानी प्रक्रिया का एक हिस्सा बनना। जब तक हम दिलो-दिमाग़ से तैयार नहीं हैं, तब तक हमारा दिमाग़ किसी बात को न सुनता है, न देखता है, न महसूस करता है, इसलिए न समझ पाता है, न सीख पाता है। सीखने की प्रक्रिया में महत्वपूर्ण है देखना, क्योंकि देखी हुई बात से हम ज़्यादा सीखते हैं और उसे ज़्यादा समय तक याद भी रख पाते हैं। उसके बाद सीखने के लिए क्रमशः महत्वपूर्ण हैं सुनना, फिर सूँघना, फिर छूना, फिर चखना। लेकिन

सीखने का सर्वोत्तम तरीक़ा है, हम ख़ुद ही वह काम करते हुए सीखें और प्रक्रिया का एक हिस्सा बन जाएँ। सिस्टम इसी सर्वोत्तम तरीक़े को अपनाता है। यहाँ काम का एक हिस्सा बनाकर बिज़नेस बढ़ाने का प्रशिक्षण दिया जाता है, वो भी उन प्रशिक्षकों द्वारा जो ख़ुद ऐसी ही परिस्थितियों से गुज़रकर सफल हो चुके हैं।

दिमाग़ को खुला रखना

सीखने की तैयारी का मतलब है अपने दिमाग़ को खुला रखना, किसी भी तरह के पूर्वाग्रहों से मुक्त, यानी गिलास पूरी तरह ख़ाली हो, ताकि उसमें कुछ डाला जा सके। पूर्वाग्रहों से दूषित या भरा हुआ होने का मतलब है, हम अपनी मान्यताओं के साथ कोई समझौता करने को तैयार नहीं। हम मानते हैं कि हमारी जानकारी परिपूर्ण है..., और यह कि हम 'सबकुछ' जानते हैं कि कोई भी घटना कब, क्यों और कैसे घटने वाली है। ज़िंदगी को ऐसी किसी एक घटना से परिभाषित नहीं किया जा सकता, क्योंकि हर पल अपने आप में नायाब है, हर घटना अनोखी है, हज़ारों-लाखों-करोड़ों घटनाओं के आंशिक योग का परिणाम है, जिसमें से एक भी संदर्भ बदल जाए, तो वही घटना पूरी तरह से अलग दिखाई देगी। इसलिए तो कहते हैं कि...

> ***"जो यह समझता है कि वह सबकुछ जानता है, उसे ही सबसे ज़्यादा सीखने की, जानने की ज़रूरत है।"***

एक मूर्ख ही कह सकता है कि उसे सब ज्ञात है, जबकि एक ज्ञानी जानता है कि उसके ज्ञात से परे कई गुना अधिक अज्ञात है। इसलिए ज्ञानी नम्रता से कहते हैं कि वो सबसे बड़े अज्ञानी हैं। इसलिए इस बिज़नेस में लोग हर रोज़ नया सबक़ सीखते हैं। जैसे ही उन्हें महसूस होता है कि समझ का प्याला पूरी तरह लबालब होने लगा है, वो इसे नीचे बाँट देते हैं। फिर से ख़ाली होकर सीखने को तैयार हो जाते हैं। सिस्टम के अनुसार सीखने को तैयार होने का मतलब यही है कि इस पात्र

को हमेशा बढ़ाते रहना। इतना बड़ा कि इसमें कुछ भी डाला जाए, तब भी इसमें हमेशा जगह बनी रहे। वास्तव में यह नम्रता का प्रतीक है और अहंकार को त्यागना है।

यहाँ कोई शॉर्टकट नहीं

बिज़नेस शुरू करते समय इसके बारे में हमारी जानकारी बहुत कम होती है, ठीक उसी तरह जैसे एक नवजात शिशु के लिए सबकुछ नया होता है। फिर जैसे बच्चा देखता है, सुनता है, सूँघता है, स्पर्श करता है, वह सीखता चला जाता है। उसी तरह अगर हमारे आँख-कान खुले हों, यानी कि हम सीखने को तैयार हों, तो हम इसे सीखते चले जाते हैं। सीखने के लिए पहले चेतन प्रयास की ज़रूरत होती है। फिर सीखकर जब हम इसे बार-बार दोहराते हैं, तो यह हमारे अवचेतन मस्तिष्क में उतर जाता है। तब हम चेतन प्रयास के बिना भी इसे सहजता से करने लगते हैं। जैसे मोटरसायकल सीखते समय हमें चेतनता से प्रयास करना पड़ता है, क्लच-गियर-ब्रेक-स्पीड, आने-जाने वाले लोग, वाहन, मोड, संतुलन आदि में से एक भी बात में सचेतन प्रयास नहीं किया, और परिणाम एक्सीडेंट। सीखने के बाद जब यह अवचेतन में उतर जाता है, तब हम सचेतन होकर किसी से बातें करते हैं, सोचते हैं, आस-पास के बोर्ड पढ़ते हैं और अवचेतन द्वारा हमारी बाइक चलाने के सभी काम सहज होने लगते हैं। यह बिज़नेस बिल्कुल इसी तरह से होता है, यहाँ कोई शॉर्टकट नहीं है।

नायाब युनिवर्सिटी

वास्तव में देखा जाए तो यह एक शिक्षण संस्था है। एक स्कूल...। बिना इमारत और दीवारों वाली एक अदृश्य युनिवर्सिटी है, जहाँ लोगों को बेहतर होना सिखाया जाता है। यह एक नायाब युनिवर्सिटी है, जिसकी बराबरी में दुनिया की कोई शिक्षण संस्था नहीं, जहाँ हमने पारंपरिक शिक्षा प्राप्त की है। यहाँ दुनिया के श्रेष्ठतम गुरु हैं, जो आपको सफलता के लिए प्रोत्साहित करते हैं, प्यार करते हैं, सार-सँभाल करते हैं, और

अपना बेशक़ीमती वक़्त आपके लिए लगाते हैं। यहाँ बिज़नेस आपका कोर्स होता है और आपकी कक्षा होती है आपकी ज़िंदगी। अगर इसे भी अन्य युनिवर्सिटी के हिसाब से चलाया जाए, तो इसकी 'प्रतीक्षा सूची' इतनी लंबी होगी कि शायद जीवन भर हमें प्रवेश की प्रतीक्षा करनी पड़े। इस युनिवर्सिटी की पदवी का अर्थ है, बिज़नेस में सफलता, आर्थिक आज़ादी और सारी दुनिया में संस्कार युक्त जीवन जीने की कला।

पारंपरिक युनिवर्सिटी में नौकरी करने के लिए आवश्यक शिक्षा दी जाती है। नौकरी करते समय भी जो शिक्षण दिया जाता है, वह उतना ही होता है, जितना अपने पद पर टिके रहने या अगले पद पर प्रमोशन के काम आ सके। इस युनिवर्सिटी में मुक्त व्यवसाय की शिक्षा दी जाती है। यहाँ हर गुरु इस बात से ख़ुश होता है कि उसका शिष्य उससे भी आगे निकल जाए। यहाँ ख़ुद के विकास की और आर्थिक स्वतंत्रता की शिक्षा दी जाती है, जो कि और कहीं नहीं सिखाया जाता। यहाँ अपना बॉस होना सिखाया जाता है, जो अपने काम के समय को निश्चित करता है, अपने लक्ष्य निर्धारित करता है, अपने भविष्य के निर्माण की ज़िम्मेदारी उठाता है और अपनी मेहनत के फल का मज़ा लेता है।

यहाँ जीवन–मूल्य सिखाए जाते हैं

यहाँ सकारात्मक नज़रिया अपनाना सिखाया जाता है, जीवन–मूल्य सिखाए जाते हैं। यहाँ आर्थिक, शारीरिक, बौद्धिक, मानसिक, पारिवारिक, सामाजिक, राष्ट्रीय, आध्यात्मिक... यानी जीवन के हर क्षेत्र में बेहतर होने की शिक्षा मिलती है। यहाँ सच्चाई, ईमानदारी, निष्ठा, अनुशासन, सेवा और विश्वास जैसे मूलभूत सिद्धांतों पर चलना सिखाया जाता है। यहाँ से सफलता की पदवी लेकर निकला हुआ व्यक्ति, कभी भाग्यशाली नहीं कहा जा सकता। वह मेहनती होता है, और हर परीक्षा अपनी लगन और कुशलता के कारण पास करता है। वह सही मायनों में एक आदर्श इंसान बनता है, जिसमें हज़ारों-लाखों ज़िंदगियों का नेतृत्व करने की, उनमें बेहतर बदलाव लाने की क्षमता होती है। इसमें सफल व्यक्ति अनुवांशिकी नहीं, बल्कि एक प्रक्रिया से गुज़रकर बनता है। जो व्यक्ति मंच पर खड़ा पूरे आत्मविश्वास और जोशो-ख़रोश से सिखा रहा है, वह कभी नीचे बैठे

लोगों की तरह एक विद्यार्थी था, उसके सामने भी वही आह्वान, वही दशा, वही माहौल था, जिसे उसने सीखकर पार किया है।

यहाँ सिर्फ़ आपको देखा जाता है

इस युनिवर्सिटी का उद्देश्य है आपकी असली प्रतिभा को पहचानना और उसे आपके जीवन की बेहतरी के लिए उभारना। यहाँ सिर्फ़ आपको देखा जाता है। आपके अंदर ही हर प्रतिभा, हर गुण में असीमित विकास की संभावनाएँ छुपी हैं। यहाँ हर गुरु, हर शिष्य की असीमित क़ाबिलियत पर विश्वास करता है। बाहर की दुनिया में साधारणतः जहाँ सिखाने की प्रक्रिया ख़त्म मानी जाती है, यहाँ वहीं से आगे का शिक्षण शुरू होता है। यहाँ हर गुरु आपको पहचानता है। आपकी समस्याएँ, आपके अवरोध, आपके डर, क्योंकि यही सबकुछ उसने ख़ुद भी जिया और अनुभव किया है।

इस शिक्षा पद्धति के हृदय में वो शिक्षक है, जो पूरे हृदय से सिखाने को तत्पर है।

बिज़नेस के सफल व्यक्तियों से बात करके देखिए कि वो किस बारे में बात करते हैं। प्रॉडक्ट के बारे में? अपने लाभ के बारे में? पॉलिसी के बारे में? अपने कठिन परिश्रम के बारे में?

नहीं...।

वो बातें करते हैं अपने ग्रुप के बारे में, अपनी डाउन लाइन के सपनों के बारे में, उनकी क़ाबिलियत के बारे में, उनके आगे के उज्ज्वल भविष्य के बारे में, यानी आपके और आपके जीवन के बारे में। ऐसा दुनिया की किसी युनिवर्सिटी में नहीं होता, क्योंकि यहाँ गुरु आज वहाँ हैं, जहाँ शिष्य पहुँचना चाहता है, और शिष्य आज उसी जगह पर है, जहाँ कभी गुरु था।

इस युनिवर्सिटी के पाठ्यक्रम में विविधता है

यह युनिवर्सिटी जीवन के सभी पाठ पढ़ाने में सक्षम है। इस युनिवर्सिटी के पाठ्यक्रम इस प्रकार हैं : 1) आर्थिक आज़ादी 2) व्यक्तित्व का विकास 3) आत्मविश्वास 4) गौरवपूर्ण जीवन 5) व्यावसायिकता 6) नेतृत्व की कला 7) लोक-व्यवहार 8) पारिवारिक व सामाजिक रिश्तों का निर्वाह 9) संस्कार, आदि...।

आप चाहें तो अपनी मर्ज़ी से इसमें और पाठ्यक्रम जोड़ सकते हैं। ज़रूरी नहीं कि सारे पाठ एक साथ पढ़े जाएँ, आप चाहें तो दो-चार पाठ्यक्रम से शुरू होकर, एक-दो नए पाठ्यक्रम जोड़ते जा सकते हैं।

सिस्टम दर्शन

इस बिज़नेस के साथ जुड़े कुछ सिस्टम इस दुनिया की सबसे बेहतरीन शिक्षण संस्थाएँ हैं। यहाँ सिखाने का अधिकार केवल उन्हीं को होता है, जिन्होंने ख़ुद प्रत्यक्ष इस काम को किया है और सफलता पाई है। यहाँ ऐसा कोई शिक्षक नहीं, जो वेतनभोगी हो, जिसने ख़ुद कभी प्रत्यक्ष कार्य नहीं किया है, सिर्फ़ पुस्तकों को पढ़कर जानकारी हासिल की और सिखाने लगे। यहाँ हर लीडर ने पहले ख़ुद सीखा है, उस पर अमल किया है, तभी वो सिखाने के क़ाबिल माने जाते हैं। सिस्टम के लीडर्स के पास दशकों का अनुभव है। इन दशकों में अनगिनत ग़लतियाँ करके सीखे हुए लीडर्स हैं, जो आपको उनके बारे में पहले ही आगाह कर देते हैं कि कौन सी ग़लतियाँ संभावित हैं। ऐसी ग़लतियों के कारण आपका बना-बनाया बिज़नेस चौपट हो सकता है। दुनिया का कोई सफल व्यक्ति आपको अपने ग़ुर नहीं सिखाता, न आपकी सफलता के लिए तन-मन-धन, समय और ऊर्जा लगाने की इच्छा रखता है। सिर्फ़ इस युनिवर्सिटी में अप लाइन टीम है, जो आपकी सफलता में दिलचस्पी रखती है। आपकी अप लाइन टीम ऐसा हर प्रयास आपके लिए करने को तत्पर है, जो आपको सफलता दिला सके। अगर आप सीखने को तैयार हैं, तो गुरु हर स्थिति में आपके साथ है।

जब शिष्य तैयार होता है, तब गुरु प्रकट हो जाता है।

यह सिस्टम दुनिया में सफल होने वाले व्यक्तियों की खोज करता है। उनकी सफलता का अध्ययन करता है। उनकी सफलता के आधारभूत सिद्धांतों की पहचान करता है, उनकी ठोक-बजाकर जाँच करता है, तब ही अपने लोगों तक ये सिद्धांत पहुँचते हैं। जिसे लोग अमल में लाते हैं, सफल होते हैं और फिर सिखाते हैं। सिस्टम एक ऐसा ज़रिया है, जिसके कारण सारी दुनिया के सफल अनुभव और सिद्धांत हम तक पहुँचते हैं, जिन्हें ख़ुद अनुभव करके सीखने के लिए हमें सैकड़ों जन्म लेने पड़ेंगे। लीडर्स की सीडी, महज़ एक सीडी नहीं, एक पूरा जीवन है। हर पुस्तक जीवन के अनुभवों का निचोड़ है। इसीलिए सीखने की तैयारी पहली शर्त है और हम उतनी ही सफलता पा सकते हैं, जितना हमारे अंदर सीखने की क्षमता है, तैयारी है।

सिस्टम में सिखाने का एक नायाब तरीक़ा है। यहाँ अप लाइन टीम अपनी डाउन लाइन को साथ में लेकर, उनके लिए काम करती है। लिस्ट बनाना, संपर्क आमंत्रण, प्लान दिखाना, फ़ॉलो-अप, बिज़नेस शुरू करवाना, सीडी सुनना, पुस्तक पढ़ना, फ़ंक्शन में जाना, प्रॉडक्ट ट्रेनिंग लेना, डेमो दिखाना, प्रॉडक्ट शेयर करना... यानी कि हर वो काम जिससे यह बिज़नेस विकास करता है, पहले अप लाइन अपनी डाउन लाइन के लिए ख़ुद करती है। इसी बीच पुस्तक, सीडी और फ़ंक्शन के कारण नए लोग पाते हैं कि पुस्तक, सीडी और फ़ंक्शन में सिखाई गई हर बात को अप लाइन उनके लिए ख़ुद कर रहे हैं, और नए लोग इस प्रक्रिया में ख़ुद को भी पाते हैं। इस तरह लोग क़दम-दर-क़दम सीखते हैं। इस प्रक्रिया से जो लोग गुज़रते हैं, उनमें लीडरशिप के गुण अपने आप आ जाते हैं। उनके सुप्त गुण उभरने लगते हैं और वो सफलता की राह पर आगे बढ़ने लगते हैं। **लीडर्स पैदा नहीं होते। कोई किसी को लीडर बना नहीं सकता। तब लीडर्स कहाँ से आते हैं? हर व्यक्ति में लीडरशिप के गुण होते हैं, जो सही प्रक्रिया से गुज़रकर सामने आते हैं।** यही काम सिस्टम करता है।

सिस्टम के अनुसार **"सीखना एक सकर्मक क्रिया है।"** बिना कार्य

किए दुनिया में कुछ भी नहीं सीखा जा सकता। इसलिए सिस्टम ने सिखाने का यही तरीक़ा चुना है कि नए लोग करते-करते सीखें और पुराने सफल लोग शुरुआत में उनके हर कार्य को उनके साथ करते हुए सिखाएँ। जो सीखने को तैयार नहीं होते, प्रक्रिया से गुज़रना नहीं चाहते, अपने आपको बदलने को तैयार नहीं, सुनने-समझने को तैयार नहीं, इस बिज़नेस को प्राथमिकता देने को तैयार नहीं, ऐसे हर व्यक्ति को सही समय आने तक छोड़ देना बेहतर होता है। जब सही समय आएगा, तब ही उनके साथ काम करने में अर्थ है, बशर्ते कि वो बिज़नेस में टिके रहें, छोड़ न दें। ऐसे लोग आगे तो बढ़ना चाहते हैं, पर ब्रेक दबाकर बैठे हुए हैं। उनकी कार को तभी धकेला जा सकता है, जब वो ब्रेक से पैर हटाकर एक्सीलेटर का उपयोग करने को तैयार हो जाएँ। फिर भी सिस्टम मानता है कि प्राथमिक जानकारी उन तक पहुँचाना अप लाइन की ज़िम्मेदारी है।

मनोविज्ञान

शुरुआत में हमारी कुशल अप लाइन टीम सारा काम करती है। हम धीरे-धीरे इस प्रक्रिया का हिस्सा बनते हैं, और अनेक बातों में संतुलन को अनजाने में ही सीख लेते हैं। किसी कुशल चालक के साथ बाइक पर पीछे बैठने से चाहे जितने भी अनुभव हमें आए हों, ख़ुद जब बाइक चलाने की बारी आती है, तो एक डर, अनिश्चितता हमें घेर लेती है। वैसे भी ख़ुद बाइक चलाना एक बिल्कुल अलग अनुभव है। हाँ, कुशल व्यक्ति का साथ होना एक दिलासा देता है, लेकिन अंत में हमारे अनुभव ही हमें एक कुशल चालक बनने में अहम भूमिका निभाते हैं। कुछ ऐसा ही बिज़नेस में होता है। जब हम अप लाइन की नक़ल करते हुए, उनके संरक्षण में ख़ुद प्रयास करते हैं। जब अप लाइन हमारे हर अच्छे कार्य की प्रशंसा करती है, तब हमारा आत्मविश्वास बढ़ता है। तब हम इस बिज़नेस को और अच्छी तरह से सीखना शुरू करते हैं, और बागडोर सँभाल लेते हैं। अप लाइन का अब यही काम रहता है कि वो सफलता का नक़्शा हमें थमा दें और मार्गदर्शन करते रहें, जो हमें सफलता के अगले मुक़ाम पर पहुँचा सके।

सीखना एक गहरी मानसिक प्रक्रिया है। साइकल चलाने जैसी साधारण सी बात को सिखाने के लिए हज़ारों पुस्तकों में लिखी बातें भी अधूरी होंगी, हज़ारों दिशा-निर्देश भी हमें गिरने से नहीं बचा सकेंगे। एक छोटे से मोड़ के कारण हज़ारों-लाखों संभावनाएँ जुड़ जाती हैं, जिसे ख़ुद चलाने वाला ही महसूस कर सकता है, जिन्हें शब्दों में सिखाना तो दूर बयान करना भी असंभव है। जब हम सीखते हैं, तब इसी तरह की लाखों संभावनाओं को हमारा अवचेतन मस्तिष्क दर्ज कर लेता है। जब ऐसे ही अनेक अनुभवों से हम ख़ुद एक-एक कर गुज़रते हैं, तो अवचेतन मस्तिष्क अपनी अद्‌भुत क्षमता के साथ उनका विश्लेषण करते हुए हमें सही संतुलन में बनाए रखता है, और हम कुशल होते चले जाते हैं।

हमारा अवचेतन हमें जीतना सिखाता है, और यही हमारी प्रकृति भी है। हालाँकि देखा जाए, तो जब हम निशाना साधना सीखते हैं, तो सौ में से एकाध बार निशाना लग पाता है। ९९ बार हम असफल होते हैं। उस हिसाब से हमें असफल होना ही सीखना चाहिए, लेकिन हम अपनी पाई गई एक-एक सफलता से ज़्यादा सीखते हैं। अगली बार हमारी सफलता का प्रतिशत बढ़ता है और हम कुशलता की ओर बढ़ते हैं। इस बिज़नेस में भी इसी तरह की प्रक्रिया होती है, बशर्ते कि हम सीखने को तैयार हों। लगन हो, दोहराव हो, अभ्यास हो, और निरंतरता हो, तो कोई कारण नहीं कि हम सफलता की राह पर चलना न सीख सकें। सबसे बड़ी बात यह है कि हमारी अप लाइन हमारे आगे-आगे चलते हुए, हमें कर-करके दिखाती है कि यह सफलता पाई जा सकती है, सफलता संभव है। जब हम उसी क्षेत्र में प्रत्यक्ष किसी की लगन को देखते हैं, उनकी सफलता को देखते हैं, तो हमारे अवचेतन में यह बात दर्ज हो जाती है। यही बात हमारे लिए सबसे बड़ा विश्वास, सबसे बड़ी प्रेरणा का कारण बन जाती है, जो हमें इस काम को करते रहने के लिए प्रोत्साहित करती है, और यही निरंतरता हमें छोटी-बड़ी सफलताएँ दिलाती रहती है।

सफलता के लिए निरंतरता से बड़ा कोई और विकल्प नहीं है।

असफलता को सफलता की ओर ले जाने वाला अगला पायदान माना जाता है, बशर्ते कि हम उससे सीखें फिर जुट जाएँ, पलायन न करें।

असफलता का कारण कोई न कोई ग़लती होती है, और उसके कारण हुआ नुक़सान, दर्द या टीस हमारे अवचेतन में बहुत गहरे दर्ज होती है। अवचेतन में गहरे दर्ज हुई यह टीस हमें दोबारा उसी ग़लती को करने से बचाती है, यही बहुत गहरे में सीखने की प्रक्रिया का आधार है।

अगर ग़लतियों से हम सीख सकें, तो ग़लतियों से हुई हानि एक फ़ायदेमंद निवेश है।

सिस्टम की बोध कथाएँ...

पंडितजी का ध्यान पिछले छः दिनों से उस वृद्ध पर बना हुआ था। पता नहीं क्यों, मगर पंडितजी को उस वृद्ध में कुछ अजीब सी बात नज़र आती थी, सातवें दिन पंडितजी ने उनसे बात करने की ठान ली। हर दिन की तरह वह वृद्ध अपने साथ पाँच वर्षीय बालक के कंधों पर हाथ रखकर जैसे ही सत्संग सभागृह में आया, पंडितजी ने उनके पास जाकर बात करने की कोशिश की और पंडितजी यह जानकर चौंक गए कि वृद्ध को नाममात्र ही सुनाई देता था और दिखाई तो बिल्कुल भी नहीं देता था।

"बाबाजी एक आप ही हैं, जिसे मैं छः दिनों से रोज़ यहाँ आते देख रहा हूँ।" पंडितजी ने हैरानी से पूछा, "जब आपको न सुनाई देता है और न ही दिखाई देता है, तो आप मेरे सत्संग में आकर करते क्या हैं?"

"पंडितजी, मुझे अपने बचपन में कभी ऐसा सत्संग नसीब नहीं हुआ..." वृद्ध ने अपनी अंधी आँखों को मीचकर कहा, "ग़लत संगत के कारण जीवनभर बुरे कर्म ही किए। अब बुढ़ापे में जाकर इसका एहसास हुआ है। काश..., मुझे समय रहते आप जैसे महात्माओं का संग मिल जाता..., बस इसी कारण से अब मैं हर सत्संग में सुबह-शाम जाता रहता हूँ, आपका सोचना सही है कि जब मैं देख-सुन नहीं सकता, तब इसका क्या लाभ...? लेकिन चूँकि मैं देख-सुन नहीं सकता, इसलिए मुझे हर जगह लाने और ले जाने के लिए मेरे इस पाँच वर्षीय पोते को मेरे साथ चलना ही पड़ता है। मैं अपने लिए यहाँ नहीं आता। मैं तो अपने पोते को अच्छी संगत दिलाने के बहाने ही हर सत्संग में जाता हूँ। इस सत्संग

के कारण ही कम से कम उतना समय तो यह अच्छी संगत में रहता है, अच्छे विचार सुनता है। मुझे विश्वास है कि इस संगत के कारण ही इसका जीवन मेरे जीवन से बेहतर होगा...।"

कथा सार

हम कभी भी वैसे नहीं बन पाते, जैसे हम होना चाहते हैं। बल्कि हम वैसे हो जाते हैं, जैसी हमारी संगत होती है। सही संगत का चुनाव करते ही हम सही जीवन का भी चुनाव करते हैं।

पहला चरण– चरित्र निर्माण

सफलता का दूसरा क़दम

प्रामाणिकता

यहाँ चरित्र निर्माण की दिशा में हम दूसरा क़दम उठाने जा रहे हैं। प्रामाणिकता का मतलब है, जो ख़ुद एक प्रत्यक्ष प्रमाण है, उसे किसी और के सहारे की या सबूत की ज़रूरत नहीं, जो स्वयंसिद्ध है। प्रामाणिकता, यानी ज़िम्मेदारी लेना। प्रामाणिकता होनी चाहिए हमारे शब्द के प्रति। हमारे द्वारा कहा गया हर शब्द एक महत्व रखता है, उसमें वज़न है, वह अडिग है, अटल है, तभी हम प्रामाणिक कहे जाएँगे। प्रामाणिकता का मतलब है विश्वसनीय होना, ज़िम्मेदार होना, पाबंद होना। प्रामाणिक होना है, अपनी हर कही-अनकही बात के प्रति, अपने हर कार्य के प्रति, अपनी हर सोच के प्रति। अपने उठाए गए हर क़दम के लिए हम ज़िम्मेदार हैं। प्रामाणिकता का मतलब है आत्मविश्वास, कि हम जो कहते हैं उसमें विश्वास करते हैं, तभी कहते हैं। बिज़नेस में हमें प्रामाणिक होना ज़रूरी है, क्योंकि इसी नींव पर हमारी सफलता की बुलंद इमारत खड़ी होगी। बिना हमारी प्रामाणिकता के यह बिज़नेस उन्हीं अनेकों कंपनियों की तरह माना जाएगा, जो ज़ोर-शोर से शुरू तो होती हैं और फिर अपने पीछे एक दर्दनाक सन्नाटा छोड़ जाती हैं। लुटे-पिटे विश्वास का सन्नाटा।

हमारी व्यक्तिगत प्रामाणिकता ही इस बिज़नेस का आधार भी है और शिखर भी।

हमें प्रामाणिक रहना चाहिए कि हम वादा सिर्फ़ निभाने के लिए करते हैं। हमने अगर वादा किया है, तब हम किसी भी तरह की लाभ-हानि का विचार किए बिना उसे निभाने के लिए कटिबद्ध हैं।

"प्रामाणिक व्यक्ति हानि के बावजूद अपना वादा निभाता है, और समझदार व्यक्ति ऐसा कोई वादा नहीं करता।"

हमें प्रामाणिक होना है और समझदार भी। हमें ऐसे कामों को करने से बचना है, जिनके कारण अपने परिचितों के सामने शर्मिंदा होना पड़े, हमारी डाउन लाइन का विश्वास उठ जाए और हमारी अप लाइन को आश्चर्य हो कि वादे के अनुसार काम क्यों नहीं हुआ। हम हर समय, हर जगह, हर हाल में विश्वसनीय रहें। इस बिज़नेस को कोई बाहरी व्यक्ति नहीं जानता, अगर जानता होता, तो वो बिज़नेस में ही होता। लोग हमें जानते हैं। हम ही इस बिज़नेस को ऊँचा उठा सकते हैं या गिरा सकते हैं। हम ही इसे पीढ़ियों तक चला सकते हैं या पल में मिटा सकते हैं। हम ही इसे दुनिया का एक महानतम बिज़नेस बना सकते हैं या फिर दो-चार हज़ार का एक मामूली सा बिज़नेस। ये हमारा अपना बिज़नेस है और हमसे ही जाना जाता है। हम ही इसके फल हैं।

किसी भी वृक्ष की पहचान उसके फल की गुणवत्ता से होती है।

पहले क़ीमत अदा करें

इस क्षेत्र में अग्रणी कंपनी एमवे कॉर्पोरेशन दुनिया में लगभग तीस हज़ार करोड़ का कारोबार सालाना करती है, फिर भी पूरी तरह से क़र्ज़ मुक्त है। इस हाथ ले, उस हाथ दे। किसी से सामान हमें तब ही लेना चाहिए, जब हम उसी समय क़ीमत अदा कर सकें। अप लाइन से सीडी, पुस्तक, वाउचर पैक या टिकट ली और पैसे दिए। किसी भी ग्राहक से प्रॉडक्ट के लिए पैसे लिए हैं, तो प्रॉडक्ट दिया। सफलता पाना चाहते हैं, तो क़ीमत अदा करने के लिए पहले तैयार रहें।

जो चीज़ हमें आसानी से मिल जाती है, हम उसे गंभीरता से नहीं लेते हैं। हम उसी को महत्व देते हैं, जिसकी हमने ज़्यादा क़ीमत चुकाई है। यह प्रकृति का नियम है। इसलिए प्रकृति ने हर चीज़ पर उसकी

क़ीमत की पर्ची चिपका दी है। अगर हम क़ीमत अदा करने को तैयार हैं, तो हम हर चीज़ पा सकते हैं, सफलता भी। प्रश्न यह है कि कितनी बड़ी, कितनी ऊँची सफलता हम पाना चाहते हैं? और प्रश्न यह भी है कि हम उसकी सही क़ीमत चुकाने को तैयार हैं? अगर जवाब 'हाँ' में है, तो मंज़िल हमारे अगले क़दम के इंतज़ार में है।

सिस्टम दर्शन

सिस्टम प्रामाणिक होने की बात को आधार मानना है, क्योंकि दुनिया में सफल हुआ हर व्यक्ति, हर कंपनी तभी सफल हो पाए हैं, जब उनके आधार में प्रामाणिकता रही है। जो प्रामाणिक नहीं वो ज़्यादा देर तक, ज़्यादा दूर तक नहीं चल पाए। अगर प्रामाणिकता का आधार हो, तो चाहे धीमी शुरुआत हो, सफलता की गति गुणित हो जाती है। प्रामाणिक वो, जिन पर विश्वास किया जा सके, अपनी हर बात के पक्के। लोग बिज़नेस को नहीं जानते, हमारे सामने बैठा व्यक्ति हमें जानता है या जान जाएगा। अगर हम प्रामाणिक हैं, विश्वसनीय हैं, तो हम चाहे जिस क्षेत्र की बात करें, नया व्यक्ति उस क्षेत्र में हमारे साथ आने को तैयार हो जाएगा। प्रामाणिकता एक शब्द नहीं, एक सिद्धांत है, एक प्रक्रिया है। लेकिन लोग इसे कैसे जानेंगे? अगर हम ख़ुद प्रामाणिक हों, विश्वसनीय सिद्ध हो जाएँ, तो हमारे द्वारा दिखाए गए हर प्लान पर लोग विश्वास कर लेंगे। आज बिज़नेस में करोड़ों लोग जुड़ चुके हैं, जबकि हरेक कंपनी की शुरुआत में सिर्फ़ चंद लोग रहे होंगे। उनमें से कुछ ने विश्वास किया, बिज़नेस में लगे रहे, उन प्रामाणिक लोगों पर और लोगों ने विश्वास किया और इस तरह से लाखों की तादात खड़ी हो गई। जो प्रामाणिक नहीं थे, वो कुछ क़दम चले और बिज़नेस छोड़ दिया, उनके आगे भी यह शृंखला तब तक नहीं चल पाई, जब तक कोई प्रामाणिक व्यक्ति नहीं मिला। जो ख़ुद प्रामाणिक नहीं थे, उन्होंने अगर कुछ समय तक बिज़नेस को आनन-फानन में बढ़ाया भी, तो कुछ ही समय में उनका बिज़नेस धराशायी हो गया। ऐसे लोगों ने बिज़नेस में आकर उसे ख़राब ही किया है, जबकि जैसे ही एक प्रामाणिक व्यक्ति ने बिज़नेस की शुरुआत की, उसके पीछे कारवाँ जुड़ गया।

मनोविज्ञान

आइए, रोज़ घटने वाली एक घटना का मनोविश्लेषण करें। आप पहली बार एक नए शहर के स्टेशन से बाहर रामनगर जाने के लिए ऑटो रिक्शा में बैठे। ऑटो चालक के साथ किराया ठहराया गया है सौ रुपए, क्योंकि आप नहीं जानते कि रामनगर कहाँ है? कितनी दूर है? और ऑटो वाला सौ रुपए से कम में तैयार नहीं। लेकिन रामनगर पहुँचकर आपको पता चलता है कि स्टेशन से वहाँ तक इस शहर में ऑटो किराया बीस-पच्चीस रुपए से ज़्यादा नहीं बनता। निश्चय ही सौ रुपए देकर आपको चिढ़ आएगी, ग़ुस्सा आएगा। लेकिन किस बात पर? क्या अस्सी रुपए ज़्यादा चुकाने के कारण? नहीं...। अगर रामनगर उतनी दूर होता, तो आप सौ रुपए देने को तैयार थे। तब निश्चय ही आपको ग़ुस्सा इस बात का है कि आपको बेवकूफ़ बनाया गया। यह एक मनोवैज्ञानिक सत्य है कि ऐसी हर घटना से हमारे दिमाग़ में ठगे जाने, बेवकूफ़ बनाए जाने, विश्वासघात किए जाने की भावना के कारण ग़ुस्सा आता है। यह एक मनोवैज्ञानिक सत्य है कि लोग धोखा नहीं खाना चाहते। वो चाहते हैं कि उन्होंने दूसरे व्यक्ति से जो अपेक्षाएँ रखी हैं, वो सही निकलें। लोगों का हर अनुभव उनके अवचेतन में एक हल्की लकीर की तरह दर्ज होता जाता है। जब एक ही अनुभव बार-बार होता है, तो यह लकीर गहरी होती जाती है। लोगों के द्वारा अपने बारे में कही गई या उनमें देखी गई या उनके बारे में समझी गई इन सारी बातों के विपरीत या हटकर जब कुछ बातें लोगों द्वारा प्रत्यक्ष की जाती हैं, तो उनसे की गई अपेक्षाएँ टूटती हैं और यह एक गहरे अविश्वास के रूप में सामने वाले व्यक्ति के अवचेतन में दर्ज होती हैं। इन अपेक्षाओं और विपरीत परिणामों की शृंखला के कारण लोग अब विश्वास करने में हिचकिचाते हैं। सवाल पूछ-पूछकर लोग किसी सुराग़ की तलाश करते हैं, जो उन्हें सही निर्णय करने की स्थिति की ओर ले जा सके। यहाँ जब उन्हें प्लान दिखाया जाता है, तो उनके मन में जागी आशा की किरण उन्हें प्रेरित करती है कि वो आगे बढ़ें, पर अवचेतन में दर्ज धोखे की बातें, अविश्वास की भावना, उन्हें रोकने लगती है। ऐसे में अगर उनके अवचेतन में यह दर्ज हो जाए कि हम प्रामाणिक व्यक्ति हैं, अपने समय के पाबंद हैं, बात के पक्के हैं, विश्वसनीय हैं, यानी एक अच्छे आदमी हैं, तो वो हमारे हर काम के लिए

आगे आने को तैयार रहते हैं। ऐसे में बिज़नेस समझ में नहीं आने के बाद भी, वो बिज़नेस करने को राज़ी हो जाते हैं। हालाँकि उनके अवचेतन में हमारी प्रामाणिकता की स्पष्ट छवि उभरने के लिए एक लंबे अनुभव की ज़रूरत पड़ सकती है। इस प्रक्रिया में समय लग सकता है, लेकिन ऐसा होता ज़रूर है।

प्रामाणिकता को जीना

हमें प्रामाणिकता दिखानी नहीं है, सिखानी नहीं है। हमें प्रामाणिकता को अपनाकर अपने व्यवहार का सहज हिस्सा बनाना है। हमें प्रामाणिकता को जीना है। हमें अपने ग्रुप का नेतृत्व करना है।

"हमें एक ऐसी मास्टर कॉपी बनना है, जो ज़ेरॉक्स करने के क़ाबिल हो।"

बिज़नेस में प्रामाणिक होने का अर्थ है, सिस्टम द्वारा सिखाए गए सिद्धांतों का सौ प्रतिशत पालन। संक्षेप में ये सिद्धांत हैं :

1) अपनी कंपनी के ही प्रॉडक्ट का उपयोग, अन्य कंपनियों के समान उपयोग वाले प्रॉडक्ट से परहेज़।

2) धन, समय, शब्द के व्यवहार में पाबंदी और सच्चाई।

3) नज़र और सोच को साफ़-सुथरा रखना।

4) अपने काम में उत्साह और विश्वास रखना।

5) हरेक के लिए सम्मान और प्यार।

6) सकारात्मक सोचना, कहना और जीना।

7) मदद और परोपकार की भावना।

ऐसे ही सिद्धांतों को अगर हम जीवन में उतार लें, तो हम प्रामाणिक होंगे। तभी हम एक ऐसी मास्टर कॉपी बन सकेंगे, जो 'ज़ेरॉक्स' करने के क़ाबिल होगी। संक्षेप में हमें वही करना चाहिए,

जिसकी अपेक्षा हम लोगों से, अपने ग्रुप से करते हैं।

"चरित्र की असली पहचान ऊँचे शिखरों पर नहीं, बल्कि गहरी घाटियों में होती है।"

सिस्टम दर्शन

बिज़नेस में अगर असफल लोगों से मिलें, तो निश्चित तौर पर एक कमी उनमें आपको नज़र आएगी और वो है, प्रामाणिकता। सिस्टम के अनुसार लोगों में प्रामाणिकता कम-ज़्यादा मात्रा में होती है, जो कि प्रयास करके, अभ्यास के द्वारा बढ़ाई जा सकती है। अगर आप सीखने को तैयार हैं, अपने आपको बदलने को तैयार हैं, तो आप भी प्रामाणिकता के आधार को बढ़ा सकते हैं। एक बार आप प्रामाणिक हो जाएँ, तो आपके पीछे लोगों का एक हुजूम तैयार हो जाएगा। जो ख़ुद प्रामाणिकता अपनाना चाहते हैं, वो टिक जाएँगे, अप्रामाणिक छँट जाएँगे। सिस्टम का अनुभव है कि प्रामाणिकता सफलता का आधार है। अगर हम प्रामाणिक हैं, तो किसी भी कंपनी को चला सकते हैं, सफल हो सकते हैं। अगर हममें प्रामाणिकता की कमी है, तो दुनिया की सबसे अच्छी कंपनी के साथ जुड़कर भी हम सिर्फ़ असफलता ही पैदा करेंगे। इस संदर्भ में सिस्टम का कहना है :

"एक अच्छे प्रामाणिक व्यक्ति के साथ एक बुरे काम में हाथ डालना बेहतर है, बजाय इसके कि हम एक बुरे व्यक्ति के साथ मिलकर अच्छे काम को करें।"

मनोविज्ञान

वास्तव में कोई व्यक्ति पूरी तरह से नकारात्मक या सकारात्मक सोच वाला नहीं होता। यह तो लोगों के अवचेतन में दर्ज अनुभवों का परिणाम होता है कि वो कितने सकारात्मक या नकारात्मक होंगे। जितने ज़्यादा व

गहरे अनुभव होंगे, उतने ही वो सकारात्मक होंगे या नहीं होंगे। लेकिन यह भी उतना ही सच है कि अपने अवचेतन में लोग अच्छाई की ही चाह रखते हैं। यानी वो अच्छा पाना चाहते हैं, अच्छाई की ओर बढ़ना चाहते हैं। जुआ, सट्टा, चोरी-डकैती जैसे असामाजिक कामों को करने वाले भी, अपने लोगों पर विश्वास करना चाहते हैं कि वे लोग प्रामाणिक हों। इसलिए लोक-व्यवहार का आधार है प्रामाणिकता, क्योंकि प्रामाणिक व्यक्ति द्वारा संप्रेषित सकारात्मक भावनाएँ प्रभावित करती हैं। उसके बदले में एक अप्रामाणिक व्यक्ति द्वारा उपयोग में लाए गए हज़ारों सकारात्मक शब्द, दसियों सकारात्मक युक्तियाँ निरर्थक सिद्ध होती हैं। प्रामाणिकता का प्रभाव लंबे समय तक रहता है।

सकारात्मक संकेतों का मनोविज्ञान

अगर बिज़नेस के प्रति हम प्रामाणिक नहीं, हमारा खुद का विश्वास नहीं है, तो हमारे द्वारा किसी को भी इसमें शामिल करने के सारे प्रयत्न व्यर्थ जाएँगे। अगर हमारा हमारे बिज़नेस या किसी भी कार्य में विश्वास है, हम प्रामाणिक हैं, तो हमारे साथ कारवाँ जुड़ता चला जाएगा। एक प्रामाणिक व्यक्ति से मिलकर हर व्यक्ति को अपने अवचेतन में सकारात्मक संकेत मिलते हैं और वह शब्दों से ज़्यादा इन भावनात्मक संकेतों को पकड़ता है, और खुद आगे बढ़ने की प्रेरणा पाता है। यहाँ उसके चेतन में उभरे सारे तर्क, इन भावनाओं के आगे छोटे हो जाते हैं। मनोवैज्ञानिक तौर पर देखा गया है कि जो लोग प्रामाणिक हैं, उन्हें हर क्षेत्र में सफलता मिलती है। शुरुआत में एक नया व्यक्ति इस बिज़नेस के आँकड़े, उसकी बड़ी तस्वीर या अच्छे प्रस्तुतिकरण को नहीं देखता, बल्कि अधिकतर लोगों का कहना है कि प्लान देखकर उन्हें कुछ भी समझ में नहीं आया, आँकड़े तो बिल्कुल भी नहीं। यही लोग कहते हैं कि प्लान देखकर उन्हें अच्छा लगा। जब कुछ समझा ही नहीं, तो अच्छा क्या लगा? मनोविज्ञान के अनुसार प्लान दिखाने वाले व्यक्ति के अवचेतन मन से निकलने वाले सकारात्मक संकेत, नए व्यक्ति के अवचेतन के द्वारा पकड़े जाते हैं और उन्हें अच्छा लगता है। नया व्यक्ति प्लान को कम, स्वर के उतार-चढ़ाव और देह-भाषा को ज़्यादा ग्रहण करता है। ऐसे में अगर आपके अवचेतन में

अच्छी और परोपकार की भावना है, विश्वास है, उत्साह है, तो आपके हाव-भाव, देह-भाषा और अवचेतन से सकारात्मक संकेत संप्रेषित होते हैं। ऐसे संकेत केवल प्रामाणिक व्यक्ति से ही संप्रेषित होते हैं। हर रोज़ हम ऐसे कई लोगों से मिलते हैं, जिनमें से कुछ को देखते ही हम नापसंद करते हैं और कुछ को देखते ही हमें अच्छा लगता है। बिना बातचीत के ऐसा क्यों होता है? जवाब है, उनके द्वारा भेजे गए सकारात्मक संकेत। यह उनके बाहरी व्यक्तित्व या पहनावे के कारण नहीं होते, बल्कि उनके चरित्र में प्रामाणिकता के कारण ही ऐसे संकेत संप्रेषित होते हैं। यही कारण है कि प्लान देखने वाले को अच्छा महसूस होता है और वो प्लान समझ में न आने के बावजूद इस बिज़नेस से जुड़ना चाहते हैं। इसलिए पहले हम प्रामाणिक बनें, तो आस-पास की स्थिति अपने आप सकारात्मक हो जाएगी। दूसरों में कुछ बदलाव लाने का सबसे अच्छा तरीक़ा है कि हम अपने आप में बदलाव लाएँ और फिर उस प्रभाव मंडल की आभा के घेरे में जो भी आएँगे, वो ख़ुद में बदलाव लाने की कोशिश करेंगे। वैसे भी किसी और के समझाने से कोई नहीं बदलता। हम किसी में भी सुधार नहीं ला सकते, सिवाय ख़ुद के। इस बारे में किसी ने क्या ख़ूब कहा है, और मैं मानता हूँ कि प्रामाणिकता की परिभाषा इसी वाक्य से शुरू होती है और यहीं पर ख़त्म होती है।

ख़ुद में सुधार करके, इस बात का संतोष कर लें कि दुनिया से एक बुरा आदमी कम हो गया।

पहला चरण– चरित्र निर्माण

सफलता का तीसरा क़दम

अप लाइन से संवाद या समर्पण

यह एक महत्वपूर्ण क़दम है कि हमें हमेशा अपनी अप लाइन से संपर्क बनाकर रखना चाहिए। इस क़दम का एक भाग हम "तीन स्वर्णिम नियमों" के अंतर्गत देख चुके हैं कि कोई भी काम पहली बार करने से पहले अपनी अप लाइन की सहमति अवश्य लें। इस भाग में यह बात पूरी तरह समाहित है, लेकिन यह भाग इस नियम से आगे भी बहुत कुछ है, जिसका एक शब्द में मतलब है समर्पण। अपनी लाइन ऑफ़ स्पॉन्सरशिप में एक ऐसा अप लाइन ढूँढ़ें, जो सफल हो, कार्यशील हो, विकासशील हो और जिसका बिज़नेस करने का तरीक़ा हमें जँचता हो। यानी जिसकी बात मानना हमारे लिए सहज हो सके। उसे इस बिज़नेस में अपना गुरु मान लें और अपने आपको पूरी तरह उसे समर्पित कर दें। चित्र में दर्शाए अनुसार आपके ऊपर ए, बी, सी, डी, ई ऐसे बहुत से लोग हैं, जो आपसे पहले ही इस बिज़नेस में हैं। उनमें ज़रूरी नहीं कि आप 'ए' से ही सीखें। आपके पास विकल्प हैं, 'बी' या 'सी' या 'डी' आदि के भी संपर्क में रह सकते हैं। यानी सरल भाषा में जो आपको पसंद हो, जँचता हो, उनसे सीखना आपके लिए सहज हो जाएगा।

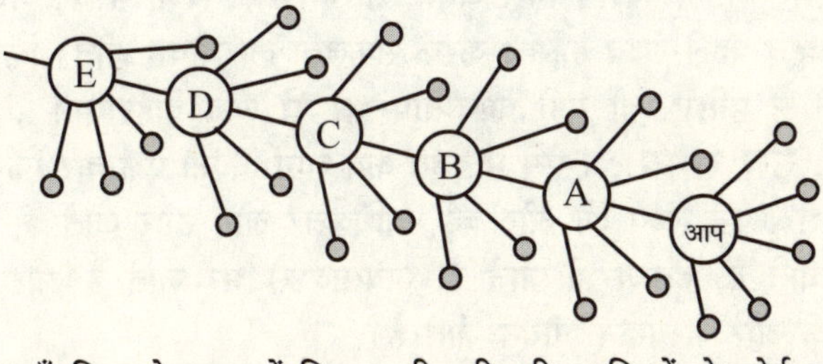

यहाँ फिर से जान लें कि ए, बी, सी, डी आदि में से कोई आपका 'बॉस' नहीं है। ये सभी आपके वो सहयोगी हैं, जिनकी आपकी सफलता में दिलचस्पी है। ये आपके मददगार हैं और आपके पास विकल्प हैं कि

अपनी सफलता की राह पर चलते हुए आप उनका मार्गदर्शन लें, जिनकी ट्यूनिंग आपसे जमती हो। यह उन लोगों का दल है, जो उसी राह से सफलतापूर्वक गुज़र चुके हैं, जिस पर आप चल रहे हैं। ये सारा दल उसी मंज़िल की ओर बढ़ रहा है और आगे निकल चुका है, जहाँ आप जाना चाहते हैं। इस दल में हर व्यक्ति के ऊपर कोई सफल लीडर है, जिसका अनुकरण वो कर रहे हैं। अगर आप भी अपने आगे चल रहे ऐसे सफल लीडर का अनुकरण करेंगे, तो आप सफलतम व्यक्ति की राह पर बने रहेंगे और हर वो सफलता पाएँगे, जिसकी तमन्ना आपने की है।

सिस्टम दर्शन

ज़रा सोचकर देखिए, आप किसी मंज़िल की ओर बढ़ना चाहते हैं। एक ऐसी जगह आप पहुँच चुके हैं, जहाँ आगे जाने का कोई मार्ग नहीं, या इतनी ज़्यादा दिशाओं में मार्ग हैं कि आप निर्णय लेने में असमर्थ हैं। ऐसी स्थिति जीवन में कई बार आती है, जब हमें आगे बढ़ने की कोई राह नहीं सूझती, तब हम या तो वापस लौट आते हैं या ग़लत राह पर आगे बढ़ जाते हैं। लौट आने पर मेहनत व्यर्थ जाती है, दोबारा लक्ष्य की ओर बढ़ने की हिम्मत नहीं होती। ग़लत राह पकड़ लेने पर समय और ऊर्जा की बर्बादी होती है। हम लक्ष्य से इतनी दूर चले जाते हैं कि जहाँ से फिर उसी लक्ष्य की ओर बढ़ने की अपेक्षा हार मान लेना या लक्ष्य ही बदल लेना, ये ही विकल्प रह जाते हैं। तब हम हताश होकर सोचते हैं कि काश उस पड़ाव पर हमें मार्गदर्शन मिल जाता, तो हम सही दिशा में बढ़ गए होते और बहुत पहले लक्ष्य हासिल करके सफलता का जीवन जीते। किसी भी व्यक्ति से पूछिए, वो यही पश्चाताप भरे दो शब्द दोहराएगा... **काश कि... उस समय...**। ऐसे में बहुत कम लोग हैं, जो एक बार फिर उसी जोश से अपने लक्ष्य की ओर बढ़े, अधिकतर लोग ठहर जाते हैं, वापस लौट जाते हैं, हताश हो जाते हैं, अवसाद से भर जाते हैं और बाक़ी निरर्थक और लक्ष्यहीन जीवन जीते हैं।

अप लाइन लीडर उस राह से गुज़र चुके हैं

अब ज़रा सोचिए कि ऐसी हर स्थिति में कोई ऐसा व्यक्ति हो, जो उस राह से गुज़र चुका हो, वहाँ के अवरोधों को पार कर चुका हो और जिसकी दिलचस्पी आपकी सफलता में हो, और आप उसके मार्गदर्शन-मदद को क़दम-क़दम पर पाने का हक़ रखते हों... तो कैसा रहेगा? निश्चित ही ऐसे में आपके द्वारा उठाया गया हर क़दम सार्थक होगा, सही दिशा में होगा, लक्ष्य के और क़रीब ले जाएगा। ऐसे व्यक्ति सिस्टम के द्वारा हमें उपलब्ध हैं, शर्त यही है कि हम उन पर विश्वास रखें, उनके संपर्क में रहें, उनसे मार्गदर्शन लेते रहें और उस मार्ग पर चलते भी रहें। सिस्टम के सारे लीडर्स के अनुभवों का निचोड़ आपके हर क़दम पर आपके साथ है, बस संपर्क कीजिए।

मनोविज्ञान

अप लाइन लीडर से संपर्क का एक मनोवैज्ञानिक कारण है। ज़िंदगी में यही कार्य हमारे बुज़ुर्ग और गुरु करते हैं। ज़िंदगी और बिज़नेस कई मायनों में एक जैसे हैं। यहाँ हर सफ़र में नए मोड़, नए मुक़ाम, नए अवरोध आते ही हैं। हर घटना कभी न कभी पहली बार हमारे जीवन में घटती है, हमें पहला अनुभव चौंका देता है। हम समझ नहीं पाते कि उसके लिए प्रतिक्रिया, प्रतिसाद या प्रतिकार कैसे किया जाए। जब वही घटना दुबारा घटती है, तो हमारे अवचेतन में वह पहले ही दर्ज होती है और हम प्रतिसाद देते हैं। यही बार-बार होने पर हमारा प्रतिसाद सहज हो जाता है, जो सही भी होता है। लेकिन ऐसी ही घटनाओं का प्रत्यक्ष अनुभव हो, उसके बदले किसी अनुभवी द्वारा किए गए ज़िक्र से भी हमारे अवचेतन में उसके लिए सही प्रतिसाद दर्ज हो जाता है।

अप लाइन के अनुभव का लाभ

बिज़नेस से जुड़ी हर घटना, हर गतिविधि के लिए अप लाइन लीडर से संपर्क करें, बल्कि अपने जीवन की भी गतिविधियों के बारे में उनसे

सलाह लें। वो आपसे आगे हैं, उन्होंने भी आपकी ही तरह बिज़नेस में, जीवन में, अवरोध का सामना किया है। सबसे बड़ी बात, उनका हित आपके हित से जुड़ा है। इसलिए वो हर उस अवरोध को आपकी राह से हटा देंगे या उससे पार पाने का उपाय सुझाएँगे। अगर आप संपर्क में रहेंगे, तो इस क्षेत्र में उन सभी के गहन अनुभवों का निचोड़ आपको वक़्त रहते मिल जाएगा। अगर आप समर्पित होंगे, तो हर मुश्किल का प्रत्यक्ष हल आपको तैयार मिलेगा। इसलिए सपनों को निश्चित करते समय, लक्ष्य निर्धारित करते समय, कार्य योजना बनाते समय, सूची बनाने से लेकर संपर्क-आमंत्रण, प्लान, फ़ॉलो-अप, बिज़नेस में शुरुआत, प्रॉडक्ट्स, अपनी डाउन लाइन की गतिविधियाँ, यानी हर बात का ज़िक्र अप लाइन से करें, ताकि उन्हें आपकी और आपके ग्रुप की स्थिति का पता हो और वो आपको सही सलाह दे सकें, चुनौतियों का सामना करने के लिए आपकी मदद कर सकें।

जैसे-जैसे हमारा ग्रुप बढ़ता है, हमें अप लाइन से सलाह-मशवरे की अधिक ज़रूरत पड़ती जाती है। ग्रुप में नए लोग आते हैं। सभी अपनी तरह से अलग और नायाब होते हैं। इन सारे लोगों को हम अपने सीमित ज्ञान और व्यक्तित्व के सहारे संगठित रखने में कठिनाई अनुभव करते हैं। हमारी अप लाइन टीम यह काम पहले ही कर चुकी है, इसलिए हमारे पास उसके समाधान पहले से ही उपलब्ध होते हैं। अपने ग्रुप में कब, कहाँ, कैसे काम करना है, यह हमारे सफल लीडर हमसे ज़्यादा जानते हैं। इससे हम हमेशा सही शुरुआत करते हैं, सही दिशा में काम करते हैं, सही राह पर बने रहते हैं और हमेशा बढ़ने की प्रेरणा पाते रहते हैं।

सिस्टम दर्शन

ज़रा सोचकर देखिए कि हम एक सफल कंपनी के सफल मैनेजर के पास खड़े हैं और कह रहे हैं, "माफ़ कीजिएगा, क्या आप अपने अनुभव मुझे उधार दे सकते हैं? बस कुछ समय मेरे साथ बिताइए और मुझे सिखाइए कि आपकी सफलता का राज़ क्या है, क्योंकि मैं भी आपके जैसा ही सफल व्यक्ति बनना चाहता हूँ।"

पता है क्या होगा? वह हमें नीची नज़र से देखेगा और कंधे उचकाकर चला जाएगा। हमारी अप लाइन टीम और लीडर्स, जो कि ऐसे मैनेजरों से ज़्यादा सफल, ज़्यादा ज्ञानी और ज़्यादा सक्षम हो चुके हैं, हमसे कहते हैं, "आइए हम आपके साथ हैं, हम आपको हर वो राज़ बताना चाहते हैं, जिनसे हमें सफलता मिली। हम आपको वो सबकुछ सिखा देंगे, जो हमने सीखा है। आप कर सकते हैं, उठिए... आगे बढ़िए... हम आपकी मदद करेंगे।"

हमें बस इतना करना है कि हम संपर्क बनाए रखें, सुनें-सीखें और उस पर अमल करते चले जाएँ। सिस्टम दर्शन यही है कि बिज़नेस की शुरुआत में ही, जहाँ नए लोग कुछ नहीं जानते, वहाँ से लेकर आने वाले हर मोड़ और मुक़ाम पर नए लोगों को सही दिशा, निर्णय मिलते रहें। जिसके कारण कभी ऐसा नहीं होगा कि नए लोग ग़लत दिशा में, ग़लत रास्ते पर एक भी क़दम बढ़ा दें या ऐसी ग़लती कर बैठें, जो पहले किसी ने की हो। साधारणतः जब ज़िंदगी में ऐसी ग़लतियाँ हो जाती हैं, तो लोग फिर से खड़े होने की हिम्मत नहीं जुटा पाते। दुनिया में हर व्यक्ति को अपनी लड़ाई ख़ुद लड़नी पड़ती है, कोई सहारा नहीं देता। हालाँकि हारे हुए लोग फिर से खड़े होकर जीत के लिए संघर्ष करना चाहते हैं, अगर कोई उन्हें सहारा दे। सिस्टम ने यहाँ अप लाइन टीम के रूप में एक ऐसा सहारा दिया है जो मज़बूत भी है, अनुभवी भी, प्रेरक भी। यही मार्गदर्शक हमें अच्छी शुरुआत में मदद करते हैं और हमें हर क़दम पर सही दिशा देकर हमें कई ग़लतियों से बचाते हैं, कई अवरोधों को पार करने में मदद करते हैं। यही मार्गदर्शक अनेकों बार गिरने पर भी सहारा देकर उठाते हैं, एक बार और... फिर एक बार और... फिर एक बार और प्रयास करने के लिए प्रोत्साहित करते हैं। मगर शर्त यही है कि हम उनके संपर्क में रहें। वरना अप लाइन की टीम में ऐसे बहुत से लोग हैं, जो उनका सहारा चाहते हैं।

मनोविज्ञान

ज़िंदगी में असफलता का कारण यही होता है कि असफलता के डर से कोई काम किया ही न जाए। या फिर एक बार ग़लती से असफल हो

गए, तो अवचेतन में दोबारा उसी काम को करने की कोशिश का भाव न जागना, यानी पलायन। या फिर ग़लती होने पर भी अपने अहंकार की तुष्टि के लिए उसे न मानना और ग़लत को ही सही ठहराने के लिए तर्क देना। इन तीनों तरीक़ों का कारण हमारे अवचेतन में बसा असफलता का डर और निराशा का भाव है कि कोई हमारे साथ नहीं, हम अकेले हैं और शायद हम इसे नहीं कर सकते। ज़िंदगी में हमारे बुज़ुर्ग या गुरु होते हैं, जो उस राह पर चल चुके हैं, उस राह के जानकार हैं, या हमने उन्हें उस राह के पार जाते देखा है। हम उनकी सफलता को अवचेतन में दर्ज कर लेते हैं और सोचते हैं कि अगर ये लोग वहाँ तक सफ़र कर सकते हैं, तो मैं भी वहाँ जा सकता हूँ। अपने गुरुओं और बुज़ुर्गों की सलाह लेकर हम उस राह पर भी चलने का साहस कर लेते हैं, जो हमारे लिए अनजानी है। हम इसी उधार के अनुभव और साहस के कारण सफलता प्राप्त भी कर लेते हैं।

कहते हैं जिसके सिर पर बुज़ुर्गों का साया हो, उसे पेट की बीमारी नहीं होती। क्योंकि पेट की बीमारी के लिए सबसे बड़ी वजह है- चिंता। और चिंता का कारण होता है अनिश्चितता की स्थिति कि आगे क्या होगा? लेकिन बुज़ुर्ग और गुरु अपने अनुभव से जानते हैं कि ऐसी स्थिति में संभावित परिणाम क्या हो सकते हैं और हमें अनिश्चितता से और क्रमशः चिंता से मुक्ति दिला देते हैं। ज़िंदगी में जब भी कोई समस्या या अवरोध आता है, किसी के अनुभव से सीखकर हम उसके पार पहुँच सकते हैं। वैज्ञानिक और विचारक आइंस्टाइन ने एक महत्वपूर्ण बात कही थी :

"ज़िंदगी की बहुत सी समस्याएँ उस स्तर पर रहकर हल नहीं की जा सकतीं, जिस स्तर पर हमने उन्हें पैदा किया है।"

ऐसे में हमें एक नए स्तर, ऊँचे स्तर पर उठकर ही उस समस्या का हल मिल सकता है। यही ऊँचा स्तर हमें एक अनुभवी व्यक्ति के माध्यम से सहज ही हासिल हो जाता है।

अप लाइन के समय का उपयोग

हमारी अप लाइन हमारे लिए एक ऐसा हथियार है, जिसकी सहायता से हम हर मुश्किल का सामना कर सकते हैं। हमारे पास एक ही लाइन ऑफ़ स्पॉन्सरशिप है, जबकि अप लाइन के पास हमारे जैसी बहुत सारी डाउन लाइन होती हैं, इसलिए अगर हम संपर्क में नहीं बने रहे, तो अप लाइन के समय का उपयोग दूसरे कर लेंगे, जो उस समय संपर्क में रहेंगे। बहुत बार अप लाइन लीडर किसी ऐसी जगह काम करने जाते हैं, जहाँ हमारा कोई प्रॉस्पेक्ट या डाउन लाइन के व्यक्ति रहते हैं, यह इस शहर या बाहर किसी राज्य में भी हो सकता है। अगर हम संपर्क में रहें, तो हमें हमारे लीडर के ऐसे कार्यक्रम का बहुत फ़ायदा मिल सकता है। यानी हम अपनी अप लाइन के समय का जितना ज़्यादा उपयोग करेंगे, हमारा बिज़नेस उतना ही बढ़ेगा। यह तभी संभव है, जब अप लाइन से हमारा सुसंवाद जारी रहे। सप्ताह में कम से कम एक बार हमारा संपर्क हमारे अप लाइन लीडर से होना ही चाहिए, ज़्यादा बार संपर्क ज़्यादा अच्छा है।

सिस्टम दर्शन

बिज़नेस में और ज़िंदगी में भी सबसे कठिन प्रश्न है कि करना क्या है? और करना कैसे है? यह क्या और कैसे का प्रश्न हर मुक़ाम पर आता है। कितनी अच्छी बात है कि एक पूरी टीम जो इन प्रश्नों को सुलझा चुकी है, हमारे साथ है। ज़िंदगी में ऐसा कोई भी काम नहीं है, जिसमें कठिनाई, अवरोध या समस्या कभी नहीं आएगी। हर काम की शुरुआत में ही पहली चुनौती यही आती है कि इसे शुरू कैसे किया जाए। इस बिज़नेस में भी हर स्तर पर चुनौतियाँ आती ही रहती हैं, हर नए स्तर पर नई चुनौती। ऐसे में हमारे साथ एक टीम होती है, हमारी मददगार अप लाइन टीम, जो हमारे स्तर की हर चुनौती का सामना कर चुकी है। अगर हम उनके संपर्क में रहते हैं, तो बहुत बार ऐसा होगा कि चुनौतियों का सामना ही नहीं होगा, क्योंकि अप लाइन इसे आते हुए पहले से जान लेगी और हमें सावधान कर देगी। अगर चुनौती से सामना हो भी गया, तो हमें उससे पार पाने का रास्ता हमारी अप लाइन सुझाएगी और मदद

भी करेगी। इस बिज़नेस की एक और ख़ूबी है कि एक बार चुनौती का सामना करके पार पाने के बाद, अगले स्तर पर चुनौती, वही चुनौती नहीं रह पाती। हर स्तर पर अलग चुनौती, अलग समस्या सामने आती है और अप लाइन टीम के मार्गदर्शन से इनका सामना करना आसान हो जाता है।

असफलता का अर्थ यही है कि एक ग़लत क़दम उठाना और फिर सारी ज़िंदगी मंज़िल की तलाश में गुज़ार देना।

मतलब फिर कभी भी वापस उस मुक़ाम पर नहीं लौटना, जहाँ से सही दिशा में क़दम बढ़ाया जा सके। एक बार गिरकर फिर उठने की हिम्मत न जुटा पाना। लेकिन सिस्टम ने इसका समाधान दिया है, एक ऐसी टीम के रूप में जो हर बार हमें उठाए, हमारा मार्गदर्शन करे, हमें प्रेरित करे। सिस्टम का दर्शन यही है कि जिस काम को सही तरीक़े से कई बार किया जा चुका है, उसके लिए व्यर्थ ही नए तरीक़ों की खोज में सिर क्यों खपाया जाए, यानी...

चक्के की खोज दोबारा करने की कोशिश न करें।

मनोविज्ञान

बिज़नेस में भी हम कई बार अनिश्चितता की स्थिति में पहुँचते हैं। तब आगे क्या होगा, कैसे होगा, होगा भी या नहीं? ऐसे कई सवाल पैदा होते रहते हैं। हम सोचकर जिस स्तर पर हाते हैं, उसमें कोई हल नहीं मिल सकता। ऐसे में या तो हम साहस करके सही या ग़लत क़दम उठा सकते हैं, या अपनी असफलता से निराश होकर पलायन कर सकते हैं। ऐसे में अप लाइन से संपर्क एक बहुत महत्वपूर्ण आधार बन जाता है, क्योंकि उनकी सोच का स्तर हमसे ऊँचा होता है। वो घटना को बाहर से देखते हैं, इसलिए उनके पास विस्तारित नज़रिया होता है, साथ ही उनके पास

अपना और अपनी अप लाइन का अनुभव होता है। इसलिए वो हमें हमारी मुश्किलों से उबारने का सामर्थ्य रखते हैं। जब भी हमारे सामने एक बंद रास्ता आता है, हमें आगे बढ़ने का नया रास्ता अप लाइन दिखाती है। जब भी हम निराश होकर पलायन करना चाहते हैं, यानी पूर्णतः असफल होने की स्थिति में होते हैं, तब अप लाइन हमें आशा की किरण दिखाती है। अप लाइन हमें प्रेरित करती है, हममें वही जोश और उमंग जगा देती है, हमें सहारा देकर उठाती है। अप लाइन लीडर का यही साया जब हमारे सिर पर होता है, तो अवचेतन में हम पूरी तरह आश्वस्त होते हैं। तभी हमारी शक्तियाँ जागृत होती हैं, हम बड़ी से बड़ी कठिनाइयों का सामना कर लेते हैं और सफल हो जाते हैं।

जीतता वो नहीं जो ज़्यादा क़ाबिल और बलशाली है, बल्कि जीतता वो ही है, जो देर तक संघर्ष करता है।

यही देर तक संघर्ष करने की भावना अप लाइन लीडर से संपर्क करने के कारण मिलती है।

सिस्टम की बोध कथाएँ...

अनन्य भक्त ने सारा जीवन ईश्वर की आराधना में बिताया था। भक्त के जीवन में कितने ही उतार-चढ़ाव आए थे, लेकिन उसने ईश्वर का नाम-स्मरण कभी नहीं छोड़ा था। मृत्यु के बाद स्वर्ग में ईश्वर ने भक्त को अपने हृदय से लगाया और पूछा, "वत्स, मैं तुम्हारी भक्ति से प्रसन्न हूँ। माँगो... क्या माँगते हो?"

"भगवन, बस एक ही बात जानना चाहता हूँ।" भक्त ने हाथ जोड़कर कहा, "मैं जीवनभर तुम्हारी आराधना करता रहा, लेकिन पता नहीं चला कि तुम कभी मेरे साथ थे या नहीं।"

"वत्स, पीछे मुड़कर अपने जीवन की राह को देखो...।" ईश्वर ने कहा, भक्त को अपने जीवन की पगडंडी दिखाई दी, जहाँ दो जोड़ी क़दमों

के निशान साथ-साथ बने हुए थे।

"वत्स, तुम्हारे क़दमों के निशानों के साथ-साथ जो देख रहे हो, वो मेरे क़दमों के निशान हैं। मैं हमेशा तुम्हारे साथ था।" ईश्वर ने कहा।

अचानक भक्त ने देखा, एक जगह पगडंडी पर एक जोड़ी क़दमों के निशान थे। भक्त को याद आया, ये उसके जीवन का सबसे कठिन और कष्टमय समय था। भक्त की आँखों में आँसू आ गए, वह रुष्ट होकर बोला, "नहीं भगवन, तुम हमेशा मेरे साथ नहीं थे। ये देखो, यहाँ केवल एक जोड़ी क़दमों के निशान हैं। उस समय जब मैं कष्ट में था, तुमने भी मेरा साथ छोड़ दिया था।"

ईश्वर मुस्कुराए और भक्त की पीठ सहलाते हुए बोले, "नहीं मेरे बच्चे, मैंने कष्ट के दिनों में तुम्हारा साथ नहीं छोड़ा था। ये मेरे क़दमों के निशान हैं। तुम्हें तो तब मैंने गोद में उठा रखा था।"

कथा सार

हमारी श्रद्धा चाहे विचलित हो जाए, परंतु ईश्वर हमेशा हमारे साथ रहता है। यही काम इस बिज़नेस में हमारी अप लाइन का है। हमारी अप लाइन हर क़दम पर हमारी मददगार होती है।

दूसरा चरण– संगत
सफलता का चौथा क़दम
पुस्तक की संगत

बिज़नेस में सफलता हासिल करने के लिए सिस्टम का निर्देश है कि हमें हर रोज़ कम से कम बीस मिनट पुस्तक पढ़नी ही चाहिए। इन पुस्तकों में चार तरह की पुस्तकों का समावेश है।

1) सिस्टम की निर्देशिका

हर आदर्श सिस्टम में एक मुख्य पुस्तक होती है, जिसमें सफल लोगों के अनुभवों का सार होता है। इस पुस्तक में अनुभवी लोगों द्वारा बिज़नेस में सफलता पाने के सिद्धांतों को सूत्रों में ढालकर एक दिशा-निर्देशिका बनाई जाती है। जैसे धर्मग्रंथों में जीवन जीने की रीत सिखाई जाती है, सिस्टम की यह पुस्तक इस बिज़नेस के हर कार्य को सफलतापूर्वक करने के तरीक़े सिखाती है। सपनों की रचना, लक्ष्य को सामने रखना, लिस्ट बनाना, संपर्क निमंत्रण, प्लान दिखाना, फ़ॉलो अप, सफलता के नौ क़दम, सीखने की तैयारी, प्रामाणिकता, अप लाइन से संपर्क, पुस्तक-सीडी-फ़ंक्शन, प्रॉडक्ट का उपयोग और वितरण, तीन स्वर्णिम नियम... यानी इस पुस्तक में हम जिन बातों का विश्लेषण कर रहे हैं, ये सारे दिशा-निर्देश एक आदर्श शिक्षण प्रणाली की पुस्तक में होने ही चाहिए। देखा जाए तो यह एक पुस्तक ही नेटवर्क मार्केटिंग बिज़नेस में सफलता पाने की कुंजी है। इस पुस्तक को हमेशा पढ़ते रहें, क्योंकि यह पुस्तक हर स्तर पर हमारा मार्गदर्शन करती है।

इसके अलावा सिस्टम द्वारा बिज़नेस से संबंधित कुछ छोटी-मोटी पुस्तकें भी तैयार की जाती हैं, जिनमें इस बिज़नेस की संक्षेप में बड़ी तस्वीर दिखाई देती है। बिज़नेस में सफलता पाने वाले लीडर्स की 'फ़ोटो' व 'परिचय वाली' पुस्तक भी महत्वपूर्ण है। इसके अलावा हर महीने एक

पत्रिका प्रकाशित की जाती है, जिसमें सफलता पाने वाले नए लोगों का परिचय प्रकाशित करके उन्हें सम्मानित किया जाता है और सिस्टम द्वारा भविष्य में किए जाने वाले कामों की जानकारी होती है। ये पुस्तकें नए व्यक्ति को प्लान दिखाने के बाद फ़ॉलो-अप पैक के रूप में दी जाती हैं, ताकि उसे निर्णय करने में मदद मिले। कंपनी भी अपनी मासिक पत्रिका निकालती है, जिसमें प्रॉडक्ट की जानकारी, आगामी कार्यक्रम और सफलता पाने वालों के सम्मान होते हैं। इसके अलावा प्रॉडक्ट की जानकारी वाली अलग पुस्तिकाएँ भी होती हैं, जिनका हमें लगातार अध्ययन करते रहना चाहिए।

सिस्टम दर्शन

वैसे भी सफल लोगों के अनुभव सार-युक्त पुस्तक शिक्षण का शुद्धतम स्वरूप है। वरना होता यह है कि एक व्यक्ति अप लाइन से जो सीखता है, उसमें कुछ जोड़-तोड़ करके अपनी डाउन लाइन को सिखाता है। ऐसे में अंत तक पहुँचते-पहुँचते इसके मूलभूत दिशा-निर्देश नाम मात्र रह जाते हैं। फिर हर क्रॉस लाइन के पास अपने पूर्णतः अलग-अलग दिशा-निर्देश होते हैं। तब न सिस्टम रह जाता है, न टीम में एकता होती है। ऐसे में सभी का बिज़नेस करने का अपना भिन्न तरीक़ा होता है और ग़लतियाँ भी। मगर सफलता के लिए आवश्यक दिशा-निर्देश सिस्टम ने सबके लिए समान रखे हैं। इसलिए सफलतम व्यक्ति से लेकर नए व्यक्ति तक सभी के पास एक ही पुस्तक रहती है और एक ही दिशा-निर्देश। इसी कारण से सारी दुनिया के डिस्ट्रीब्यूटर एक ही टीम के रूप में जुड़े हैं, एक जैसा काम कर रहे हैं।

मनोविज्ञान

एक ही पुस्तक से, जब ऊपर से नीचे तक सभी एक ही तरह के दिशा-निर्देशों का पालन करते हैं। जब अप लाइन टीम वैसे ही काम करती है, जैसे करने के निर्देश देती है, और वही बातें पुस्तक में लिखी मिलती हैं। साथ ही उनका परिणाम भी सकारात्मक होता हुआ दिखाई

देता है। तब नए व्यक्ति का हौसला बढ़ता है। तब वह ख़ुद भी पूरे विश्वास के साथ पुस्तक पर अमल करने लगता है और पूरी टीम में एकता और तादात्म्यता दिखाई देती है।

ग़लतियों को सुधारें

इस बिज़नेस के लिए सबसे महत्त्वपूर्ण पुस्तक है, 'सिस्टम की निर्देशिका'। इस पुस्तक को हर रोज़ 15 से 20 मिनट लगातार पढ़ना बिज़नेस में सफलता का सबसे मज़बूत आधार बन जाता है। इस पुस्तक में उन कामों के बारे में पढ़ें, जो हम इस बिज़नेस में उस दिन करने जा रहे हैं। जो भी करना है कैसे करना है, इसके बारे में इस पुस्तक के दिशा-निर्देशों को पढ़ लें। उदाहरण के तौर पर, आज हमें किसी व्यक्ति से संपर्क करके उसे प्लान दिखाने के लिए आमंत्रित करना है। अब उस व्यक्ति को ध्यान में रखकर, इस पुस्तक में संपर्क और निमंत्रण का पाठ पढ़ें। इस तरह के व्यक्ति से संपर्क कैसे किया जाए और उसे आमंत्रित करने के लिए हमें कैसी भाषा या शब्दावली का प्रयोग करना है, यह निश्चित करके ही संपर्क करें। जब दूसरे दिन हम प्लान दिखाने जा रहे हों, तो हमें, 'प्लान का प्रदर्शन' इस पाठ को पढ़ना चाहिए। लेकिन साथ ही साथ पिछले दिन किए गए कार्य को भी इस पुस्तक के दिशा-निर्देशों द्वारा जाँच लें कि वो सही तरीक़े से किया गया है या नहीं। जैसे हमने संपर्क-आमंत्रण का काम कल किया था, तो क्या हमने 'इस निर्देशिका' के दिशा-निर्देशों का पूरी तरह से पालन किया या कहीं हमसे भूल हो गई। शुरुआत में हम भूल करते ही हैं, ग़लती होती ही है। पुस्तक पढ़कर हम जब जान लेते हैं कि ग़लती हो गई है, तो अब पछताना नहीं है, बल्कि निश्चय करना है कि अगली बार ऐसे ही मौक़े पर हम वो ही ग़लती नहीं दोहराएँगे। ऐसे ही हम पिछले दिन अंजाम दिए गए कार्य और आगे किए जाने वाले कार्य को इस पुस्तक से पढ़ते रहें और अपनी ग़लतियों को सुधारकर हम धीरे-धीरे इसी पुस्तक के अनुसार चलना शुरू कर देते हैं और फिर सफलता मिलती चली जाती है।

सिस्टम दर्शन

सिस्टम-निर्देशिका पुस्तक में हर दिन जब हम अपने किए गए कार्य और अगले दिन किए जाने वाले कार्य के बारे में पढ़ते हैं। और जब पुस्तक अनुसार ही अपने काम में सुधार लाते रहते हैं, तो एक समय के बाद हम उसके दिशा-निर्देशों का पालन करने में कुशल हो जाते हैं। तब यह बिज़नेस करना एक सरल और सहज कार्य बन जाता है। तब हमारा हर क़दम सही दिशा में ही बढ़ता है और क़दम-दर-क़दम हम हर मुक़ाम हासिल करते जाते हैं। यह ठीक उसी प्रकार है, जैसे पानी का एक जहाज़ विशाल सागर में उतरता है, तो कप्तान को मंज़िल दिखाई नहीं देती, लेकिन उसे दिशा का पता होता है कि उसे कहाँ पहुँचना है। अब रडार और दिशा-निर्देशक की मदद से जहाज़ के कप्तान को हमेशा पता होता है कि जहाज़ वर्तमान में कहाँ है। तब उसी रडार और दिशा-निर्देशक का पालन करते हुए जहाज़ की दिशा को बार-बार ठीक किया जाता है और जहाज़ मंज़िल की ओर बढ़ता जाता है। ठीक इसी तरह नया डिस्ट्रीब्यूटर ये तो जानता है कि उसे कहाँ पहुँचना है, लेकिन वह सफलता की इस राह से अनजान होता है। मंज़िल दिखाई नहीं देती, बस एक दूरदृष्टि होती है। ऐसे में यही पुस्तक है, जो हर क़दम पर एक रडार, एक दिशा-निर्देशक का काम करती है। अगर हम इस पुस्तक के दिशा-निर्देशों का पालन करते हुए अपनी दिशा में सुधार करते चले जाएँ, तो हमारा हर क़दम मंज़िल की ओर बढ़ाया गया अगला क़दम होगा। हम कभी भी भटकेंगे नहीं।

मनोविज्ञान

सिस्टम की निर्देशिका पुस्तक को जब हम पूरे विश्वास से पढ़कर उस पर अमल करते हैं, तो यह देखकर हमें आश्चर्य सा होता है कि इस पुस्तक में लिखा हर शब्द सही घटनाओं पर कितना सटीक बैठता है। तब हमें महसूस होता है कि वास्तव में सिस्टम के लीडर्स ने अपने अनुभवों का सार इस पुस्तक के हर शब्द में भर दिया है। अगर पुस्तक में सफल लोगों के अनुभव और दिशा-निर्देश हमारे साथ न हों, तो हम हमेशा असमंजस में रहेंगे कि क्या हमने जो किया वह सही था या नहीं? हम हमेशा क़दम

बढ़ाते-बढ़ाते ठिठक जाएँगे, जिसके कारण हमारी मंज़िल हमसे दूर होती जाएगी। लेकिन इस पुस्तक के कारण हम पूरे आत्मविश्वास के साथ काम करते हैं। यही आत्मविश्वास हमारी सफलता की सीढ़ी बन जाता है। जब भी हम कोई 'ना' सुनते हैं, हम अपने आपको जाँच सकते हैं कि हमसे कोई ग़लती हुई है या 'ना' कहने वाला ही ग़लत था। यह बात मनोवैज्ञानिक रूप से हमें सहारा देती है और हम अगले व्यक्ति के साथ उतने ही उत्साह से बात कर सकते हैं।

दिशा–निर्देशों का पालन करते रहें

सिस्टम की निर्देशिका को हर रोज़ 15 मिनट पढ़ना फ़ायदेमंद है। उसके दिशा-निर्देशों की तुलना इस बिज़नेस में करते रहें। इस तरह से जब भी हमें अपने कार्य और निर्देशों के बीच अंतर नज़र आए, तब अपने कार्य के तरीक़े में सुधार करके, इस अंतर को कम करते जाएँ। इस तरह कुछ समय बाद आप कुशल हो जाएँगे, तब इस बिज़नेस को करना एक सरल और सहज कार्य हो जाएगा। इस पुस्तक में ग़लतियाँ न ढूँढ़ें, बल्कि इस पुस्तक के हिसाब से अपने कार्य में ग़लतियाँ ढूँढ़ें। इस पुस्तक को लिखने वाले व्यक्तियों ने पहले इस बिज़नेस को समझा, सफलता के नियमों को जाना, उन पर अमल किया, असीम सफलता हासिल की, तब कहीं सभी सफलतम लोगों ने अपने अनुभव का सार इस पुस्तक में लिखा है। इसलिए इस पुस्तक का एक-एक शब्द अनमोल है, जो आपकी ज़िंदगी को एक नई दिशा देगा। अगर आपकी शिक्षण प्रणाली या कंपनी में ऐसी कोई 'निर्देशिका' नहीं है, तो आप इस पुस्तक में लिखे गए निर्देशों का पालन करके सफलता पा सकते हैं, क्योंकि यह पुस्तक नेटवर्क मार्केटिंग का गहरा अध्ययन करके लिखी गई है। इससे आपको सहायता मिलेगी।

सिस्टम दर्शन

सिस्टम की निर्देशिका एक ऐसी पुस्तक है, जिसमें दशकों से सफल लोगों के अनुभवों का सार होता है। बिज़नेस में सफल लीडर्स, जिन्होंने इस बिज़नेस को हमारी ही तरह शून्य से शुरू किया था और सफलता की उन

ऊँचाइयों पर पहुँचे हैं, जिस शिखर को पाने की तमन्ना में हमने इस राह पर क़दम बढ़ाया है। इन लीडर्स ने वो रास्ता तय किया है, जिस पर हम चल रहे हैं। इन्होंने उन्हीं अवरोधों, दिक्कतों, कठिनाइयों को ख़ुद भोगा है, जिनसे आज हमारा सामना हो रहा है। इसलिए वो बिज़नेस की राह को इंच-दर-इंच जानते हैं। ऐसे में जब उन्होंने इस पुस्तक में दिशा-निर्देश दिए हैं, तो हर शब्द महत्वपूर्ण है, क्योंकि वह अनुभवी, सफलतम लोगों द्वारा दिया गया सफलता का मंत्र है। इसलिए सिस्टम में इस पुस्तक का दर्जा एक ग्रंथ की तरह होता है। रोज़ पढ़ते हुए उस पर अमल करते रहने पर हम सिस्टम का पालन करते हैं, उसका ही एक हिस्सा बन जाते हैं और रास्ते से कभी भटकते नहीं। जब हम सही राह पर होते हैं और आगे बढ़ते रहते हैं, तो मंज़िल पाना बस एक समय की बात रह जाती है। वो हर मुक़ाम, जो हम पाना चाहते हैं, इसी राह पर है। राह सही है, क़दम बढ़ रहे हैं, तो मंज़िल को समझिए कि हमने पा ही लिया।

मनोविज्ञान

इस निर्देशिका के अनुसार कार्य करने से ऐसा नहीं है कि हम हर कार्य में शत-प्रतिशत सफल ही होंगे। ऐसा संभव नहीं है कि हम संपर्क करके आमंत्रित करें और सभी लोग प्लान देखने आ जाएँ। हम प्लान दिखाएँ, तो सभी बिज़नेस को शुरू करना चाहें या अधिक जानकारी लेना चाहें। हम फ़ॉलो-अप करें, तो सभी साइन करने को तैयार हो जाएँ। सभी हमारी तरह इस बिज़नेस में जुट जाएँ, कैसेट सुनें, पुस्तक पढ़ें, मीटिंग में जाएँ, प्रॉडक्ट का इस्तेमाल करें। नहीं..., ऐसा शत-प्रतिशत होना संभव नहीं है, लेकिन एक बात निश्चित है कि हमारी सफलता का औसत बढ़ जाएगा। बहुत से लोग फिर भी इसी तरह से सकारात्मक प्रतिसाद नहीं देंगे। तब इसका मतलब यह हुआ कि हमसे कोई भूल हुई? नहीं...। अगर हम पूरी तरह से सिस्टम के दिशा-निर्देशों का पालन कर रहे हैं, फिर भी अगर लोग सही प्रतिसाद नहीं दे रहे हैं, तो इसका मतलब है कि वो लोग सही नहीं हैं। वो लोग महत्वाकांक्षी नहीं, स्वप्नदृष्टा नहीं या फिर उनका समय ठीक नहीं चल रहा है। ये लोग सही समय आने पर ही इस बिज़नेस को अपनाएँगे। ऐसे लोगों के साथ अपनी ऊर्जा बर्बाद न करें।

उन्हें भूल जाएँ और उन्हीं लोगों के साथ काम करें, जो आज काम करने के लिए आगे आते हैं। इस तरह से यह पुस्तक हमें सही लोगों के साथ मेहनत करने में मदद करती है और हमारे समय, ऊर्जा और धन की बचत करती है।

2) नेटवर्क मार्केटिंग के संबंध में लिखी गई पुस्तकें

ये ऐसी पुस्तकें हैं, जिनमें नेटवर्क मार्केटिंग इंडस्ट्री के उज्ज्वल भविष्य और वर्तमान में उनके कार्यों का वर्णन है। इनमें मुख्यतः निम्नलिखित पुस्तकें हैं :

1) बिलीव- रिच डेवॉस (एमवे)

2) नेटवर्क मार्केटिंग- जीने की राह

3) वादे जो निभाने हैं- चार्ल्स पॉल कॉन (एमवे)

4) द ड्रीम देट विल नॉट डाय- चार्ल्स पॉल कॉन (एमवे)

5) नेटवर्क ऑफ़ चैम्पियन्स- डॉ. शेड हेमस्टेटर (एमवे)

6) विक्टरी- डॉ. शेड हेमस्टेटर (एमवे)

7) एम्पायर ऑफ़ फ्रीडम (एमवे)

8) हू स्टोल अमेरिकन ड्रीम- बर्क हैजेस

9) कॉपी कैट मार्केटिंग 101- बर्क हैजेस

10) प्रोज़्युमर पॉवर

11) सवाल ही जवाब हैं- एलन पीज़

12) बिज़नेस स्कूल- रॉबर्ट कियोसाकी

13) गेट अ लाइफ़- फ़िलिप स्टिल्स

14) जुड़ो-जोड़ो-जीतो- डॉ. उज्ज्वल पाटनी

15) कैसे पाएँ सफलता नेटवर्क मार्केटिंग में- सूर्या सिन्हा

ऐसी ही और भी पुस्तकें हैं, जिन्हें पढ़ने से हमारा विश्वास बढ़ता है और हम अपने बिज़नेस की वर्तमान स्थिति और भविष्य से परिचित होते हैं।

3) लोक–व्यवहार में कुशलता प्रदान करने वाली पुस्तकें

इनमें पति-पत्नी, घर-परिवार, समाज, मित्र-परिचित व अपरिचित लोगों से संबंध बनाने, निभाने और टिकाए रखने के अनुभव और सरल तरीक़े हैं। इनमें मुख्यतः निम्नलिखित पुस्तकें हैं :

1) मेन आर फ्रॉम मार्स, विमेन आर फ्रॉम वीनस- जॉन ग्रे (पति-पत्नी के संबंध पर लिखी गई दुनिया की सर्वश्रेष्ठ पुस्तक)

2) प्रेम की पाँच भाषाएँ

3) लोक-व्यवहार- डेल कार्नेगी (लोक-व्यवहार के संबंध में लिखी गई दुनिया की सर्वश्रेष्ठ पुस्तक)

4) लोक-व्यवहार में कुशलता- लेस गिबलिन

5) कला लोक-व्यवहार की- लेस गिबलिन

6) मित्रता का महत्व- एलन लॉय

7) पर्सनैलिटी प्लस- लिटॉर

8) अपने भीतर छुपे लीडर को कैसे जगाएँ- जॉन सी. मैक्सवेल (लीडरशिप पर लिखी गई सर्वश्रेष्ठ पुस्तक)

(0 से 100 तक) "सेवन हैबिट्स ऑफ़ हाइली इफ़ैक्टिव पीपुल"- स्टीवन कवी (अति प्रभावकारी लोगों की 7 आदतें)

(हर क्षेत्र में सर्वश्रेष्ठ पुस्तक, बाक़ी पुस्तकें इसका विस्तार मात्र हैं।)

लोक-व्यवहार में कुशलता से संबंधित पुस्तकों का हमें नियमित अध्ययन और उस पर अमल करना है। लोग ही बिज़नेस के उत्पादों को उपयोग में लाते हैं, उन्हें चलाते हैं, तब ही कारोबार होता है, और हम

लाभ के हिस्सेदार होते हैं। हम लोगों तक अपनी बात तभी पहुँचा सकते हैं, जब हम उनसे सही तरीक़े से व्यवहार करें। इसलिए लोक-व्यवहार का ज्ञान होना अत्यंत आवश्यक है।

सिस्टम दर्शन

लोक-व्यवहार के बारे में सिस्टम का दर्शन यही है कि लोगों के नज़रिए को जानें, समझें और फिर अपनी बात उन तक सही तरीक़े से पहुँचाएँ। लोग तब ही इस बिज़नेस में हमारे साथ शामिल होंगे, जब वो हमारी बात को सुनेंगे, समझेंगे और उस पर विश्वास करेंगे। जब तक हम उनके साथ सही व्यवहार नहीं करेंगे, लोग खुले दिमाग़ से हमारी बात नहीं सुनेंगे। बहस करना, अपनी बातचीत में 'मैं' 'मेरा' 'मेरी' का प्रयोग करना, कठोर बात को कठोर शब्दों में कहना, निंदा या आलोचना करना, सुनने के बजाय अपनी बात कहते रहना, ये सब लोगों के साथ अंतरंगता बढ़ाने में बाधा का काम करते हैं। लोक-व्यवहार के मूलभूत सिद्धांत हैं, दिल से सुनना, समझना, दूसरों को बोलने के लिए प्रोत्साहित करना, उनके पसंदीदा विषय पर चर्चा करना, अपनी भाषा में 'मैं, मेरा, मेरी, मुझे' जैसे शब्दों को हटाकर 'आप' शब्द का प्रयोग करना, लोगों के साथ सहानुभूति रखना, उनकी भावनाओं की क़द्र करना, सुनते समय उन्हें देखना, अपनी सहमति से उन्हें अवगत कराना आदि बातें रिश्ते क़ायम करने के लिए ज़रूरी हैं। इसलिए यह ज़रूरी है कि हम लोक-व्यवहार से संबंधित पुस्तकों को पढ़ें, समझें और उन्हें अपने व्यवहार में शामिल करें। ताकि हमें पसंद किया जाए, फिर हम पर विश्वास किया जाए, फिर हमारी बात को सुना-समझा जाए, फिर माना जाए, और फिर हमारे चाहे गए कार्य को करने के लिए लोग तैयार हो जाएँ। तभी हम सही अर्थों में सफल होंगे।

लोग इस बात का ख़याल नहीं करना चाहते कि आप कितना जानते हैं, बल्कि लोग जानना चाहते हैं कि आप उनका कितना ख़याल करते हैं।

मनोविज्ञान

लोक-व्यवहार एक पूर्णतः मनोवैज्ञानिक विषय है। जब तक हम लोगों के मनोविज्ञान से परिचित नहीं होते, हम रिश्ते क़ायम करने या विश्वास पैदा करने में सफल नहीं हो सकते। बहुत गहराई में हर मनुष्य एक जैसी ही भावनाएँ रखता है। हम सभी अपने ही बारे में सोचते हैं, बातें करना चाहते हैं। हमें हमारे पसंदीदा विषय, अपने नाम, अपने शौक़, अपनी आदतों, अपने दर्द, अपने दुख, अपनी चिंता, यानी अपने आपसे लगाव होता है।

> ***हमें अपने फोड़े के बारे में इतनी चिंता रहती है, जितनी कि गुजरात के भूकंप में लाखों लोगों के मरने की भी नहीं होती।***

इसलिए किसी ने क्या ख़ूब कहा है, "माइनर ऑपरेशन उसे कहते हैं, जो किसी दूसरे पर किया गया हो। (ख़ुद के फोड़े पर चीरा लगवाना भी मेजर ऑपरेशन होता है, औरों की बाय-पास सर्जरी को भी लोग माइनर ऑपरेशन समझते हैं।) इस हिसाब से हम सब लगभग एक जैसे हैं। इस भावना के विपरीत जो भी हमसे व्यवहार करता है, हम उसे नकार देते हैं, उसे नापसंद करते हैं।

4) आर्थिक सोच से जुड़ी पुस्तकें, सकारात्मक सोच की पुस्तकें

ये ऐसी पुस्तकें हैं, जो हमारी आर्थिक सोच को नई दिशा देती हैं। सकारात्मक सोच को विकसित करने वाली पुस्तकें हमारे नज़रिए को सकारात्मक बनाने में मदद करती हैं। हममें जोश और उमंग जगाती हैं तथा हमें जीवन में अनुशासन सिखाने में मदद करती है।

1) सोचिए और अमीर बनिए- नेपोलियन हिल
2) रिच डैड, पुअर डैड- रॉबर्ट कियोसाकी

3) कैशफ़्लो- रॉबर्ट कियोसाकी

4) जीत आपकी- शिव खेड़ा (श्रेष्ठ पुस्तक)

5) **अति प्रभावकारी लोगों की 7 आदतें- स्टीवन कवि**

6) उड़ान शिखर की ओर

7) क्या आप जोश में हैं ?

8) बड़ी सोच का बड़ा जादू- डेविड श्वार्ट्ज़

9) शिखर पर मिलेंगे- ज़िग ज़िगलर

10) सकारात्मक सोच की शक्ति- विन्सेंट पील

11) मुश्किलें सदा हारती हैं, संघर्ष करने वाले जीतते हैं- रॉबर्ट शुलर

12) सक्सेज़ इज़ नेवर ऐंडिंग, फ़ेल्यर इज़ नेवर फ़ाइनल- रॉबर्ट शुलर

13) मेरा चीज़ किसने हटाया- जॉन स्पेंसर

14) वन मिनट मैनेजर- जॉन स्पेंसर

15) प्रेज़ेंट- जॉन स्पेंसर

16) चिंता छोड़ो सुख से जिओ- डेल कारनेगी

17) दुनिया का सबसे महान सेल्समैन- ऑग मैन्डिनो

18) व्हाट टु से व्हेन यू टॉक टु युअरसेल्फ़- डॉ. शैड हेमस्टेटर

19) रहस्य (द सीक्रेट)- रॉन्डा बर्न

ऐसी ही अनगिनत पुस्तकें जो आर्थिक, सामाजिक और व्यक्तिगत विकास में हमारी मदद करती हैं।

रोज़ रात सोने से पहले बीस मिनट पुस्तक पढ़ना

इन पुस्तकों में से जो भी ज़रूरी हो, हमें अलग-अलग पुस्तक को पढ़ते रहना चाहिए। कम से कम रोज़ बीस मिनट पुस्तक पढ़ना चाहिए। अगर हमें पुस्तक पढ़ने की आदत नहीं है, तो हम शुरुआत में एक पेज या एक पैरेग्राफ़ रोज़ एक निश्चित समय पर इक्कीस दिन तक पढ़ें। फिर यह हमारी आदत में शामिल हो जाता है, और आगे चलकर हम पुस्तक पढ़ने के आदी हो जाते हैं। जब हम आदी हो जाते हैं, तो पढ़ना एक सहज

प्रक्रिया हो जाती है, जैसे साँस लेना। उसके लिए कोई प्रयास नहीं करना पड़ता। सकारात्मक सोच वाली पुस्तकों को रात सोने से पहले बीस मिनट पढ़ना बहुत ही उपयोगी रहता है।

सिस्टम दर्शन

पुस्तक पढ़ने के बारे में सिस्टम दर्शन यही है कि जब हम सकारात्मक नज़रिए वाली पुस्तकों को पढ़ते हैं, तो हमारी सोच में सकारात्मकता आने लगती है। हमारी सोच हमारे द्वारा की गई संगत का परिणाम है। हम आज जैसे हैं उसके लिए हमारा माहौल, हमारी संगत ही ज़िम्मेदार है। हम किन लोगों के साथ उठते-बैठते हैं, कैसी पुस्तकें पढ़ते हैं, कैसी बातें सुनते हैं, कैसी बातें देखते हैं, उसी का परिणाम हमारी वर्तमान हालत है। सकारात्मक पुस्तकों की संगत से हमें सकारात्मक नज़रिया विकसित करने में सहायता मिलती है। लोक-व्यवहार से जुड़ी पुस्तकों से हमारे व्यवहार में बेहतर बदलाव आता है। नेटवर्क मार्केटिंग से जुड़ी पुस्तकें पढ़ने पर हम अपने बिज़नेस के इतिहास, उसकी वर्तमान स्थिति और भविष्य में होने वाले बदलाव का आकलन कर सकते हैं। जिसके कारण हमारा विश्वास बढ़ता है, और यह एक प्रेरणा देता है। सिस्टम का अनुभव है कि वो ही लोग तेज़ी से सफल हुए हैं, जिन्होंने ज़्यादा पढ़ा, ज़्यादा सीखा और उस पर अमल किया।

मनोविज्ञान

ज़िंदगी में सफलता पाने के लिए एक महत्वपूर्ण और आवश्यक बात है, हमारी सकारात्मक सोच। जब हमारे मस्तिष्क में यह सकारात्मक सोच होती है कि "यह काम हो सकता है।" तभी हमारे मस्तिष्क में काम करने की प्रेरणा जागती है। जब हम सकारात्मक नज़रिए से देखते हैं, सोचते हैं, तो हर बाधा हमें एक अवसर नज़र आती है। सकारात्मक सोच हमारे कार्य की गति को बढ़ाने वाला सर्वाधिक शक्तिशाली माध्यम है। जब हम सकारात्मक होते जाते हैं और हम काम करने के लिए प्रेरित हो जाते हैं।

पुस्तक पढ़ते रहने से हम अचानक अपने अंदर एक बदलाव सा महसूस करते हैं। यही मानसिक बदलाव हमारे व्यवहार में साफ़ नज़र आता है। रात को सोने से पहले सकारात्मक पुस्तकें पढ़ना हमारे लिए बहुत ही लाभकारी होता है, क्योंकि हम जागरण की अवस्था से तंद्रा और फिर नींद की स्थिति में पहुँचते हैं। इसी तंद्रा की अवस्था में हमारे चेतन मस्तिष्क में चल रहे विचार अवचेतन मन में स्थानांतरित होते हैं। अगर हमने सकारात्मक सोच की पुस्तक पढ़ी है, तो सकारात्मक विचार अवचेतन में प्रवेश कर जाएँगे। यही अवचेतन में बसे विचार हमें जीवन में सकारात्मक नज़रिया प्रदान करेंगे, जो कि हमारे जीवन का एक सहज हिस्सा बन जाएँगे। यह तंद्रा की अवस्था बिल्कुल वैसी ही होती है, जैसे ध्यान या सम्मोहन की अवस्था होती है। यही वह समय है जिसे गुरुनानक ने अमृत-बेला कहा है। इसे वैज्ञानिक शब्दावली में अल्फा रिदम पीरियड कहा गया है, जब चेतन में चल रही सारी विचारधारा अवचेतन में उतर जाती है। इसलिए ऐसे समय में सकारात्मक पुस्तक पढ़ना, जीवन के हर क्षेत्र में सफलता का मूल मंत्र बन जाता है।

एक पुस्तक एक ज़िंदगी

पुस्तक एक ऐसी अमूल्य धरोहर है, जिसके कारण पीढ़ियों का संचित ज्ञान, अनुभव और जानकारी हमें हाथोंहाथ मिल जाती हैं। इसमें वो ज्ञान और अनुभव होते हैं, जिन्हें हम अपनी छोटी सी ज़िंदगी में थोड़ी सी मात्रा में ही पा सकते हैं। हमारी ज़िंदगी में हम हर अनुभव से नहीं गुज़र सकते, लेकिन उसके प्रतिबिंब हमें पुस्तकों के कारण मिल जाते हैं। सिर्फ़ पुस्तकें पढ़ने से कुछ हासिल नहीं होता, जब तक हम पढ़ी गई बातों पर अमल न करें। ज्ञान ही शक्ति है, यह अधूरा सत्य है। ज्ञान का उपयोग किया जाए, तभी वह शक्ति बन पाता है। किसी ने क्या ख़ूब कहा है :

> ***"पुस्तक ख़रीदने से आप ग़रीब हो जाते हैं, उसे पढ़ने से आप अमीर बन जाते हैं, उस पर अमल करने से आप रईस हो जाते हैं।"***

सौ रुपए की पुस्तक ख़रीदी, सौ रुपए से हम ग़रीब हुए। पुस्तक पढ़ने से हमारे सौ रुपए वसूल हुए और पुस्तक के ज्ञान को व्यवहार में प्रयोग करने से हमें सैकड़ों-हज़ारों-लाखों गुना धन-दौलत-इज़्ज़त-शोहरत और सलीका मिल जाता है।

सिस्टम दर्शन

पुस्तकें एक उधार लिया हुआ अनुभव है। सफलता के लिए आवश्यक है, ज्ञान और कर्म। अगर आपके पास सिर्फ़ ज्ञान है और कर्म नहीं या आप कर्म करते हैं, लेकिन उसे सही ढंग से करने का ज्ञान नहीं, तब निश्चित की आप सफल नहीं हो सकते। सफलता के लिए सही ज्ञान का सही अमल ज़रूरी है। ज्ञान मिलता है पुस्तकों से। अगर हम किसी काम को करते हुए सफलता पा भी लेते हैं, तब भी हमें ज़रूरत होगी इस ज्ञान की कि सफल लोग कैसे रहते हैं। जब तक हम ख़ुद का अनुभव नहीं पा लेते, तब तक भी हमें ज्ञान को, उधार के अनुभव को, पुस्तकों से पाना ही होगा। एक पुस्तक एक पूरे जीवन के अनुभवों का निचोड़ होती है, जिसे कुछ घंटों के पठन से हम जान सकते हैं। हमारे पास केवल एक ही जीवन है, और इस एक जीवन के अनुभव हमें मिलेंगे। पुस्तक से हमें दूसरों के अनुभवों का लाभ मिलता है। बीस मिनट रोज़ एक पुस्तक पढ़ने से औसतन महीने में एक, साल में बारह, और दस साल में एक सौ बीस पुस्तकें हम पढ़ सकते हैं। सोचिए कितनी बड़ी बात है। हम अपनी पूरी ज़िंदगी में एक ही ज़िंदगी के अनुभवों की अनुभूति कर पाएँगे, जबकि यहाँ एक महीने में एक, साल में बारह और दस साल में एक सौ बीस ज़िंदगियों के अनुभवों को जान पाएँगे। यह एक क्रांति के समान ही है। सिस्टम-दर्शन यही है कि इतने अनुभवों का सार जब हमारे साथ होता है, तो हमसे ग़लतियाँ कम ही होती हैं, क्योंकि हम दूसरों की ग़लतियों से सबक़ ले रहे हैं। ऐसे में सफलता की राह आसान हो जाती है और हम हर मुक़ाम तक जल्दी पहुँच जाते हैं।

मनोविज्ञान

पुस्तक मनोवैज्ञानिक स्तर पर एक आइने का काम करती है। कोई और जब हमें हमारी किसी ग़लती के बारे में बताता है, तो इससे हमारे अहंकार को चोट पहुँचती है। तब हम या तो बचावात्मक भूमिका अपनाकर तर्क करते हैं या आक्रामक होकर वार करने लगते हैं। ऐसे समय हम बहस पर उतारू हो जाते हैं। पुस्तक के साथ हम वाद-विवाद नहीं कर सकते। या तो हम अपनी ग़लती मान लेते हैं या ख़ुद ही उस बात के प्रति अपने आपको निर्दोष मान लेते हैं। तब हमारे मस्तिष्क में बहुत गहराई में एक विचार उठता है कि पुस्तक में लिखी गई बात है तो सही। चूँकि पुस्तक में लिखी गई बात हमें इशारा करके नहीं लिखी गई है, इसलिए न तो हम अपना बचाव करते हैं, ना बहस। बस अपने ही अंदर हम अपनी तुलना उस लिखी गई बात से कर लेते हैं, और जिस हद तक हमें जँचती है, हम उसे स्वीकार कर लेते हैं। जबकि कोई और यही बात या ग़लती हमसे मनवाए, तो यह स्वीकारना हमें अपमानजनक भी लग सकता है। वैसे भी अकेले में पुस्तक जैसी निर्जीव वस्तु के सामने ख़ुद की ग़लती स्वीकारना आसान होता है। कभी-कभी हम लेखक से इतने प्रभावित होते हैं कि उसकी बात के सामने हमें हमारे विचार छोटे मालूम पड़ते हैं। तब हम उसे पूरी तरह से मानते हुए मन ही मन अपनी ग़लती को पूरी तरह से स्वीकार करते हैं। तब हम मानते हैं कि हमारी सोच अपने जीवन के प्रति कितनी ग़लत है। किसी ने इसी बात को कठोर शब्दों में कुछ इस तरह कहा है कि...

> ***"एक अच्छी पुस्तक को पढ़ना ऐसा है, जैसे एक बंद कमरे में अपना जूता निकालकर ख़ुद के ही सिर पर मारना।"***

यही बात अन्य विषयों की पुस्तकों पर भी लागू होती है। जैसे-जैसे आपका अनुभव बढ़ेगा, ये पुस्तकें आपकी ज़िंदगी में नया रंग भरेंगी। हर स्तर पर आप इन पुस्तकों से नई जानकारी, अनुभव पाएँगे, जो पहली बार आपकी समझ में भी नहीं आया था। इसलिए हर दिन कुछ समय अच्छी पुस्तकों की संगत में रहें।

सिस्टम की बोध कथाएँ...

एक मुस्लिम जुआरी को मीर ने सज़ा देते हुए क़ैद कर लिया। उसकी माँ ने संत कँवरराम की शरण में आकर अपने बेटे को रिहा करवाने के लिए गुहार लगाई। माँ की दयनीय हालत देखकर संत उस मीर के पास पहुँचे। मीर ने संत का सम्मान के साथ स्वागत किया और बात सुनकर कहा, "आप जैसे संतों को यूँ सरकारी कामों में दख़ल नहीं देना चाहिए। इस तरह से तो लोग आपका सिर खा जाएँगे और हमारे लिए सरकार चलाना मुश्किल हो जाएगा। इस बार आपकी ख़ातिर मैं इसे छोड़ दूँगा बशर्ते आप अपनी मूँछ पर हाथ रखकर वचन दीजिए कि आगे ऐसे किसी काम के लिए आप यहाँ नहीं आएँगे।"

वचन के पक्के संत ने वचन तो दिया, मगर कुछ समय के बाद वैसे ही एक प्रकरण में संत को उसी मीर के पास मजबूर होकर आना पड़ा। मूँछ के सवाल पर संत ने हाथ जोड़कर कहा, "आपका कहना हर तरह से सही है, मगर जब मैंने इसके भूखे बच्चों के सिर पर अल्लाह लिखकर एक पलड़े में तथा अपनी मूँछ को दूसरे पलड़े में रखकर तराज़ू उठाया, तब मुझे अल्लाह वाला पलड़ा झुका हुआ दिखाई दिया। अब आपको जो उचित लगे वो ही कीजिए।

कथा सार

सच्चे लीडर वो ही होते हैं जिनकी नज़र में मानवता की क़ीमत हर नियम से ऊपर होती है।

दूसरा चरण– संगत

सफलता का पाँचवाँ क़दम

कैसेट या सीडी की संगत

कैसेट या सीडी सिस्टम का महत्वपूर्ण औज़ार है। बल्कि यह माना जाता है कि इस बिज़नेस में सिस्टम का जन्म ही कैसेट के कारण हुआ है। बताया जाता है कि एक सफल डिस्ट्रीब्यूटर ने जब एक अन्य सफल डिस्ट्रीब्यूटर को एक सेमिनार में, एक ओपन मीटिंग में और फिर एक होम मीटिंग में एक ही अंदाज़ में, एक ही बात कहते हुए सुना, तो उन्हें ख़याल आया कि यही बात एक कैसेट के माध्यम से कही जा सकती है। वहीं से लीडर्स की कैसेट व्यक्तिगत तौर पर टेप करने का सिलसिला शुरू हुआ, लेकिन समस्या ऐसी आई कि चलते सेमिनार में बहुत से लोग दौड़-दौड़कर बड़े-बड़े टेपरिकॉर्डर के स्पूल बदलते। एक अफरा-तफरी मची रहती। यहीं से एक सिस्टम का जन्म हुआ कि एक ही कैसेट पूरी सावधानी से टेप की जाए और उसकी कॉपियाँ बाँटी जाएँ। इसी से सिस्टम की शुरुआत हुई और फिर उसमें बड़े सेमिनार और दूर-दराज़ शहरों में लीडर्स के फ़ंक्शन आयोजित होने लगे। फिर पुस्तकें आईं और अब यह सफ़र वीडियो सीडी तक पहुँच गया है। लेकिन इस विकास के बावजूद कैसेट आज उतनी ही महत्वपूर्ण बनी हुई हैं, जितनी शुरुआत में थीं। कैसेट या सीडी भी शिक्षा प्रणाली का शुद्ध स्वरूप है, जैसा कि एक पुस्तक। इसमें भी शिक्षा का प्रसार ऊपर से नीचे तक समान रूप में होता है। सिस्टम औसतन आधा घंटा रोज़ एक कैसेट या सीडी सुनना हर डिस्ट्रीब्यूटर के लिए आवश्यक मानता है। अब तो एक सफल सिस्टम में सैकड़ों कैसेट उपलब्ध होती हैं। कैसेट या सीडी मोटे तौर पर तीन श्रेणियों में आती हैं।

1) रैली कैसेट या सीडी

इस कैसेट या सीडी में सफल लीडर्स की अपनी कहानी होती है कि वो क्या थे, कैसे इस बिज़नेस में आए और किस तरह के अवरोधों का उन्होंने सामना किया, कैसी ग़लतियाँ कीं और कैसे सफल हुए। इनमें हर व्यवसाय से आए लोगों की कैसेट्स या सीडी हैं। जिनमें इंजीनियर, डॉक्टर, वकील, सीए, बिज़नेसमैन, मेजर, आर्किटेक्ट, पुलिसमैन, एक्टर, पीएच.डी., साइंटिस्ट से लेकर चाय वाला, पान वाला, ऑटो वाला, ड्राइवर, कंडक्टर और मज़दूर भी हैं। यही एक बात साबित करती है कि हर पेशे के लोग न सिर्फ़ इस बिज़नेस को कर सकते हैं, बल्कि इसमें सफल भी होते हैं। शिक्षण की इस प्रणाली की शुरुआत 1930 के आस-पास मशहूर लेखक डेल कारनेगी ने की थी। जब उन्होंने "लोक-व्यवहार", "चिंता छोड़ो, सुख से जियो" जैसी पुस्तकें लिखी थीं। फिर इन पुस्तकों के सिद्धांतों को अपनाकर जिन्हें फ़ायदा हुआ था, वो लोग समारोह में अपनी आपबीती बताकर लोगों को प्रेरणा देते थे। ये बहुत ही प्रेरणादायक कैसेट्स होती हैं। बिज़नेस में एक विशाल नेटवर्क बनाने में यही प्रेरणादायक कहानियाँ एक महत्वपूर्ण रोल अदा करती हैं। अब वी.सी.डी. का ज़माना आ गया है, जहाँ सुनने के साथ देखना एक गहरा प्रभाव उत्पन्न करने लगा है। ये कैसेट्स या सीडी लाइव प्रोग्राम की रिकॉर्डिंग होती हैं।

सिस्टम दर्शन

महत्वपूर्ण बात यह है कि हम अपने जैसे ही व्यवसाय-जाति-धर्म-क्षेत्र-भाषा वाले लोगों से संबंधित होते हैं, उन्हीं की बातें हमें अधिक प्रभावित करती हैं। बिज़नेस में सफल हुए हर तरह के लोग हैं, उनमें से बहुत से ऐसे भी हैं, जिनसे हम वैचारिक रूप से प्रभावित हो सकते हैं। परंतु वे सारे लोग हमारे पास या हमारे शहर में नहीं हो सकते। ऐसे में कैसेट या सीडी एक ऐसा माध्यम है कि हम दूर रहकर भी उनके साथ जुड़े रह सकते हैं, उनसे सीख सकते हैं। एक डॉक्टर या सीए ज़रूरी नहीं है कि एक व्यापारी या वकील की बात से सहमत हो। अधिकतर होता यह है कि एक डॉक्टर दूसरे डॉक्टर से, एक वकील दूसरे वकील से सहमत होते हैं। ऐसे में सिस्टम हमें मदद करता है कि सीडी के कारण हम अपने

आदर्श व्यक्ति को सुन सकें, समझ सकें और सीख सकें। इसका महत्वपूर्ण हिस्सा यह भी है कि सीडी के कारण देश और काल की सीमाएँ भी टूट जाती हैं। अगर सीडी न होती, तो हमें अपने पसंदीदा और आदर्श लीडर्स को सुनने के लिए उस शहर या राज्य में जाना पड़ता, जहाँ उनके सेमिनार का आयोजन किया गया हो। और तब जाना पड़ता जिस समय उसका आयोजन हो। हम अपने पसंदीदा व्यक्ति को अपनी सुविधानुसार जगह और समय पर नहीं बुला सकते। सीडी के कारण हमें सुविधा है कि हम जब चाहें, सुबह-दोपहर-शाम-रात को उन्हें सुन सकते हैं और जहाँ चाहें घर में, कार में, सफ़र में सुन सकते हैं।

मनोविज्ञान

सीडी का अन्य महत्वपूर्ण प्रभाव यह भी है कि सीडी में सफल लीडर अपनी आपबीती कहते हैं। अपनी पूर्वावस्था, घुटन, इच्छा-आकांक्षा, अपने दर्द, सपने, बिज़नेस का सफ़र, अवरोध-कठिनाइयाँ, उनसे पार पाने की दास्तान और वर्तमान में मिलने वाले सुकून। ऐसे में लोग इन सारी बातों में से उस बात को चुन लेते हैं, जिनकी उन्हें ज़रूरत है और अपनी इच्छा से उन्हें मान भी लेते हैं। आमने-सामने की बातचीत में लोग अक्सर अपनी कमज़ोरी को छुपाकर इधर-उधर के प्रश्न पूछते हैं और हम अक्सर उनके उन प्रश्नों के जाल में उलझकर रह जाते हैं और छुपी बात के लिए उन्हें संतुष्ट नहीं कर पाते। इससे हमारा बहुत सारा समय बेकार जाता है, जिसके कारण उन पर विपरीत प्रभाव पड़ता है। उनका अवचेतन मस्तिष्क इसी बात को ग्रहण करता है कि उन्हें भी इसी तरह लोगों के साथ घंटों बिताने पड़ेंगे। जो कि वो स्वीकार नहीं कर पाते। जबकि कैसेट सुनते समय हम उनके साथ समय नहीं देते हैं। ऐसे में उन्हें यह आसान भी लगता है कि ऐसा वो भी कर सकते हैं।

2) टीचिंग–कैसेट या सीडी

सिस्टम की 'टीचिंग-कैसेट' में लीडर्स के द्वारा दी गई शिक्षा, बिज़नेस बढ़ाने के तरीक़े आदि होते हैं। इन कैसेट्स या सीडी में फ़ंक्शन के दौरान

की गई रिकॉर्डिंग होती है। जिसमें शिक्षण प्रणाली के सभी सूत्रों को लीडर्स अपने-अपने अनुभव के साथ अपने तरीक़े से समझाते हैं। इन कैसेट्स या सीडी में इतनी अच्छी तरह से और भिन्न अनुभवों के साथ सिखाया जाता है कि हर नए या पुराने डिस्ट्रीब्यूटर हर बार इसमें अपने बिज़नेस को बढ़ाने के नए नुस्ख़े सीख सकते हैं।

3) शुद्ध शिक्षण

ये कैसेट्स या सीडी सिस्टम के निर्देशानुसार अधिकतर स्टूडियो में रिकॉर्ड की जाती हैं। इनमें बिज़नेस बढ़ाने के हर तरीक़े को सुव्यवस्थित तरीक़े से समझाया जाता है। पहली दोनों तरह की सीडी, सेमिनार और फ़ंक्शन के दौरान रिकॉर्ड की जाती हैं, जहाँ कोई स्क्रिप्ट नहीं होती, वहाँ लीडर्स अपने तरीक़े से बातें करते हैं। लेकिन ये सीडी योजनाबद्ध तरीक़े से तैयार की जाती हैं, इसलिए इस सीडी में दी गई जानकारी 'टू द पॉईंट' होती है। विषय पर ही केंद्रित होती है।

सिस्टम के पचासों सेमिनार हर महीने अलग-अलग जगह होते हैं। पचासों सीडी रिकॉर्ड की जाती हैं। लेकिन सभी सीडी सुनने के बाद सिस्टम की ओर से सर्वश्रेष्ठ सीडी का चुनाव किया जाता है और वो ही सीडी उस महीने में रिलीज़ की जाती है। इन कैसेट्स, सीडी को सुनने वाले लोग बिज़नेस की वर्तमान स्थिति और अपनाए जा रहे तरीक़ों से परिचित होते रहते हैं, जो कि सफलता के लिए ज़रूरी हैं।

याद रखिए- बिज़नेस करते समय सीडी, कैसेट, पुस्तक और फ़ंक्शन के साथ जुड़ना एक विकल्प नहीं, बल्कि एक ज़रूरत है।

कैसेट या सीडी से हर जगह क्लास-रूम बन जाती है

इस बिज़नेस में सफलता पाने के लिए सबसे ज़रूरी चीज़ है, बिज़नेस का ज्ञान। इसके लिए 24 घंटे आपके साथ रहें, आपके अधिकार में हों, ऐसी

चीज़ें सिर्फ़ पुस्तक और सीडी ही हैं। फ़ंक्शन सभी की सुविधानुसार एक निश्चित समय पर होते हैं, अप-लाइन का समय बँटा हुआ है। यह सीडी और पुस्तक ही हैं, जो आपको आपकी फ़ुर्सत में उपलब्ध हैं। यही वो चाबी है, जिससे हम राह में आने वाले हर दरवाज़े को खोल सकते हैं, अप-लाइन से दूर रहकर भी बिज़नेस को सफलतापूर्वक कर सकते हैं। इसलिए रोज़ एक सीडी को सुनने की आदत बना लीजिए। सीडी को सुनने के लिए पुस्तक की तरह अन्य कार्य छोड़कर पढ़ना नहीं पड़ता। सीडी को हम शेविंग करते समय, खाना खाते समय, सफ़र करते समय यानी किसी अन्य काम को करते समय भी साथ-साथ सुन सकते हैं। आप कार में सीडी सुनते हैं, तो कार आपका क्लास-रूम बन जाती है। खाना बनाते समय किचन, खाना खाते समय डायनिंग, सफ़र करते समय गाड़ी का डिब्बा आपके लिए क्लास-रूम बन जाता है।

सिस्टम दर्शन

एक बार में किसी बात को सुनकर हम उस समय कुछ छोटी-मोटी बातों को ही पकड़ पाते हैं और कुछ समय बाद भूल भी जाते हैं। लेकिन सीडी के कारण हम बार-बार उसे दोहरा सकते हैं और हर बार हमें एक नई बात सीखने को मिलती है। यानी हम एक सफल व्यक्ति के अनुभव को बार-बार सुनकर उसे पूर्णता के साथ महसूस कर सकते हैं। यह सिर्फ़ कैसेट और वी.सी.डी. के द्वारा जितना संभव है, वैसा कोई और माध्यम नहीं हो सकता। अगर सीडी न हो, तो हमें सिर्फ़ हमारे किए गए कार्यों का ही अनुभव मिलेगा, जबकि हम अनगिनत लीडर्स की सीडी सुनकर अनगिनत अनुभवों को जान सकते हैं। जब भी हमें किसी नकारात्मक अनुभव से हताशा होने लगती है, तब सीडी के कारण हम जान जाते हैं कि ऐसे ही अनुभव से कई लीडर्स गुज़रे हैं, और सफल हुए हैं। तब हमारे व्यक्तिगत अनुभव हमें हताश नहीं कर पाते और हम सफल लोगों से प्रेरणा पाकर अगला क़दम उठा लेते हैं और सफलता से अपने अंतर को कम कर लेते हैं। सिस्टम का दर्शन यही है कि कमोबेश लोगों को एक जैसे ही अनुभवों से गुज़रना पड़ता है। नए लोग वास्तविक रूप से अनुभवों से गुज़रने से पहले ही, अगर उन अनुभवों को जान लें, तो वो

समय आने पर हताश नहीं होंगे, पीछे नहीं हटेंगे।

मनोविज्ञान

कोई बात बेध्यानी में छूट जाए, तो कैसेट से फिर सुनी जा सकती है। जबकि एक ही बात को बार-बार आमने-सामने कहते समय हम दूसरी-तीसरी बार में अपनी भावनाओं पर नियंत्रण खो सकते हैं, ग़ुस्से में आ सकते हैं। सीडी में दी गई जानकारी समान रूप में टीम के हर व्यक्ति के पास जाती है। क्योंकि वो सफल लीडर्स द्वारा कही गई है, इसलिए आपकी डाउन लाइन के सभी लोग उसे मानने की मनःस्थिति में होते हैं। जबकि आप हर सीडी की हर बात को हर डाउन लाइन के पास ज्यों-का-त्यों बताते नहीं रह सकते। न तो यह व्यावहारिक है, ना ही एक बड़ी टीम में यह संभव है। अगर आपने शब्दशः सीडी की बात किसी को सिखाने की कोशिश भी की, तो सुनने वाले लोग, आपके द्वारा इस बिज़नेस में पाई गई सफलता के अनुपात में ही इस बात को मानेंगे। इसलिए बेहतर है कि सिस्टम की शिक्षा ज्यों की त्यों कैसेट के माध्यम से हर व्यक्ति तक पहुँचे।

कैसेट या सीडी अनमोल है

कैसेट या सीडी एक अमूल्य औज़ार है, इसे महत्वपूर्ण समझें, सम्मान दें। सीडी की क़ीमत नहीं, उसमें दी गई जानकारी का मूल्य समझें। यही सीडी आपको आर्थिक आज़ादी दिलाएगी। सोचिए, अगर आपके पास जो सीडी है, वो पूरी दुनिया में बची हुई आख़िरी सीडी है, तब उसका मूल्य क्या होगा? कैसे सँभालकर रखेंगे? तब वह अनमोल हो जाएगी, आप उसे सबसे सुरक्षित जगह पर रखेंगे, है ना? हमारे हाथ में जो सीडी है, वो दुनिया में बची आख़िरी, इकलौती सीडी नहीं है। लेकिन उसके अंदर जो जानकारी है, वो उतनी ही अनमोल है। इस सीडी को चलाकर सुनिए तो सही कि इमसें क्या है। यहाँ अद्‌भुत साहस की बातें हैं, रोमांच, उत्साह, उमंग, प्रेरणा, स्फूर्ति, जानकारी, आनंद, स्तुति, मार्गदर्शन, दूरदृष्टि, विश्वास, अनुभव, मदद, सच्चाई, सकारात्मक नज़रिया, योजनाएँ, उपाय

और प्रश्न हैं... और उत्तर भी हैं।

> ***डॉ. शेड हेमस्टेटर कहते हैं, "सीडी को सुने बिना आप कभी नहीं जान पाएँगे कि आपने क्या खोया है।"***

सिस्टम दर्शन

सीडी को हमेशा सुनते रहना सिस्टम के हिसाब से इसलिए भी ज़रूरी है, जिससे हम हमेशा जान सकें कि कौन सी सीडी फ़ॉलो-अप के समय देना बेहतर होगा। नेटवर्क बनाने और उसे क़ायम रखने में सीडी का एक महत्वपूर्ण रोल है। प्रॉस्पेक्ट को सही रैली कैसेट या सीडी देने से, उनके बिज़नेस में आने के अवसर बढ़ जाते हैं और नेटवर्क बढ़ता है। सीडी से अपने नेटवर्क में हर डिस्ट्रीब्यूटर तक हम एक जैसी शिक्षा पहुँचा सकते हैं, जो हर डिस्ट्रीब्यूटर को, हर तरह के व्यक्ति को, टिकाए रखने में, उत्साह-जोश-रोमांच-उत्तेजना और ज्ञान बनाए रखने में मददगार है। वैसे भी नेटवर्क में शामिल या प्रॉस्पेक्ट के साथ एक-एक घंटा बैठकर उसे समझाने जैसे कठिन कार्य को करने से बेहतर है कि उन्हें सीडी दे दी जाए। इससे काम का समय गुणित होता है। जैसे अगर मेरे नेटवर्क में डिस्ट्रीब्यूटर और प्रॉस्पेक्ट मिलाकर सौ लोग रोज़ एक-एक सीडी सुनते हैं, तो मेरे नेटवर्क में हर दिन, बिना मेरी मेहनत के, सौ घंटे काम हो रहा है। निश्चित ही इस गुणित समय के कारण मेरे बिज़नेस में प्रगति गुणित स्वरूप में होगी और यह सभी जानते हैं कि समय बराबर धन। जितने उत्पादन के घंटे आपके पास होंगे, आप उसी अनुपात में धन कमाएँगे। आपकी टीम में उत्पादन के घंटे गुणित हुए, वैसे ही आपका लाभ भी गुणित होगा।

मनोविज्ञान

सीडी से स्वर का उतार-चढ़ाव और उस रैली को सुनने वाले प्रत्यक्ष श्रोताओं का प्रतिसाद-तालियाँ, उसी रूप में सुनाई देते हैं। रैली सीडी की रिकॉर्डिंग लाइव प्रोग्राम होती है। जहाँ हज़ारों श्रोता होते हैं, ऐसे में

स्पीकर पूरे जोश से अपनी बात कहते हैं। यह सब ज्यों का त्यों नए व्यक्ति तक पहुँचता है, इसलिए सीडी से उत्साह और उत्तेजना का संप्रेषण होता है, जो सुनने वालों पर मनोवैज्ञानिक प्रभाव डालता है। आमने-सामने की बातचीत और सीडी के संप्रेषण में फ़र्क़ होता है। दूसरी बात हम अलग व्यवसाय से जुड़े होते हैं, प्लान देखने वाले अपने हमपेशा व्यक्ति की बात को ज़्यादा महत्व देते हैं, इसलिए सीडी यहाँ एक महत्वपूर्ण औज़ार का काम करती है।

कैसेट या सीडी एक ख़र्च नहीं, निवेश है

इसलिए कभी भी कैसेट, पुस्तक और फ़ंक्शन को ख़र्च के रूप में मत देखिए। यह तो एक निवेश है, जो आप अपने विकास के लिए कर रहे हैं। एक बेहतरीन निवेश, जो आपकी ज़िंदगी को बदलकर रख देगा। एक कैसेट की क़ीमत क्या है? मात्र पच्चीस, पचास या सौ रुपए। साधारण गणित के हिसाब से अगर आपने इसे दो बार सुना, तो आधे रुपए। आगे चार, आठ या सोलह बार इसे सुना, तो इसकी क़ीमत क्रमशः आधी से आधी होती जाएगी। अगर यह क़ीमत ज़्यादा है, तो किसी पारंपरिक बिज़नेस के निवेश से इसकी तुलना करके देखिए। एक निश्चित सफल सिद्धांत पर आधारित है, फ्रेंचाइज़ बिज़नेस। उदाहरण के लिए बाटा का नाम ले लें। बाटा का शो-रूम खोलने के लिए बीस-तीस लाख का निवेश चाहिए। इतना निवेश करने के बाद, रोज़ दस-पंद्रह घंटे काम कीजिए, तीन एक साल लगातार मेहनत के बाद भी, आपको काम करते रहना पड़ेगा। इस बिज़नेस में निवेश क्या है? कुछ हज़ार रुपयों की किट, जिसमें अधिकतर के प्रॉडक्ट भी हैं। रही बात सीडी, कैसेट, पुस्तक फ़ंक्शन की, तो एक सीडी, पुस्तक या फ़ंक्शन के लिए लगने वाला धन, बाटा की एक चप्पल की औसत क़ीमत के बराबर है। मैं चप्पल की क़ीमत से तुलना कर रहा हूँ, बाटा की फ्रेंचाइज़ी से नहीं। और यह सच्चाई है कि इस बिज़नेस में इतने सफल लोग हैं, इतना धन पाते हैं, जो कभी भी बाटा शो-रूम के मालिक नहीं कमा सकते।

सिस्टम दर्शन

सीडी के संबंध में सिस्टम की दार्शनिकता यही है कि एक सफल व्यक्ति के अनुभव 24 घंटे हमारे साथ उसी रूप में उपलब्ध हों, जिस रूप में उन्हें व्यक्त किया गया हो। कोई भी सफल व्यक्ति हमारी सहूलियत से, हमारे साथ नहीं हो सकता और न ही उनके बताए गए अनुभव व शिक्षा। ऐसे में उनकी सीडी के माध्यम से हमारे क़ब्ज़े में होता है, उनका अनुभव, उनकी शिक्षा, वो भी उनके अपने अंदाज़ में। सेमिनार में सफलता की कहानियों को सुनाया जाता है, जिसे सीडी में हम सुन सकते हैं। कहने वाले के जीवन से हम अपने जीवन की तुलना करके प्रेरणा पाते हैं। उनके जोश से हमारे अंदर जोश पैदा होता है। उनका उत्साह हमारे अंदर उत्साह भर देता है। रोमांचित करने वाले उस माहौल में बजने वाली तालियाँ हमें रोमांचित कर देती हैं। इन कैसेट्स से एक ऐसा विश्वास पैदा होता है, जिसके कारण हमारे सामने आने वाली अड़चन छोटी हो जाती है और हम सफलता की इस राह पर चलने का निश्चय कर लेते हैं। इस संबंध में कैसेट या सीडी, पुस्तक से एक क़दम आगे होती है। सीडी में सिर्फ़ शब्द नहीं होते, वहाँ स्वर का उतार-चढ़ाव और श्रोताओं की प्रतिक्रिया भी होती है। इसलिए सीडी से उत्साह-जोश-रोमांच और उत्तेजना का भी संप्रेषण होता है।

मनोविज्ञान

सीडी के साथ जो सबसे प्रमुख मनोविज्ञान जुड़ा है, वो यह है कि लोग आमने-सामने की बातचीत में हमारे संपूर्ण व्यक्तित्व के हिसाब से प्रभावित होते हैं। हमारे शब्द, हमारी भाषा, हमारे स्वर के उतार-चढ़ाव, हमारी देह-भाषा हमारा व्यक्तित्व, हमारा पहनावा और हमारे बारे में उनकी पूर्व जानकारी। इनमें से किसी भी चीज़ का अगर हमारी कही जा रही बात से मेल नहीं है, तो वो हमारे प्रभाव क्षेत्र से बाहर निकल जाते हैं। यानी हम बात तो कर रहे हैं, आर्थिक स्वतंत्रता की, रु. 50,000 प्रतिमाह कमाने की, लेकिन हमारी बात में वो दम नहीं है, या हमारे शब्दों में वो विश्वास नहीं है, या हमारी आँखों में वो उत्साह नहीं है, या हमारे पहनावे में उसकी झलक नहीं है, या हमारी देह-भाषा पूरी तरह से

विपरीत संकेत दे रही है। ऐसी कोई भी एक बात उनके अवचेतन में अविश्वास का बीज बो देती है। ऐसे में चाहे बाक़ी बातें उन्हें पसंद हों, उनका दिल चाहता हो कि वो विश्वास करें, लेकिन वो पूरी तरह आश्वस्त नहीं हो पाते। ऐसे में आश्वस्त होने के लिए, वो प्रश्न पर प्रश्न पूछते चले जाते हैं, लेकिन उत्तर देने वाले व्यक्ति यानी हम हैं, जिनके प्लान को देखकर वो आश्वस्त नहीं हुए। ऐसे में एक रैली कैसेट, सीडी एक महत्वपूर्ण औज़ार का काम करती है। अगर सीडी उस व्यक्ति की हो, जो कि उन्हीं के व्यवसाय के हों, या भाषा के हों, या क्षेत्र के हों, तो प्लान देखने वाले व्यक्ति उनसे अवश्य प्रभावित होंगे। दूसरी बात यह है कि सीडी में बोलने वाले लीडर उनके सामने नहीं हैं, ऐसे में उनकी बातों का मनोवैज्ञानिक प्रभाव उन पर निश्चित ही होगा। तीसरी बात, सीडी में बोलने वाले लीडर्स उस रक़म को कमाते हैं, जिसे हमने प्लान में उन्हें दिखाया है। साथ ही वो सफल हैं, इसलिए उनके शब्दों, स्वर के उतार-चढ़ाव में विश्वास का संप्रेषण होता है। चौथी व सबसे महत्वपूर्ण बात यह है कि कैसेट के साथ सिर्फ़ एक ही काम संभव है, उसे सुनना। लीडर्स से बहस नहीं की जा सकती। सुनकर लीडर्स से सहमत या असहमत हुआ जा सकता है। लेकिन सुनने वाले उनकी बातों से असहमत होकर उनका कुछ नहीं बिगाड़ सकते। केवल ख़ुद का नुक़सान कर सकते हैं। और यह बात हर व्यक्ति के अवचेतन में होती ही है। ऐसे में मनोवैज्ञानिक स्तर पर उसका प्रभाव पड़ता ही है।

आप कितने मूल्यवान हैं?

डॉ. शेड हेमस्टेटर ने एक बहुत ही महत्वपूर्ण बात कही है। अगर कभी सीडी, कैसेट, पुस्तक की क़ीमत देखकर ख़रीदने में हिचकिचाहट हो, तो एक प्रयोग कीजिए। अपने आप से एक प्रश्न कीजिए, "मैं कितना मूल्यवान हूँ?"

अगर जवाब है, "अति मूल्यवान...।"

तब तो सीडी, कैसेट, पुस्तक ख़रीद लीजिए, क्योंकि आपकी तुलना में उनका मूल्य कुछ भी नहीं है। वो एकदम सस्ते हैं। अगर जवाब है,

"मूल्यवान नहीं हूँ, पता नहीं।" तब तो आपको तुरंत सीडी, कैसेट, पुस्तक ख़रीद लेनी चाहिए। इसकी ज़रूरत आपको उनसे ज़्यादा है, जो जानते हैं कि वो अति मूल्यवान हैं। क्योंकि इन कैसेट्स और पुस्तकों का उपयोग करने पर आप जान जाएँगे कि आप अति मूल्यवान हैं। इस बिज़नेस में सफलता का एक ही सिद्धांत है, ख़ुद को ही बुलंद करना। बाक़ी सारे निवेश, कार्य और प्रयास ख़ुद को उस बुलंदी तक पहुँचाने की सीढ़ियाँ मात्र हैं।

मनोविज्ञान

सीडी का सबसे महत्वपूर्ण और गहरा मनोवैज्ञानिक प्रभाव 'आत्म-सुझाव' के रूप में पड़ता है। सीडी में सकारात्मक सोच की बातें होती हैं। उसमें वह सब होता है, जो हम पाना चाहते हैं। जब हम बार-बार सीडी सुनते रहते हैं, तो हम आत्म-सुझाव की आधुनिक प्रक्रिया से गुज़रते हैं। सीडी की बातें हमारे चेतन मस्तिष्क में बार-बार जाती है और फिर, हमारे चेतन मस्तिष्क में बार-बार जाती हैं और फिर हमारे अवचेतन मस्तिष्क में उतर जाती हैं। इसके कारण बिना प्रयास के भी हम सकारात्मक सोचते हैं, बोलते हैं और हमारे कार्य भी हमें हमारे लक्ष्य की ओर ले जाते हैं। यह आत्म-सुझाव का सर्वोत्कृष्ट रूप है।

सीडी इस बिज़नेस का महत्वपूर्ण औज़ार है

लेकिन सफलता पाने के लिए सिर्फ़ सीडी ख़रीदना ही ज़रूरी नहीं, बल्कि हर दिन सुनना, समझना और अमल करना भी ज़रूरी है। रैली सीडी से आपका उत्साह बढ़ता है। आप सफल लोगों से अपनी तुलना भी करते हैं कि आप जैसी विपरीत और आपसे भी ज़्यादा चुनौतियों का सामना करके, अगर वो सफल हो सकते हैं, तो आप भी सफल हो सकते हैं। इनसे प्रेरणा मिलती है। रैली सीडी दूसरे नए लोगों को भी इसी तरह प्रेरित करती है, इससे आपका नेटवर्क बढ़ता है। टीचिंग की सीडी में सभी लीडर आपको बिज़नेस करने के तरीक़े सिखाते हैं, अपने अनुभवों से, सिस्टम के हर दिशा-निर्देशों के पालन की आवश्यकता को समझाते हैं।

कुछ सीडी सिस्टम द्वारा स्टूडियो में रिकॉर्ड की जाती हैं। जिसमें बिज़नेस करने के लिए शुद्धतम तरीक़ों का निचोड़ होता है। सीडी आपके नेटवर्क को बनाए रखने में बहुत ज़रूरी है। इसलिए आवश्यकतानुसार किसी न किसी सीडी को रोज़ आधा घंटा ज़रूर सुनना चाहिए।

हर व्यवसायी और व्यापारी के पास अपने औज़ार होते हैं। डॉक्टर के पास स्टेथेस्कोप, ब्लड प्रेशर की मशीन से लेकर एक्स-रे और सिटी स्कैन मशीनें होती हैं। इंजीनियर के पास कैल्कुलेटर-टेप-लेवल तथा अन्य औज़ार होते हैं। आर्किटेक्ट के पास रोटरिंग पेन से लेकर ड्रॉइंग और डिज़ाइन के अत्याधुनिक औज़ार होते हैं, वकील के पास क़ानून की पुस्तकों की लायब्रेरी होती है। इन औज़ारों के कारण ही, हर व्यवसायी के काम में सफ़ाई आती है, मेहनत और समय की बचत होती है। इस बिज़नेस को बढ़ाने के लिए हमारे औज़ार, यही सीडी, कैसेट्स और पुस्तकें हैं और ये उतने ही महत्वपूर्ण हैं, जितने किसी और व्यवसाय के औज़ार। अगर हम अन्य व्यवसायों के औज़ारों से अपने इन औज़ारों की तुलना करें, तो ख़र्च नाममात्र है, और लाभ बहुत ही अधिक है।

दूसरा चरण– संगत
सफलता का छठवाँ क़दम
सफल लोगों की संगत

समारोह

नेटवर्क मार्केटिंग बिज़नेस को बढ़ाने में सिस्टम द्वारा आयोजित समारोहों का बड़ा योगदान है। बिज़नेस बढ़ाने के लिए अगर कोई व्यक्ति सिर्फ़ एक ही काम करना चाहता है, तो निर्विवाद रूप से वह काम है, हर फ़ंक्शन में शामिल होना। फ़ंक्शन में लगातार शामिल होने वाला व्यक्ति बाक़ी आवश्यक कार्य करने के लिए खुद ही प्रेरित हो जाता है। फ़ंक्शन मुख्यतः तीन प्रकार के होते हैं। पहला साप्ताहिक ओपन-मीटिंग, दूसरा मासिक या द्वैमासिक सेमिनार तथा तीसारा अर्धवार्षिक समारोह। हर नए और पुराने डिस्ट्रीब्यूटर के लिए ज़रूरी है कि वो उपलब्ध हर फ़ंक्शन में शामिल हो। उसके लिए हर फ़ंक्शन का विवरण आपकी डायरी में नोट कर लें और उसी अनुसार अपनी समय सारणी को निश्चित करें। उसके लिए समय निकालें। यह बिल्कुल वैसा ही होना चाहिए, जैसे नौकरी, व्यापार या व्यवसाय में आप निश्चित समय पर निश्चित जगह होते हैं। नौकरी या व्यापार के लिए हम समयानुसार जल्दी उठते हैं, तैयार होते हैं और काम की जगह पहुँचते हैं, दौरे पर जाते हैं। इसके लिए समय और प्रोग्राम निश्चित होता है। ऐसे समय हम हर बाक़ी काम को बाजू में कर देते हैं, जो हमारी नौकरी के लिए बाधा बनता है। उसी तरह समारोह में शामिल होने के लिए हमें सारी तैयारियाँ और कार्यक्रम निश्चित करने चाहिए।

सिस्टम दर्शन

समारोह का इस सिस्टम में बड़ा महत्व है। क्योंकि सिस्टम का अनुभव है कि घर की चार-दीवारी में आमने-सामने बैठकर हम इस बिज़नेस की जानकारी तो दे सकते हैं, लेकिन इसकी बड़ी तस्वीर नहीं दिखा सकते।

अनुभव यह भी है कि अधिकतर लोगों को इस बिज़नेस की योजना पसंद तो आती है, लेकिन लोग विश्वास नहीं कर पाते कि इस तरह से जीवन में सफल हुआ जा सकता है। समारोह की भीड़ में सफल लोगों के हुजूम को देखकर उन्हें विश्वास आ जाता है कि यह एक सच्चा बिज़नेस है, बड़ा बिज़नेस है, और किया जा सकता है। साथ ही इन समारोहों का माहौल इतना उत्साह, उत्तेजना और जानकारी भरा होता है कि लोगों का नज़रिया इस बिज़नेस के प्रति सकारात्मक हो जाता है।

मनोविज्ञान

मनोवैज्ञानिक स्तर पर समारोह पुस्तक और कैसेट से अलग है। पुस्तक में अगर एक कहानी होती है, और कैसेट में अगर उसी कहानी को सुनाकर भाव पैदा किया जा रहा है, तो समारोह उस कहानी का नाटक के रूप में मंचन है, जहाँ भावनाओं का सीधा संप्रेषण होता है। समारोह उत्साह-विश्वास-जोश-रोमांच के सीधे संप्रेषण का सबसे अच्छा साधन है, जो सीधा अवचेतन मन में प्रवेश कर जाता है। घर की चार-दीवारी में बैठकर दिखाए गए प्लान से आप उतना ही विश्वास पहुँचा सकते हैं, जितना प्लान देखने वाले व्यक्ति के मन में आपकी विश्वसनीयता है। घर में बैठकर, वो केवल आपको देखते हैं, कंपनी या सिस्टम उन्हें समझ में नहीं आते। अगर आपके लिए उनके मन में विश्वास की भावना है, तो उन्हें बिज़नेस शुरू करने के लिए किसी और बात की ज़रूरत नहीं। अगर प्लान देखने के बाद वो सवाल पर सवाल पूछते जा रहे हैं, तो समारोह दिखाने से अच्छा कोई और उपाय नहीं।

ओपन मीटिंग

यह एक साप्ताहिक मीटिंग होती है, जो कि लगभग हर शहर में आयोजित की जाती है। इस मीटिंग में एक सफल व्यक्ति बिज़नेस के प्लान को पूरे विस्तार से समझाता है, तथा संक्षेप में किए जाने वाले कामों की जानकारी देता है। यह मीटिंग पहली बार बिज़नेस को जानने की इच्छा रखने वालों के लिए भी खुली होती है। इस मीटिंग के बीच में

हर सफल व्यक्ति को सम्मानित किया जाता है तथा ज़्यादा सफल लोगों को मंच पर बुलाकर अपने नाम और व्यवसाय के संबंध में बताने दिया जाता है। यह मीटिंग हर नए-पुराने डिस्ट्रीब्यूटर (पति-पत्नी दोनों) के लिए महत्वपूर्ण है। पुराने डिस्ट्रीब्यूटर को हर हफ़्ते एक सफल व्यक्ति से कुछ नया सीखने को मिलता है। नया व्यक्ति अगर ख़ुद प्लान नहीं दिखा सकता, तो वह यहाँ बार-बार आकर सीख सकता है। इस दौरान नया व्यक्ति अपने दोस्तों-रिश्तेदारों-परिचितों को यहाँ आमंत्रित करके, सही प्लान द्वारा बिज़नेस की जानकारी दिलवा सकता है। यही बात पुराने डिस्ट्रीब्यूटर के लिए भी फ़ायदेमंद होती है।

सिस्टम के अनुसार इस बिज़नेस को बढ़ाने के लिए सबसे महत्वपूर्ण और अचूक औज़ार यही मीटिंग होती है। इसलिए हर डिस्ट्रीब्यूटर को इस मीटिंग का फ़ायदा लेना चाहिए और हर उपलब्ध मीटिंग में हाज़िर रहना चाहिए। लीडर्स को तो मीटिंग शुरू होने से कुछ पहले और मीटिंग ख़त्म होने के कुछ समय बाद तक रुकना चाहिए। इस मीटिंग में आए पाँच से दस लीडर्स से अपने साथ आए नए व्यक्ति को मिलवाना चाहिए। लीडर को अपना परिचय दें, फिर नए व्यक्ति को लीडर से मिलवाएँ।

सिस्टम दर्शन

ओपन मीटिंग में एक सफल व्यक्ति, जिसने बिज़नेस को प्रत्यक्ष किया है, जिसने सैकड़ों प्लान दिखाए हैं, अनुभवी है, वो ही प्लान दिखाते हैं। ये प्लान परिपूर्ण होते हैं, जिसे नए डिस्ट्रीब्यूटर नहीं दिखा सकते। इसलिए सभी नए डिस्ट्रीब्यूटर अपने प्रॉस्पेक्ट्स को यहाँ लाकर उन्हें बिज़नेस की सही जानकारी दिला सकते हैं। साथ ही यहाँ उन्हें अपनी अप लाइन के अलावा अन्य सफल लोगों से प्लान दिखाने के अलग-अलग तरीक़े सीखने को मिलते हैं। सप्ताह में एक विशेष दिन, विशेष जगह पर होने के कारण सभी डिस्ट्रीब्यूटर अपने उन लोगों को यहाँ आमंत्रित कर सकते हैं, जिन्हें उन्होंने सात दिनों में प्लान दिखाए हैं, लेकिन नए लोगों को विश्वास नहीं दिला पाए। प्लान देखकर प्रश्न पूछने वाले लोगों के लिए ओपन मीटिंग से अच्छा और कोई उपाय नहीं है। यहाँ पुराने डिस्ट्रीब्यूटर भी नई ऊर्जा पाते हैं। यहाँ सफलता पाने वालों का मंच पर सम्मान होता है। इन

मीटिंग्स के कारण कोई भी डिस्ट्रीब्यूटर दूसरे किसी भी शहर में रहने वाले अपने परिचितों को, बिना वहाँ गए हुए भी, इस बिज़नेस की जानकारी दिला सकते हैं। इस तरह से वो किसी भी शहर में बिज़नेस को बढ़ा सकते हैं। विशेषकर इस ओपन मीटिंग के कारण ही अलग-अलग ग्रुप के लोग एक जगह मिलते हैं, और सिस्टम से जुड़े रहते हैं, उनमें एकता रहती है। जिससे कंपनी के आगामी कार्यक्रम, सिस्टम के नए तरीक़ों की जानकारी हाथों-हाथ मिल जाती है। सिस्टम का अनुभव है कि ऐसी ही ओपन मीटिंग के कारण, हमारे बिज़नेस में कम मेहनत और कम ख़र्च के बावजूद तेज़ी से विकास होता है। नए व्यक्ति में बिज़नेस के प्रति विश्वास पैदा करने के लिए यह एक प्रभावी तरीक़ा है। नए व्यक्ति को यहाँ अपने मूलभूत दोनों सवालों "क्या बिज़नेस चलता है? और क्या मैं कर सकता हूँ?" का जवाब मिल जाता है। ख़ासकर जब वो मंच पर आए सफल लोगों को देखते हैं, उनका परिचय सुनते हैं, तो वो समझ जाते हैं कि बिज़नेस चलता है। जब अपने व्यवसाय वाले लोगों को वहाँ देखते हैं, तो उन्हें लगता है कि ये बिज़नेस उनके लिए भी है। जब ऐसे लोग मंच पर आते हैं, जिन्हें ठीक से अपना नाम भी बोलना नहीं आता, लेकिन सफल हैं, तो उनका विश्वास जाग जाता है कि ये लोग इस बिज़नेस में सफल हो सकते हैं, तो हम भी सफल हो सकते हैं। इसलिए सिस्टम का कहना है, ऐसी हर मीटिंग में अपने प्रॉस्पेक्ट को लेकर पहुँचने से कम मेहनत करके भी बड़ा बिज़नेस खड़ा किया जा सकता है।

मनोविज्ञान

ओपन मीटिंग में अगर नए व्यक्ति शामिल होते हैं, तो वो सिर्फ़ बिज़नेस का प्लान नहीं देखते। वो देखते हैं अपने जैसे तमाम लोगों को, जो इस बिज़नेस के प्रति उत्साह से भरे हैं। मानवीय विज्ञान कहता है कि अपने जैसे लोग जो भी काम करते हैं, वो हमें भी करने योग्य लगता है। जब मीटिंग में सफलता पाने की उमंग जाग जाती है और जब साथ में ऐसे सफल लोगों को देखते हैं, जो बोलना भी ढंग से नहीं जानते, तब हमारे मन में यही आता है कि इससे अच्छा तो हम बोल सकते हैं। तब ख़ुद की क़ाबिलियत पर हमारा यक़ीन बढ़ जाता है। इंसान के मन में सम्मान

पाने की लालसा सबसे ऊपर गिनी जाती है। लोगों को सम्मानित होते देखकर हम मन ही मन अपने ऐसे ही सम्मान की कल्पना करने लगते हैं। बिज़नेस तो अच्छा है ही, सबको अच्छा ही लगता है, बस ख़ुद पर और बिज़नेस में यक़ीन नहीं होता। लेकिन मीटिंग की इन सब बातों को देखकर विश्वास होने लगता है कि इतने लोग एक साथ, न झूठ बोल सकते हैं, न बेवक़ूफ़ हो सकते हैं। दूसरी बात जब हम आमने-सामने बैठकर प्लान देखते हैं, तो हम कंपनी, सिस्टम और सफल लोगों के बारे में एक व्यक्ति से सुनते हैं। जबकि मीटिंग में हम प्रत्यक्ष लोगों को देखते हैं, मिलते हैं, हाथ मिलाकर छूते हैं, इसलिए मनोवैज्ञानिक तौर पर हमारे दिल और दिमाग़ पर इसका ज़्यादा प्रभाव पड़ता ही है।

सेमिनार

ये सेमिनार हर माह या दो माह में एक बार आयोजित किए जाते हैं। जिसके लिए सिस्टम की ओर से सफल व्यक्ति का, वक्ता के तौर पर चुनाव किया जाता है। यह सेमिनार दो भागों में तीन घंटे तक चलता है। पहले एक-डेढ़ घंटे में वक्ता अपनी कहानी सुनाते हैं कि वो पेशे से क्या थे, किस तरह वो इस बिज़नेस की ओर आकर्षित होकर इससे जुड़े और किस तरह की कठिनाइयों को पार करके वो सफल हुए और अब इस सफलता से उनके जीवन में कौन से बदलाव आए हैं। इस भाग को रैली कहा जाता है, जो कि रैली-सीडी, कैसेट में आता है। दूसरे भाग में वे बिज़नेस बढ़ाने के बारे में सिखाते हैं। सिस्टम के सभी आधारों को यानी सपना और लक्ष्य, बिज़नेस के चार आधारभूत कार्य, सफलता के नौ क़दम, तीन स्वर्णिम नियमों के बारे में अपने अनुभव के आधार पर शिक्षण देते हैं, जो कि रिकॉर्डेड सीडी में आता है।

ऐसे किसी भी सेमिनार में पति-पत्नी का मिलकर उपस्थित रहना हर डिस्ट्रीब्यूटर के लिए आवश्यक है। वो अपने साथ नए लोगों को लाकर बिज़नेस की बड़ी तस्वीर दिखा सकते हैं। इस सेमिनार में उत्तेजना, उत्साह, रोमांच और जोश का माहौल होता है। सेमिनार बिज़नेस बढ़ाने की जानकारी का ख़ज़ाना होते हैं, जो कि नए व्यक्ति पर पूरा प्रभाव डालते हैं और पुराने डिस्ट्रीब्यूटर को आगे बढ़ने के लिए प्रेरित करते हैं।

इस सम्मेलन में सिखाई जाने वाली हर बात को अपनी नोटबुक में नोट करें। सम्मेलन में लिखे गए ये नोट्स बाद में पढ़ने पर आपको काफ़ी कुछ सीखने के लिए काम आएँगे।

सिस्टम दर्शन

सिस्टम का मानना है कि हम सब लोग अलग-अलग हैं, अनोखे हैं। हम सब कहीं न कहीं अलग-अलग लोगों की अलग बातों से प्रभावित होते हैं। एक सीमित क्षेत्र के कुछ ही लीडर्स की बातों को बार-बार एक ही अंदाज़ में सुन-सुनकर अब हममें उत्साह का संचार नहीं हो सकता। हो सकता है, स्थानीय सफल लोगों से हम अपने आपको जोड़ नहीं पाते हों। ऐसे में ज़रूरी है कि हमें कुछ ऐसे लोगों से सीखने का मौक़ा मिले, जिनकी बातें और अनुभव नए हों, जिनसे हम अपने आपको जोड़ सकें, उनकी बातों से हमारे अंदर एक नई शक्ति, नए उत्साह का संचार होगा। दूर रहने वाले लीडर हमारे शहर में तब तक नहीं आएँगे, जब तक उनका बिज़नेस हमारे शहर में नहीं होगा। ऐसे में सिस्टम ने यह व्यवस्था कर दी है कि सिस्टम से जुड़े लीडर सिस्टम के निर्देशानुसार नए शहरों में सिस्टम द्वारा आयोजित समारोह में आकर सिखाएँगे, और उनके इस योगदान के लिए उन्हें बाक़ायदा मानधन दिया जाएगा। सिस्टम का दर्शन है कि...

> ***उत्साह के बिना दुनिया में कभी कोई महान कार्य नहीं हुआ।***

इस बिज़नेस का विकास भी बिना उत्साह के नहीं हो सकता। उत्साह पैदा करने के लिए समारोह से अच्छा कोई साधन नहीं। आप अपने किसी डाउन लाइन को या ग्रुप को अकेले में जितना प्रोत्साहित कर सकते हैं, उससे कई गुना उत्साह किसी समारोह की भीड़ से आपके ग्रुप को मिल सकता है।

मनोविज्ञान

यह एक साधारण मनोविज्ञान है कि हर व्यक्ति अलग है, अनोखा है। इसलिए हर व्यक्ति एक ही बात से समान रूप से प्रभावित नहीं होगा। आप कितने भी अच्छे हों, लेकिन हर व्यक्ति आपसे अपने आपको नहीं जोड़ सकेगा। मीटिंग सेमिनार में आए लीडर भी अपने आप में विशेष और अनोखे होते हैं। इसका फ़ायदा यही होता है कि हमारे ग्रुप के सभी लोगों को अपनी पसंद के हिसाब से कोई न कोई लीडर या उनकी सिखाई गई बातें चुनने की आज़ादी मिल जाती है। उन्हें शिखर पर पहुँचे विभिन्न लीडर्स मिलते हैं और अपनी विशिष्टता की छाप छोड़ते हैं। हमारा मन एक ही लीडर की एक जैसी बातों को बार-बार सुनकर, हर बार प्रेरणा नहीं पा सकता। इसलिए हमें हमेशा हर मीटिंग में जाना चाहिए, जिससे हम हर बार किसी नए लीडर की बातों से कुछ नया सीख सकें, प्रेरणा पा सकें।

सिस्टम के समारोह

यह समारोह साल में दो बार सिस्टम द्वारा कुछ बड़े शहरों में आयोजित किए जाते हैं। जिसमें नए सफल लीडर्स को सम्मानित किया जाता है। हर नया लीडर अपनी कहानी बताता है, जो कि सिस्टम द्वारा वी.सी.डी. के रूप में बाद में जारी की जाती है। म्यूज़िक के साथ सफल व्यक्ति के सम्मान के लिए बीस-पच्चीस हज़ार डिस्ट्रीब्यूटर उपस्थित होते हैं, और अपनी प्रगति के लिए यहाँ बड़े निर्णय लेते हैं, समारोह में शिक्षा देने के लिए पुराने सफलतम लीडर्स आते हैं, और बिज़नेस को बढ़ाने के मूलभूत सिद्धांतों को सिखाते हैं।

ज्ञान की गंगा समारोह

हर साल दूसरा बड़ा समारोह होता है, जहाँ ऐसी ही बीस-तीस हज़ार लोगों की भीड़ होती है, यहाँ भी लीडर्स के द्वारा प्रशिक्षण दिया जाता है। यह समारोह उत्साह, उत्तेजना और प्रेरणा के साथ इस बिज़नेस में सफल

होने के लिए आवश्यक ज्ञान का भंडार होते हैं। सफलतम लोग अपने गहन अनुभव के साथ हर बाधा को पार करके सफलता की मंज़िल पर पहुँचने के हर उपाय की जानकारी देते हैं। इन बतों को अपनी डायरी में तभी नोट कर लें।

संक्षेप में, यह फ़ंक्शन आग की लपटों की तरह लोगों को प्रेरणा, उत्साह, उमंग और उत्तेजना की गर्मी भी देते हैं और ज्ञान का प्रकाश भी। इस फ़ंक्शन में बिज़नेस के आवश्यक क़दमों की जानकारी के साथ ज़िंदगी में सफलता के आवश्यक सूत्रों को भी सिखाया जाता है। जिनमें प्रमुख है- चरित्र निर्माण, सकारात्मक नज़रिया, निष्ठा, प्रतिबद्धता, ईमानदारी, अखंडता, समय-प्रबंधन, अनुशासन, लोक-व्यवहार में कुशलता आदि। यानी ज़िंदगी के किसी भी क्षेत्र में सफलता पाने के लिए ज़रूरी सभी गुणों को यहाँ सिखाया जाता है। सिस्टम के अनुसार पति-पत्नी दोनों मिलकर ऐसे समारोह में शामिल होने चाहिए और वहाँ सिखाई जा रही हर बात को दोनों अलग-अलग अपनी नोटबुक में लिखते जाएँ।

सिस्टम दर्शन

सिस्टम के अनुसार जब आप ऐसे लोगों की संगत में रहते हैं, जहाँ लोग उत्साहित हैं, तो आपका भी उत्साह बढ़ जाता है। अगर लोग विश्वास से भरे हैं, तो आपका भी विश्वास बढ़ जाता है। समारोह ऐसी जगह है, जहाँ जोश-उमंग और उत्साह आग की तरह फैलते हैं। बिल्कुल वैसे ही, जैसे अंगीठी में जलते कोयलों के बीच रखा गया गीला कोयला भी सुलग उठता है। एक जलते कोयले को भी अलग निकालकर रखा जाए, तो वह बुझ जाएगा। इसलिए समारोह की संगत में रहकर आप हमेशा सकारात्मक बने रहते हैं। जोश-उत्साह-रोमांच संक्रामक बीमारियों की तरह एक व्यक्ति से दूसरे व्यक्ति में फैलते हैं। ऐसे समारोहों में यह संक्रमण इतना ज़्यादा होता है कि वहाँ मौजूद लोग चाहकर भी इसके प्रभाव से अपने आपको नहीं बचा सकते। यह पहाड़ों से उतरती नदी के तेज़ बहाव की तरह होता है, जो सफलता के सागर में समाने के लिए तेज़ी से बढ़ती है। यह बहाव सभी को अपने साथ बहाकर ले जाता है, सभी बहाव का एक हिस्सा बन जाते हैं। यही इस बिज़नेस में सफलता का सबसे बड़ा रहस्य है।

मनोविज्ञान

हम वैसे नहीं हो पाते, जैसा हम दिखने की कोशिश करते हैं। हम वैसे हो जाते हैं, जैसी हमारी संगत होती है। संगत के कारण ही हम आज इस मुक़ाम पर पहुँचे हैं। संगत का गहरा मनोवैज्ञानिक प्रभाव पड़ता है। शराबी की संगत से शराबी और जुआरी की संगत से जुआरी होते हुए हमने अनेक लोगों को हमेशा देखा है। यह समारोह भी अपनी संगत का असर छोड़ता है, उत्साह का असर, जोश-उमंग-ज़िंदादिली का असर, सकारात्मकता का असर। हम मन की बहुत गहराई में अच्छा आदमी बनना चाहते हैं। अच्छे माहौल में जीना चाहते हैं, बुराई से जुड़े लोग भी अच्छे वातावरण में जीना चाहते हैं। कमल के फूल की तरह, जो उगता कीचड़ में है और बढ़ता है साफ़-सुथरे वातावरण की ओर। इसलिए समारोह का यह वातावरण लोगों को आकर्षित करता है। इस माहौल में कुछ समय रहने के बाद आप नकारात्मक कीचड़ के असर से कमल की तरह बचे रहते हैं।

समारोह के बाद का समय मूल्यवान

किसी समारोह, सम्मेलन या ओपन मीटिंग में शामिल होने के बाद अपना समय बिल्कुल न गँवाएँ, जितना जल्दी हो सके नए लोगों को इस बिज़नेस का प्लान दिखाएँ। जितना संभव हो सके, उस समय ज़्यादा प्लान दिखाएँ, इससे आपको आभूतपूर्व परिणाम मिलेंगे। कई बार ऐसा होता है कि हम किसी बड़े समारोह में शामिल होने के लिए दूसरे शहरों में जाते हैं, तब कई बार हम अपने कार्यक्रम में एक-दो दिन घूमने या अपने रिश्तेदारों के यहाँ ठहरने की योजना बनाते हैं। कभी-कभी हम समारोह में शामिल होने के बाद, बाक़ी कामों में इतने व्यस्त हो जाते हैं कि हमारे पास इस बिज़नेस का प्लान लोगों तक पहुँचाने की फ़ुर्सत ही नहीं होती। समारोह में शामिल होने के बाद के समय का मूल्य जानने और इस समय में बिज़नेस बढ़ाने के काम को, सभी कामों से ज़्यादा प्राथमिकता दें, प्लान दिखाएँ। इस समय में चमत्कार होते हैं, आप जिन्हें प्लान दिखाते हैं, उनसे अधिकतर अच्छे परिणाम मिलते हैं, लोग बिज़नेस से जुड़ना चाहते

हैं। अगर आपको उस शहर में एकाध दिन ज़्यादा रुकने, घूमने-फिरने की इच्छा है, तो इसकी योजना समारोह के पहले वाले दिनों की होनी चाहिए। समारोह के बाद बिल्कुल नहीं, क्योंकि बाद का समय करिश्माई तरीक़े से बिज़नेस बढ़ाने में काम आता है।

सिस्टम दर्शन

सिस्टम का अनुभव है कि किसी मीटिंग सम्मेलन या फ़ंक्शन के तुरंत बाद में बिज़नेस प्लान दिखाने से परिणाम अच्छे मिलते हैं। समारोह में जितना ज़्यादा जोश-रोमांच और उत्साह होता है, उतने ही ज़्यादा बाद में दिखाए गए प्लान के परिणाम मिलते हैं। समारोह के बाद जैसे-जैसे समय बीतता जाता है, प्लान के परिणाम क्रमशः कम-कम मिलने लगते हैं। इसलिए सिस्टम का कहना है कि किसी भी समारोह के तुरंत बाद का समय बर्बाद न करके उसका उपयोग अपने नेटवर्क को बढ़ाने में, यानी प्लान दिखाने में लगा दें।

मनोविज्ञान

मीटिंग, सेमिनार और फ़ंक्शन के तुरंत बाद प्लान दिखाने के अच्छे परिणाम मिलने के पीछे मनोवैज्ञानिक कारण है। आपके प्लान के परिणाम इस बात पर निर्भर करते हैं कि आपके अवचेतन में इस बिज़नेस के लिए कितना विश्वास है? कितनी उमंग-जोश-रोमांच है? सबसे बड़ी बात कितना उत्साह और उत्तेजना है? जब आप ऐसे किसी फ़ंक्शन से लौटते हैं, तो आपके अवचेतन में विश्वास-उमंग-रोमांच और विशेषकर उत्साह-उत्तेजना पूरी तरह भरे होते हैं, जितना बड़ा फ़ंक्शन, उतनी ही गहरी भावनाएँ। इसलिए जब आप तुरंत प्लान दिखाते हैं, तो आपके अवचेतन से आपकी इन्हीं सकारात्मक भावनाओं का संप्रेषण होता है, जो कि प्लान देखने वाले व्यक्ति के अवचेतन को प्रभावित करती हैं। ऐसे में वह चेतनता के स्तर पर प्लान और उसके आँकड़े देखता है, लेकिन उसका अवचेतन मन पकड़ता है आपके उन संकेतों को, जिनमें उत्साह और विश्वास होता है। आपके स्वर का उतार-चढ़ाव और देहभाषा भी

वही संकेत भेजते हैं, जो आपके अवचेतन में भरा हुआ है। ऐसे में अच्छे परिणाम मिलना एक साधारण मनोविज्ञान है। प्लान देखने वाले हमारी जानकारी से प्रभावित नहीं होते, बल्कि हमारे उत्साह और विश्वास से प्रभावित होते हैं। इसलिए जब भी हमें प्लान के अच्छे परिणाम न मिलते हों, तो हमें समझ लेना चाहिए कि हम अच्छी भावनाओं का संप्रेषण नहीं कर रहे हैं। फ़ंक्शन के तुरंत बाद हमारे मन में फ़ंक्शन की स्पष्ट तस्वीर होती है, वहाँ का उत्साह और विश्वास होता है, जो कि समय के साथ-साथ कम होता जाता है, और उसी हिसाब से हमें सफलता भी कम मिलने लगती है। इसे इस तरह से समझें कि फ़ंक्शन एक पॉवर हाउस की तरह है, और हम एक बैटरी की तरह हैं। पॉवर हाउस से जुड़कर हम पूरी तरह से चार्ज हो जाते हैं, हमारे अंदर उत्साह, विश्वास का करंट लबालब भरा होता है। जैसे-जैसे समय गुज़रता है, या हम 'ना' सुनते हैं, हमारा चार्ज कम होने लगता है। अगर हम सभी मीटिंग, सेमिनार और फ़ंक्शन में शामिल होते रहते हैं, तो हम हमेशा चार्ज होते रहते हैं। ऐसे में हम जब भी किसी को प्लान दिखाते हैं, हमारे उत्साह और विश्वास का करंट उनके अंदर पूरी तीव्रता से दौड़ जाता है, वे बिज़नेस में आ जाते हैं। इसलिए सिस्टम कहता है कि हमें इन समारोहों में हमेशा शामिल होना चाहिए।

लीडर को प्रमोट करें

समारोह में जब आप किसी सफल लीडर से अपने साथ आए प्रॉस्पेक्ट की मुलाक़ात करवाएँ, तो ध्यान रखें कि आपके लिए बिज़नेस में सफल लीडर महत्त्वपूर्ण हैं, प्रॉस्पेक्ट नहीं। सफल लीडर का प्रमोशन करके मिलवाएँ। यहाँ अक्सर हमसे ग़लती हो जाती है। हम प्रॉस्पेक्ट का बढ़ा-चढ़ाकर परिचय देते हैं कि ये हैं रमाकांत वर्मा, बहुत बड़े बिज़नेसमैन। इनकी दो फ़ैक्ट्रियाँ हैं, चार दुकानें हैं, इनका समाज में बड़ा मान है और ये पहली बार इस फ़ंक्शन में समय निकालकर आए हैं। ...और आप हैं, पंकजजी (बिज़नेस लीडर)...।

सिस्टम दर्शन

सिस्टम का मानना है कि जब हम किसी नए व्यक्ति को फ़ंक्शन में ले आते हैं, तो हो सकता है कि वो अपने व्यवसाय में बहुत सफल हों (हमें ऐसे ही सफल लोगों को इस बिज़नेस में लाने की कोशिश करनी चाहिए।), तब हमारा उद्देश्य होता है कि वो बिज़नेस से प्रभावित हों और बिज़नेस शुरू करें। अगर हम अपने बिज़नेस के लीडर को ऊँचा नहीं उठाएँगे, और नए व्यक्ति की सफलता का बखान करेंगे, तो नए व्यक्ति के लिए अपना व्यवसाय बड़ा और ये बिज़नेस छोटा हो जाएगा। इसका विपरीत परिणाम निकलेगा। यहाँ 'नेटवर्क मार्केटर' (पंकजजी) को आप 'डॉक्टर' (रमाकांत वर्मा) का व्यवसाय समझाने नहीं आए, बल्कि 'डॉक्टर' (रमाकांत वर्मा) को 'नेटवर्क मार्केटर' (पंकजजी) का व्यवसाय समझाने लाए हैं। इसलिए पंकजजी का स्थान ऊपर होना चाहिए। इस बिज़नेस को, सफल लीडर को, या आपकी अप लाइन को छोटा या बड़ा बताना आप पर निर्भर करता है। बस यह याद रखें कि लोग अपने ऊँचे व्यवसाय को छोड़कर, आपके छोटे से बिज़नेस में शामिल होना नहीं चाहेंगे।

"मैं एक दिन में आपको लखपति बना सकता हूँ, मगर एक शर्त है।"

"मैं तैयार हूँ, मुझे क्या करना होगा? क्या शर्त है?"

"बस, आप करोड़पति होने चाहिए।"

आप जानते हैं, इसका जवाब क्या मिलेगा। यही सिस्टम का दर्शन है।

मनोविज्ञान

इस तरह से अपने प्रॉस्पेक्ट्स को अधिक महत्व दिए जाने पर आपके साथ आए व्यक्ति की छाती चौड़ी हो जाती है, गर्दन तन जाती है और बिज़नेस में सफल लीडर को बौना बना दिया जाता है। इस स्थिति में लीडर अपना प्रभाव नहीं छोड़ पाते। यह आपके बिज़नेस के लिए ठीक नहीं है। अगर आप अपने बिज़नेस के लीडर को ऊँचा उठाएँगे, तो वो

आपको ऊपर खींचने में मदद कर पाएँगे। इसलिए मिलवाते समय सफल लीडर की सही विशेषताओं की तारीफ़ करें कि ये पंकजजी हैं, बहुत बड़े बिज़नेसमैन, ख़ुद की पाँच फ़ैक्ट्रियाँ हैं, लेकिन पार्ट टाइम में इस बिज़नेस को करते हैं, अब फ़ैक्ट्री पर नहीं जाते, फ़्री हैं। इन्होंने हज़ारों ज़िंदगियों को बदला है। और पंकजजी, ये हैं रमाकांत वर्माजी, पहली बार इस फ़ंक्शन में आए हैं। पंकजजी, इनके लिए कुछ संदेश दीजिए। लीडर से मिलने के लिए अगर भीड़ हो, तो अपनी बारी का इंतज़ार करें। यह आपके प्रॉस्पेक्ट पर अच्छा प्रभाव डालता है।

ज़िंदादिल लोगों की संगत

इस मीटिंग और समारोह में एक बात और होती है कि यहाँ सभी डिस्ट्रीब्यूटर उत्साहित होते हैं, उत्तेजित होते हैं, अपने-अपने सपनों को साकार करने के बारे में आश्वस्त होते हैं। सबसे बड़ी बात सभी हँसते-मुस्कुराते हुए मिलते हैं, जोश और जुनून से भरे होते हैं। नए व्यक्ति ने एक साथ इतने लोगों को ख़ुशमिज़ाज, हँसते हुए, उत्साहित और जोश से भरा हुआ कभी नहीं देखा। बाक़ी जगह तो अधिकतर उदास, थके हुए, परेशान और मुर्दा लोग ही मिलते हैं। इसलिए नए व्यक्ति को यहाँ ज़िंदादिल लोगों का साथ अच्छा लगता है। जब सभी सफल व्यक्ति उनसे कहते हैं, "आप कर सकते हैं," तब नए व्यक्ति का विश्वास अपने आप में और बढ़ जाता है। बाहर की दुनिया में हर बार उन्होंने यही सुना है कि, "ये मत करो, वो मत करो, ये काम नहीं हो सकता, तुम नहीं कर सकते।" तब उन्हें समारोह से बाहर और समारोह में शामिल लोगों की सोच, नज़रिए, व्यवहार, हर बात में फ़र्क़ नज़र आता है। अब वो फ़ैसला करते हैं कि उन्हें बाहर वालों जैसा बनना है ? या अंदर वालों जैसा ? नए लोग निश्चित तौर पर समारोह में शामिल लोगों, यानी अंदर वालों जैसा बनने का चुनाव करते हैं, यहाँ वो बिज़नेस में नहीं, बल्कि संगत में शामिल होते हैं। बिज़नेस शुरू करना केवल एक औपचारिकता रह जाती है।

सिस्टम दर्शन

नए लोगों को जब कुछ सफल लीडर्स से मिलवाया जाता है, तो नए लोग किसी न किसी लीडर से प्रभावित ज़रूर होते हैं। ख़ासकर हमपेशा लीडर से या अपनी जात, बिरादरी, भाषा और क्षेत्र वाले लीडर्स से वो रिलेट करते हैं। ऐसे में जब सभी लीडर्स उनसे कहते हैं कि यह एक अच्छा बिज़नेस है, और उन्हें शुरू करना चाहिए, तो नए लोगों का विश्वास बढ़ता है। ऐसे में एक और फ़ायदा होता है, जब सभी लीडर्स उनसे कहते हैं कि आप जिस व्यक्ति के साथ यहाँ आए हैं, वो एक अच्छी टीम से हैं। आप उन्हीं के बताए अनुसार काम करके सफलता पा सकते हैं। जब नए लोग ऐसा सुनते हैं तो उनकी नज़र में आपका महत्व बढ़ जाता है। अब वो आपकी कही गई हर बात में विश्वास करने लगते हैं और आपके साथ काम करने के लिए तैयार हो जाते हैं। मीटिंग के कारण बिज़नेस बढ़ने का यही रहस्य है।

मनोविज्ञान

मनोविज्ञान यह कहता है कि एक अच्छे माहौल में रहना सभी को अच्छा लगता है। मीटिंग में आए हुए हँसते-मुस्कुराते ज़िंदादिल लोग, जिनमें उत्साह, उमंग और जोश होता है, हमारे मन को आकर्षित करते हैं। वैसे भी हमारे अवचेतन में ऐसा ही ज़िंदादिल इंसान बनने की तमन्ना दबी होती है। यहाँ हमें अपनी इस तमन्ना को पूरा होने के पूरे आसार नज़र आते हैं। इसलिए चाहे हमें बिज़नेस समझ में आया हो या नहीं, परंतु हम ऐसे अच्छे माहौल का एक हिस्सा बनना चाहते हैं, इसलिए बिज़नेस शुरू करना चाहते हैं। यही मनोविज्ञान नए लोगों को बिज़नेस शुरू करने के लिए प्रेरित करता है। मीटिंग में जब हम सफल लोगों से मिलवाए जाते हैं और उनसे सुनते हैं, “आप कर सकते हैं!” तो हमारे अवचेतन में बाहर कहे गए नकारात्मक वाक्यों के साथ इनकी तुलना होती है और हमें लगता है, ये अनजाने लोग कितनी गर्मजोशी, उत्साह और प्यार से मिलते हैं, और हममें विश्वास जताते हैं कि हम भी कर सकते हैं। अवचेतन की गहराइयों से हमें संकेत मिलने लगते हैं कि ऐसे ही लोगों की संगत की

हम अनजाने में तलाश कर रहे थे। ऐसे सकारात्मक माहौल में नए लोग बिज़नेस शुरू करना चाहते हैं। अगर हमने अवचेतन में किसी को सफल इंसान मान लिया है, तो उसकी बातों का प्रभाव हम पर निश्चित ही पड़ता है। जब नए लोग सफल लोगों को मंच पर देखते हैं, और वो ही सफल लीडर मिलते समय उनसे कहते हैं कि जिन्होंने आपको यह बिज़नेस दिखाया है, उसी पर विश्वास कीजिए, अनुसरण कीजिए, आप भी सफल हो सकते हैं। तब नए लोगों के अवचेतन में हमारे प्रति एक विश्वास जागता है और वो हमारी बातों को मानने लगते हैं। नए लोग समारोह में शामिल होकर वहाँ के वातावरण से प्रभावित होते हैं। वहाँ आपसे हटकर उन्हें बहुत कुछ दिखाई देता है, कंपनी की बड़ी तस्वीर, बिज़नेस में सफल होने वालों की भीड़ लोगों के व्यवहार में ज़िंदादिली, जोश, उमंग, उत्साह और मुस्कारन। ये सारी बातें मिलकर उनके अवचेतन पर अपना गहरा प्रभाव छोड़ती हैं। यहाँ आपकी विश्वसनीयता की बात पीछे छूट जाती है। वैसे भी इतने अच्छे माहौल से जुड़े हर व्यक्ति के प्रति विश्वास बढ़ता है। ऊपर से जब आप उनका परिचय सफल लोगों से करवाते हैं, और सफल लोग आपकी तारीफ़ करते हैं, तो नए व्यक्ति के मन में आपके प्रति सम्मान की भावना और विश्वसनीयता बढ़ती ही है।

ख़र्च नहीं निवेश

फ़ंक्शन में लगने वाले ख़र्च को आवश्यक निवेश के रूप में देखें। इस बिज़नेस में यही एक प्रमुख निवेश है। नेटवर्क मार्केटिंग में दो तरह के लोग पाए जाते हैं, सफल और असफल। सफल वो लोग होते हैं, जो हर फ़ंक्शन में शामिल होते हैं, हर अगले फ़ंक्शन के लिए उत्साहित रहते हैं। असफल लोग वो होते हैं, जो फ़ंक्शन में शामिल नहीं होते। असफल लोगों के लिए फ़ंक्शन उत्साह का नहीं, बल्कि चिंता का विषय होता है। जब भी हमारी मुलाक़ात किसी ऐसे व्यक्ति से हो, जो इस बिज़नेस में सफल नहीं हुआ है, तब एक बात निश्चित है कि वो बड़े समारोह में शामिल नहीं हुआ होगा।

हो सकता है कि कभी समारोह का टिकट और आने-जाने का ख़र्च आपको ज़्यादा लगे। ऐसे में आप एकाध समारोह में जाने की बात को टालने की कोशिश करेंगे, लेकिन यह ठीक नहीं है, क्योंकि एक बड़े समारोह में आपकी अनुपस्थिति आपकी सफलता को महिनों पीछे धकेल सकती है। अगर आप सोचते हैं कि बाद में इस समारोह की सीडी ख़रीदकर सुन लेंगे, तो याद रखिए कि सीडी शायद दो-तीन महीने बाद मिले। दूसरी बात अगर आप समारोह में शामिल हुए हैं, तब उसी सीडी को सुनना एक अलग अनुभव होता है। जब-जब आप उस सीडी को बाद में सुनते हैं, तब-तब आप समारोह में शामिल होने की प्रत्यक्ष अनुभूति से एक बार फिर गुज़रते हैं। समारोह से जो विशेष चीज़ आपको मिलती है, वो है उस माहौल से निकलने वाली अनमोल तरंगों की अनुभूति, जो कोई सीडी, कैसेट या पुस्तक नहीं दे सकती। पुस्तक, कैसेट, सीडी और फ़ंक्शन की संगत का सबसे बड़ा फ़ायदा यही है कि हम कम से कम उतने समय तक तो बाहर के नकारात्मक माहौल से बचे रहते हैं और उतने ही समय हमारे अवचेतन में सकारात्मक विचार रहते हैं, जो सफलता के लिए ज़रूरी है।

चरण तीसरा : कार्य

नेटवर्क मार्केटिंग बिज़नेस में अब तक हमने जो पढ़ा है, वो कार्य नहीं है, वो सिर्फ़ तैयारी है। अपने आपको सफलता के लिए तैयार करने के लिए ख़ुद को क़ाबिल बनाने के लिए हम सिस्टम के सभी सूत्रों का उपयोग करते हैं। इस बिज़नेस में वास्तव में तीन ही कार्य हैं, जिसे हम यहाँ समझने जा रहे हैं। सबसे पहले हम ये जान लें कि बिज़नेस में सफलता यानी आमदनी कहाँ से आती है। इसके दो भाग हैं, एक है हमारे द्वारा व्यक्तिगत किया गया कारोबार। दूसरा यह कि हमारा नेटवर्क कितना बड़ा है, और पूरे नेटवर्क में कितना कारोबार हुआ है।

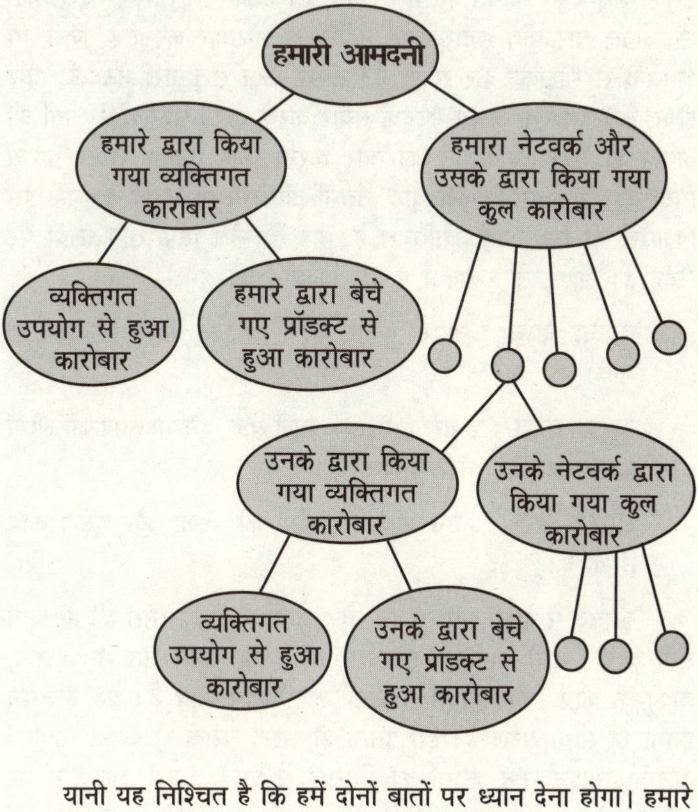

यानी यह निश्चित है कि हमें दोनों बातों पर ध्यान देना होगा। हमारे द्वारा किए गए व्यक्तिगत कारोबार पर और नेटवर्क तैयार करने पर।

फिर हमारे नेटवर्क में भी व्यक्तिगत कारोबार के साथ नेटवर्क तैयार करना सिखाना है। इसके लिए हमें विशेष तौर पर तीन कार्य करने पड़ेंगे :

1) अपनी कंपनी के प्रॉडक्ट का 100% उपयोग।

2) प्रॉडक्ट की बिक्री।

3) सेल्स और मार्केटिंग प्लान का प्रदर्शन।

पहले दो कार्यों से हमारा व्यक्तिगत कारोबार होगा। व्यक्तिगत कारोबार में कितनी भी मेहनत करके बहुत बड़ा कारोबार नहीं किया जा सकता। हमें यहाँ बहुत बड़ा कारोबार करने की ज़रूरत भी नहीं है, न उसके लिए बहुत मेहनत करनी है। हमें बस व्यक्तिगत तौर पर एक छोटा सा, केवल चार-पाँच हज़ार रुपए महीने का कारोबार करना है, जिसे हम आसानी से सीखकर कर सकते हैं। तीसरे काम से हमारा नेटवर्क तैयार होगा, जब हम एक अच्छा नेटवर्क तैयार करके अपने नेटवर्क में लोगों को अपनी ही तरह व्यक्तिगत कारोबार करना और नेटवर्क तैयार करना सिखा देंगे, तब हम जितनी चाहें, उतनी आमदनी पा सकते हैं। यही इस बिज़नेस की सबसे बड़ी ख़ासियत है। यह बिज़नेस सिर्फ़ तीन कार्यों पर टिका है। आइए तीन वाक्यों में इस बिज़नेस को समझें।

पहला कार्य : अपनी दुकान बदलें, प्रॉडक्ट बदलें, प्रोज़्युमर हो जाएँ।

दूसरा कार्य : हमारे जैसी सोच वाले पाँच-दस महत्वाकांक्षी लोगों की तलाश करें, नेटवर्क बनाएँ।

तीसरा कार्य : उन पाँच-दस लोगों को पहला और दूसरा कार्य सिखा दें।

वास्तव में देखा जाए तो इन तीन कार्यों में ही बिज़नेस की हर बात छुपी हुई है। सारी कंपनियाँ, पूरा सिस्टम, उसका दर्शन और मनोविज्ञान, बाक़ी के कार्य सिर्फ़ इन तीन कार्यों का विस्तार मात्र हैं। यह बिज़नेस इतना ही सीधा-सरल है। इसे इतना ही सरल तरीक़े से करना चाहिए। आइए हम इन तीन क़दमों को विस्तार से जानें, समझें और उन पर अमल करें।

तीसरा चरण– कार्य

सफलता का सातवाँ क़दम

प्रॉडक्ट का 100% उपयोग

इस बिज़नेस की शुरुआत ही एक विचार से हुई है कि सभी ग्राहक अपनी कंपनी से सीधे प्रॉडक्ट की ख़रीदी करके उनका उपयोग करेंगे और प्रोज़्युमर हो जाएँगे। प्रोज़्युमर की ताक़त इसी बात में है कि वो अपनी कंपनी के प्रॉडक्ट ख़रीदें, उनका 100% उपभोग करें और अपने ख़र्च से ही आमदनी का ज़रिया पैदा करें। सबसे पहले हम अपनी कंपनी के हर प्रॉडक्ट की पूरी जानकारी लें। इसके लिए आदर्श कंपनियाँ प्रॉडक्ट ट्रेनिंग की मुफ़्त व्यवस्था करती हैं। इस प्रॉडक्ट ट्रेनिंग में बार-बार शामिल होकर, प्रॉडक्ट के बारे में हर बात समझ लें। अगर आपके मन में दुविधा हो, तो ज़्यादा जानकारी लें। ट्रेनर से पूछ-पूछकर अपनी शंकाओं का समाधान कर लें, ताकि आपको प्रॉडक्ट पर पूरा विश्वास हो जाए। इसके अलावा कंपनी प्रॉडक्ट से संबंधित जानकारी वाले 'ब्रॉशर' प्रकाशित करती है, उनका अध्ययन करते रहें। प्रॉडक्ट की जानकारी लेकर उपयोग करते रहें और उपयोग करके अनुभव लेने के बाद फिर जानकारी लेते रहें। यह सिलसिला चलता रहना चाहिए।

सिस्टम दर्शन

सिस्टम का दर्शन यही है कि जो काम आप नहीं करते, उसे आप अपने डाउन लाइन ग्रुप को नहीं सिखा सकते। फिर यह दोहराई जाने वाली बात नहीं रह जाती। अगर आपकी तरह आपके नेटवर्क में अपने प्रॉडक्ट का उपयोग होगा, तो नेटवर्क में लोगों की संख्या के अनुपात में आपका कारोबार बढ़ेगा और आमदनी भी। यानी नेटवर्क में 100 लोग हैं, तो कारोबार 100 गुना। लेकिन अगर आपकी तरह सभी ने दूसरी कंपनियों के प्रॉडक्ट इस्तेमाल करने जारी रखे, तो इन्हीं 100 लोगों से कारोबार

होगा शून्य। मतलब इस बिज़नेस में कारोबार बढ़ता है, प्रोज़्युमर की संख्या के हिसाब से। लोगों की संख्या के हिसाब से नहीं। इसलिए सिस्टम कहता है- प्रोज़्युमर हो जाइए, जिसके दोहराए जाने से कारोबार बढ़े।

सिस्टम के अनुसार इस बिज़नेस को करने के कई तरीक़े आज़माए जा चुके हैं। कुछ लोगों ने सिर्फ़ प्रॉडक्ट बेचकर थोड़ा-बहुत लाभ कमाया है, उनमें से कुछ लोगों ने तो घर-घर जाकर प्रॉडक्ट बेचने का भी काम किया है, इससे बिज़नेस की छवि ख़राब हुई। कुछ लोगों ने केवल किटें बेचीं, शायद यही कारण है कि लोग इसे मेंबरशिप समझते हैं। सिस्टम का अनुभव है कि इस बिज़नेस का आधार है, प्रोज़्युमर। यानी सभी ग्राहक इस बिज़नेस में मालिक होकर अपने प्रॉडक्ट का उपयोग ख़ुद करते हैं, फिर अपने परिचितों तक उनकी ख़ासियतें पहुँचाते हैं और महत्वाकांक्षी लोगों को प्लान दिखाकर बिज़नेस की जानकारी देते हैं। सारा काम एक सिस्टम के अनुसार सीखकर किया जाता है, जिसका आधार है शिक्षण प्रणाली। प्रॉडक्ट हर बिज़नेस की रीढ़ होते हैं, यहाँ भी हैं। जब प्रॉडक्ट बिकेंगे तभी बिज़नेस होगा। इसलिए सिस्टम का मानना है कि हम सीखें कि प्रॉडक्ट के द्वारा कारोबार कैसे बढ़ता है और कैसे हम एक ख़त्म न होने वाली आमदनी पैदा कर सकते हैं। इसके लिए ज़रूरी है कि हमें अपने प्रॉडक्ट्स की सही जानकारी हो। पारंपरिक बिज़नेस करने वाले सभी दुकानदार अपनी दुकान में रखे हर सामान की जानकारी रखते हैं। यही इस बिज़नेस में भी ज़रूरी है।

मनोविज्ञान

मनोविज्ञान के हिसाब से हमारे दिमाग़ में या तो विश्वास रहता है या शंका, दोनों एक साथ नहीं रहते। प्रॉडक्ट की सही माध्यम से जानकारी न हो, तो सही विश्वास पैदा नहीं होगा और हमारे मन में शंकाएँ रहेंगी। अगर हमें सही जानकारी होगी, तो हमारा विश्वास और हौसला बढ़ेगा। बिज़नेस शुरू करते ही हम जल्दी सफलता पाने की कोशिश करने लगते हैं, तब मन में बहुत सी ग़लत योजनाएँ भी आती हैं। इनमें सबसे ग़लत बात यही होती है कि हम कुछ सीखने के पहले ही आगे दौड़ना चाहते हैं। यानी एक-एक क़दम बढ़ाने के बजाय, हम छलांग लगाने का सोचते

हैं। सीखने के बाद छलांग लगाना बुरा नहीं, लेकिन बेहतर यही है कि हम क़दम-दर-क़दम आगे बढ़ें। प्रॉडक्ट की जानकारी लेना पहला मज़बूत क़दम है, जो हमें विश्वास के साथ दूसरा क़दम बढ़ाने का हौसला देता है।

हमारे अवचेतन में यह बात बहुत गहरे में दर्ज है कि जो बात सुनी या पढ़ी है उस पर विश्वास कम करना चाहिए, जो देखी है उस पर ज़्यादा और जो हमने करके जाना है, अनुभव किया है, उस पर सबसे ज़्यादा विश्वास करना चाहिए। जब हम अपने प्रॉडक्ट का ख़ुद उपयोग करके अनुभव करते हैं, तब हमारा विश्वास ज़्यादा होता है। ऐसे प्रॉडक्ट के बारे में बात करते समय उसका अनुभव अवचेतन में दर्ज होता है, तब हम सहज तरीक़े से पूरे विश्वास के साथ बात करते हैं। हमारे बोलने के तरीक़े में हौसला दिखता है, हमारी आँखों में चमक होती है, हमारे देह संकेतों से साफ़ पता चलता है कि हम जो कह रहे हैं उसमें सच्चाई है। प्रॉडक्ट का ख़ुद इस्तेमाल किए बिना हमारी बात में ऐसा प्रभाव पैदा ही नहीं होगा।

नकारात्मक उत्पादों का उपयोग बंद करें

सबसे पहले वो प्रॉडक्ट ख़रीदकर ले आएँ, जिनके बिना आप रह नहीं सकते। अगर आपकी कंपनी में रोज़मर्रा के इस्तेमाल की चीज़ें हैं (Fast Moving Consumer Goods, FMCG), तो निश्चित तौर पर वहाँ नहाने का साबुन, कपड़े-बर्तन-फ़र्श आदि धोने की वस्तुएँ होंगी, शैम्पू-तेल-टूथपेस्ट-ब्रश होंगे, हो सकता है खाने-पीने की चीज़ें भी हों। ये ऐसे प्रॉडक्ट हैं, जिनके बिना आप एक दिन भी नहीं गुज़ार सकते। अब जो प्रॉडक्ट आपके बिज़नेस में हैं, अपने घर में वैसे ही अन्य कंपनियों के प्रॉडक्ट का उपयोग, पहले ही दिन से बंद कर दीजिए। यहाँ पसंद, नापसंद या क़ीमत की बात भूल जाइए। बस प्रॉडक्ट बदल दीजिए। हो सकता है, जब आपने इस बिज़नेस की शुरुआत की, उस समय आपके घर में किसी और कंपनी के साबुन-शैम्पू-टूथपेस्ट आदि का उपयोग शुरू हो और आधा-अधूरा बचा हो। ऐसे में आप सोच सकते हैं कि पहले अधूरे साबुन-शैम्पू को ख़त्म कर दूँ, फिर अपनी कंपनी के प्रॉडक्ट उपयोग में लाऊँगा, लेकिन ऐसा कभी न करें। जैसे ही आप अपनी

बिज़नेस किट घर पर लेकर आएँ, सारे घर के समान उपयोगों वाले प्रॉडक्ट्स को जमा कर लें। कंपनी के प्रॉडक्ट का उपयोग उसी दिन से शुरू कर दें। चाहें तो बाक़ी प्रॉडक्ट्स को सँभालकर रखें, जब आप किट के प्रॉडक्ट्स का उपयोग करके ख़त्म कर लें, आपको अनुभव मिल जाए, तब चाहें तो अपने पुराने बचे हुए प्रॉडक्ट्स का उपयोग कर सकते हैं। अगर इस बीच के समय में, आपको इस बिज़नेस का मतलब समझ में आ जाएगा, तब पारंपरिक उपयोग में लाए जा रहे प्रॉडक्ट्स का इस्तेमाल करने की ज़रूरत ही नहीं पड़ेगी।

सिस्टम दर्शन

सिस्टम अनुसार हमें घर-घर जाकर प्रॉडक्ट नहीं बेचने, हम सेल्समैन नहीं हैं। इसलिए हम उन प्रॉडक्ट्स की बात नहीं करते, जिन्हें हमने कभी इस्तेमाल नहीं किया। हम प्रोज़्युमर हैं, हम उन्हें पहले ख़ुद उपयोग में लाते हैं, फिर जब हम संतुष्ट होते हैं, तभी हम अपने अनुभव एक छोटे से परिचितों के समूह तक पहुँचाते हैं। हम इसके सच्चे विज्ञापनकर्ता हैं। इसलिए हमें बार-बार प्रॉडक्ट-ट्रेनिंग लेकर, 'ब्रॉशर' पढ़कर, इसकी सही जानकारी लेना आवश्यक है, ताकि हम प्रॉडक्ट के बारे में ज़्यादा बढ़ा-चढ़ाकर बात करके, किसी ग़लत बात के प्रचार का माध्यम न बनें। 100% प्रॉडक्ट के उपयोग के पीछे दार्शनिकता यही है कि अगर हमारे घर में किसी दूसरी कंपनी का प्रॉडक्ट उपयोग में लाया जा रहा है, तो हम उसी कंपनी के व्यापार को बढ़ावा दे रहे हैं। तब हम किस मुँह से दूसरों को बता पाएँगे कि हमारी कंपनी के प्रॉडक्ट बेहतर हैं।

"अगर हमारा पेट्रोल पंप है, तो हम अपनी कार में पेट्रोल कहाँ से भरवाएँगे?"

"अपने पेट्रोल पंप से।" यह साधारण समझ की बात है।

अपना पेट्रोल पंप होते हुए, अगर हम दूसरों के पंप से पेट्रोल भरवाते हैं, तो यह निश्चित है कि हमारे पेट्रोल में ख़राबी है या फिर दिमाग़ में।

सिस्टम का कहना है कि अपनी बिज़नेस किट के मिलते ही घर में चल रहे आधे-अधूरे प्रॉडक्ट्स को बदल दीजिए। उनके ख़त्म होने का इंतज़ार न करें, क्योंकि आपका पुराना टूथपेस्ट अगर पंद्रह दिन बाद ख़त्म होगा, तब आप अपने बिज़नेस का टूथपेस्ट उपयोग में लाएँगे। मतलब पंद्रह दिन बाद आप जान पाएँगे कि आपका अपना टूथपेस्ट कैसा है। यानी आपका बिज़नेस पंद्रह दिन बाद शुरू होगा, क्योंकि तब तक आप सच्चाई के आधार पर, अपने प्रॉडक्ट बेहतर होने की बात बता नहीं सकते। झूठ पर टिका बिज़नेस ज़्यादा देर तक टिक नहीं पाएगा। सिस्टम का अनुभव है कि बिज़नेस की तस्वीर साफ़ होते ही आधे-अधूरे पुराने प्रॉडक्ट का फिर इस्तेमाल करने की ज़रूरत ख़त्म हो जाती है। वैसे भी इन प्रॉडक्ट्स को फेंकना नहीं है। इनका उपयोग आगे चलकर प्रॉडक्ट का डेमो करते समय हो जाता है।

मनोविज्ञान

हमारे अवचेतन में लाभ-हानि की तुलना होती रहती है। बिज़नेस अभी शुरू किया है, उससे हमें लाभ मिला नहीं है, लेकिन जिन प्रॉडक्ट्स का उपयोग घर में हो रहा है, उसके लिए हमने पैसे चुकाए हैं, उन्हें फेंक देने से हानि होगी, यह हमारे मन में होता ही है। इसलिए आधे-अधूरे प्रॉडक्ट के ख़त्म होने तक, स्वाभाविक है कि आप सोचें, बिज़नेस के सील बंद प्रॉडक्ट का इस्तेमाल बाद में करेंगे। इसके पीछे मनोवैज्ञानिक कारण है, हमारी कम जानकारी। शुरुआत में यह स्पष्ट नहीं होता कि इस छोटी सी बात का हमें भविष्य में कितना लाभ होगा, हमें सिर्फ़ अभी होने वाली हानि दिखाई देती है। जब बिज़नेस से मिलने वाले लाभ की तस्वीर स्पष्ट हो जाती है, तब पुराने प्रॉडक्ट के उपयोग का सवाल ही ख़त्म हो जाता है।

घर प्रॉडक्ट से और आप आर्थिक बोझ से न भर जाएँ

सर्व साधारण उपयोग के प्रॉडक्ट से शुरू करने के बाद जब आप उनकी गुणवत्ता से संतुष्ट हो जाएँ, तो धीरे-धीरे अपनी कंपनी के बाक़ी प्रॉडक्ट्स भी ख़रीदना शुरू कर दें। अगर आप पूरी तरह से तब तक बिज़नेस को

समझने लगे हैं और अब कोई शंका नहीं है, तो आप अपनी कंपनी के सारे प्रॉडक्ट्स की रेंज अपने घर में रख सकते हैं। ऐसा तब ही कीजिए, जब आप एक साथ सारे प्रॉडक्ट ख़रीदने में आर्थिक रूप से सक्षम हों, वरना धीरे-धीरे, एक-दो-चार करके भी अपनी रेंज बढ़ा सकते हैं। आगे चलकर आपके परिचितों में जिन चीज़ों का चलन ज़्यादा हो, उन चीज़ों की संख्या दो-चार अधिक रखें, ताकि किसी भी ज़रूरतमंद को आप तुरंत दे सकें। कभी भी माँग से बहुत ज़्यादा चीज़ें न ख़रीदें। अपनी आर्थिक स्थिति का ख़याल रखते हुए, माँग के हिसाब से चीज़ें घर में रखें। अगर अपनी कंपनी से आप हाथोंहाथ सामान ख़रीदकर ला सकते हैं, तो प्रॉडक्ट का ज़्यादा संग्रह न करें। सिर्फ़ एकाध प्रॉडक्ट अधिक हो, जो रात-बेरात या कंपनी के छुट्टी के दिन आपके काम आ सके।

सिस्टम दर्शन

सिस्टम का दर्शन तो यही कहता है कि जब आपने बिज़नेस करने का निर्णय ले लिया है, तो आपके घर में तुरंत अपने सारे प्रॉडक्ट की रेंज पहुँच जानी चाहिए। बहुत ज़्यादा आर्थिक परेशानी का बोझ लेकर ऐसा करने से सिस्टम रोकता है। जैसे-जैसे आप काम करते जाते हैं, आपका विश्वास बढ़ता जाता है। अपने विश्वास के साथ-साथ ही आप इस बिज़नेस के लिए ज़रूरी कामों को करते जाते हैं। अगर आपने काम शुरू नहीं किया है, तो सिर्फ़ प्रॉडक्ट्स की पूरी रेंज रखने से आपका घर प्रॉडक्ट से और आप आर्थिक बोझ से भर जाएँगे। इसलिए सही गति से मज़बूत आधार बनाकर बिज़नेस कीजिए। शुरुआत में आपको प्रॉडक्ट की ज़रूरत और उपयोग की जानकारी नहीं होती। सीखते-सीखते ही आप इसे समझ पाएँगे कि कौन सा प्रॉडक्ट आपके लिए कब फ़ायदेमंद है। तब जो लाभदायक प्रॉडक्ट्स होंगे, उनकी संख्या अपने आप बढ़ जाएगी। सिस्टम का दर्शन है, थोड़ा सा अधिक काम ज़रूरी है, लेकिन एक खेल की तरह, एक बोझ की तरह नहीं। अपने सभी प्रॉडक्ट्स का उपयोग करके अनुभव लेना ज़रूरी है, क्योंकि यही अनुभव आपके बिज़नेस के विकास के लिए सबसे मज़बूत आधार बनेगा।

सिस्टम का अनुभव है कि इस बिज़नेस में अपने घर को प्रॉडक्ट का

गोडाउन बनाने की ज़रूरत नहीं, बल्कि अपनी ज़रूरत के हिसाब से प्रॉडक्ट ख़रीदें। ऐसा हो चुका है कि कई लोगों ने कंपनी के ऊँचे फ़ायदे को पाने के लिए एक साथ लाखों रुपए के प्रॉडक्ट्स ख़रीदकर घर में जमा किए, जो कई वर्षों तक उनके घर में कबाड़ की तरह पड़े रहे। इनके बारे में यह बात कही जाती है कि इनके लाखों रुपए इस बिज़नेस में डूब गए। यह सच है कि उन्होंने लाखों रुपए गँवाए, लेकिन कंपनी की ग़लती से नहीं, बल्कि अपनी नासमझी के कारण गँवाए। नेटवर्क मार्केटिंग बिज़नेस में कभी भी आपको प्रॉडक्ट का भंडार जमा करने की ज़रूरत नहीं है। यह काम कंपनी का है। आपको तो अपनी ज़रूरत के हिसाब से प्रॉडक्ट जमा करने चाहिए, चाहें तो उतने की भी ज़रूरत नहीं। जब ज़रूरत हो कंपनी से ले आइए। ऐसे लोगों ने बिज़नेस करना नहीं सीखा, उन्होंने पैसे के बलबूते पर बिज़नेस को ख़रीदने की कोशिश की। यह बिज़नेस मज़बूत नेटवर्क बढ़ाने से होता है, बिज़नेस को ख़रीदकर इसे नहीं बढ़ाया जा सकता। अगर धन-दौलत के दम पर इस बिज़नेस में लाभ कमाया जा सकता, तो बहुत से धनवान सबसे पहले इसे ख़रीद लेने के लिए आगे आते। लाभ के लिए धन लगाने वालों की कमी नहीं है। यह बिज़नेस करने से बढ़ता है। एक साधारण व्यक्ति भी इसमें इतने ही चार-पाँच हज़ार लगाकर, इसे सीखकर, इसमें किसी भी धनवान से ज़्यादा आमदनी पैदा कर सकता है। इसलिए छोटी लागत लगाइए, सीखिए, मेहनत कीजिए और सफलता पाइए, यही बिज़नेस की सबसे बड़ी ख़ासियत है।

मनोविज्ञान

सफलता पाने की जल्दी और बिज़नेस के ऊँचे स्तर पर मिलने वाले फ़ायदे का लालच मन में आता ही है, लेकिन तब हमारी जानकारी कम होने के कारण हम नहीं जानते कि बहुत सारा पैसा ख़र्च करके हमने ऊँचे स्तर का कमीशन तो पा लिया, लेकिन इस प्रॉडक्ट के ढेर का हम करेंगे क्या? ऐसे में जब प्रॉडक्ट पर किए ख़र्च के बोझ के कारण हमें आर्थिक परेशानियों का सामना करना पड़ता है, तब हमारा मन ख़ुद की ग़लती को स्वीकार करने से मना करता है और हम बिज़नेस को ही ग़लत साबित करने की कोशिश करते हैं। इसलिए सिस्टम मना करता है कि बिना सीखे

ऐसी लंबी छलांग लगाने से बचें और सीखकर ठोस क़दमों के साथ आगे बढ़ें।

सिंधी फ़िलॉसफ़ी अपनाएँ

इस बिज़नेस के लिए एक अलग से गुल्लक (पैसा जमा करने का डिब्बा) रखें। अब जो प्रॉडक्ट आपकी बिज़नेस किट के साथ आए हैं, या जिन्हें आपने कंपनी से और ख़रीदा है, उनका हिसाब रखें। जब भी आप अपने उपयोग के लिए कोई प्रॉडक्ट खोल दें, उसके ख़रीदी मूल्य की रक़म गुल्लक में डाल दें। जिस प्रॉडक्ट की ख़रीदारी आपके लोग आपसे करके जाएँ, यानी जिसकी आप बिक्री करें, ऐसे हर प्रॉडक्ट के बिक्री मूल्य की रक़म गुल्लक में डाल दें। ऐसा करने से होगा यह कि जैसे-जैसे आपके प्रॉडक्ट ख़त्म होते जाएँगे, आपकी गुल्लक में पैसा जमा होता जाएगा। यही पैसा अपनी अगली ख़रीदी करने में आप उपयोग कर सकते हैं। महीने में चार-पाँच हज़ार के कारोबार का लक्ष्य रखिए। जब आप नए हैं, तब शायद आप इस लक्ष्य तक न पहुँच पाएँ। घर में शायद आप हज़ार-डेढ़ हज़ार का सामान ही उपयोग में ला पाएँगे, वो भी तब जब आपकी कंपनी में प्रॉडक्ट्स की बड़ी रेंज हो। लेकिन जैसे-जैसे आप प्लान दिखाने का काम करते जाएँगे। आपसे प्रॉडक्ट ख़रीदने वालों की संख्या बढ़ती जाएगी। तब पाँच से दस और दस हज़ार से ज़्यादा का कारोबार भी आप आसानी से कर लेंगे। शुरुआत में आपके ख़रीदे हुए प्रॉडक्ट शायद दो-तीन महीनों में ख़त्म हों। जैसे-जैसे आप बिज़नेस करना सीखेंगे, आपका मासिक कारोबार बढ़ता ही जाएगा।

सिस्टम दर्शन

गुल्लक में पैसे जमा करना आपको अजीब सा लग सकता है। आख़िर हम ख़ुद उपयोग में लाते समय उसके लिए पैसे जमा क्यों करें? इसके पीछे सिस्टम का अनुभव यही है कि अधिकतर लोग जब बिज़नेस किट के प्रॉडक्ट का उपयोग करके ख़त्म कर देते हैं, तो फिर से प्रॉडक्ट ख़रीदने में सोच-विचार करते हैं। उनका कहना होता है कि पहले किट

ख़रीदने में ही पैसे ख़र्च हो गए। अब इस बिज़नेस में ख़र्च करने के लिए उनके पास पैसे नहीं हैं। यहाँ सिंधी व्यापारियों की फ़िलॉसफ़ी समझना ज़रूरी है। सिंधी व्यापारी जब अपने बेटे को नई दुकान लगाकर देते हैं, तो जब तक दुकान स्थापित नहीं हो जाती, उसमें से पैसा नहीं निकालते। दुकान का निवेश आमदनी के साथ अपने आप बढ़ता है, दुकान का पैसा वापस दुकान में लगाया जाता है, इसे ख़र्च के रूप में नहीं, बल्कि निवेश के रूप में देखा जाता है। कुछ समय बाद जब दुकान जम जाती है, तो यह दुकान एक संपत्ति बन जाती है, जहाँ से हमेशा आमदनी मिलती रहती है। जब सिंधी लोग घर के लिए ज़रूरत का सामान मँगवाते हैं, तो अपनी दुकान से ही ख़रीदारी करते हैं, पैसे देकर सामान लेते हैं। ठीक उसी तरह से हमने पाँच-दस हज़ार से इस बिज़नेस को शुरू किया है। अगर हम शुरुआत में ही बिज़नेस की लागत को खा जाएँगे, तो बचेगा क्या? इसलिए सबसे पहले बिज़नेस के ख़ुद ग्राहक बनिए, क्योंकि जब आप इस बिज़नेस में नहीं थे, तब भी आप किसी टूथ-पेस्ट से दाँत साफ़ करते थे। वो टूथ-पेस्ट मुफ़्त नहीं आता था। अब भी पैसा देकर ख़ुद के बिज़नेस से ख़रीदारी कीजिए। जब तक यह छोटा सा पौधा एक विशाल पेड़ बनकर आपको फल न देने लगे। इससे होगा यह कि एक चक्र पूरा होगा। प्रॉडक्ट ख़त्म, तो पैसे जमा होंगे, फिर से ख़रीदारी के लिए। बस इसी चक्र को घुमाते रहिए। जितना तेज़ी से यह चक्र पूरा होगा। उतनी ही तेज़ी से आपका यह बिज़नेस आगे बढ़ेगा, प्रगति करेगा। फिर इसी बिज़नेस से वो आमदनी आना शुरू होगी, जो पीढ़ियों तक आपकी ज़रूरतों को पूरा करेगी।

मनोविज्ञान

बिज़नेस शुरू करने के लिए जो लागत आती है, हम उसे ख़र्च के रूप में देखते हैं, जबकि यह बिज़नेस में किया गया निवेश है। हमारे अवचेतन में यह बात गहराई से समाई हुई है कि जब हम इस्तेमाल करने के लिए कोई भी प्रॉडक्ट ख़रीदते हैं, तो यह एक ख़र्च होता है, हम इसे बिज़नेस में निवेश के नज़रिए से नहीं देखते। इसलिए मनोवैज्ञानिक स्तर पर जब भी हम प्रॉडक्ट ख़रीदने का सोचते हैं, हमारे दिमाग़ में इस अतिरिक्त ख़र्च के

प्रति विरोध उभरता है। जब इस बिज़नेस के प्रॉडक्ट उपयोग करके ख़त्म हो जाते हैं और हमें अभी कोई आमदनी नहीं हुई है, तब यही विरोध हमारे मन में तीव्रता से उठता है। अगर हम एक बिज़नेस मालिक की सोच से देखें, तो हम 'बचत' में कम विश्वास रखेंगे, बल्कि हमारी सोच ज़्यादा निवेश करके अधिक पैसा कमाने की होगी। जब हम गुल्लक में जमा पैसा देखते हैं, तो उससे ख़रीदारी करना हमें ख़र्च नहीं लगता। तब हम सहज ही ख़रीदारी कर लेते हैं। एक बार इस तरह की आदत पड़ने के बाद हमें यह बिज़नेस बहुत ही आसान लगने लगता है, क्योंकि हम हर बार पाते हैं कि हमारा निवेश किया गया धन बढ़ रहा है।

परिवार में एकजुटता बनाए रखें

आपके परिवार के सदस्य, आपकी पत्नी से लेकर बच्चे और माता-पिता तक, इनमें से कुछ सदस्यों को शुरुआत में, इन नए प्रॉडक्ट का उपयोग करना थोड़ा अटपटा लग सकता है। हो सकता है कि वो अपने पुराने प्रॉडक्ट को इस्तेमाल करना चाहें, क्योंकि इन चीज़ों की उन्हें आदत लग चुकी है। ऐसे में उनसे ज़बरदस्ती न करें, बल्कि उन्हें जानकारी देकर प्रोत्साहित करते रहें। हो सके तो उन्हें प्रॉडक्ट ट्रेनिंग में लेकर जाएँ। इस तरह धीरे-धीरे उन्हें प्रॉडक्ट बदलने को प्रेरित करें। जब वो भी इन प्रॉडक्ट का उपयोग करना सीख जाएँगे और संतुष्ट होंगे, तब अपने आप प्रॉडक्ट का उपयोग आपके घर में बढ़ जाएगा। कुछ प्रॉडक्ट का संभव है आपके घर में इस्तेमाल आज न हो। जैसे हर्बल लाइफ़, एमवे और स्वदेशी कंपनी में भार प्रबंधन प्रोग्राम के प्रॉडक्ट हैं, जिनका उपयोग विशेषकर मोटापे से मुक्त होने के लिए होता है, लेकिन आपके परिवार में कोई भी मोटा व्यक्ति नहीं है। या फिर कोई शीशे साफ़ करने का प्रॉडक्ट है और आपके घर में शीशे नहीं हैं, या फिर नहीं के बराबर हैं। ऐसे में ज़रूरी नहीं है कि आप ज़बरदस्ती उन प्रॉडक्ट्स को शुरुआत में ही लेकर आएँ और उपयोग करने के लिए शीशे भी ख़रीद लाएँ। आपको अगर 'नाल' मिल गई है, तो इसका मतलब यह नहीं है कि अब आप घोड़ा ख़रीदकर लाएँ। हाँ, इतना ज़रूरी है कि आप इन प्रॉडक्ट की जानकारी अवश्य ले लें, क्योंकि अब आप बिज़नेस कर रहे हैं। हर चीज़

की आपको जानकारी होनी ही चाहिए। अगर उपयोग करके अनुभव ले लें, तो ज़्यादा बेहतर होगा।

सिस्टम दर्शन

सिस्टम का मानना है कि जब तक परिवार में एकजुटता नहीं होगी, आप इस बिज़नेस को तब तक सही तरीक़े से कर नहीं पाएँगे। बहुत बार ऐसा ही होता है कि पति-पत्नी में से कोई एक ही बिज़नेस को शुरू करता है, तब दूसरा व्यक्ति या परिवार के लोग बिज़नेस के प्रॉडक्ट का उपयोग एक बोझ मानते हैं, वो अपनी पसंद के पुराने प्रॉडक्ट को आपके लिए छोड़ना नहीं चाहते। ऐसे में अगर आप ज़बरदस्ती उन्हें प्रॉडक्ट इस्तेमाल करने के लिए कहेंगे, तो हो सकता है, घर में बात बढ़ जाए। पारिवारिक एकजुटता ना रहे। इसके लिए उन्हें प्रॉडक्ट की जानकारी देना, ख़ूबियों से परिचित करवाना, ख़ुद अनुभव लेने के लिए प्रेरित करना ही सही रास्ता है। अगर आपके प्रॉडक्ट में दम है, तो आज नहीं तो कल उन्हें भी अनुभव आएगा ही, इससे एकजुटता बनी रहेगी।

बेवकूफ़ न बनें, न बनाएँ

प्रॉडक्ट उपयोग में लाते समय कंपनी द्वारा दिए गए निर्देशों का पालन करें। बाज़ार में मिलने वाले समान प्रॉडक्ट के साथ उनकी तुलना करें और जान लें कि आपके प्रॉडक्ट तुलना में कैसे किफ़ायती पड़ते हैं, या फिर आपके प्रॉडक्ट गुणवत्ता में कैसे बेहतर हैं। आपकी कंपनी के प्रॉडक्ट या तो किफ़ायती होने चाहिए या फिर गुणवत्ता में श्रेष्ठ होने चाहिए। अगर क़ीमत और गुण इन दोनों मामलों में आपके प्रॉडक्ट बाज़ार के प्रॉडक्ट से उन्नीस (तुलनात्मक रूप से अच्छे नहीं) हैं, तो आपका बिज़नेस बहुत आगे नहीं बढ़ पाएगा। ऐसी कंपनी से अलग होना बेहतर होगा, क्योंकि बिज़नेस बढ़ाते समय यह पहला सवाल होगा, जिसका सामना आपको हर जगह करना पड़ेगा। अगर दोनों मामलों में आप इक्कीस (यानी बेहतर) हैं, तो यह अकेली बात आपके बिज़नेस में बड़ी मददगार होगी।

सिस्टम दर्शन

सिस्टम का अनुभव है कि इस बिज़नेस में प्रोज़्युमर होने का मतलब यह बिल्कुल नहीं कि आप गुणवत्ता में कम प्रॉडक्ट की ही अधिक क़ीमत चुकाएँ और इस चुकाई गई अधिक क़ीमत में से ही आमदनी कमाएँ। हम वितरण प्रणाली में होने वाले ख़र्च को बचाकर लाभ कमाते हैं। इसलिए सबसे पहले प्रॉडक्ट की जानकारी लेकर बाज़ार के प्रॉडक्ट से उसकी तुलना कर लें। अगर आपकी कंपनी के प्रॉडक्ट बेहतर हैं, तो ठीक, वरना आपके लिए बेहतर होगा कि आप किसी और कंपनी के बिज़नेस में शामिल हों। ख़ुद बेवक़ूफ़ बनकर, दूसरों को अपने ग़लत बिज़नेस में फँसाकर, आप एक बार अपनी लागत के पैसे वसूल कर सकते हैं, शायद कुछ लाभ भी कमाएँ। लेकिन इस आधार पर एक स्थायी बिज़नेस खड़ा नहीं किया जा सकता। दूसरी बात इस तरह से आप अपने दोस्तों-रिश्तेदारों और परिचितों की जेबों से पैसा निकालकर किसी कंपनी के अंजान मालिक की जेब भरने का ग़लत काम करेंगे। इसलिए सबसे पहले अपने प्रॉडक्ट से परिचित हो जाएँ, तब ही अगला क़दम बढ़ाएँ। इस क्षेत्र की आदर्श कंपनियाँ इस बात का पूरा ख़याल रखती है। वैसे ये उनकी चिंता का विषय है, क्योंकि कम गुणवत्ता वाला महँगा प्रॉडक्ट, ग्राहकों द्वारा नकार दिया जाएगा और अंत में कंपनी बंद हो जाएगी। अगर हमें इन बातों की चिंता करनी होती, तो हम पारंपरिक चलने वाली अपनी परचून की दुकान लगाते, यह बिज़नेस कभी नहीं करते। ऐसा भी नेटवर्क मार्केटिंग में होता है, जैसा कि इस पुस्तक की शुरुआत में बताया जा चुका है। कुछ कंपनियाँ रातोंरात लाभ कमाकर ग़ायब होने के लिए ही इस बिज़नेस को शुरू करती हैं। हमें सिर्फ़ इतना करना है कि हम कंपनी का चुनाव करते समय सावधानी रखें। अगर बिज़नेस शुरू करने के बाद भी हमें पता चल जाए, तो भी हम कंपनी के इस ग़लत मक़सद को पूरा करने में भागीदार नहीं बनेंगे। हम इसे छोड़ सकते हैं। ग़लती से मिला यह अनुभव भी हमारे लिए भविष्य में सफलता की एक सीढ़ी का काम करेगा।

मनोविज्ञान

मनोवैज्ञानिक रूप से देखा जाए, तो जब तक आपके दिमाग़ में जो चीज़ स्पष्ट नहीं है, आपके मन में शंका है, उस चीज़ के बारे में आप विश्वास से बात नहीं कर सकते। अगर आपके मन में अपने प्रॉडक्ट के बारे में शंका हो, तो आप किसी को प्रॉडक्ट के बेहतर होने के बारे में नहीं समझा सकते। अगर क़ीमत या गुणवत्ता में आपके प्रॉडक्ट, बाज़ार के दूसरे प्रॉडक्ट से कमज़ोर हैं, तो इसी सवाल का आपको बार-बार सामना करना पड़ेगा। अगर आप ख़ुद आश्वस्त नहीं, तो दूसरों को आश्वासन देना मुश्किल होगा। इसलिए पहले तुलनात्मक अध्ययन करना ज़रूरी है। तभी अपने प्रॉडक्ट के बेहतर होने के बारे में आप बात कर सकते हैं। अगर आपके प्रॉडक्ट बेहतर नहीं हैं, तो आपके लिए बेहतर होगा कि ऐसी कंपनी के साथ जुड़कर झूठा प्रचार करने से किसी और कंपनी से जुड़ जाएँ, जिसके प्रॉडक्ट बेहतर हों। प्रॉडक्ट के चलने से ही कारोबार होता है, अगर आपके पास अच्छे और बेहतर प्रॉडक्ट नहीं हैं, तब न तो आप ख़ुद प्रोज़्युमर रह पाएँगे, न किसी और को प्रेरित कर पाएँगे। ऐसे में बिज़नेस का प्लान कितना भी फ़ायदेमंद दिखाई देता हो, बिज़नेस नहीं चलेगा।

प्रॉडक्ट का 100% उपयोग ख़ुद करने के पीछे मनोविज्ञान यही है कि अपने बिज़नेस के आधार के बारे में आप में विश्वास जागे, तब अपने इस विश्वास के बलबूते पर आप दुनिया जीत सकते हैं।

सिस्टम की बोध कथाएँ...

चादर बिछाकर एक मौलवी नमाज़ पढ़ रहे थे, तभी अपने प्रियतम मजनू से मिलने की धुन में मगन दौड़कर जाती हुई लैला का पाँव उनकी चादर पर पड़ गया। ग़ुस्से में लाल-पीले होकर मौलवी ने उठकर लैला को पकड़ना चाहा, मगर लैला तो जैसे हवा पर सवार थी। सबक़ सिखाने के लिए मौलवी लैला की वापसी का इंतज़ार करने लगे। मजनू से मिलकर लौटती लैला अब पूरे होश में थी। मौलवी ने तमतमाते हुए कहा, "बेग़ैरत लड़की, तुझे इतना भी होश नहीं, मैं जिस चादर पर बैठकर ख़ुदा की

इबादत कर रहा था, तू उसी पर अपने गंदे पाँव रखकर चली गई।"

"अगर ऐसा हुआ है, तो मैं तहेदिल से माफ़ी चाहती हूँ..." लैला ने पूरी संजीदगी से कहा, "मगर मुझे एक बात की हैरानी है। मैं अपने आशिक से मिलने के लिए मदहोश थी और आप ख़ुदा की बंदगी कर रहे थे। मुझे चादर नज़र नहीं आई, मगर आपको मैं पाँव रखती हुई कैसे नज़र आ गई... ?"

कथा सार

जिनकी निगाहें लक्ष्य पर लगी होती हैं, उन्हें राह की रुकावटें नज़र नहीं आती हैं।

तीसरा चरण– कार्य

सफलता का आठवाँ क़दम

सेल्स–मार्केटिंग प्लान का प्रदर्शन

प्लान दिखाना इस विषय का हम विस्तार से अध्ययन चार आधारभूत कार्यों के दौरान कर चुके हैं। जहाँ हमने प्लान दिखाने के महत्व को समझा, प्लान कैसे दिखाया जाना चाहिए, उसके हर तत्व को हमने जाना है। यहाँ हम प्लान दिखाने की बात जब सफलता के नौ क़दमों में फिर से करने जा रहे हैं, तो हम बात कर रहे हैं संख्या की। सिस्टम का निर्देश है कि हमें हर दिन कम से कम एक नए व्यक्ति को बिज़नेस का प्लान दिखाना चाहिए।

हीरों की तलाश में कोयले की खुदाई

अब हम जानते हैं कि इस बिज़नेस के दो भाग हैं। एक हमारे द्वारा किया गया व्यक्तिगत कारोबार, दूसरा हमारा नेटवर्क। हम ये भी जानते हैं कि इस बिज़नेस में कोई व्यक्तिगत कारोबार करके बहुत बड़ी और स्थायी आमदनी पैदा नहीं कर सकता। इसके लिए ज़रूरी है कि हमारा बड़ा नेटवर्क हो। इस नेटवर्क को बढ़ाने के लिए हमारे पास एक ही विकल्प है, एक ही काम है, प्लान दिखाना। प्लान दिखाने के बाद यह हम जान सकते हैं कि कौन–कौन से लोग बिज़नेस करना चाहते हैं। लोगों की भीड़ में यह जानना असंभव है कि कितने लोग इस बिज़नेस को करना चाहेंगे। किसी के माथे पर यह लिखा नहीं है। जब हम प्लान दिखाते हैं, तो काम के लोग आगे आ जाते हैं, नहीं करने वाले पीछे हट जाते हैं। अब हम जितनी जल्दी काम के लोगों को ज़्यादा संख्या में पाना चाहते हैं, हमें उतनी तेज़ी से ज़्यादा लोगों को प्लान दिखाना चाहिए।

सिस्टम दर्शन

सिस्टम का अनुभव है कि हर दिन औसतन एक प्लान दिखाने वाले अपने बिज़नेस को ज़िंदा रख सकते हैं। आपके दिखाए गए साधारण दस प्लान में से एक व्यक्ति बिज़नेस शुरू करना चाहेगा। प्लान दिखाते-दिखाते जब आप अच्छा प्लान दिखाना शुरू करते हैं, तब यही संख्या तीन लोगों के बिज़नेस शुरू करने तक पहुँचती है। अगर आप बहुत अच्छा प्लान दिखाते हैं, तो यह संख्या पाँच तक पहुँच जाती है। और सर्वश्रेष्ठ प्लान से आप दस में से सात लोगों को बिज़नेस में जोड़ सकते हैं। वैसे तो प्लान दिखाने वाले महत्वपूर्ण नहीं हैं। प्लान कितने अच्छे तरीक़े से दिखाए गए, यह भी महत्वपूर्ण नहीं है, यहाँ महत्वपूर्ण है प्लान देखने वाले कितने महत्वाकांक्षी हैं। ऐसे महत्वाकांक्षी लोगों की ज़्यादा संख्या में तलाश करनी हो तो एक ही तरीक़ा है, ज़्यादा लोगों को प्लान दिखाया जाए। सिस्टम का दर्शन है कि :

"सबसे अच्छा प्लान वो है, जो दिखाया जाए।"

जो प्लान दिखाया ही नहीं गया, वो अच्छा प्लान हो ही नहीं सकता। प्लान दिखाना यानी हीरे की तलाश में कोयले की खदान में खुदाई करना। हर कोयला हीरा नहीं होता, परंतु हीरा छुपा होता है, कोयले की शक्ल में। हर कोयले में हीरा बनने की क्षमता होती है। हर कोयला हीरा हो सकता है, अगर उसमें दबाव झेलने की क्षमता है। हीरा और कोयला बाहर से एक जैसे ही दिखाई देते हैं। प्लान के हथोड़े की चोट पड़ते ही कोयला टूटकर बिखर जाता है।

मनोविज्ञान

प्लान दिखाना यानी कोयले की खदान में हीरा तलाश करना, ऐसा ऊपर से दिखाई देता है, लेकिन मनोविज्ञान कहता है कि प्लान दिखाना यानी ख़ुद को तराशना और अपने अंदर के हीरे को मूल्यवान बनाना। हर बार

ना सुनने के बाद एक चोट लगती है और हम थोड़ा-थोड़ा करके हर बार तराशे जाते हैं। हर चोट के साथ हमारी ख़ासियतें उभरकर सामने आती हैं। सिस्टम के अनुसार जब हम साधारण प्लान भी दिखाते हैं, तब भी हमारे भीतर उत्साह का हीरा छुपा होता है। जब हम प्लान दिखाते चले जाते हैं, तब उत्साह के इस हीरे में कोने उभरने शुरू होते हैं, हम जानने लगते हैं कि हम क्या करने जा रहे हैं, यानी तब प्लान अच्छा होता जाता है। जब हमें सफलता मिलती है, यानी अपने अंदर हीरे को आकार मिल जाता है। तब हमारा प्लान बहुत अच्छा माना जाता है। जब हम सफलता की ऊँचाइयों को छू लेते हैं, तो हम घिसाई की प्रक्रिया से गुज़रकर, हीरे की परिपूर्ण शक्ल लेकर चमकते हैं, तब हमारा हर प्लान सर्वश्रेष्ठ प्लान होता है। हमें कोयले के ढेर में पड़े हीरों को पहचानने का सलीक़ा आ जाता है, और हम हीरों को चुन-चुनकर निकालते हैं। सिस्टम दर्शनानुसार हम अपना प्लान दिखाते हैं, कोयले को हटाकर हीरों की तलाश में, लेकिन मनोविज्ञान के अनुसार हम तलाशे गए एक हीरे को तराशते हैं, एक हीरा..., यानी हम ख़ुद।

जीत ख़रगोश की होगी

प्लान दिखाना एक संख्या का खेल है। इस बिज़नेस में आप जितनी ज़्यादा संख्या में प्लान दिखाते हैं, उतनी जल्दी और उतनी बड़ी सफलता आपको मिलती है। अगर आपको मनचाही सफलता नहीं मिल रही है, तो प्लान दिखाने की संख्या बढ़ा लीजिए।

अगर आप दुगुनी सफलता पाना चाहते हैं, तो असफलता की गति को दुगुना कर दीजिए।

इस बिज़नेस में सिर्फ़ एक ही गणित काम करता है और वो है, आपकी प्लान दिखाने की संख्या। महीने में तीस प्लान दिखाना, बिज़नेस को ज़िंदा रखने के लिए ज़रूरी है, यानी एक औसत काम है। इस बिज़नेस में 'मोमेंटम' की स्थिति तब आती है, जब आप ज़्यादा प्लान

दिखाते हैं। अगर आप तीस की जगह चालीस प्लान दिखाएँगे, तो आपकी सफलता सिर्फ़ 33% नहीं, बल्कि 100% बढ़ेगी। अगर आप 45-50 प्लान दिखाते हैं, तो आप तीन गुना सफलता पा सकते हैं। अपने लक्ष्य तक पहुँचने का एक ही रास्ता है, प्लान दिखाना और समय पर पहुँचने के लिए आपके प्लान दिखाने की संख्या बढ़ानी पड़ेगी। उन सभी को प्लान दिखाइए, जिन्हें आप जानते हैं, आपके दोस्त, रिश्तेदार, परिचित, किसी को मत छोड़िए। ये सोचना छोड़ दीजिए कि कौन करेंगे, कौन नहीं। ये फ़ैसला प्लान दिखाने वाले ख़ुद करेंगे, आप फ़ैसला न करें। इस बीच जितने ज़्यादा नए लोगों से परिचय हो सके, परिचय बनाइए और उन्हें भी प्लान दिखाइए। अपने ख़ाली समय का हर मिनट प्लान दिखाने में लगा दीजिए।

सिस्टम दर्शन

सिस्टम का कहना है कि जब तक आप लोगों को बिज़नेस का प्लान नहीं दिखाएँगे, लोग फ़ैसला कैसे कर पाएँगे कि यह बिज़नेस उनके लिए है या नहीं। अगर आप ही यह फ़ैसला कर लेते हैं कि ये-ये लोग बिज़नेस नहीं करेंगे, इसलिए उन्हें प्लान दिखाने की ज़रूरत नहीं। फिर आप यह फ़ैसला लेकर देख लीजिए कि ये-ये लोग बिज़नेस करेंगे। आपके फ़ैसले से बिज़नेस कितना बढ़ेगा? शून्य...। यानी आपके फ़ैसले का कोई महत्व नहीं। वैसे भी जब तक आप प्लान नहीं दिखाएँगे, करना चाहने वाले भी तब तक फ़ैसला किस आधार पर करेंगे? सिस्टम का दर्शन है कि सफल वो नहीं होते, जो 'परफ़ैक्ट' प्लान दिखाते हैं, बल्कि सफल वो हाते हैं, जो ज़्यादा लोग आपके साथ जुड़ते हैं। जितने ज़्यादा प्लान आप दिखाते हैं, उतने ही ज़्यादा लोग आपके साथ जुड़ते हैं। जितने ज़्यादा लोग 'हाँ' कहते हैं, उतना ही आपका नेटवर्क और कारोबार बढ़ता है। यह पाई गई सफलता आपको उत्साह-उमंग-आशा और रोमांच से भर देती है, जो आपकी सफलता को कई गुना बढ़ा देती है। इसे ही 'मोमेंटम' की स्थिति कहा जाता है। ख़रगोश कछुए की कहानी जैसा, धीमा और निरंतर यहाँ नहीं जीतता। वास्तविक दुनिया में निरंतर तेज़ के सिद्धांत पर चलने वाला जीतता है। पुरानी कहानी धोखा है, जीतना ख़रगोश को ही है, वो

भी बहुत बड़े अंतर से, शर्त यही है कि वो अपनी निरंतरता को बनाए रखे, सोए नहीं। सिस्टम का मानना है कि ख़रगोश सो नहीं सकता, कछुआ सो सकता है। वैसे भी कछुए की आँखें अधमुंदी रहती हैं। विशेषकर इस बिज़नेस में तो आपको ख़रगोश की रफ़्तार चाहिए, ज़्यादा से ज़्यादा प्लान दिखाना। सिस्टम का अनुभव है कि कछुए ही अपने लक्ष्य पर पहुँचने से पहले सो गए, क्योंकि इतना अधिक समय तक लक्ष्य पर निगाहें टिकाकर रखने की बात ने उन्हें थका दिया, पस्त कर दिया। इसलिए सिस्टम कहता है प्लान दिखाने की संख्या निरंतर बढ़ाते रहिए।

मनोविज्ञान

मनोविज्ञान यह कहता है कि अगर प्लान दिखाने की संख्या ज़्यादा हो, तो नकारात्मक बात सोचने की फ़ुर्सत ही नहीं मिलती। रफ़्तार के कारण उत्साह अपने आप आ जाता है। जब आपके कार्य में तेज़ी और अवचेतन में उत्साह होता है, तब यही भावनाएँ संप्रेषित होती हैं। जिससे लोग अपने अवचेतन में आपके साथ इस बिज़नेस में जुड़ने के लिए आकर्षित होते हैं। दिवाली में जब हम पटाखों की लड़ जलाते हैं, तो कुछ पटाखे पट-पट आवाज़ करते हैं, कुछ 'फुस्सी' रह जाते हैं। अगर हम लड़ के एक-एक पटाखे को अलग करके जलाएँ, तब भी ऐसा ही होगा। परंतु जब हम 'फुस्सी' पटाखों में उलझ जाते हैं, तब उन्हें किसी भी तरह जलाने में वक़्त बर्बाद करते हैं, लेकिन लड़ को जलाते समय 'फुस्सी' पटाखों पर ध्यान नहीं जाता, केवल जो फूट गए उनका ही हम मज़ा लेते हैं। यही मनोविज्ञान यहाँ काम आता है। तेज़ी से प्लान दिखाते जाने की प्रक्रिया में हम 'हाँ' वाले लोगों के साथ काम करते चले जाते हैं। 'ना' वालों के लिए हमारे दिमाग़ में सोचने की फ़ुर्सत ही नहीं होती, न उनकी 'ना' का कोई असर होता है। अपने दिमाग़ को नकारात्मक असर से बचाने का यह सबसे अच्छा मनोवैज्ञानिक उपचार है। आप तेज़ी से प्लान दिखाकर आगे बढ़ जाते हैं, तब प्लान देखने वाले अपना फ़ैसला करने के लिए पीछे छूट जाते हैं, आप उनके लिए फ़ैसला नहीं करते, तब वो लोग अपने आप आपके पीछे दौड़ने लगते हैं, जिन्होंने ख़ुद फ़ैसला किया है। ऐसे में आपके साथ स्वयंस्फूर्त लोगों का ग्रुप होता है, आपके द्वारा ज़बरदस्ती शामिल

लोगों का ग्रुप नहीं। ऐसे ग्रुप में 'मोमेंटम' की स्थित स्वाभाविक ही आती है। दूसरी बात यह है कि ख़रगोश की रफ़्तार से दौड़ने वाला मानसिक रूप से जोश से भरा होता है, लक्ष्य तक पहुँचने में उसे ज़्यादा वक़्त नहीं लगता, बाधाओं की ओर उसका ध्यान नहीं जाता। कछुए की रफ़्तार से चलने वाला कभी मोमेंटम की स्थिति में नहीं हो सकता, उसका ध्यान बार-बार लक्ष्य से भटककर बाधाओं की ओर जाता है। कछुए को लक्ष्य पर ज़्यादा देर तक केंद्रित रहना पड़ेगा, इससे वह मनोवैज्ञानिक स्तर पर जल्दी पस्त हो जाएगा। अगर आप ज़्यादा प्लान दिखाते हैं, तो लोगों के नकारात्मक नज़रिए की ओर, या उनके बिना मतलब के सवालों की ओर ध्यान देने का आपके पास समय नहीं रहेगा। यही सफलता की कुंजी है।

मत बेचिए, पर ख़रीदने तो दीजिए

प्लान दिखाने के साथ ही प्रॉडक्ट भी ज़रूर दिखाइए, प्रॉडक्ट डेमो ज़रूर कीजिए। हर प्रॉडक्ट की संक्षेप में जानकारी दीजिए, उसके गुण, उसके उपयोग और उसके फ़ायदों को बताइए। अगर प्लान देखकर लोग बिज़नेस करने में उत्सुकता नहीं दिखाते, तो उन्हें प्रॉडक्ट का उपयोग करने के लिए प्रेरित कीजिए। प्रॉडक्ट का डेमो करके दिखाने से लोग ख़ुद ही प्रॉडक्ट का इस्तेमाल करके देखने के लिए उत्सुक हो जाते हैं। यह कुछ इस तरह से होना चाहिए कि आप प्रॉडक्ट नहीं बेच रहे, बल्कि लोग ख़ुद ही आपसे प्रॉडक्ट ख़रीदें। इसमें जो लोग बिज़नेस करने में दिलचस्पी नहीं रखते, उनसे उनके परिचितों की लिस्ट ज़रूर लेने की कोशिश करें।

सिस्टम दर्शन

सिस्टम का अनुभव है कि आपका बिज़नेस कितना भी अच्छा क्यों न हो, सभी लोग उसी समय बिज़नेस शुरू करने के लिए तैयार नहीं होंगे। कुछ लोग कभी भी ये बिज़नेस नहीं करेंगे। ऐसे लोगों के साथ उसी समय बिज़नेस की बात ख़त्म कर देना बेहतर है, उन्हें अपना ग्राहक बना दीजिए, ताकि वो प्रॉडक्ट का उपयोग करते हुए अनुभव लें और एक ग्राहक की हैसियत से आप उन्हें सेवा देते रहें, संबंध बनाए रखें। सिस्टम

का अनुभव है कि ऐसे ग्राहक प्रॉडक्ट का अनुभव पाकर भविष्य में ख़ुद की मर्ज़ी से बिज़नेस को शुरू करना चाहते हैं। प्रॉडक्ट-डेमो एक ऐसा तरीक़ा है कि लोग ख़ुद ही ख़रीदार बनने के लिए आगे आते हैं, आपको कुछ बेचने की ज़रूरत नहीं पड़ती। इस तरीक़े से आपके व्यक्तिगत कारोबार का लक्ष्य आसानी से हासिल हो जाता है। ऐसे में हर 'ना' पूरी तरह से 'ना' नहीं रह जाती, क्योंकि उनके बिज़नेस में आने के लिए दरवाज़े हमेशा खुले रहते हैं। हर 'ना' कहने वाले से उसके परिचितों की लिस्ट लेते रहिए। इन परिचितों की लिस्ट मिलने से हमारे प्लान दिखाने की निरंतरता बनी रहती है, वरना प्लान दिखाते-दिखाते हमारी अपनी लिस्ट कभी न कभी ख़त्म होनी ही है।

मनोविज्ञान

जब लोग एक बार बिज़नेस के लिए 'ना' बोल देते हैं, तब वे दूसरी चीज़ के लिए, यानी प्रॉडक्ट के लिए मना नहीं कर पाते। हमारे अवचेतन में दूसरी बार मना करने की बात को ग़लत समझा जाता है। ऐसे में जब प्रॉडक्ट को लोग ख़रीद लेते हैं, तो यह पूरी तरह से असफलता के रूप में हमारे मन में दर्ज नहीं होता। इससे अवचेतन में निराशा या हताशा की भावना कभी जन्म नहीं लेती, बल्कि एक छोटा सा प्रॉडक्ट बेचकर भी हमारे मन में उत्साह जागता है। प्रॉडक्ट-डेमो आँखों द्वारा सामने देखी गई घटना है, जिसका असर अवचेतन की गहराइयों में उतर जाता है और लंबे समय तक रहता है। यही लंबा समय भविष्य में उनके बिज़नेस में आने की प्रेरणा बन जाता है। अगर हम उनके परिचितों की लिस्ट पा लेते हैं, तो हमारे दिमाग़ में एक 'ना' के पीछे दसियों नई 'हाँ' की संभावनाएँ खुल जाती हैं। इससे हमारा उत्साह चौगुना हो जाता है। चूँकि इस नई लिस्ट के लोगों से हमारा नज़दीकी संबंध नहीं, इसलिए उन्हें प्लान दिखाना ज़्यादा सरल और सहज बन जाता है, ये लोग हमें नहीं जानते इसलिए बिना किसी पूर्वाग्रह के खुले दिमाग़ से हमारा प्लान देखते हैं।

इसलिए नेटवर्क बढ़ाने के सबसे महत्त्वपूर्ण कार्य को निरंतर करते रहिए, यानी अधिक संख्या में प्लान दिखाते रहिए।

सिस्टम की बोध कथाएँ...

अपने एक साल के बच्चे को डॉक्टर के पास रुटीन चेकअप के लिए लेकर आए पापाजी ने पूरे उत्साह से डॉक्टर को बताया, "आप जानते हैं डॉक्टर साहब, मेरा बेटा बोलना सीख गया है।"

डॉक्टर ने मुस्कुराते हुए सिर हिलाया, तो पापाजी फिर जोश से बोलने लगे, "आपको विश्वास नहीं, मगर ये सच है। आज उसने मुझे 'पा...पा...' कहा।"

"मैं जानता हूँ, उसने ऐसा कुछ कहा होगा।" डॉक्टर ने मुस्कुराकर कहा, "लेकिन शायद आप नहीं जानते कि वो तो तब से बोल रहा है, जब से पैदा हुआ है। वो रोता है तो बोलता है, किलकारियाँ लेता है तो बोलता है, हाथ-पैर पटकता है तो बोलता है। ये अलग बात है कि आप उसकी ज़बान को समझ नहीं पाते। आज उसने आपकी ज़बान में बात की, तब आपने समझा और उत्साहित हो गए।"

कथा सार

यह बिज़नेस तो पाँच दशकों से बोल रहा है। 46 साल से एमवे की ज़बान में बोला, हर्बल-लाइफ़, टप्पर-वेअर की ज़बान में बोला। दस साल से हिंदुस्तानी ज़बान बोल रहा है। मोदी-केयर, स्वदेशी और हिंदुस्तान लीवर, RCM की ज़बान में बोला, लेकिन शायद आपको इसकी ज़बान समझ में नहीं आई है, तो एकाध साल इसके साथ रहकर देखिए, ये आपकी ज़बान (पैसे की भाषा) में भी बोलने लगेगा।

तीसरा चरण– कार्य

सफलता का नौवाँ क़दम

प्रॉडक्ट की बिक्री

पारंपरिक व्यवसाय और नेटवर्क मार्केटिंग में प्रॉडक्ट बेचने के काम में बुनियादी फ़र्क़ है। पारंपरिक व्यवसाय में आप एक दुकान खोलकर बैठते हैं और ग्राहकों की आवश्यकतानुसार प्रॉडक्ट का स्टॉक रखते हैं, या फिर कुछ सेल्समैन को नौकरी पर रखकर, उन्हें घर-घर प्रॉडक्ट बेचने के लिए भेजते हैं। इस बिज़नेस में प्रॉडक्ट या स्टॉक कंपनी ख़ुद रखती है। आप अपनी छोटी सी ज़रूरत के प्रॉडक्ट कंपनी से ख़रीदते हैं। प्लान दिखाने के बाद आप प्रॉडक्ट का डेमो करते हैं, उनकी ख़ासियतें बताते हैं, उनकी उपयोगिता और फ़ायदे बताते हैं, प्रॉडक्ट के परिणामों से जुड़े अपने अनुभव बताते हैं। तब आप प्रॉडक्ट को बेचते नहीं, बल्कि लोग ख़ुद आपसे प्रॉडक्ट ख़रीदते हैं। इस तरह से आप एक बहुत ही छोटा सा व्यक्तिगत कारोबार करते हैं, केवल पाँच-दस हज़ार का, और यही काम करना अपने नेटवर्क के लोगों को करके सिखाते हैं। इस तरह से आप पारंपरिक व्यवसाय की तुलना में एक बहुत बड़ा बिज़नेस खड़ा करते हैं, जो आपको स्थायी आमदनी देता है।

वैसे देखने में यह व्यक्तिगत कारोबार एक छोटा सा कारोबार नज़र आता है, जो हमें महत्वपूर्ण नहीं लगता। लेकिन इस बिज़नेस में इस काम का बहुत बड़ा महत्व है। आपको प्रॉडक्ट घर-घर जाकर बेचने नहीं हैं, और न ही ये प्रॉडक्ट किसी दुकान में रखकर बेचने हैं। इस बिज़नेस में प्रॉडक्ट अपने आप बिकते हैं। अगर हम ख़ुद प्रॉडक्ट के उपभोक्ता हैं और प्लान के साथ हम प्रॉडक्ट भी दिखाते हैं, 'डेमो' करते हैं, तो लोग उसे ख़रीदने के लिए ख़ुद आगे आते हैं।

सिस्टम दर्शन

इस बारे में सिस्टम का अनुभव है कि ऐसा कोई भी सफल व्यक्ति इस बिज़नेस में नहीं हुआ, जो ख़ुद प्रॉडक्ट का इस्तेमाल करता हो, लेकिन जिसने प्रॉडक्ट की चिल्लर बिक्री न की हो। सिस्टम का कहना है कि इसके लिए हमें प्रयास नहीं करना पड़ता, अगर हम इस बिज़नेस में काम कर रहे हैं, तो यह बिक्री का काम अपने आप हो जाता है।

मनोविज्ञान

मनोविज्ञान के अनुसार हम जिस वस्तु को पाकर संतुष्ट होते हैं, ख़ुश होते हैं, उसकी बात हम अपने परिचित लोगों को बताते ही हैं। यह हम तब भी करते हैं, जब कोई चीज़ बुरी लगती है। जैसे हमें कोई फ़िल्म अच्छी लगी हो तो हमारे मुँह से निकल ही जाता है, "बहुत बढ़िया है, एक बार ज़रूर देखना।" दूसरी ओर बुरी फ़िल्म के बारे में हम कहते हैं, "बकवास, फोकट में भी मत देखना।" हम दोनों तरह से लोगों की भलाई करते हैं, सही रास्ता दिखाना और ग़लत रास्ते पर जाने से रोकना। यह भलाई की भावना हमारे अंदर हमेशा से रही है, जिसका फ़ायदा दूसरों को मिलता आया है। इस बिज़नेस में यही भलाई की भावना हमें फ़ायदा पहुँचाती है। बिज़नेस अच्छा लगा तो हम प्लान दिखाते हैं। अगर प्रॉडक्ट अच्छे लगे हैं, तो हम कहे बिना रह नहीं पाते। यह एक मनोवैज्ञानिक सत्य है कि अगर हमें इस बात पर विश्वास हो जाए कि जो व्यक्ति प्रॉडक्ट की ख़ूबियाँ हमें बता रहा है, उसने ख़ुद इसका इस्तेमाल किया है और उसे उसका फ़ायदा मिला है, तो हम पूरे विश्वास से उस प्रॉडक्ट को पाना चाहते हैं। ऐसे में साईं की भभूति पाने के लिए हम हज़ारों रुपए ख़र्च करके शिरडी पहुँच जाते हैं। महात्मा गाँधी के पीछे सारा देश इसलिए नहीं जुड़ा कि वो सत्य-अहिंसा जैसे ऊँचे आदर्शों की बात करते थे। बल्कि लोगों ने जान लिया था कि गाँधीजी ने इन गुणों को अपनाया था, इन्हीं सिद्धांतों को जिया था। एक सुपर स्टार एक तेल के विज्ञापन में आते हैं, तेल की बिक्री निश्चित ही बढ़ी होगी। लेकिन शायद लोगों को विश्वास नहीं है कि इस सुपर स्टार ने इस तेल का उपयोग किया होगा, जैसा विज्ञापन में दिखाया जाता है, वरना आज पूरे भारत में एक ही तेल सबसे

अधिक बिकता। अगर हम ख़ुद प्रॉडक्ट का इस्तेमाल कर रहे हैं और हम इस बिज़नेस को पूरे विश्वास से करते हैं, हमारे अनुभव सच्चे हैं, तो यह निश्चित है कि हमारे संपर्क में आने वाले हर व्यक्ति के मन में इन प्रॉडक्ट को इस्तेमाल करने की चाहत ज़रूर होगी। लोग सुपर स्टार के विज्ञापन से नहीं, जिसने इस्तेमाल किया है, उससे ज़्यादा प्रभावित होते हैं।

धन कमाने वाले सभी लोग कुछ न कुछ बेचते हैं

इस बिज़नेस के साथ 'बेचना' शब्द आवश्यक रूप से जुड़ा है। बिक्री यह एक ज़रूरी काम है। अगर कोई कंपनी इस नेटवर्क मार्केटिंग के क्षेत्र में है और ये दावा करती है कि उनके बिज़नेस का प्रॉडक्ट बेचने से कोई संबंध नहीं है, तो वो कंपनी झूठा दावा कर रही है। अगर कंपनी का दावा सच है, तो निश्चित ही वो कंपनी ज़्यादा दूर चलने के लिए तैयार नहीं। ये सत्य सदा से है और रहेगा कि बिना किसी चीज़ की बिक्री के आमदनी नहीं हो सकती।

बिक्री के अलावा आमदनी का कोई ज़रिया नहीं है

अगर कमाई है तो कुछ न कुछ बेचा जा रहा है। कुछ लोग कहते हैं वो नौकरी करते हैं, इसलिए कुछ नहीं बेचते। ये लोग भूल जाते हैं कि जिस कंपनी में वो नौकरी करते हैं, वो कुछ बेचती है। उदाहरण के तौर पर रिलायंस-मोबाइल, पेट्रोल, इलेक्ट्रिसिटी बेचती है। बजाज स्कूटर से लेकर घर के सामान बेचती है। माइक्रोसॉफ़्ट सॉफ़्टवेअर बेचते हैं। यानी उनके मालिक बेचते हैं, वो नहीं बेचना चाहते। अगर नौकरी है तो भी आप बेचते हैं, प्रॉडक्ट नहीं, लेकिन सेवा और समय बेचते हैं। अगर हम व्यवसाय करते हैं, डॉक्टर-वकील-आर्किटेक्ट, तो हम अपनी सलाह बेचते हैं। अगर हम कलाकार हैं, तो अपनी कला बेचते हैं, बिक्री के कारण ही धन मिलता है। दुनिया में केवल सात प्रतिशत लोग हैं, जो वितरक, थोक या फुटकर का काम करते हैं और हमें कुछ बेचते हुए दिखाई देते हैं। लेकिन इस बिज़नेस में 'बेचना' शब्द से सभी लोग चिढ़ते हैं। यहाँ तक कि इस बिज़नेस में काम करने वाले भी बेचना शब्द के इस्तेमाल से बचते

हैं। कई कंपनियाँ तो सीधे दावा करती हैं कि उनके नेटवर्क मार्केटिंग बिज़नेस में बेचने का कोई काम नहीं, जो कि सच नहीं होता। अगर आप यह बिज़नेस कर रहे हैं, तो आप बिक्री से बचकर सफल नहीं हो पाएँगे। इसलिए अपने प्रॉडक्ट को कुछ मात्रा में बेचिए। अलग तरीक़े से अपलाइन के और सिस्टम के निर्देशों पर चलकर अपने परिचितों में दस-बारह ऐसे ग्राहक तैयार कीजिए, जो आपसे आपकी कंपनी के प्रॉडक्ट ख़रीदकर इस्तेमाल करते रहें। आपकी बिक्री और ख़ुद के इस्तेमाल द्वारा हुए कारोबार का अनुपात 70:30 होना चाहिए। यानी 70% बिक्री और 30% घर में उपयोग, यही आदर्श अनुपात है।

सिस्टम दर्शन

सिस्टम का अनुभव है कि हम कितने भी अच्छे बिज़नेस में हों, सारे लोग हमारे जैसा काम करना पसंद नहीं करेंगे। सभी प्रोज़्युमर नहीं होंगे। ऐसे में हमारे लिए और बिज़नेस के लिए यह ज़रूरी है कि वो लोग हमारे ग्राहक बने रहें। कुछ लोग तो बिज़नेस इसलिए छोड़ देते हैं कि उनके परिचित लोग उनके नेटवर्क में शामिल होना नहीं चाहते। इन डिस्ट्रीब्यूटर्स ने इस बिज़नेस को समझा ही नहीं। अगर सिर्फ़ नेटवर्क से बिज़नेस की सफलता निश्चित होती, तो ये एक मेंबरशिप हुई। सिर्फ़ मेंबरशिप के आधार पर कोई बिज़नेस ज़्यादा देर तक नहीं चल सकता। पीढ़ियों तक तो बिल्कुल नहीं। सिस्टम 70:30 के अनुपात का निर्देश देता है। कुछ परिवार सिर्फ़ ख़ुद के घर में 100% इस्तेमाल करके चार-पाँच हज़ार का कारोबार बिना बिक्री के भी कर सकते हैं। सिस्टम का अनुभव है कि ऐसे लोग भी इस बिज़नेस में ज़्यादा सफल नहीं हो पाए। जिन्होंने अपने कारोबार का 70% बिक्री से पैदा किया, वो ही लोग ज़्यादा सफल हुए हैं।

मनोविज्ञान

बेचना शब्द से दिमाग़ में जो तस्वीर बनती है, वो है घर-घर जाकर बेचना। इसलिए जैसे ही प्रॉडक्ट बेचने की बात उठती है, हमारे अवचेतन में यह शब्द खटकता है, और हम तुरंत मना कर देते हैं। कारण यही है

कि इस बिज़नेस में कुछ लोगों ने अंजाने में यही किया है। वास्तव में हम कभी घर-घर जाकर सेल्समैन की तरह प्रॉडक्ट नहीं बेचते। जैसे गंदगी साफ़ करने के काम का ज़िक्र होते ही हमारे दिमाग़ में आता है कि हम ऐसा काम नहीं करेंगे। अमेरिका जैसे विकसित देशों में, बड़े शहरों में, गंदगी और कचरा साफ़ करने के काम में कई उद्योगपति हैं। जो कि इस काम को बिज़नेस के स्तर पर करते हैं और अरबों का कारोबार करते हैं। इसका सिस्टम हमें सीखना होगा कि हम इस बिक्री के काम को बिज़नेस के स्तर पर कैसे करें। प्लान दिखाकर प्रॉडक्ट का डेमो और अपने अनुभवों का ज़िक्र करने से प्रॉडक्ट सहजता से ख़रीदे जाते हैं। इसलिए 30% कारोबार ख़ुद के इस्तेमाल से होना ज़रूरी है। जब आपके दिमाग़ में यह निश्चित हो जाए कि प्रॉडक्ट बेहतरीन हैं, तब ही अपने परिचितों को प्रॉडक्ट दिखाना और अपने अनुभवों का ज़िक्र करना चाहिए। बचे हुए 70% कारोबार में यह सहज रूप में मददगार होता है।

प्रदर्शनी, जो दिखता है, वो बिकता है

जब आपका बिज़नेस में विश्वास बढ़ जाए। जब आपको प्रॉडक्ट की जानकारी हो जाए और प्रॉडक्ट के इस्तेमाल से आप संतुष्ट हों, तो आप बीच-बीच में अपने घर में प्रॉडक्ट की प्रदर्शनी लगाएँ। इस प्रदर्शनी में अपने बिज़नेस के प्रॉडक्ट की पूरी रेंज रखें और अपने कुछ परिचित परिवारों को आमंत्रित करें। इस प्रदर्शनी में सभी प्रॉडक्ट की जानकारी और कुछ प्रॉडक्ट के डेमो तथा साथ में अपने अनुभव बताएँ। यहाँ प्रॉडक्ट की जानकारी संक्षेप में देनी है। इस प्रदर्शनी में आप उन लोगों को भी आमंत्रित कर सकते हैं, जिन्होंने बिज़नेस प्लान देखकर मना किया था। ऐसी प्रदर्शनी पुराने डिस्ट्रीब्यूटर द्वारा की जाती है। नए डिस्ट्रीब्यूटर के यहाँ शुरुआत में ही ऐसी प्रदर्शनी न करें। कुछ डिस्ट्रीब्यूटर इस बिज़नेस को इसी तरह से बढ़ा सकते हैं कि पहले प्रॉडक्ट की बिक्री (sale) और फिर प्रॉडक्ट की सेवा (service) देना और बाद में लोगों को बिज़नेस में लाना (sponsor)। कुछ सफल लीडर्स इसी तरह से काम करके सफल हुए हैं। अगर आप चाहें तो आप भी इसी **ट्रिपल एस** (sales-service-sponsor) के हिसाब से काम कर सकते हैं।

सिस्टम दर्शन

सिस्टम का अनुभव यह है कि इस बिज़नेस का प्लान देखकर बहुत से लोग इसे एक मेंबरशिप ही समझते हैं, इसलिए मना कर देते हैं। बाद में ऐसे लोगों को कभी पता नहीं चलता कि हमारे बिज़नेस में इतने अच्छे प्रॉडक्ट भी हैं। जब आप प्रॉडक्ट की प्रदर्शनी करते हैं, तो लोगों को पता चलता है कि हमारे बिज़नेस में कितनी रेंज में अच्छे प्रॉडक्ट हैं। तभी उन्हें पता चलता है कि यह बिज़नेस मेंबरशिप का नहीं है। इस बिज़नेस का आधार प्रॉडक्ट हैं। अब वो इसे अलग नज़रिए से देखते हैं। दूसरी बात, सिस्टम का अनुभव है कि जब प्रॉडक्ट का इस तरह से प्रदर्शन किया जाता है, तो लोग अपनी-अपनी ज़रूरत के हिसाब से आपसे प्रॉडक्ट ख़रीद लेते हैं। ये लोग आपके लिए ग्राहक बन जाते हैं और हमेशा आपके पास कोई न कोई प्रॉडक्ट ख़रीदने ख़ुद ही आते रहते हैं। तीसरी बात यह है कि प्रदर्शनी देखकर कुछ लोग बिज़नेस का प्लान भी समझना चाहते हैं। ऐसे लोगों को प्लान दिखाने से बहुत अच्छे परिणाम मिलते हैं। सिस्टम का अनुभव है कि नए डिस्ट्रीब्यूटर अगर वो किसी ऊँचे ओहदे पर हैं, तो इस तरह से प्रॉडक्ट का प्रदर्शन और बिक्री पसंद नहीं करते। अपने ऊँचे ओहदे के साथ उन्हें प्रॉडक्ट बेचने का काम जँचता नहीं है। पुराने डिस्ट्रीब्यूटर जानते-समझते हैं कि इस तरह से अपना व्यक्तिगत कारोबार आसानी से होता है और इसमें सफलता भी जल्दी मिल जाती है।

मनोविज्ञान

प्रॉडक्ट प्रदर्शन के पीछे मनोविज्ञान यही है कि, "जो दिखता है, वो बिकता है।" जब हम प्रत्यक्ष किसी चीज़ को देखते हैं, तब हमारे दिमाग़ में ज़्यादा विश्वास पैदा होता है। देखने के साथ ही हमें याद भी आता है कि हमारी कौन सी ज़रूरत इस प्रॉडक्ट से पूरी हो सकती है, तब हम तुरंत ख़रीदने का मन बना लेते हैं। हमारे दिमाग़ में प्रयोग के दौरान देखी गई बातों का प्रभाव लंबे समय तक रहता है। बाज़ार में भी हम चीज़ों को देखकर और छूकर ख़रीदते हैं। ऐसा कम ही बार होता है कि हम

पहले चीज़ें ख़रीदने की लिस्ट बनाएँ और फिर उन विशेष चीज़ों को ख़रीदने जाएँ। अधिकतर जब हमारे सामने बहुत सी वस्तुएँ दिखाई दे रही हों, तो हमारे दिमाग़ में आता है कि हमें अमुक चीज़ की ज़रूरत है। इसी मनोविज्ञान के कारण डिपार्टमेंटल स्टोर का दौर शुरू हुआ। आपने महसूस किया होगा, जब आप किसी डिपार्टमेंटल स्टोर में जाते हैं, तो सामने देखकर आप अपनी लिस्ट के अलावा भी दूसरे प्रॉडक्ट ख़रीद लेते हैं, जो आपको वहाँ दिखाई दे गए।

बिक्री में छूट

यह एक साधारण सी बात है कि जब आप प्रॉडक्ट की बिक्री करेंगे, तो छूट की माँग की जाएगी। ख़ासकर इस बिज़नेस में तो यह स्थिति बार-बार आती है, क्योंकि आप अपने क़रीबी लोगों के पास ही प्रॉडक्ट्स ले जाते हैं। अगर ऐसी स्थिति आ जाए, तो छूट देने की बात को टालने की कोशिश करें। अगर टालना संभव न हो, तो उन्हें अपने लाभ का ध्यान रखकर एक-दो छोटे-मोटे प्रॉडक्ट उपहारस्वरूप दीजिए।

सिस्टम दर्शन

सिस्टम अनुसार इसके कई फ़ायदे हैं।

(1) बचत न होने पर आपका उत्साह नहीं रहता। आप मुफ़्त में ज़्यादा दिन मेहनत नहीं कर सकते।

(2) आप वो ही प्रॉडक्ट्स उपहार में दे सकते हैं, जो आपके पास अतिरिक्त हैं। इस तरह आपके dead stock का भी सदुपयोग हो जाता है और ग्राहक भी ख़ुश।

(3) अगली बार उपहार देना या न देना आपकी मर्ज़ी है। जबकि देखा गया है कि एक बार छूट पाने वाला ग्राहक फिर कभी आपसे M.R.P. पर सामान नहीं ख़रीदता।

(4) उपहार देने के कारण ग्राहक के घर में ज़्यादा तरह के उत्पादों

का इस्तेमाल होने लगता है। ऐसे में उसे ख़रीदा गया सामान पसंद न भी आए, तब भी वो पसंद आए उपहार के सामान के कारण हमारा ग्राहक बना रहता है।

(5) उपहार के कारण नापसंद किया गया सामान भी वापस नहीं लौटाया जाता।

(6) अगर आप 100 रुपए के सामान पर 20% छूट देते हैं, तो आपने 80 रुपए का ही कारोबार किया, जबकि 10-15 रुपए का सामान उपहार में देने पर आप 90-95 रुपए का कारोबार भी करते हैं और 10-15 रुपए का फ़ायदा भी मिलता है। इस छोटे से फ़ायदे का बड़ा महत्व है। सिस्टम का कहना यही है कि आपने कंपनी से सामान छूट पर पाने के लिए क़ीमत चुकाई है। आपने रजिस्ट्रेशन और रिन्यूअल के लिए फ़ीस दी है। आप कंपनी से सामान लाने के लिए अपना धन-समय-ऊर्जा लगाते हैं, इसलिए अपने फ़ायदे का ध्यान रखकर व्यवहार कीजिए। वैसे भी...

घोड़ा घास से यारी करेगा तो खाएगा क्या?

• • •

अध्याय 5

तीन शक्तियाँ

नेटवर्क मार्केटिंग बिज़नेस में सफलता का सफ़र सरल बनाने के लिए सिस्टम ने हमारा परिचय तीन अद्‌भुत शक्तियों से कराया है। ये तीन शक्तियाँ हैं :

1) एकता की शक्ति
2) समर्पण की शक्ति
3) आत्म-सुझाव की शक्ति

पहली शक्ति, एकता की शक्ति है, जो हमें एक साथ मिलकर काम करने के कारण मिलती है। जब हम मिलकर काम करते हैं, तब हमारी सामूहिक शक्ति कई गुना बढ़ जाती है। सिस्टम का कहना है कि हमें एकजुटता के साथ हिल-मिलकर काम करना चाहिए।

दूसरी शक्ति है, समर्पण की शक्ति। समर्पण में अद्‌भुत शक्ति होती है। जीवन में हम जब अपने आपको पूरी तरह से समर्पित कर देते हैं, तभी हम अधिक लाभ पाते हैं। इस बिज़नेस में सिस्टम और अप लाइन के प्रति समर्पण हमें किस तरह से लाभदायक है, यह बात यहाँ सिखाई जाती है।

तीसरी शक्ति है, आत्म-सुझाव की शक्ति। आत्म-सुझाव यानी ख़ुद से की गई बातचीत, अपने आपको दिए गए सुझाव। हमारे द्वारा देखी, सुनी, कही गई बातों की हमारे व्यक्तित्व के निर्माण में अहम भूमिका होती है। देखी और सुनी जाने वाली बातों पर हमारा पूरा नियंत्रण नहीं होता। मगर कही जाने वाली बातें हमारे नियंत्रण में हैं। अपनी इन्हीं कही गई बातों में सुधार करके यानी आत्म-सुझाव के द्वारा हम अपने जीवन में चमत्कारी बदलाव ला सकते हैं।

ये शक्तियाँ केवल नेटवर्क मार्केटिंग बिज़नेस में ही नहीं, बल्कि जीवन के हर क्षेत्र में समान रूप से प्रभावकारी हैं। आइए, हम हर शक्ति और उसके उपयोग को विस्तार से जानें।

सिस्टम की बोध कथाएँ...

गुरु नानक देव गाँव के पास से चले जा रहे थे कि तभी कुछ भक्तों ने आकर उनकी चरण वंदना की। गुरु नानक देव बिना प्रसाद दिए किसी को लौटाया नहीं करते थे, लेकिन उस दिन उनके पास प्रसाद नहीं था। तब उन्होंने अपने साथ चलने वाले अनुयायियों को आदेश दिया कि वो जाकर पास में ही बबूल के पेड़ को हिलाएँ और उस पेड़ से गिरने वाले प्रसाद को लाकर दें, ताकि प्रसाद बाँटा जा सके। उनके बेटे श्रीचंद सहित सभी शिष्य उनके इस अजीब से आदेश को सुनकर वहीं ठिठककर खड़े रह गए। लेकिन भाई लहाणो ने आदेश का पालन करते हुए पेड़ को हिलाया और सचमुच उससे प्रसाद बरसने लगा, जिसे बाँट दिया गया। बाद में किसी ने सवाल किया, "भाई लहाणो, आपने कैसे जान लिया कि पेड़ को हिलाने से प्रसाद बरसेगा?"

भाई लहाणो ने जवाब दिया, "मुझे नहीं मालूम। गुरुजी ने आदेश दिया था कि पेड़ को हिलाओ, मुझे उसके परिणाम से कोई मतलब नहीं था। मैंने तो बस उनके आदेश का पालन किया, अपना कार्य किया। अब प्रसाद बरसाना तो गुरुजी के हाथ में था, उनकी महिमा वे ही जानें...।"

इतिहास गवाह है कि गुरुनानक देव की गद्दी पर आगे चलकर उनके बेटे नहीं, बल्कि गुरु अंगद देव (परम शिष्य भाई लहाणो) विराजमान हुए।

कथासार

समर्पण का अर्थ यही है कि हम परिणाम की चिंता किए बिना अपने गुरु के आदेश का पालन करें, क्योंकि अपेक्षित परिणाम की चिंता गुरु स्वयं करेगा।

• • •

पहली शक्ति
एकता की शक्ति

एकता में एक अनोखी शक्ति होती है। नेटवर्क मार्केटिंग बिज़नेस में ही नहीं, बल्कि जीवन में भी एकता का बहुत महत्व है।

यह बोध कथा हम बचपन से ही सुनते आए हैं :

एक पिता ने अपने चारों बेटों को बुलाकर एक-एक लकड़ी दी और उसे तोड़कर दिखाने को कहा। हर बेटे ने अपनी लकड़ी को आसानी से तोड़कर दिखा दिया। तब पिता ने चार लकड़ियों को एक साथ बाँधकर, हर बेटे को बारी-बारी से उसे तोड़ने के लिए कहा। हर बेटे ने अपनी पूरी ताक़त लगाकर कोशिश की, मगर एक साथ बँधी हुई चार लकड़ियों को कोई भी तोड़ नहीं पाया। तब पिता ने बेटों को समझाया, "इससे हमें सबक़ लेना चाहिए कि जब तुम अलग-अलग रहोगे, तो कोई भी मुसीबत तुम्हें आसानी से तोड़ सकती है। लेकिन अगर तुम सभी भाई मिलकर रहोगे, तो हर चुनौती का सामना बेहतर तरीक़े से कर सकते हो।"

एकता की शक्ति के अनगिनत उदाहरण हमारी रोज़मर्रा की ज़िंदगी से जुड़े हुए हैं। जैसे कि...

- एक धागे को हम आसानी से तोड़ देते हैं, जबकि इन्हीं धागों से बनी मोटी रस्सी से हाथी को बाँधकर रखा जाता है।
- बैलगाड़ी में अगर एक बैल को जोता जाए, तो वह एक-दो क्विंटल वज़न ही खींच पाता है। मगर बैलगाड़ी में जब दो बैलों को जोड़ी की शक्ल में जोता जाता है, तब दोनों मिलकर आठ-दस क्विंटल वज़न को आसानी से खींच लेते हैं। यह एकता के लिए भी सुंदर मिसाल है, क्योंकि यह तभी संभव हो पाता है, जब दोनों बैल एक साथ मिलकर एक ही दिशा में काम करते हैं। अगर दोनों बैल विपरीत दिशा में ज़ोर लगाएँगे, तब वो एक क्विंटल वज़न को भी नहीं खींच पाएँगे।

- यात्री बस को धक्का देने का दृश्य हम सबने देखा है। हममें से कई लोग ख़ुद भी ऐसी स्थिति से गुज़रे हैं। ज़रा सोचिए, अगर हर यात्री बारी-बारी से अकेले ही अपनी ताक़त लगाकर बस धकेलना चाहे, तो क्या होगा? निश्चित ही, बस अपनी जगह से हिलेगी भी नहीं।

- तेज़ बहाव वाली नदी को एक-दूसरे का हाथ मज़बूती से थामकर, एक शृँखला बनाकर, आसानी से पार किया जा सकता है। अकेला व्यक्ति इस बहाव में बह सकता है।

- आसमान में पक्षियों को आपने अर्धवृत्त का आकार बनाकर उड़ते देखा है? वैज्ञानिक अध्ययन से पता चला है कि इस तरह उनके द्वारा निर्मित अर्धवृत्त में ख़ाली स्थान तैयार हो जाता है, जिसके कारण इस ख़ाली स्थान में पीछे से आकर हवा जमा होने लगती है और पक्षियों को आगे धकेलती है। इसी कारण से समूह में उड़ने वाले पक्षी, अकेले पक्षी की तुलना में ज़्यादा दूरी तय कर सकते हैं।

- केले की फनी से टूटकर अलग हुए केले का क्या हश्र होता है? इस केले को लोग खा जाते हैं।

- एक अकेला कबूतर शिकारी के जाल में फँसकर सिर्फ़ फड़फड़ा सकता है, छूट नहीं सकता। लेकिन अगर कबूतरों का पूरा झुंड जाल में फँस जाए और अपनी एकता की शक्ति का ज़ोर लगाए, तो वो शिकारी का जाल लेकर उड़ सकते हैं, सभी मुक्ति पा सकते हैं। यह हमने पढ़ा है।

- अंगीठी में सुलगने वाले एक अंगारे को अलग से निकालकर बाहर रखने पर वह बुझ जाता है। इसके विपरीत अलग रखे कोयले को दहकती अंगीठी में डाल दीजिए, अगर वह गीला भी हुआ, तब भी वह सुलगने लगता है।

एकता और टीम

एकता का मतलब है, एक ही राह पर मिलकर चलना, एक ही विचारधारा का अनुकरण करना, एक ही तरीक़े से काम करना, एक-दूसरे के सुख-दुख में शामिल होना। नेटवर्क मार्केटिंग में एकता का मतलब होता है, एक टीम। अपनी लाइन ऑफ़ स्पॉन्सरशिप में आप जैसे-जैसे ऊपर जाते हैं, आप जानने लगते हैं कि अंत में सबकी अप लाइन एक ही है, यानी हम सब एक ही टीम से जुड़े हुए हैं। जब हम भी इस पूरी टीम का एक हिस्सा हैं, तब निश्चित ही हमारी ज़िम्मेदारी है कि हम इस टीम की मज़बूती के लिए आवश्यक हर क़दम उठाएँ। अगर हमारी पूरी टीम में एकता है, तभी हम अपनी क्रॉस लाइन पर भरोसा कर सकते हैं और मदद की आशा रख सकते हैं। वरना हम अपनी ही अप लाइन पर संदेह करके अपना नुक़सान कर लेते हैं।

टीम की एकता तभी क़ायम रह सकती है, जब हम सबकी जीत (win/win) के सिद्धांत पर चले। वास्तव में होता यह है कि हमारा स्वार्थ, हमारा लालच हमें प्रवृत्त करता है कि हम अपने तात्कालिक लाभ के लिए दूसरों की पीठ पर पैर रखते हुए ऊपर चढ़ जाएँ। ऐसे में हम टीम के दूसरे लोगों द्वारा लाए गए प्रॉस्पेक्ट को अपने ग्रुप में शामिल करने के लिए हथकंडे अपनाने लगते हैं। इसके लिए हम दूसरों की बुराई करने, निंदा करने या ख़ामियाँ निकालने में भी पीछे नहीं हटते। हम बार-बार अपनी टीम के साथ तुलना करके दूसरों को नीचा दिखाने की कोशिश करते हैं। वास्तव में यह टीम के हित में नहीं होता और अंततः इसका ख़ामियाज़ा हमें भी भुगतना पड़ता है। इसलिए ज़रूरी है कि हम ऐसी बातों से बचें और टीम की एकता व गरिमा को बनाए रखें।

सिस्टम दर्शन

सिस्टम का अनुभव है कि जीत हमेशा टीम भावना के साथ काम करने वालों की ही होती है। अपने तात्कालिक लाभ के लिए लोगों द्वारा अपनाए गए ग़लत रास्तों के कारण मनमुटाव बढ़ जाते हैं, टीम की एकता टूट जाती है। अंततः इसका दुष्परिणाम हर व्यक्ति को भुगतना

पड़ता है। इसलिए सिस्टम में अपनी टीम की एकता बनाए रखने पर ज़ोर दिया जाता है। इसी एकता की शक्ति के कारण ही हम दूर-दराज़ इलाक़ों में, क्रॉस लाइन की मदद लेकर भी, अपना बिज़नेस बढ़ा सकते हैं। जब हम आपस में एकजुट नहीं होते, तब देखने वाले भी हम पर भरोसा नहीं कर पाते।

मनोविज्ञान

हमारा दिमाग़ हमेशा चरित्र के पूरक मार्गों की खोज करता रहता है। कोई कितना भी आसान रास्ता दिखाए, हम उससे भी छोटा रास्ता तलाशना नहीं छोड़ते। थोड़ा-ज़्यादा स्वार्थ हर व्यक्ति में होता ही है और होना भी चाहिए। मगर उसकी भी एक सीमा है कि हमारे स्वार्थ के कारण दूसरों के अधिकारों को ठेस न पहुँचे। हर अच्छे प्रॉस्पेक्ट को देखकर हमें ईर्ष्या और जलन होती है, तब हमारा स्वार्थ मन ही मन कहता है कि काश..., यह व्यक्ति मेरे ग्रुप में होता। अगर हमारे भीतर स्वार्थ अधिक है, तब हम मेहनत से मिलने वाले दूसरों के लाभ को भी हथिया लेना चाहते हैं। यही बात हमारे साथ की जाए, तो हम कदापि सहन न करें। बस ऐसी ही बातों के कारण हम मनमुटाव की स्थिति को जन्म देते हैं। सिस्टम का कहना यही है कि ऐसी भावनाएँ इस बिज़नेस के लिए और हमारे जीवन के लिए भी हानिकारक हैं। इसलिए ज़रूरी है कि हम एकता को क़ायम रखें।

TEAM

इस बिज़नेस में सफलता पाने के लिए इसी एकता की शक्ति का उपयोग कीजिए। मिल-जुलकर एक टीम की तरह काम कीजिए। सिस्टम ने अँग्रेज़ी के शब्द Team को बड़े ही प्यारे ढंग से परिभाषित किया है।

Together
Everybody — एक साथ मिलकर हर एक ज़्यादा पाता है।
Achieves
More

जब सब मिलकर एक टीम के रूप में कार्य करते हैं, तब न केवल सफलता के अवसर बढ़ जाते हैं, बल्कि सभी के लिए सफलता का परिणाम भी बढ़ जाता है। इसलिए इस बिज़नेस को एक दल के रूप में, एक समूह के रूप में, एक टीम के रूप में, एकता क़ायम रखकर कीजिए। यह एकता की शक्ति आपको जल्दी और ज़्यादा सफलता दिलाती है। अपनी टीम में एकता क़ायम करके आप एकता की इस शक्ति का लाभ ले सकते हैं।

सिस्टम दर्शन

सिस्टम का अनुभव है कि जिस टीम का हर सदस्य टीम से जुड़कर अपना योगदान देता है; जिस टीम में सभी सदस्य एक ही दिशा में आगे बढ़ते हैं, यानी जिस टीम में एकता होती है, 'टीम स्पिरिट' होती है, ऐसी टीम तेज़ी से सफलता पाती है। नेटवर्क मार्केटिंग में हम सब मिलकर एक ही बिज़नेस में काम कर रहे हैं। तब यह ज़रूरी हो जाता है कि हम एक टीम के रूप में काम करें। सिस्टम का अनुभव है कि जब हम एक टीम के रूप में आगे बढ़ते हैं, तब हम सभी समूह बनाकर उड़ने वाले पक्षियों की तरह ज़्यादा दूरी तय कर सकते हैं। कोई भी चुनौती सभी व्यक्तियों के लिए हमेशा नई नहीं होती, टीम में शामिल कुछ लोग ऐसे भी हो सकते हैं, जिन्होंने पहले भी ऐसी स्थितियों का सामना किया है, ऐसे अनुभवी लोगों के कारण पूरी टीम को नई चुनौतियों का सामना करने में मदद मिलती है।

मनोविज्ञान

एकता की शक्ति के पीछे साधारण मनोविज्ञान काम करता है। जब हम साथ मिलकर चलते हैं, तब हमारा आत्मविश्वास बढ़ जाता है, क्योंकि टीम के हर सदस्य को एक-दूसरे का आसरा रहता है। हर सदस्य आश्वस्त होता है कि मिलकर आने वाली सभी चुनौतियों का सामना किया जा सकता है। अगर कोई व्यक्ति गिर जाता है, यानी उसे किसी काम में असफलता मिलती है, तब पूरी टीम मिलकर उसे सहारा देती है, उसका

हौसला बढ़ाया जाता है। हमें इसका अनुभव है कि किसी अनजानी राह पर अकेले चलना भय पैदा कर सकता है। मगर उसी राह पर जब बहुत से लोग मिलकर चलते हैं, तब हमें डर नहीं लगता। यही एकता की शक्ति है।

सिस्टम और एकता

सिस्टम के मार्गदर्शन में काम करना यानी एकता की शक्ति का पूरा उपयोग लेना। सिस्टम के कारण हर व्यक्ति के पास एक ही तरह की पुस्तक, कैसेट या सीडी पहुँचती है, इस तरह से समान शिक्षा मिलने के कारण हर ग्रुप में काम करने का तरीक़ा समान रहता है। एकता की यही शक्ति आपको सफलता की राह पर बनाए रखती है, एक-दूसरे का हाथ थामकर आप नदी के तेज़ बहाव को पार कर सकते हैं, पहाड़ की ऊँचाई पर पहुँच सकते हैं, तूफ़ानों का सामना कर सकते हैं। इसीलिए सिस्टम एकता बनाए रखने की बात पर ज़ोर देता है। हो सकता है कि एक टीम में रहने के कारण आपके विचारों को पूरी आज़ादी न मिले, या फिर दूसरों के कारण आपको थोड़ी-बहुत असुविधा का सामना करना पड़े। परंतु फिर भी एकता की इस मशाल को जलाए रखिए, क्योंकि अंततः आपको इससे लाभ ही मिलेगा।

इस बिज़नेस में ही नहीं, जीवन में भी बहुत बार, हमें ऐसे सवालों का सामना करना पड़ता है। जिसका जवाब हमारे पास नहीं होता। उदाहरण के लिए इस सवाल पर ग़ौर करें-

"मेरे पास समय नहीं है...?"

यह एक ऐसी चुनौती थी, जिसने शुरुआत में शायद मुझे सबसे ज़्यादा परेशान किया था। बिज़नेस के लिए मना करने वाले लोगों में से लगभग एक तिहाई लोग यही बात करते थे।

इस वाक्य के बाद बातचीत का सिरा टूट जाता है। चुनौती यह थी कि अब बात को कैसे आगे बढ़ाया जाए? तब पहली बार मुझे सिस्टम का महत्व समझ में आया। सिस्टम में हम एक टीम के रूप में काम करते

हैं। हर व्यक्ति अपने स्तर पर जवाब ढूँढ़ता है। फिर वह जवाब सिस्टम के कारण सभी तक पहुँच जाता है, एक डिस्ट्रीब्यूटर सौ, पाँच सौ या हज़ार लोगों तक ही पहुँच पाता है, जबकि सिस्टम में लाखों लोग होते हैं। यानी सवाल पूछने वाले कम और जवाब ढूँढ़ने वाले ज़्यादा हो जाते हैं। पहले तो बात आगे बढ़ाने के लिए सिस्टम का अनमोल सूत्र 'फ़ील-फ़ेल्ट-फ़ाउंड' प्रयोग में लाने की सलाह मिली। यानी, "सही है, शुरू में मुझे भी ऐसा ही लगा था... बाद में मैंने पाया कि ऐसा नहीं है।"

बाद में सफल लीडर्स का उदाहरण दिया जाने लगा कि, "वो तो सप्ताह में 120 घंटे काम करते थे, अब इस बिज़नेस में सफल हैं और 'फ़्री' हैं।"

या फिर, "यह बिज़नेस बिज़ी लोगों के लिए ही डिज़ाइन किया गया है। मेरे बहुत से मित्रों ने तो बिज़नेस इसलिए शुरू किया है कि उनके पास अपने परिवार के लिए समय नहीं था।"

कुछ समय बाद जब आत्मविश्वास बढ़ने लगा, तब सवाल के जवाब में सवाल करके बात का सिरा थामे रखा, "अपने काम में आपको लगता है कि आप अगले पाँच साल बाद 'फ़्री' हो पाएँगे?" जब जवाब इंकार में मिलता, तो कह देते, "समय की कमी को 'कारण' बनाना ठीक रहेगा या 'बहाना'?"

अब यह तो निश्चित था कि समय को लेकर दिया गया 'कारण' वास्तव में एक 'बहाना' था। तब कुछ लीडर्स की ओर से एक चुभता हुआ सवाल भी आया, "आपके पास टाइम नहीं है ठीक...? लेकिन यह आपका प्रॉब्लम है या अचीवमेंट?"

सुनकर सवाल पूछने वाले हड़बड़ा जाते और हम बात को आगे बढ़ा देते, "देखिए, अगर अचीवमेंट है, तो भगवान अपका भला करे। अगर आप इसे प्रॉब्लम मानते हैं, तो हमें सोल्युशन ढूँढ़ना चाहिए और मैं इसमें आपकी मदद कर सकता हूँ।" बॉल अब उनके कोर्ट में है, जैसा वो खेलेंगे, हम तैयार हैं। वैसे भी हम कारण का निराकरण कर सकते हैं, बहानों का नहीं। एक लीडर ने तो इस सवाल का एक तेज़-तर्रार जवाब ढूँढ़ निकाला था, "क्या आप पाँच-दस हज़ार कमाने में इतने व्यस्त हैं कि

आपके पास लाख रुपए कमाने का समय नहीं है ?”

इस तरह एक ही सवाल के अनगिनत जवाब सिस्टम से, टीम में एकता होने के कारण, हम तक पहुँचते रहे। सवाल कम रह गए थे, जवाब ज़्यादा। अब हम चुनाव कर सकते थे कि किस प्रॉस्पेक्ट को कौन सा जवाब प्रेरित कर सकता है। इसी तरह हर सवाल का जवाब सिस्टम में टीम बनाकर काम करने के कारण हमें मिल जाता है। यह सब केवल एकता की शक्ति के कारण ही संभव है।

सिस्टम दर्शन

सिस्टम ने देखा है कि हर व्यक्ति एक मज़बूत टीम का हिस्सा बनना ज़्यादा पसंद करता है, बनिस्बत इसके कि वो किसी व्यक्ति विशेष के साथ जुड़ जाए। इसलिए जहाँ एकता होती है, उस टीम में ज़्यादा लोग जुड़ना चाहते हैं, नेटवर्क तेज़ी से बढ़ता है और परिणाम में सफलता जल्दी मिलती है। परिवार की एकता परिवार को, समाज की एकता समाज को, देशवासियों की एकता देश को मज़बूत बनाती है।

मनोविज्ञान

हर व्यक्ति एक अच्छी टीम का हिस्सा बनकर आश्वस्त और सुरक्षित महसूस करता है। एकता की शक्ति रखने वाली टीम सबको आकर्षित करती है।

इसलिए अपनी टीम में एकता बनाए रखिए। यह आपकी सफलता के लिए अमृत का काम करेगी।

दूसरी शक्ति
समर्पण की शक्ति

समर्पण में शक्ति होती है, इसे उस भक्त की आँखों में देखकर जाना जा सकता है, जिसने अपने आपको भगवान के चरणों में पूरी तरह से समर्पित कर दिया है। समर्पण का अर्थ है, पूरे विश्वास के साथ सौंप देना, "तेरा तुझको अर्पण, क्या लागे मेरा।" समर्पण प्रतीक है, श्रद्धा का। इस तरह से तो समर्पण केवल आध्यात्मिक विषय लगता है, लेकिन इस बिज़नेस और हमारे जीवन में भी यह उतना ही प्रभावी है। जब हम बीमार होते हैं, तो डॉक्टर के प्रति समर्पित हो जाते हैं। विद्यार्थी के रूप में शिक्षक और शिष्य के रूप में गुरु के प्रति समर्पित हो जाते हैं, तभी हम सही मायनों में सीख पाते हैं। ठीक उसी तरह इस बिज़नेस में हमें अपनी कार्यशील अप लाइन के प्रति समर्पण का भाव रखना चाहिए। कार्यशील अप लाइन वो, जो सिस्टम के प्रति समर्पित होकर विकास कर रही हो।

इस विषय पर इसी पुस्तक में, 'तीन स्वर्णिम नियम,' 'सीखने की तैयारी' और 'अप लाइन से संवाद : समर्पण' इन अध्यायों में हम पढ़ चुके हैं। यहाँ मैं उसी बात को फिर से दोहरा रहा हूँ कि अपनी लाइन ऑफ़ स्पॉन्सरशिप में एक ऐसा अप लाइन लीडर ढूँढ़ें, जो सफल हो, कार्यशील हो, विकासशील हो, सिस्टम का पालन करता हो और जिसके बिज़नेस करने का तरीक़ा हमें जँचता हो। ऐसे अप लाइन लीडर को इस बिज़नेस में अपना गुरु मानकर समर्पित हो जाएँ। ऐसा करते ही आप समर्पण की शक्ति के चमत्कारिक अनुभव से गुज़रेंगे और सफलता की ओर एक लंबी छलांग लगाएँगे।

गुरु के गुण

इस संबंध में मुझे इस बिज़नेस से जुड़े एक सफलतम लीडर की बात याद आती है। उनका कहना था कि हमारा जीवन और व्यक्तिगत चार भागों

में बँटा है।

पहला भाग : इसमें वो बातें हैं, जिन्हें हम जानते हैं और बहुत से लोग भी जानते हैं। उदाहरण : हमारा रंग-रूप, हमारा नाम, हमारा व्यवसाय, हमारा घर इत्यादि।

दूसरा भाग : इसमें वो बातें हैं, जिन्हें हम तो जानते हैं, मगर दूसरे लोग नहीं जानते। उदाहरण : हमारा बैंक बेलेंस, हमारा ए.टी.एम. व इंटरनेट पासवर्ड, हमारे अफ़ेयर्स, हमारी छुपी हुई भावनाएँ इत्यादि।

तीसरा भाग : इसमें वो बातें हैं, जिन्हें हम नहीं जानते, मगर दूसरे लोग जानते हैं। उदाहरण : हमारे शरीर या मुँह की दुर्गंध, हमारा बड़बोलापन या ज़्यादा बोलने की आदत इत्यादि।

चौथा भाग : इसमें वो बातें हैं, जिन्हें बताना थोड़ा कठिन है, यानी जिन्हें हम भी नहीं जानते और दूसरे लोग भी नहीं जानते हैं। उदाहरण : हमारे व्यक्तित्व में छुपी हुई ख़ासियतें और गुण, किसी विशेष कार्य में हमारी सफलता की संभावनाएँ इत्यादि।

पहले और दूसरे भाग की बातें हम जानते हैं। इसी तरह तीसरे भाग की बातों को भी, दूसरों के द्वारा बताने के बाद हम जान सकते हैं। इसलिए इन बातों में हम सुधार कर सकते हैं। चुनौतीपूर्ण है भाग चार की बातें, क्योंकि इन्हें हम भी नहीं जानते और दूसरे लोग भी नहीं जानते। जब हम नहीं जानते, न जान सकते हैं, तब उन बातों में हम सुधार कैसे कर सकते हैं ? बस..., यही गुरु की अहम भूमिका होती है। गुरु वो होता है, जो हमारे व्यक्तित्व में छुपी हुई संभावनाओं को पहचान सके, उन्हें उभारने में मददगार हो सके।

नरेंद्र में छुपी हुई संभावनाएँ स्वयं नरेंद्र नहीं जानता था, लेकिन उसके गुरु जानते थे, गुरु ने ही नरेंद्र के सुप्त गुणों को पहचाना और उन्हें उभारने में मदद की। तभी शिष्य नरेंद्र ने अपनी छोटी सी आयु में सारी दुनिया को हिलाकर रख दिया। इस नरेंद्र को आप भी जानते हैं, स्वामी विवेकानंद के रूप में, और गुरु थे स्वामी रामकृष्ण परमहंस।

दुनिया के हर नरेंद्र में विवेकानंद जैसे ही संभावनाएँ छुपी होती हैं,

मगर हर नरेंद्र विवेकानंद नहीं बन पाता। तब तक... जब तक वो समर्पित न हो जाए। जब तक हमारे भीतर अहंकार होता है, तब तक समर्पण सार्थक नहीं हो पाता। अगर हमारा गिलास हमारे पूर्वाग्रहों से लबालब भरा हुआ है, तो इसमें गुरु के द्वारा डाली गई हर चीज़ छलक जाएगी, और हम अपनी संभावनाओं तक कभी नहीं पहुँच पाएँगे। इस बिज़नेस में अपनी अप लाइन टीम में सही लीडर को पहचानिए और फिर एक सही शिष्य की तरह समर्पित हो जाइए। इतने हल्के बन जाइए कि अप लाइन आपको ऊपर उठाने में मदद कर सके। जब हम ब्रेक पर से पाँव हटा देंगे, तभी हमारी कार को धकेला जा सकता। समर्पण की यह शक्ति आपके लिए असीमित संभावनाओं के द्वार खोल देगी।

सिस्टम दर्शन

सिस्टम का यह अनुभव है कि जब तक हम समर्पण नहीं करते, तब तक अप लाइन टीम हमारी सही तरह से मदद नहीं कर पाती। सच यही है कि हम इस बिज़नेस में नए हैं और हमेशा अपनी क्रियाशील अप लाइन से कम अनुभवी रहेंगे। बच्चे कितने भी बड़े हो जाएँ, माता-पिता से बड़े नहीं हो सकते। अगर हम प्रगति नहीं कर पा रहे हैं, तब निश्चित ही हमारे अहंकार में प्रगति हो गई होगी, जिसके कारण हम समर्पित नहीं हो पाते और सीखने की प्रक्रिया रुक जाती है। फलों के संबंध में एक प्यारी कहावत है :

जब तक आप हरे हैं, आप विकास करते रहते हैं।
मगर जैसे ही आप पक जाते हैं, आप सड़ने लगते हैं।

इसलिए सिस्टम कहता है कि हमेशा हरे-भरे बने रहिए, ताकि आप में विकास की संभावनाएँ बाक़ी रहें। अपने गिलास को ख़ाली रखिए और इतना बड़ा कीजिए कि उसमें हमेशा जगह बनी रहे। यह समर्पण का प्रतीक है और अहंकार को त्यागना है।

मनोविज्ञान

समर्पण के पीछे मानवीय मनोविज्ञान का कहना है कि जब आप समर्पित हो जाते हैं, ख़ुद को पूरी तरह श्रद्धा से सौंप देते हैं, तब आप मानसिक तौर पर पूरी तरह चिंतामुक्त हो जाते हैं। क्योंकि चिंता का प्रमुख कारण है अनिश्चित परिणाम के लिए बेचैन होना। मगर जैसे ही हम समर्पित होकर ख़ुद को सौंप देते हैं, परिणाम के लिए हमारी चिंता ख़त्म हो जाती है। क्योंकि समर्पण की स्थिति में हमारा दिमाग़ लाभ-हानि का हिसाब-किताब लगाना छोड़ देता है। दूसरी तरफ़ जिसके प्रति हम समर्पित हो जाते हैं, उसकी ज़िम्मेदारी बढ़ जाती है। क्योंकि समर्पित व्यक्ति को सही परिणाम मिलें, इसकी ज़िम्मेदारी हमारी अप लाइन की होती है। इसलिए परम आस्तिक कभी परेशान नहीं होते। यही समर्पण की शक्ति का रहस्य है।

समर्पण का क्रम

इस बिज़नेस में समर्पण के क्रम में सबसे ऊपर अपने ईष्ट देवता को मानने की सलाह दी जाती है। उसके बाद सिस्टम, फिर क्रियाशील अप लाइन के प्रति समर्पित होना सिखाया जाता है। पत्नी को पति और बच्चों को माता-पिता के प्रति, उन्हें अप लाइन की तरह मानकर, समर्पित होना चाहिए।

सिस्टम का मानना है कि इस तरह से आपको न केवल समर्पण, बल्कि एकता की शक्ति का भी लाभ मिलता है। सिस्टम आस्था रखता है, इसलिए ईश्वर के बताए नैतिक मार्ग का अनुकरण करता है और यही सिखाया जाता है। जब आपकी अप लाइन सिस्टम के प्रति और आप ऐसी क्रियाशील अप लाइन के प्रति समर्पित होते हैं। तब पूरी टीम सही रास्ते पर चलती है। इस तरह का अनुकरण हमारी नैतिकता और प्रामाणिकता को बनाए रखता है। यही समर्पण की शक्ति का वरदान है।

तीसरी शक्ति
आत्म-सुझाव की शक्ति

आत्म-सुझाव यानी ख़ुद को दिए जाने वाले सुझाव। आत्म-सुझाव की शक्ति का प्रयोग करते हुए अपने विचारों में बदलाव लाकर आप ज़िंदगी की हर जंग को जीत सकते हैं। शायद आपको इस बात पर विश्वास न हो। विश्वास कीजिए, आत्म-सुझाव के द्वारा आप इस विश्वास को भी पैदा कर सकते हैं। बहुचर्चित पुस्तक 'व्हॉट टु से व्हेन यू टॉक टू युअरसेल्फ़' के लेखक प्रख्यात मनोवैज्ञानिक 'डॉ. शेड हेमस्टेटर' कहते हैं कि आत्म-सुझाव के द्वारा आप धूम्रपान जैसी कठिन लत से भी छुटकारा पा सकते हैं। इस मनोवैज्ञानिक ने तो आत्म-सुझाव की मदद से मोटापे को कम करने में भी सफलता पाई है। 'फ़ील-फ़ेल्ट- फ़ाउंड' फ़ॉर्मूले के बाद, सिस्टम के द्वारा दिया गया सबसे अनमोल उपहार अगर कोई बात है, तो वो है आत्म-सुझाव की तकनीक।

विश्वास का एक मंत्र

अपने जीवन में आत्म-सुझाव की आदत बना लीजिए, इसके द्वारा आप अपनी हर बुरी आदत से छुटकारा पा सकते हैं और अच्छी आदत को पैदा कर सकते हैं। ख़ुद से सकारात्मक बातें कीजिए। उत्साह बढ़ाने वाली, प्रेरणा देने वाली, हौसला बढ़ाने वाली, विश्वास पैदा करने वाली और आशावादी बातों को इस तरह से दोहराते रहिए कि वो आपके जीवन का एक हिस्सा बन जाएँ। अपनी बातचीत की शब्दावली से निराशावादी वाक्यों, शब्दों और बातों को हटा दीजिए। उदाहरण के लिए हम बहुत बार इस वाक्य का प्रयोग करते हैं, "यह काम नहीं किया जा सकता।"

इस वाक्य से संभावनाएँ ख़त्म हो जाती हैं, किसी और तरीक़े पर विचार करना हम बंद कर देते हैं। जबकि इसी वाक्य में थोड़ा सा सुधार करके केवल 'नहीं' की जगह 'कैसे' का उपयोग करते हुए, हम संभावनाओं के दरवाज़े खोल सकते हैं, जैसे, "यह काम कैसे किया जा सकता है?"

इसी तरह 'समस्या' की जगह 'चुनौती' और 'असंभव या नामुमकिन' की जगह 'चुनौतीपूर्ण' इन शब्दों का चुनाव करते हुए, हम आशा और विश्वास की भावना ज़िंदा रख सकते हैं।

सिस्टम दर्शन

सिस्टम का मानना है कि इस बिज़नेस में ही नहीं, बल्कि जीवन के हर क्षेत्र में सफलता का पहला मूलमंत्र है, विश्वास। यह विश्वास कि यह काम किया जा सकता है और हम यह काम कर सकते हैं।

विश्वास से पहाड़ों को भी हिलाया जा सकता है।

अगर आप सफल होना चाहते हैं, तो सफलता की **A, B, C** पर अमल कीजिए, जो कि इस प्रकार है :

Attitude	नज़रिया	यह हो सकता है।
Belief	विश्वास	मैं कर सकता हूँ।
Commitment	संकल्प	मैं करके रहूँगा।

अगर आप ध्यान से देखें, तो इन तीनों का आधार है, विश्वास।

- सकारात्मक नज़रिया यानी यह विश्वास कि यह हो सकता है।
- विश्वास इस बात पर कि यह हो सकता है, तो मैं भी कर सकता हूँ।
- संकल्प यानी यह विश्वास कि यह मैं करके रहूँगा।

सिस्टम का अनुभव है कि विश्वास जगाने का आसान तरीक़ा है, आत्म-सुझाव। जब हम बार-बार कहते हैं कि मैं कर सकता हूँ। तब समय के साथ विश्वास बढ़ता जाता है कि हाँ हम सचमुच यह कर सकते हैं।

मनोविज्ञान

आत्म-सुझाव वास्तव में मनोविज्ञान का ही विषय है, हम जो कुछ भी देखते, सुनते, छूते, सूँघते, चखते हैं, यानी हमारी इंद्रियों द्वारा हम जो भी

अनुभव लेते हैं, वो हमारे अवचेतन मस्तिष्क में जमा हो जाता है, उसी से हम सीखते हैं। यह अनुभव जितने अनुपात में सकारात्मक होते हैं, उतने ही अनुपात में हमारा नज़रिया सकारात्मक बन जाता है। इसका उल्टा भी उतना ही सच है। मतलब अगर हमारे सकारात्मक अनुभवों के अनुपात को बढ़ाया जा सके, तो हमारे नज़रिए में सकारात्मकता को बढ़ाया जा सकता है। मगर दूसरों के व्यवहार पर हमारा नियंत्रण नहीं होता। हम अपने व्यवहार पर नियंत्रण रख सकते हैं। हम अपनी संगत बदलकर कुछ हद तक फ़र्क़ पैदा कर सकते हैं।

दिमाग़ एक श्रेष्ठ कंप्यूटर

सबसे ज़्यादा समय हम किसके साथ गुज़ारते हैं, किससे बातें करते हैं। निश्चित ही ख़ुद के साथ। तब यह आत्म-सुझाव ही सबसे बेहतर विकल्प है, जिसके द्वारा हम अपने अवचेतन में सकारात्मकता के अनुपात को बढ़ा सकते हैं। एक बात अच्छी तरह समझ लीजिए कि हम पहले से जमा की गई नकारात्मकता को दिमाग़ से निकालकर बाहर नहीं फेंक सकते, जो है सो है। हमारा दिमाग़ कंप्यूटर जैसा ही काम करता है, मगर इसमें यह सुविधा नहीं है कि हम इसे री-बूट या इसकी हार्ड डिस्क को ही बदल दें। हम सिर्फ़ अच्छी बातों की मात्रा बढ़ाकर ही सकारात्मकता के अनुपात को बढ़ा सकते हैं। इस बिज़नेस के एक सफलतम लीडर ने इसे यह उदाहरण देकर समझाया था :

एक बाल्टी में भरे काले पेंट को सफ़ेद पेंट में कैसे बदला जा सकता है ? एक तरीक़ा है, काला फेंककर साफ़ बाल्टी में सफ़ेद पेंट भर दीजिए। मगर दिमाग़ के लिए यह संभव नहीं। तब दूसरा तरीक़ा है, इससे सफ़ेद पेंट मिलाते जाइए। पहली कुछ सफ़ेद बाल्टियों से कोई फ़र्क़ नज़र नहीं आएगा। तब आपको लग सकता है कि ऐसा करके कोई लाभ नहीं। मगर धीरे-धीरे आप काले को हल्के रंग में बदलता हुआ देखेंगे। तब आपको विश्वास होने लगता है कि यह काम कर रहा है। बस इसी तरह सफ़ेद पेंट मिलाते रहिए। एक समय ऐसा आएगा कि आपको वहाँ काले पेंट का निशान भी नज़र नहीं आएगा। आत्म-सुझाव यानी इसी तरीक़े से दिमाग़ में काले की जगह सफ़ेद रंग डालते जाना है। सफ़ेद रंग कितना डालना

पड़ेगा, यह निर्भर करता है, पहले से कितना काला रंग भरा हुआ है।

सिस्टम की सलाह है कि जब भी आप अकेले हों, ख़ुद से सकारात्मक बातें करें। आपको जो नहीं चाहिए, उसकी बातें कभी मत कीजिए। आपके पास जो है, उसकी भी बातें मत कीजिए। आपको जो चाहिए, जिसे पाने की इच्छा है, बस उसी की बातें कीजिए। जैसे आपको नौकरी करना पसंद नहीं, या आपके पास एक स्कूटर है। तब नौकरी या स्कूटर की बातें मत कीजिए। बल्कि जो आपको चाहिए, यानी जैसे आप कार चाहते हैं, तो बस कार की ही बातें कीजिए। मतलब यही है कि ख़ुद से सकारात्मक वाक्यों में ही बातें कीजिए। उदाहरण के लिए आप ग़ुस्से पर क़ाबू पाने के लिए आत्म-सुझाव का प्रयोग करना चाहते हैं। तब आप यह मत कहिए, "मैं ग़ुस्सा नहीं करूँगा।" बल्कि इसी बात को यूँ कहिए, "मैं शांत रहूँगा या मैं संयम रखूँगा।" इस बिज़नेस में कभी आपको असफलता मिल भी जाए, तब भी दोहराते रहिए, "मैं सफल हो रहा हूँ। मैं जिन लोगों को आमंत्रित करता हूँ, वो मेरा प्लान देखने आ जाते हैं, और मेरी टीम में जुड़ जाते हैं। मैं सबसे अच्छा प्लान दिखाता हूँ।"

सिस्टम दर्शन

सिस्टम का अनुभव है कि नकारात्मक वाक्य नकारात्मक प्रभाव ही पैदा करते हैं। सकारात्मक वाक्यों का प्रयोग करके हम कम समय में ज़्यादा परिणाम पा सकते हैं। क्योंकि काले पेंट की एक बूँद भी, पहले से डाले गए सफ़ेद पेंट की मेहनत पर पानी फेर सकती है।

मनोविज्ञान

इसके पीछे मनोवैज्ञानिक कारण यह है कि जब आप कहते हैं, 'मैं ग़ुस्सा नहीं करूँगा।' तब पहले आपके दिमाग़ में 'ग़ुस्सा' फिर 'नहीं करूँगा' आता है। कहा गया हर शब्द, चाहे वो बिना ध्यान दिए कहा गया हो, दिमाग़ के लिए एक सुझाव का काम करता है। अवचेतन मन हर बात को सही-ग़लत का फ़र्क़ किए बग़ैर आत्मसात कर लेता है। फिर इन्हीं शब्दों के कारण हमारी सोच विकसित होती है, जो हमारे द्वारा लिए गए

निर्णयों को प्रभावित करती है। इसलिए यह महत्त्वपूर्ण है कि हम अपने मस्तिष्क को सकारात्मक सुझाव ही दें।

आत्म–सुझाव कैसे हो?

श्रेष्ठ आत्म-सुझाव में ये चार बातें शामिल होती हैं :

1) वह अपना और अपने लिए होना चाहिए।

2) वह सकारात्मक होना चाहिए।

3) वह वर्तमान काल में बोला गया होना चाहिए।

4) वह भावनात्मक होना चाहिए।

आत्म-सुझाव तैयार करते समय इन बातों का विशेष ध्यान रखिए। अपने लिए स्वयं तैयार की गई भाषा का उपयोग कीजिए, तभी उसमें अपनत्व आ पाएगा। सकारात्मकता के फ़ायदों का वर्णन हम पहले ही कर चुके हैं। जिस चीज़ को आप पाना चाहते हैं, उसे इस तरह लिखिए, जैसे वर्तमान में आपने उसे पा लिया हो, बेहतर होगा कि आप धन्यवाद देते हुए अपनी बात कहें। जैसे "धन्यवाद भगवान, मैं संसार की सुंदर वादियों की सैर कर रहा हूँ।" अपने सपनों को पाने के बाद आप भावनात्मक रूप से कैसा महसूस करेंगे, उसे वर्तमान में ही महसूस कीजिए। जब भी आप आत्म-सुझाव के दौरान अपने सपनों को दोहराएँ, आपके बदन में ख़ुशी की सिहरन दौड़ जानी चाहिए। किसी की देखा-देखी चुने गए बड़े-बड़े सपनों को पाने के बाद भी, आपको वो सुख-सुकून-संतोष या ख़ुशी नहीं मिल सकती, जो आपकी अपनी व्यक्तिगत छोटी-छोटी चाहत को पूरा करके आप पा सकते हैं। इसलिए ऐसे सपनों का चुनाव कीजिए, जिनसे आप भावनात्मक लगाव महसूस कर सकें।

कैसेट या सीडी में आत्म–सुझाव

आत्म-सुझाव के लिए आप इस तकनीक का भी प्रयोग कर सकते हैं। अपने लिए चुने हुए आत्म-सुझावों को लिख लीजिए। फिर उन्हें बोलकर

टेप कर लीजिए। अगर आप किसी प्रोफ़ेशनल व्यक्ति या अपनी अप लाइन की आवाज़ में इसे टेप करवा सकें, तब इससे आपको बेहतरीन परिणाम मिलेंगे। अब इस आवाज़ को टेप या अन्य साधन के रूप में हमेशा अपने साथ रखिए। आजकल तो आई-पॉड जैसी सुविधाएँ उपलब्ध हैं, जिसे आप एक पेन की तरह जेब में रखकर, जब चाहे सुन सकते हैं। अब इस आवाज़ को बजाते रहिए, कार में, सफ़र में, खाना खाते समय, शेविंग करते समय या किसी के इंतज़ार में बैठे हुए।

सिस्टम दर्शन

सिस्टम का अनुभव है कि आत्म-सुझावों में आपको पूरी तरह से बदलने की ताक़त होती है। आप वैसे ही बन जाते हैं, जैसी संगत में आप रहते हैं। आप अपनी संगत के हिसाब से ही बातें सुनते हैं, जिससे आपके व्यक्तित्व और अंततः जीवनशैली का निर्धारण होता है। इसलिए सिस्टम द्वारा सफल लोगों की सीडी सुनने, सकारात्मक पुस्तकें पढ़ने और समारोह में शामिल होने की बातों को हर व्यक्ति के लिए महत्वपूर्ण माना जाता है। वास्तव में कैसेट-सीडी-पुस्तक-फ़ंक्शन आत्म-सुझाव का ही एक रूप हैं। किसी प्रोफ़ेशनल की आवाज़ में किया गया आत्म-सुझाव का प्रयोग आपको निश्चित ही लाभ पहुँचाता है। ख़ुद से ऊँची आवाज़ में बातें करने की जगह टेप बजाना हमें ज़्यादा जँचता है। इसलिए इस तरीक़े का प्रयोग हम ज़्यादा बार करते हैं, जिससे असर गहरा होता जाता है। कहा जाता है कि धन्यवाद पाने के बाद तो भगवान भी आपकी इच्छित वस्तु आपको दिए बिना रह नहीं पाते हैं।

मनोविज्ञान

जब आप अपने कथन और उसमें कही गई बातों से भावनात्मक लगाव रखते हैं, तब वह अवचेतन में गहरी लकीर के रूप में दर्ज हो जाती है। अपने सपनों को वर्तमान में पाया हुआ महसूस करने से जैसी प्रेरणा मिलती है, वो किसी भी दूसरे तरीक़े से नहीं मिल सकती। यही प्रेरणा उत्साह की वो ताक़त देती है, जिसके बल पर आप किसी भी मुश्किल

बाधा को पार कर सकते हैं।

अपनी पसंद के भविष्य को पाने का सबसे बेहतर तरीक़ा है, उसे पहले अपने ही दिल-ओ-दिमाग़ में पैदा करना।

विख्यात मनोवैज्ञानिक डॉ. शेड हेमस्टेटर तो यहाँ तक कहते हैं कि टेप की गई आवाज़, अगर वो बार-बार बज रही हो, और आपका ध्यान उस ओर न भी हो, तब भी टेप में कही गई बातों का असर निश्चित ही होता है। हिंदू मान्यता के अनुसार गायत्री-मंत्र का जाप घर में सकारात्मक प्रभाव पैदा करता है। डॉ. शेड की यह मनोवैज्ञानिक खोज इसी बात को साबित करती है।

आप अपनी आवाज़ का भी प्रयोग कर सकते हैं। मगर तब आपका ध्यान अपने संवाद की अदायगी और अपनी आवाज़ की बारीकियों में उलझकर रह जाता है। प्रोफ़ेशनल व्यक्ति भावनाओं को प्रस्तुत करने में कुशल होते हैं और अप लाइन की बातों से आप प्रभावित होते हैं। इसलिए इन आवाज़ों का टेप में प्रयोग बेहतर परिणाम देता है। सिस्टम द्वारा तैयार किए गए 'रैली-कैसेट्स या सीडी' वास्तव में आत्म-सुझाव के रूप में ही काम आते हैं। क्योंकि इनमें उन सफल लोगों की कहानियाँ होती हैं, जो हमारे जैसी ही अवस्था से होकर शिखर तक पहुँचे हैं। हमारी बहुत सी चाहतें उनसे मिलती-जुलती हैं। हम उन्हीं के जैसे बनना चाहते हैं, इसलिए उनकी बातें हमारे लिए आत्म-सुझाव का काम करती हैं।

और अंत में, सिस्टम के समारोह का सबसे बड़ा लाभ क्या है? इनसे हमें जोश, उत्साह, विश्वास के साथ ही अनुभव तथा ज्ञान की बातें सीखने को मिलती हैं, सही है ना...? जी नहीं, ये पूरा सच नहीं! समारोह का सबसे बड़ा लाभ यह है कि हम कम से कम उतने समय तक नकारात्मक संगत से दूर रहते हैं और सकारात्मक आत्म-सुझाव पाते हैं।

सिस्टम की बोध कथाएँ...

जंगल में कुत्ते को भूख से मरता देख उसे दया आ गई और उसने अपनी पोटली से रोटी निकालकर उसे खिलाई। कुत्ते का भेष धारण करने वाले वन देवता ने ख़ुश होकर उसे कामनापूर्ति का वरदान दिया। वरदान की जाँच के लिए उसने पहले स्वादिष्ट भोजन की कामना की और छप्पनभोग से सजी थालियाँ प्रकट हो गईं। छककर भोजन करने के बाद उसे जब सुस्ती आने लगी, तो उसने नरम बिस्तर की कामना की और आरामदायक बिस्तर बिछ गया। बिस्तर पर लेटकर उसे विचार आया कि इस जंगल में अगर उसे नींद आ जाएगी, तो शेर आकर उसे खा जाएगा।

वरदान सच निकला। जल्दी ही उसे गहरी नींद आ गई। शेर आया और उसे खा गया...

कथासार

जीवन का रहस्य यही है कि हमारी हर प्रबल कामना साकार होती है।

• • •